U0519079

专利文件修改暨功能性特征限定探讨

——2016年专利代理学术研讨会优秀论文集

中华全国专利代理人协会⊙编

知识产权出版社

全国百佳图书出版单位

图书在版编目（CIP）数据

专利文件修改暨功能性特征限定探讨：2016年专利代理学术研讨会优秀论文集/中华全国专利代理人协会编. —北京：知识产权出版社，2017.6
ISBN 978 - 7 - 5130 - 4887 - 3

Ⅰ. ①专… Ⅱ. ①中… Ⅲ. ①专利权法—中国—学术会议—文集 Ⅳ. ①D923.424 - 53

中国版本图书馆CIP数据核字（2017）第096607号

内容提要

本书是2016年专利代理学术研讨会优秀论文和优秀提名论文合集，主要探讨专利文件修改暨功能性特征限定，涉及《专利法》第33条和《专利审查指南2010》第二部分第二章的相关规定。本书作者重点论述了专利审查和代理实务中专利授权和确权程序中文件的修改以及功能性特征限定对权利要求保护范围的影响，如何提升专利审查和专利代理的质量，最终达到合理保护专利权人的权益，鼓励发明创新，推进知识产权事业，建设知识产权强国，促进科学技术进步和经济社会发展的目的。

读者对象：专利审查员、专利代理人、企业专利工作者以及其他感兴趣的读者。

责任编辑：卢海鹰　胡文彬	责任校对：潘凤越
文字编辑：王玉茂　王瑞璞　王祝兰	责任出版：刘译文
可　为　胡文彬	版式设计：胡文彬

专利文件修改暨功能性特征限定探讨
——2016年专利代理学术研讨会优秀论文集

中华全国专利代理人协会　编

出版发行：	知识产权出版社有限责任公司	网　址：	http：//www.ipph.cn
社　址：	北京市海淀区西外太平庄55号	邮　编：	100081
责编电话：	010 - 82000860 转 8031	责编邮箱：	huwenbin@cnipr.com
发行电话：	010 - 82000860 转 8101/8102	发行传真：	010 - 82000893/82005070/82000270
印　刷：	北京嘉恒彩色印刷有限责任公司	经　销：	各大网上书店、新华书店及相关专业书店
开　本：	720mm×960mm　1/16	印　张：	25.25
版　次：	2017年6月第1版	印　次：	2017年6月第1次印刷
字　数：	448千字	定　价：	88.00元

ISBN 978 -7 -5130 -4887 -3

2016 年专利代理学术研讨会
征文评审委员会

主　任：杨　梧

副主任：马　浩　　王宏祥　　姜建成　　陈　浩　　徐媛媛

委　员：胡文辉　　葛　树　　王　澄　　赵喜元　　王霄蕙

　　　　曲淑君　　王岚涛　　崔　军　　魏保志　　李永红

　　　　崔伯雄　　毕　因　　刘志会　　曾志华　　白光清

　　　　陈　伟　　李胜军　　马　浩　　王宏祥　　姜建成

　　　　陈　浩　　徐媛媛　　熊燕兵

秘书组：

　　　　组　长：朱　姜

　　　　组　员：熊燕兵

序　　言

　　2016 年是实施"十三五"规划的开局之年，也是贯彻落实《中共中央国务院关于深化体制机制改革加快实施创新驱动发展战略的若干意见》和《国务院关于新形势下加快知识产权强国建设的若干意见》，深化知识产权领域改革、加快知识产权强国建设的关键一年，标志着中国已经进入知识产权强国建设取得实质性进展的开创期，进入国家知识产权战略目标任务全面完成的关键期，进入知识产权领域改革取得决定性成果的攻坚期。专利代理行业作为全国知识产权事业服务群体的一部分，在推动知识产权事业整体迈上新台阶，支撑经济社会发展中作出了积极贡献，特别是在知识产权创造、运用、保护、管理和服务水平的各环节中，为知识产权强国建设取得实质性进展发挥了推动作用。

　　随着知识产权强国建设工作的全面开展，中国专利申请的数量呈快速上升势头。在知识产权强国建设过程中，我们不仅看到了专利申请数量的急剧增长，同时也应该对专利质量的提升提出更高要求。专利代理机构作为创新主体最得力的助手，更应该赶上知识产权强国前进的步伐，不仅要在专利实务工作中勇于创新，更要在专利专业水平上创新，走在专利事业发展的前列。近年来，随着专利事业的不断发展和专利意识逐步深入人心，专利审查和专利代理实务中的一些热点问题，例如有关专利授权和确权程序中专利文件的修改，以及功能性特征限定对权利要求保护范围的影响等，不仅在专利界越来越受到广大专利工作者的热切关注，同时也引起了相关司法部门的热烈讨论。上述热点问题的出现，为广大的专利代理机构提供了一个专利理论和实务探讨的契机。借此契机，中华全国专利代理人协会于 2016 年开展了主题为"专利实务探讨——专利文件修改、功能性特征限定"的学术征文活动，旨在为专利界同人提供一个行业最新动态研讨的交流平台，为专利代理工作提供更好的学术研究氛围，并进一步把交流成果深化落实到专利代理实践中，稳步推进知识产强国建设和专利质量提升工程建设。

在国家知识产权局各相关部门、全国各专利代理机构、北京各司法部门以及广大企事业单位的大力支持下，本次征文在 2016 年 6～8 月共收到 93 篇投稿。各位撰稿人围绕征文主题，密切结合专利工作实践，提出了很多既有创新高度、又有一定深度的看法和主张，不仅很好地反映了当下专利审查和专利代理实务中亟待解决的热点和难点问题，同时也为专利制度的进一步完善提供了参考。在本次征文活动中，邀请了来自国家知识产权局的专利审查专家、中华全国专利代理人协会的会长、副会长以及协会秘书处的相关领导担任征文评审委员会评委。评审工作采取匿名评选的方式进行，确保评审工作科学、公正、公平。经征文评审委员会的评委对所有来稿进行认真和公正的评判后，最终评选出了 18 篇优秀论文，32 篇优秀提名论文。为了进一步扩大和深化学术成果，鼓励征文投稿作者的积极参与精神，征文评审委员会委托中华全国专利代理人协会秘书处将评选出的优秀论文和优秀提名论文集结成册出版。本书的出版是本次学术征文活动的重要智力成果，对知识产权行业的建设和发展，以及提高专利事业工作者的学术水平都有积极的促进作用。

在此，中华全国专利代理人协会衷心感谢各界人士对知识产权事业的关注和支持，感谢各位撰稿人及其单位对本次征文活动的大力支持，同时感谢征文评审委员会全体委员的辛勤付出！

由于编者水平有限，书中难免存在不妥之处，敬请广大读者批评指正。

中华全国专利代理人协会
二〇一七年三月二十七日

目　录

第一部分　优秀论文

第二部分　优秀提名论文

（优秀论文、优秀提名论文排名不分先后。——编者注）

第一部分

优秀论文

"修改超范围"标准的司法理解与判定

马云鹏[*]

【摘　要】

　　专利文件修改超范围的判断是专利行政案件的重点和难点，其判断结果不仅关系到专利申请的授权前景，也会影响合理的权利保护范围的划定，因此，实践中权利人和审查机关之间经常会围绕这一问题产生争论，加之立法规范的变化和司法实践中带有个案色彩结论的影响，修改超范围的评价标准似乎一直没有明晰下来。

　　实际上，无论法律规范和行政审查中相关规范如何表述，任何一种法律规则都有其设立的宗旨和欲解决的问题，修改超范围也不例外，只有深入理解其立法目的，确定具有合理认知水平的判定主体，才能界定出准确、可接纳的修改范围。

【关键词】

　　原申请　文字记载　毫无疑义

---

[*] 作者单位：北京知识产权法院。

一、法律渊源的演变

《专利法》第 33 条对修改超范围的标准进行了原则性的规定，即"不得超出原说明书和权利要求书记载的范围"。而作为确权授权程序中的一项重要问题，审查实践中更多依赖的是专利行政部门颁布的审查指南，上述"范围"在《审查指南 2006》中被明确为"包括……文字记载的内容和……直接地、毫无疑义确定的内容"❶。从没有对"原说明书和权利要求书记载的范围"这一术语进行直接解释，到给出一个明确严格的定义，审查部门意在强化对专利文件修改的要求，以便审查员和申请人能统一判断标准。❷ 表 1 给出了审查指南关于修改部分规定的变化情况。

表 1 审查指南关于修改部分规定的变化❸

	《审查指南 2001》	《审查指南 2006》
不允许的修改❹	如果……所属领域的技术人员看到的信息与原申请公开的信息不同，而且又不能从原申请公开的信息中直接地、毫无疑异地导出，那么……不允许	如果……所属领域的技术人员看到的信息与原申请记载的信息不同，而且又不能从原申请公开的信息中直接地、毫无疑义地确定，那么……不允许
不允许的增加❺	既不能从原说明书（包括附图）和/或权利要求书中直接、明确地导出，也不能由所属技术领域技术人员的尝试直接获得的信息	既不能从原说明书（包括附图）和/或权利要求书中直接地、毫无疑义地确定的信息

由"公开"到"记载"、由"导出"到"确定"、将"所属技术领域技术人员的尝试直接获得"删除，措辞的变化体现出审查指南对于专利文件修改尺度的把握呈现出了一种趋严的态度，这种趋势反过来也得到了立法者的默认，2010 年《专利法实施细则》修改时，将分案申请超范围规定的表述由"不得超出原申请公开的范围"修改为"不得超出原申请记载的范围"，从字面上限缩了可修改的范围，与审查指南保持了一致。有学者将上述变化归因于

---

❶ 《专利审查指南 2010》沿用了该规定。

❷ 国家知识产权局专利局审查业务管理部. 审查指南修订导读 2006［M］. 北京：知识产权出版社，2006.

❸ 由于《专利审查指南 2010》只是在一些措辞上作了修改，故此处不再单独列出。

❹ 《审查指南 2001》第二部分第八章第 5.2.3 节，《审查指南 2006》第二部分第 5.2.1 节。

❺ 《审查指南 2001》第二部分第八章第 5.2.3.1 节，《审查指南 2006》第二部分第 5.2.1 节。

国家知识产权战略推进与实施,认为其合理性在于可以倒逼专利申请撰写质量的提升,以及专利申请人和专利代理人素质的提高❶,而到了司法实践中,上述趋势则变得模糊起来。在我国,作为一种非正式的法律渊源,司法判例标准尤其是知识产权领域的判例标准兼具理论和实务意义。据不完全统计,自2010年至今,最高人民法院共审理了十余起涉及修改超范围问题的案件,部分案件直接援引了审查指南中"直接毫无疑义确定"标准,但在"墨盒案"❷"曾关生案"❸"先声药物案"❹等一些焦点案件中,似乎又否定了上述标准的适用,转而对修改超范围采取更宽泛的"直接明确导出"的解释。例如,"墨盒案"判决指出:"只要所(直接、明确)推导出的内容对于所述领域普通技术人员是显而易见的,就可认定该内容属于原说明书和权利要求书记载的范围。"

司法实践在不同案件中看似不同的标准使得理论界对相关判例的解读出现了分歧和偏颇,同时也为修改超范围标准的明晰添加了障碍。在笔者看来,上述现象产生的根本原因在于没有准确理解相关立法的本意和宗旨,过于片面和孤立地看待修改超范围问题,忽略了对专利法其他相关条款的考量。

二、立法宗旨的理解

作为知识产权理论中的基本原则,专利申请人与社会公众之间的利益平衡可以作为理解《专利法》第33条立法宗旨的切入点,也就是说,在判断专利文件修改是否合理时,既要考虑是否给予了专利申请人足够的展示技术方案机会,也要确保其行使权利时不要伤害到社会公众的利益。出于同样的考虑,同样奉行先申请原则的美国,也在审查程序手册中规定了类似的立法宗旨,即"禁止在专利申请中引入新的主体,用于防止申请人增加超出原始公开的技术主题的信息"❺。

一方面,我国在专利授权上采用的是先申请原则,即基于申请日来进行新颖性和创造性的评判,由于修改后的申请仍保留原申请日,故修改后不能加入新的内容,否则申请人可能通过增加在原始提交的申请中未公开的技术方案来完善发明,从而将申请日后的技术成果纳入专利权的保护范围之内,这样不仅

---

❶ 孙方涛,李燕.发明专利申请的修改与超范围[J].电子知识产权,2011(6):89-94.

❷ 最高人民法院(2010)知行字第53号行政裁定书。

❸ 最高人民法院(2011)知行字第27号行政裁定书。

❹ 最高人民法院(2011)知行字第17号行政裁定书。

❺ 35 U. S. C. 132.

会不当地扩大保护范围，也会变相损害社会公众或其他拥有同类技术方案的潜在专利申请者的利益。另一方面，加入新的技术方案意味原始申请公开不充分，会影响社会公众对技术方案的误解，无法实现专利信息的及时传达。

在"任文林案"❶ 中，母案中就自动锁闭机构或者触发锁舌的锁闭装置记载了三种具体形式，修改后的权利要求却提出了自动锁闭机构和触发锁舌技术方案的"上位"概念，修改后的技术方案并没有记载在原说明书和权利要求书中，也不能由原说明书和权利要求书直接、毫无疑义地确定，故被认定为修改超范围。

另一方面，由于实践中存在这样的情形，即专利申请人为了尽快向审查机构提交专利申请，仓促完成的专利申请文件中难免存在错误信息和瑕疵，如果仅因为这些缺陷就不予授权，则可能影响专利授权程序的效率，贻误有价值专利的面世时机。例如，一项涉及公共汽车的发明创造，申请人在原始申请中指出，该公共汽车包括车轮，其车轮轮胎的直径为 1100cm⋯⋯然而，众所周知的是，公共汽车轮胎的直径不可能为 11 米，故此时即便原权利要求书和说明书没有明确的记载，也应允许专利申请人进行及时补正和修改。

三、司法审查的标准

事实上，无论是"公开"还是"记载"，无论是"导出"还是"确定"，措辞上的选择固然有可商榷之处，但对于裁判者而言，更重要的是在司法实践中赋予判定主体合适的认知能力，使其能够准确地界定原始文件保护的范围。

（一）判定主体认知能力的把握

作为专利法中的基础性概念，本领域的技术人员不仅被用来判断技术方案的可专利性，也是认定"公开是否充分""说明书是否支持"等问题的主体，同样，在判断修改是否超范围时，也应坚持以本领域技术人员的认知水平来进行分析。

第一，应具备本领域公知常识。作为本领域的技术人员，应该熟知领域内最基本的技术常识或惯用手段，并能够直接将其与技术方案结合运用。

在"曾关生案"❷ 中，在评价针对计量单位由"两"换算为"克"是否超范围的问题，法院指出，虽然"两"与"克"的换算关系确实存在新旧制

---

❶ 最高人民法院（2015）知行字第 216 号行政裁定书。
❷ 最高人民法院（2011）知行字第 27 号行政裁定书。

的不同，但中药领域技术人员结合该案专利申请的背景技术、发明内容以及本领域的常识，在传统中药配方尤其是古方技术领域中，在进行"两"与"克"的换算时均是遵循"一斤＝十六两"的旧制，而不应当采取"一斤＝十两"的新制。也就是说，客观存在换算关系的不唯一性，但根据本领域技术人员的能力，选择旧制实际上是相对意义上唯一合理的结论，在这种情况下，不宜认为修改超范围。

第二，能进行合理的上位概括。除了知晓公知常识，还应允许本领域技术人员将原始文件中下位的技术特征进行合理适度的上位概括。

在"英特尔案"❶ 中，母案申请公开了相同的延展无线通信系统以合并额外信号信息的方法，虽然原申请将执行上述方法的装置明确为 STA 或者 WTRU，但同时也在说明书中提到该装置包括但不限于使用者设备、移动站、固定或移动用户单元、呼叫器或任何其他形态的能够在无线网络环境中操作的装置，这传递给本领域的技术人员的信息是该技术方案并没有仅仅限定于 STA 和 WTRU 这两种用户设备，而是包括了能够执行信标请求（包含延展）的接收和发送报告的在无线网络环境中操作的所有用户设备，故这一修改不超范围。

第三，可从整体上理解技术方案。基于上述分析，在对原始申请文件进行推理概括时，不能拘泥于其中各个孤立的片段，而应将其公开的所有内容结合起来进行判断，以确定申请人是否将申请日后新的技术方案加入了本申请中。本领域技术人员的推理概括能力应介于严格的"一致性"和不具有确定性的"合理预测"标准之间。❷

在"发光半导体案"❸ 中，国家知识产权局专利复审委员会认为，虽然该专利母案的不同部分记载了硅树脂、环氧树脂、掺有稀土的正硅酸盐等技术特征，但权利要求1技术方案在母案实施例中并没有明确记载，属于在申请日后重新排列组合得到的新的技术方案。而法院则认为，尽管说明书并未将所有具体排列组合进行一一详细描述，但通过具体实施例中关于加入各种发光材料的详细描述，足以使得本领域技术人员了解说明书所记载的就是"硅树脂"与"环氧树脂"分别与具体实施例中列出的发光材料之间的全部排列组合，本领

---

❶ 北京知识产权法院（2015）京知行初字第 2656 号。

❷ 刘臻.《专利法》第三十三条理解与适用中的若干法律问题思考 [J]. 中国专利与商标，2013（2）：54 – 65.

❸ 北京市高级人民法院（2013）高行终字第 2382 号行政判决书。

域技术人员可以直接地、毫无疑义地导出：掺有稀土元素的正硅酸盐被掺入硅树脂基体是本专利母案说明书所披露的技术方案，故"发光材料可选择掺有稀土的正硅酸盐"和"包装材料可以选择硅树脂材料"这一特定组合的技术方案已为母案所记载。

（二）原文件保护范围的界定

在具备了本领域技术人员的知识水平和认知能力之后，在理解技术特征时，无论是修改前的还是修改后的技术特征，不能仅考虑技术特征措辞本身的含义，而应以本领域技术人员的角度，结合该特征所处的技术方案，综合考虑原申请文件记载的整体内容，对其进行技术层面的理解。❶

一方面，既然审查指南将《专利法》第 33 条解读出了"两个层次"，则无论采用"直接毫无疑义确定"还是"直接毫无疑义导出"的措辞，至少提示不能机械地将注意力放在修改内容的字面意义上，僵硬地强调形式上的"记载"，而忽视了修改后的内容是否导致对申请在技术意义上发生了实质性变化的考察。❷

例如，在"先声药物案"❸ 中，原权利要求中记载的为"活性成分氨氯地平和厄贝沙坦优选的重量比组成为 1：10 – 50"，修改后的两组分重量比被修改为"1：30"，这一比例虽然未在原始文件的权利要求书中记载，但在说明书中既有"'9 种剂量组合及相应的剂量比'中有 A1I30（1：30）"的记载，实施例还公开了氨氯地平 2.500mg 与厄贝沙坦 75.000mg 的组合以及氨氯地平 5.000mg 与厄贝沙坦 150.000mg 的组合，并且明确 1：30 是最佳剂量比。也就是说，对于本领域技术人员而言，能够根据用药对象的实际情况明确推知具体的药物用量，确定相应的药物比例关系，上述修改既未超出原说明书和权利要求书记载的范围，更未扩大原专利的保护范围，故修改不超范围。反之，如果只允许将权利要求限定为说明书中明确记载的具体药物用量，在本领域普通技术人员看来是毫无意义的，实践中也容易规避侵权，造成对专利权人显失公平

---

❶ 于萍. 从《专利法》第 33 条探析"修改超范围"审查中的两个问题［J］. 知识产权，2013（12）：81 – 85.

❷ 杜鹃，黄非. 中欧日美有关修改超范围法律规定的比较研究［J］. 中国发明与专利，2010（12）：90 – 93.

❸ 最高人民法院（2011）知行字第 17 号行政裁定书。

的后果。❶

另一方面，在界定原文件保护的范围时，除了"直接公开"的部分，对于容易产生争议的"隐含公开"的内容，要防止过度解读导致伤及公众利益。例如，欧洲专利局申诉委员会在 T823/96 和 T329/99 中明确指出，术语"隐含公开"应被解释为属于申请文件所提供的技术信息的内容，而不是根据申请公开的内容可以"显而易见"得到的内容，因为后者已经属于创造性审查的范畴。

相应地，最高人民法院在"墨盒案 II"❷ 中，虽然延续了"墨盒案"❸ 的裁判逻辑，但针对增加"记忆装置"是否超范围的问题，删除了以"显而易见"来界定"直接、明确推导出的内容"的表述，也是为了避免造成错误的引导。此外，在"电磁锁案"❹ 中，修改后的说明书在原申请文件记载的"接地棒改变微开关的触片的位置"基础上，将其他具体连接方式也增加进来，涵盖了不在原申请范围内的"触点式微开关""点帽微开关"等各种微开关形式，此外，授权文本将原权利要求书中对"微开关"的具体限定全部删除，除限定"微开关装在锁体上"之外，未对"微开关"的数量、结构类型进行任何限定，使得修改后权利要求的保护范围扩大至所有类型的微开关，上述修改均超范围。

总的来说，在界定原文件的保护范围时，既要避免"数理逻辑上唯一确定"❺，僵化地进行字面比对，也要严格控制在本领域普通技术常识能直接推理的范围之内，避免越界。

（三）与相关条款的关系

《专利法》第 26 条第 4 款，即"说明书是否支持权利要求"条款也涉及权利要求和说明书的关系问题，专利文件的修改有可能同时触及两个条款的规定。例如，删除独立权利要求中的必要技术特征，或申请人对权利要求进行重新概括时，有可能既超过了原有的保护范围，又导致修改后的权利要求无法得到说明书的支持，在针对《专利法》第 33 条辨析时需要注意以下几个问题。

---

❶ 刘臻.《专利法》第三十三条理解与适用中的若干法律问题思考［J］. 中国专利与商标，2013（2）：54-65.

❷ 最高人民法院（2010）知行出字第 53-1 号行政裁定书。

❸❹ 最高人民法院（2010）知行出字第 53 号行政裁定书。

❺ 最高人民法院知识产权案件年度报告（2011）。

一是立法目的比较。既然分列为《专利法》的两个条款，意味二者的立法宗旨有一定重合。如上文所述，修改不得超范围是为了防止将申请日后的新的技术方案纳入专利文件保护范围中，重在保护公众的利益；而权利要求需得到说明书的支持是避免权利要求撰写得过于宽泛，重在确保同一专利文件不同部分内涵上的一致性。但是，从更深层次的角度而言，二者客观上均具备清晰、准确划出权利保护范围的作用，这也为在面对具体问题时对这两种规则的交叉适用奠定了理论基础。

二是"支持"标准的借鉴。对于本领域技术人员而言，权利要求中的技术方案往往是抽象、上位、概括的，只有在说明书中找到对应的清楚、下位、具体的实施方式时，才能认为前者得到了后者的支持，而在判断权利要求修改是否超范围时，也可以将这一判断过程"移植"过来，即考察修改后的权利要求是否能得到原申请说明书的支持，以确定修改是否可以得到"直接、毫无疑义地确定"。这种"移植"的合理性在于，判断修改超范围的时间截点为申请日，如果修改的内容可以实质上涵盖于申请日时说明书公开的内容，即得到说明书的"支持"，则应视该部分内容为与申请人技术贡献相称的合理保护。

三是区别于等同原则。有观点认为，对权利要求修改超范围的判断适用"支持"标准，实质上允许申请人将其在申请日前知道或应当知道但未写入说明书的明显等同方式通过修改重新纳入权利要求保护范围，如果允许对修改的技术特征在侵权判定过程中再次适用等同的话，可能会造成专利权的过度保护。❶ 实际上，是否"支持"的关键在于权利要求所保护的技术方案能否为"所属技术领域技术人员从说明书及其附图充分公开的内容中得到或概括得出"❷，只有那些本领域技术人员很容易推理或联想导出的内容才能被接纳进修改的范围，这明显小于等同原则中"本领域技术人员无须经过创造性劳动就能够联想到"的范围，况且，应用于侵权判定程序的等同原则有不同的理论宗旨，二者缺乏比较的基础。

---

❶ 任晓兰."非发明点"修改超范围缺陷的救济：从（2013）行提字第 21 号谈起，来源于"赋青春"微信公众号，访问于 2016 年 5 月 11 日。
❷ 中华人民共和国国家知识产权局.专利审查指南 2010［M］.北京：知识产权出版社，2010：143.

四、结　　语

　　尽管法律法规等规范性文件对专利修改超范围的判断方式的相关规定有待进一步的完善，但结合上文的分析，实践中的审查者和裁判者，不能拘泥于文件等资料字面上的含义，而是要在考察相关规范意见变迁演变的历史过程中探究设置这一规定的宗旨和立法者的本意。在此基础上，在个案中不能将原文件和修改文件进行机械的比对，而要结合个案的具体案情，从涉及领域的普通技术人员的角度出发，以其认知水平去领会和理解原文件的保护范围，并以申请日为时间点，判断之后的修改究竟是否加入了有违利益平衡原则的新技术内容，在尊重立法本意的基础上界定修改是否超范围。

以计算机程序和功能性限定为例论述中欧专利体系的区别

施晓雷*

【摘　要】

专利保护体系的建立旨在鼓励技术创新，从而推动经济和社会的发展。一个专利法的体系是否能够提供较好自我调节能力，以尽快地适应技术和社会的快速发展，是能否真正达到立法目标的关键因素。本文以计算机程序相关发明以及与其密切相关的功能性限定来论述中国和欧洲专利体系的区别，希望能够给中国专利体系的发展提供一些借鉴和启发。

【关键词】

欧洲　专利　功能性限定　计算机程序　区别

一、引　言

专利保护体系的建立旨在鼓励技术创新，从而推动经济和社会的发展。既然是为技术和社会服务的，专利保护体系就必须不断跟上技术和社会的进步。然而，任何一种法律面对社会的发展都无法避免地会有一些滞后。所以，一个

---

* 作者单位：德国慕尼黑 Manitz, Finsterwald and Partner 知识产权律师事务所。

法律体系是否能够保证及时地对法律条文及其实践作自我调节，以尽快地适应社会的发展，是能否真正达到立法目的的关键因素。

专利保护体系针对技术，而人类社会的技术发展在近几十年中可以用日新月异来形容。所以专利保护体系也应该提供比其他法律体系更强大的自我调节能力，以尽量跟上技术的变化。

比如，现在电子技术已经融入了每个人日常生活和工作的各个细节。而在电子设备中，各种计算机程序对电子设备运行的效率、稳定性、安全性、能耗以及所能提供的功能都起到了至关重要的作用。所以全世界大量的技术公司和技术人员对计算机程序的开发进行了巨大的投入。既然计算机程序作为一种技术手段在技术进步中起到了越来越关键的作用，赋予并加大对计算机程序的专利保护应该是专利法的立法宗旨所要求的。然而，计算机程序的专利保护却一直是一个很大的问题。比如，中国的专利法实践就不把计算机程序及其载体作为直接的保护客体，这导致计算机程序只能通过方法权利要求来保护。但是，方法只有在执行时才构成侵权，而运行计算机程序的人往往是众多的最终消费者，根本不是侵权的主体。

在本文中，笔者将结合计算机程序及与其直接相关的功能性限定问题来对比中国和欧洲专利体系在适应技术发展上的自我调节能力的区别。

二、中国和欧洲的专利体系对比

专利法的体系一般包括专利法、专利法实施细则、审查指南、判例和最高法院的司法解释，以及制定和实施各个法规的机构和机制。其中，专利法和专利法实施细则属于法律的范畴，立法程序复杂，修订周期很长，所以不可能对其随时进行调整。因此，专利法和专利法实施细则只能制定比较宽泛的原则。在这一点上，中国和欧洲的专利体系是基本相同的。

但是在其他方面，中国和欧洲的体系有较大的区别。在此，笔者着重介绍审查指南和判例两个方面。

1. 审查指南

审查指南是根据《专利法》和《专利法实施细则》制定的一个部门规章，规定了专利审查和无效宣告程序中非常具体的实践细节。细节制定得越具体，越容易操作，但是也越可能跟不上技术和社会的发展。所以，一个专利体系应该具有一种机制，可以比较快速地根据需要调整审查指南各个部分的细节，以便能够使专利法的实践紧跟时代步伐。在这一点上，中国和欧洲的机制有很大的不同。

在中国，审查指南是由国家知识产权局制定、修改并颁布的。虽然《专利法》及《专利法实施细则》似乎没有规定审查指南的修订周期，但是我国审查指南的修订基本是跟随《专利法》及《专利法实施细则》的修改周期（一般是 5～10 年）。直到最近几年，国家知识产权局才开始较频繁地修订审查指南，比如 2013 年和 2014 年的连续两次修订。但是，这两次修订是针对外观设计和实用新型专利申请中的新操作方式的，而不是对审查指南中各方面具体细节在实践中出现的不合理情况进行的改良和完善。也就是说，我国的审查指南实质上还是在每次修改《专利法》及《专利法实施细则》后，针对本次法律修改的补充和修订，以及针对过去 5～10 年周期中审查指南在实践中不合适的地方进行的一次性修订。在这样一种修订方式中，首先，在发现审查指南中的某个问题后，往往几年后才能讨论并修订相关内容；其次，如果修订后在实施过程中产生新的问题，则需要再等一个周期。这样，审查指南相对技术发展和专利保护趋势的自适应能力是相当弱的。

与之相比，欧洲审查指南的修订和颁布是随时进行的，即每年都可能根据实践情况对审查指南的相关方面进行适时的修改，以应对包括技术发展在内的各种实践变化。比如，欧洲专利局的审查指南自 2005 年的版本有 2005 年版、2007 年版、2009 年版、2010 年版、2012 年版、2013 年版、2014 年版、2015 年版，每次都对很多方面的细节进行了修改。

其实，如上面提到过的，中国的《专利法》及《专利法实施细则》并没有规定审查指南的修订周期，而且国家知识产权局也已经开始更频繁地修订审查指南了。希望这些更频繁的修订也能涉及审查指南中所有需要适时修改的方面，以便能够对审查实践随时进行微调，不断紧跟技术和专利保护的发展步伐。

2. 判　　例

中国和欧洲的专利法都不属于判例法，所以判例在实践中都只有参考价值。但是，中国和欧洲与判例相关的机制有很大的不同。

在中国，首先国家知识产权局只是行政机关，国家知识产权局专利复审委员会作出的决定不能成为判例。另外，国家知识产权局专利复审委员会必须按照审查指南的规定审查案件，其判决结果无法超越审查指南的规定。只有当权利人或申请人对国家知识产权局专利复审委员会的行政决定不满并到法院提起行政诉讼后，法院的判决才可能成为判例。但是，从现行的原则上讲，法院的判决只针对国家知识产权局专利复审委员会的决定是否正确地应用了审查指南这一部门规章，而不是根据《专利法》及《专利法实施细则》对国家知识产权局专利复审委员会的决定进行重新审理。所以，法院行政诉讼的判决一般也无法超越审查指南这一部门规章的规定。除此之外，法院可以审理专利侵权诉讼，其判决结果成为可参考的判例。特别是最高人民法院再审的判例往往更具有指导性。另外，最高人民法院会根据多年判例总结出司法解释，其具有仅次于法律的效力。虽然从原则上讲，最高人民法院的判例和司法解释应该成为专利确权程序的指挥棒，并对审查指南的制定和修改直接起到指导作用，但是审查指南还是无法紧跟其步伐。其中的原因除了上面提到的审查指南修订周期过长外，还有就是法院和国家知识产权局隶属于不同部门，很难做到让国家知识产权局及时地针对法院的司法解释中的大原则来全方位地修订审查指南中的各个相关细节。

在这样一个体系下，最高人民法院的司法解释和国家知识产权局的审查指南可能有不一致的地方。这导致申请人在撰写申请和答复审查意见时要同时考虑两方面的因素，有时往往是"鱼与熊掌不可兼得"。例如，一方面，中国的审查实践学习了欧洲的原则，比如在申请过程中允许申请人重新定义技术问题；另一方面，中国的司法实践学习了美国的原则，比如采用了禁止反悔原则，而重新定义技术问题就有可能触发禁止反悔原则。

与之不同，欧洲的审查指南只用于第一审级，即实质审查（Examination）和异议（Opposition）程序。在实质审查和异议程序的申诉（Appeal）阶段，申诉委员会（Board of Appeal）可以不遵循审查指南，而只依据专利法及其实施细则来审理，其审理结果形成判例（一般称为 T Decision），可供之后的案件参考。欧洲专利局编纂了一部判例法（Case Law of the Boards of Appeal），被其收录的大量典型判例更具有参考价值。另外，欧洲专利局还会随时地将重要判例纳入审查指南，以便要求第一审级根据判例的原则审查案件。这样一个机制可以很快、有效地调整相关实践。

另外，如果两个判例对法律的应用从原则上出现了冲突，而且欧洲专利局的局长认为相关实践是非常重要的，可以提请扩大申诉委员会（Enlarged Board of Appeal）作出裁决（一般称为 G Decision），其裁决的理由类似我国最高人民法院的司法解释，是除了专利法及其实施细则之外的最重要的原则，是各个程序的第一和第二审级都必须遵守的。这一机制的设立，避免了重要问题需要一直等到有合适的相关案件出现并且其申请人或权利人在申诉之后向扩大申诉委员会提起复审（Petition）请求才能得到解决，从而加快了重要问题的解决速度。

当然，欧洲的专利保护体系仍然有其明显的缺点。现在的一个主要问题是统一的确权程序与分散到各国的侵权和无效诉讼程序之间的不一致。比如，欧洲专利局致力于赋予并加强计算机程序的保护，而英国法院仍然根据以前的判例对计算机程序相关的权利提出苛刻的要求。笔者会在下文的例子中更详尽地介绍相关情况。

三、实例讲解：计算机程序相关发明及功能性限定

1. 赋予计算机程序和信息表述专利保护的必要性

上面提到了赋予并加大对计算机程序的保护应该是专利法立法宗旨所要求的。下面详细分析一下赋予计算机程序以及与其密切相关的信息表述（包括数据结构和信号结构）专利保护的必要性。

首先，计算机程序、数据结构以及信号结构都是客观存在于其物理载体上，并改变了其物理载体的微观结构，比如"0"和"1"码在存储介质和信号通道上是通过不同物理状态来体现的。另外，由于承载了一种特定计算机程序、数据结构或信号结构，一个物理载体不但具有了与其他物理载体不同的物理结构，还具有了特定的功能或能够给其他装置提供特定的功能。如果相关功能包括了技术特性，为什么不能获得专利保护？

其次，赋予计算机程序、数据结构以及信号结构专利保护可以大大提高相关技术的保护力度。前面提到，根据中国的实践，相关的技术只能通过方法保护，而方法保护存在两个主要问题：第一，执行方法的人往往是最终消费者，不是侵权主体；第二，即便执行方法的人是侵权主体，如何确定他执行了相关方法往往是很困难的。但是，如果将实现相关方法的计算机程序及其存储介质纳入保护范围，任何对于包括相关方法的计算机程序及其存储介质的生产、复制、销售等行为都将构成侵权，这解决了上述第一个问题。另外，现在很多相关发明的发明点体现在对数据结构或信号结构的改变，从而提高数据处理或信息传输的效率。这样的发明现在在中国只能通过数据存储和读取或信号发送和接收的方法来保护，而相关方法往往集成在复杂的电子设备中，只能通过非常艰巨的反向工程才有可能证明某个电子设备中包括了相关方法。如果赋予数据结构或信号结构专利保护，只要通过读取存贮介质中的数据结构或抓取信号通道中的信号结构就可以判断是否侵权，从而极大地方便了相关发明的侵权判定，这解决了上述第二个问题。

可见，赋予计算机程序、数据结构以及信号结构专利保护可以使专利保护紧跟这个信息技术飞速发展的时代，从而促进相关技术的发展。下面笔者将介绍欧洲专利局是如何通过其法律体系来实现相关保护的。

2. 欧洲相关法律实践的发展

首先，《欧洲专利公约》（EPC）明确提到计算机程序本身以及信息表述本身不是保护客体，即 EPC 第 52（2）（c）条将计算机程序和智力活动规则以及商业方法并列列入专利法所排除的保护客体，而 EPC 第 52（2）（d）条又将信息的表述排除在外。但是，EPC 第 52（3）条进一步规定，EPC 第 52（2）条所排除的客体只限于相关客体本身。

也就是说，虽然 EPC 明确排除了计算机程序和信息表述的保护，但是又留了一个"后门"，即如果一个申请所要求的保护不仅限于计算机程序本身或信息表述本身，就有可能获得授权。

首先使用这个"后门"的判例是 T 1173/97（1997 年提交的申诉，1998 年作出的判决）。这个判例已经被纳入了 2005 年版《欧洲专利局审查指南》❶（Guidelines for Examination in the European Patent Office）。

《欧洲专利局审查指南》2005 年版在其第 C－Ⅳ，2.3.6 节中提到了判例 T 1173/97 所表述的如下原则：（1）一种计算机程序相关的发明的权利要求的形式可以采用"程序"本身；（2）程序的执行必然会引起物理效果，比如电流，但是计算机程序相关发明需要提供除普通物理效果之外的"进一步的技术效果"（further technical effect），其可以在工业控制或数据处理中找到，包括计算机自身的内部功能或其接口，比如处理效率或安全性、管理计算机的资源、通信链路的数据传输速率等；（3）进一步的技术效果可以是已知的。

第（1）原则明确了权利要求的主题可以是程序，而第（2）原则明确了技术效果。这两个原则正好体现了 EPC 第 52（2）条和第 52（3）条规定的原则，一种计算机程序只要有技术效果就可能获得保护。另外，第（2）原则还明确了技术效果可以仅限于计算机内部的效果。

第（3）原则似乎是在暗示技术效果是否是新的并不影响计算机程序是否是保护客体的判断。也就是说，"技术效果"在判断保护客体时应被降格为

❶ 2005 年版《欧洲专利局审查指南》是 2007 年 EPC 改法前的最后一版审查指南，也是从欧洲专利局网站上能找到的最早一版审查指南。所以，笔者无法确定判例 T 1173/97 到底是何时被纳入《欧洲专利局审查指南》的。

"技术考虑"。

2005 年版《欧洲专利局审查指南》在同一章节进一步引用了判例 T 769/92，其明确提到了"技术考虑"一词，并表明权利要求必须体现"技术考虑"。而且，此章节在最后提到：对于一个明显缺乏技术特性的权利要求应使用保护客体的驳回条款；但是，在实践中"更适合"的方式是直接判断新颖性和创造性，即没有带来技术贡献的发明应该以缺乏创造性来驳回。

2007 年版《欧洲专利局审查指南》对计算机程序的相关内容没有作太多修改。但是有一点很重要，即明确表述了任何权利要求只要定义了技术手段（technical means）就属于保护客体。简单地说，权利要求中只要提及了任何简单的技术特征，比如计算机，那这个权利要求就应该被认为是被保护的客体。当然，计算机本身是已知的，所以至少是没有创造性的。

2009 年版和 2010 年版《欧洲专利局审查指南》没有对相关的章节作出任何实质性的修改。

虽然 2005 年版《欧洲专利局审查指南》已经表明计算机程序相关发明更适于通过技术贡献来判断是否有创造性，而不是通过技术贡献来判断是否是保护客体。但是，根据笔者的实际操作经验，欧洲审查员在相当长一段时间内并没有遵循《欧洲专利局审查指南》中的规定，仍是采用了通过技术贡献来判断是否是保护客体这一原则。根据笔者的记忆，至少到 2007 年，欧洲审查员在看到计算机程序相关的发明时，特别是美国的商业方法相关的发明时，会在没有引用任何对比文件的情况下，断言发明没有包括任何对于现有技术有技术贡献的技术特征，从而认为该发明不属于被保护的客体。对此，虽然欧洲专利律师很可能认可发明确实没有技术贡献或技术贡献很小，但是却肯定不认可发明不是保护客体，所以会详细阐述：权利要求中有很多技术特征，在没有引用对比文件时是不能判断这些技术特征对于现有技术是否有创造性的；且《欧洲专利局审查指南》中已经说明相关发明并不适于使用保护客体的驳回条款。往往通过一次、两次，甚至三次的答复，审查员被说服发明是保护客体，然后开始引用对比文件来证明发明没有创造性。至此，专利律师面对所引用的非常相关的现有技术往往无法证明发明具有创造性，从而申请被驳回。虽然被驳回的结果是一样的，但是这样的实践致使申请人花费了很多律师费和时间成本。

可见，在欧洲专利局将相关规定写入《欧洲专利局审查指南》后，审查员仍然需要至少一两年的时间来适应新的规定。所以，在考虑专利法体系的自我调节能力时，还需要将审查员的适应时间也考虑进来。

2012 年，欧洲专利局在 EPC 及其实施细则没有实质修订的情况下对《欧洲专利局审查指南》作了结构性的改版，重新编排了章节，以便使用者能更方便地查找所需的内容。

2012 年版《欧洲专利局审查指南》的第 G－II，3.6 节涉及计算机程序相关发明，其中首次引述了扩大申诉委员会于 2010 年 5 月 12 日所作出的决定 G 3/08。这个决定就是前文提到的，欧洲专利局的局长认为计算机程序相关实践很重要，而以往的几个相关的判例所阐述的原则之间有不一致的地方，导致相关实践的不确定性，且没有实际案例被提交到扩大申诉委员会来解决这些不一致，所以以局长的身份提请扩大申诉委员会对以往案例间的不一致作出解释，以便提高相关实践的确定性。

G 3/08 是一份长达 55 页的决定，详细阐述了相关领域的多个判例之间的关系和作出决定的理由。笔者在此只简单介绍一下其中的主要论点。

G 3/08 主要涉及 T 1173/97 和 T 424/03 这两个判例，其中前者是前面提到的《欧洲专利局审查指南》至少从 2005 年已经引用的判例，其规定了"进一步的技术效果"这一原则。T 1173/97 明确阐述了应该放弃通过技术贡献来判断保护客体的方式，且提到对于保护客体的判断，权利要求不论是定义计算机程序本身还是定义其载体都是可以被允许的。然而，T 424/03 提到一种计算机程序相关的权利要求具有技术特性的原因正是权利要求里定义了其载体。据此，欧洲专利局的局长认为两个判例之间是矛盾的，所以提请扩大申诉委员会作出解释。G 3/08 对于这个看似矛盾的地方的解释是：T 424/03 其实是遵循了 T 1173/97 所提出的放弃通过技术贡献来判断保护客体的方式，从而认为一种计算机程序的载体本身虽然是已知的，但是也可以给权利要求带来技术特性，使其成为保护客体。也就是说，两个判例之间虽然有一些表述不太一致的地方，但是并没有冲突，所以更好的说法是 T 424/03 是对 T 1173/97 从法律实践上的发展。

既然两者之间没有冲突，欧洲专利局局长提请扩大申诉委员会解释两者之间冲突的理由不成立，所以扩大申诉委员会的结论是局长的提请不予接受（Inadmissible）。所以 G 3/08 其实并不是一个最终的决定，而是扩大申诉委员会对于为什么不接受局长的提请的理由阐述（Opinion）。

虽然局长的提请不被接受，但是 G 3/08 厘清了相关判例之间的关系，实质上肯定了相关判例所阐述的原则，为欧洲专利局今后的相关实践铺平了道路。如上所述，2012 年版《欧洲专利局审查指南》首次引述了 G 3/08，并明确表示对于技术特性的判断不应依靠现有技术，且计算机程序本身就可以给发明带来技术特性。2013 年版的《欧洲专利局审查指南》更详细地引述了 G 3/08 中所提到的细节和理由，使相关实践更易于操作。而 2014 年版《欧洲专利局审查指南》更是明确提出一个能够提供技术贡献的实现"数学方法"的计算机程序可以被认为带来了"进一步的技术效果"的观点。2015 年版《欧洲专利局审查指南》对相关方面没有作出任何修改和补充。

可见，欧洲专利局通过对《欧洲专利局审查指南》的逐步调整和通过提请扩大申诉委员会等手段，在几年的时间内完善了对计算机程序相关发明的审查实践，从而跟进了技术的进步和社会的发展。

此外，笔者再简单介绍一下与数据结构和信号结构相关的信息表述方面的发展。

2005 年版《欧洲专利局审查指南》在其第 C – IV，2.3.7 节中专门阐述了与信息表述相关的问题，其中提到了当信息的表述包括新的技术特征时，其载体、处理方法、相关设备是可能被授权的。所述的技术特征可以是特殊的编码、数据结构（判例 T 1194/97）等。可见，此时的欧洲专利局还没有明确允许包含技术特征的信息表述本身直接作为保护客体，而是允许其相关的载体、方法和装置作为保护客体。2007 年、2009 年和 2010 年版《欧洲专利局审查指南》没有对其作出改动。在 2012 年版的《欧洲专利局审查指南》中，第 G – II，3.7 节更详细地阐述了相关的实践，并且首次列出子小节来分别阐述"用户界面"和"数据格式和结构"相关的问题，还提及了以数据结构本身作为权利要求主题的问题。2013 年版《欧洲专利局审查指南》除了 2005 年版《欧洲专利局审查指南》中提到的关于"当信息的表述包括新的技术特征时，其载体、处理方法、相关设备是可能被授权的"表述，从而不再要求"新"技术特征，不再局限于信息的载体、处理方法和相关设备，即表明权利要求可以数据结构和信号结构为主题，只要其具有技术特征。2014 年和 2015 年版《欧洲专利局审查指南》没有对相关内容作出改动。值得注意的一个小细节是，2012 年版《欧洲专利局审查指南》中首次提到了一个可以带来技术特性的实例——三维效果的闪烁的图标，而 2013 年版《欧洲专利局审查指南》又将其删除。可见，欧洲专利局致力于对实践细节的不断微调，甚至不惜在短时间内作出反复的调整。

3. 中国的相关实践

与欧洲专利局相反，中国的《专利法》及《专利法实施细则》并没有规定计算机程序和信息表述方式不是保护客体，反而是《专利审查指南 2010》

在第二部分第一章第4.2节和第九章中将其列为智力活动和规则的一种，并表明计算机程序及其载体不属于专利保护的客体。

首先，计算机程序和具有技术结构的信息表述并不是由人脑来运行和识别的，所以似乎不应被纳入智力活动和规则一类。

其次，计算机程序和信息的表述是客观存在的，并改变了其载体的微观物理结构，使其具备了特别的技术功能或能够使其他设备具有特别的技术功能，为什么不能直接被专利保护呢？

最后，中国《专利法》从法律上没有针对计算机程序和信息表述设置任何障碍，而审查指南作为部门规章规定了不适合技术发展趋势的实践方式，这似乎有些不妥。

4. 英国的相关实践

当然，并不是只有中国的法律实践无法跟上技术的进步。一个典型的例子就是英国。

英国是判例法体系，即之前的判例对于之后的判决是有约束力的。英国法院之前有若干判例遵循了通过技术贡献来判断保护客体的方式，并且明确了计算机内部的技术效果，比如提高处理效率，不一定能导致发明具有技术贡献，且这些判例都被英国知识产权局的审查指南引述了，用以直接指导相关发明的审查。由于一直没有新的合适的判例来废除之前的判例，英国知识产权局的审查员不得不严格遵守之前的判例，导致计算机程序相关发明要通过英国的关于保护客体的审查是非常困难的。对此，笔者和自己事务所的英国专利律师一起处理过多个相关案件，深有体会。

另外，英国是 EPC 的成员国，其专利法体系应该顺应欧洲专利法实践的大原则。所以，欧洲专利局扩大申诉委员会的裁决是可以被英国考虑用来废除其之前的判例的。但是，上面提到的 G 3/08 的最终结论是欧洲专利局局长的提请不予受理，虽然其从形式上肯定了相关判例的原则，但是从法律上并没有明确相关原则是必须遵守的。所以，英国知识产权局的审查指中明确写到，由于欧洲专利局的 G 3/08 不是实质上的决定，所以无法被用于废除英国法院之前的判例。可见，英国的判例法体系严重降低了其法律适应技术和社会发展的能力。

5. 功能性限定

上面介绍了欧洲专利局在计算机程序和信息表述相关发明的实践上的发展，这体现了一个专利法体系对技术和社会发展的自我调节能力，从而更好地实现专利法的立法目标。下面笔者将介绍计算机程序和信息表述相关发明在欧洲的具体操作方式——功能性限定。

首先需要讨论的是为什么需要功能性限定。很多发明的概念其实就是通过对不同、已知的功能进行新的、非显而易见的组合，以完成一个总的功能。这个总功能可能也是已知的，但是发明的实现方式可能效率更高、稳定性更高、更安全、成本更低等。这个总功能也可能是一个全新的功能，可以给使用者带来全新的体验，比如计算机人机界面操作的功能。既然定义发明的各种功能是已知的，即功能的实现方式是已知的，就无须在权利要求中定义各种功能的具体实现方式，而是应该允许通过功能性限定的方式来定义各种功能。

现在，这种需要通过功能性限定来定义的发明越来越多。比如，在电子通信领域，一个非常常用的功能性限定是"滤波器"或"滤波装置"，用于过滤掉信号中无用的频率。至于具体如何实现某一滤波功能，一方面，这往往不是发明概念所直接关心的，所以无须定义在权利要求中；另一方面，现有技术中有非常多公知的实现方式，即便在说明书中不介绍任何具体实施例，本领域普通技术人员也能够实现相关的滤波功能，所以应该允许申请人在撰写时不提供相关实施例。然而，根据最高人民法院的司法解释，功能性限定的保护范围必须依据实施例及其等同来解释，所以不在说明书中提供实施例将导致权利要求的保护范围无法确定。如果需要对发明涉及的每个功能性限定提供很多的实施例以期获得更宽的保护范围，这将给申请文件的撰写带来非常高的要求，并增加成本。从现在我国专利代理人的普遍水平考虑以及从专利申请人所需投入的成本考虑，这都是不太现实的，也应该是不必要的。

与中国的实践不同，欧洲在功能性限定上给予了专利申请人和专利权利人最大程度的便利。计算机程序和信息表述相关发明就是最好的例证。

一种计算机程序相关发明往往涉及一个方法，所以权利要求首先以方法开始，比如权利要求 1 定义了一个方法，权利要求 2 至权利要求 10 是权利要求 1 的从属权利要求，定义了优选的方法特征，那么申请人可以继续撰写类似如下权利要求：

"11. 一装置被设置为执行权利要求 1 至权利要求 10 中任意一个所定义的方法。

12. 一计算机程序，当其运行在［某］设备上时，使该设备执行权利要求 1 至权利要求 10 中任意一个所定义的方法。

13. 一载体承载了根据权利要求 12 的计算机程序。"

另外，对于信息表述的权利要求，读者可以参考判例 T 0858/02，据此授权的专利只有一个独立权利要求，以"A structured electronic message"为主题，并定义了消息中各个部分的技术功能。

可以看出在欧洲，相关权利要求可以是纯功能性限定，可以不定义任何装置结构特征，甚至可以不定义任何子功能特征。这些权利要求的撰写方式不但在欧洲专利的实践中是被允许的，而且在说明书没有介绍具体实施例的情况下也可以得到很大的保护范围，因为其保护范围是遵循最宽合理解释的原则的，而不是类似美国和中国的功能性限定保护范围的解释：实施例及其等同。

欧洲的这种功能性限定的定义方式不但最大限度地适应了计算机程序相关技术的发展，而且考虑了发明人作出发明时的实际情况。

发明人在发明一种计算机程序相关的控制方法或数据处理方法时往往还没有考虑在今后的实际应用中到底是采用纯软件的方式在通用计算机上运行，或采用纯硬件的方式在数字集成电路上实现，还是采用软硬结合的方式。所以，在这种情况下，专利保护体系应该赋予申请人一种比较自由的撰写方式来最大限度地保护其发明的方法，比如通过纯功能性限定的方式，使任何实现该方法的设备、程序及其载体都被纳入保护范围。

与之相反，中国的实践不允许纯功能性限定，而是要求装置必须有结构特征，这并不适合计算机程序相关的技术特性。首先，对于纯软件实现，通用计算机设备通过中央处理器（CPU）来执行程序所实现的方法的各个步骤，而CPU根本不包括任何实体或虚拟的子模块。其次，对于硬件实现，即使发明人在作出发明时就考虑了硬件实现的大致方式并画出了实现框图，硬件的最终实现可能因为各种原因而改变最初的框图，所以如果按照最初的框图来撰写权利要求，很可能无法覆盖最终的硬件实现方式。最后，即使最终的硬件实现方式没有改变，由于现在都是由大规模集成电路来实现，根本无法判断集成电路的哪个部分对应于框图的哪个模块，从而给侵权判定带来极大的困难。

一个问题是，中国的实践提出了实体模块和虚拟模块的概念。比如"滤波器"被认为是实体模块，而"滤波装置"被认为是虚拟模块，且一个装置不能同时拥有实体模块和虚拟模块。与之对应，软件实现似乎需要使用虚拟模块，而硬件实现似乎需要使用实体模块。但如果是软硬结合的实现方式，应该采用哪种模块呢？另一个问题是，虚拟模块和实体模块在侵权判定时到底有何区别。所以，不论从技术上还是法律上，笔者都没有看到使用这种方式的必要性，而只看到了其给专利申请人在撰写专利时带来的不必要的麻烦和给专利权利人在侵权判定时带来的不确定性。

四、结　语

如上所述，欧洲的专利体系通过不断地根据法律和判例来调整审查指南所规定的具体实践方式，克服了法律原则上的障碍，赋予并完善了对于计算机程序和信息表述相关发明的保护，特别是通过允许纯功能性限定的方式给申请人提供了最便捷的撰写方式，并给予了发明最大限度地保护范围，从而紧跟技术发展的趋势。

与之相反，中国的《专利法》和《专利法实施细则》并没有对计算机程序和信息表述相关发明设置任何直接障碍，反而作为部门规章的审查指南将其排除在直接的保护客体之外，致使计算机和通信这些彻底改变现代社会的技术领域中的很多发明无法得到实质的专利保护。另外，由于不允许使用纯功能性限定并且采用了虚拟模块和实体模块的规定，即使相关发明通过所要求的撰写方式获得了专利保护，在之后的侵权判定中也会面临很大的困难。

与中国专利法实践对应的是，中国这些年的技术发展非常迅猛，特别是在电子和通信领域出现了一批具有国际知名度甚至是国际领先的企业，而计算机程序和信息表述相关发明往往是这些企业的核心技术。在这种发展趋势下，出于保护民族工业的立场，笔者希望中国的专利保护体系能够加强自身的适应能力，尽快通过修改审查指南等手段来赋予并逐步完善对计算机程序和信息表述相关发明的保护，包括放松功能性限定的撰写方式及其保护范围的解释。

《专利法》第33条修改超范围与复审、无效修改的探讨

徐书芳* 张美菊* 李 龙* 刘彩凤*

【摘　要】

　　《专利法》第33条规定了"修改不得超范围"的规则，但是在专利审查过程中如何理解和适用该规则，专利审查部门与业界上存在各种分歧与争论，本文以《专利法》第33条的立法目的为出发点，探讨在实质审查过程中专利申请文件的修改以及在复审、无效阶段对专利申请文件修改的异同，平衡专利权人与社会公众之间的合法权益，分析修改规则、修改方式、修改时机及修改范围在不同阶段的适用；从专利法的原理体系出发，针对上述问题作出简要介绍和评论，以期业内人士全面探讨"修改不得超范围"在各审查阶段适用的规则。

【关键词】

　　文件修改　超范围　复审　无效程序

---

* 作者单位：国家知识产权局专利局专利审查协作天津中心。

一、引　言

发明专利申请保护期限长，专利文件经过实质审查后保护范围强而受到专利申请人的青睐，而在发明专利申请时申请人撰写的专利申请文件难免会出现各种缺陷。一旦存在缺陷的专利申请被授予专利权后，一方面，会影响向公众传递专利信息，妨碍公众对授权专利的有效实施应用；另一方面，会影响专利权保护范围的大小及其确定性，给专利权的行使带来困难，故在发明专利的实质审查阶段、复审阶段和无效阶段都提供了对专利文件进行修改的机会以取得稳定的专利权。但是这三个阶段对修改的要求各不相同，本文将从立法目的、程序设立的初衷、适用的法条、修改时机和修改内容等方面对此进行分析（见表1）。

表1　关于修改适用的法律条款的比较

审查阶段	修改的时机和方式	内容和范围
实质审查	《专利法实施细则》第 51 条	《专利法》第 33 条
复审程序	《专利法实施细则》第 61 条	《专利法》第 33 条
无效程序	《专利法实施细则》第 69 条	《专利法》第 33 条

二、《专利法》第 33 条立法目的之争

《专利法》第 33 条规定，"申请人可以对其专利申请文件进行修改，但是，对发明和实用新型专利申请文件的修改不得超出原说明书和权利要求书记载的范围，对外观设计专利申请文件的修改不得超出原图片或者照片表示的范围"❶，业界人士称为"修改不得超范围"原则。根据《专利法》第 33 条规定，专利申请人可以对申请文件进行修改，但是修改时必须受到一定的限制。专利申请递交文件后，申请人为什么会修改？《专利法》为什么也允许修改？这其实是《专利法》的立法本意与立法宗旨，对于这个问题的探讨折射出对专利法原理不同层次的理解，《专利法》作出上述规定的原因是我国专利制度采用先申请制原则，如果允许申请人对专利申请文件的修改超出原始提交的说明书和权利要求书记载的范围，就会违背先申请制的原则，造成对其他申请人不公平的后果。

---

❶ 我国自 1984 年 3 月 12 日开始实施专利制度以来，《专利法》历经几次修改，即 1992 年、2000 年和 2008 年的修改。但《专利法》第 33 条的实质内容没有做任何修改，只是在文字表述上有所差异。

关于《专利法》第 33 条的立法目的，业界目前有两种观点：一种观点是"形式缺陷论：规定可以对申请文件进行修改，因为申请人在撰写申请文件过程中，难免存在用词不严谨、表述不够准确等缺陷，对于这类缺陷如不加以修正，就可能导致影响专利保护范围的不确定性，影响公众对专利信息的有效利用……"；另一种观点是"调整保护范围论：对申请文件的修改不仅仅局限于上述提到的形式缺陷问题，还可以包括涉及保护范围的重新界定或随着现有技术的发展及变化而进行的适应性修改等多种情况"❶。

在上述两种观点中，"形式缺陷论"对修改的理解有些机械，如果修改只是局限于形式表达，那么修改就没有实质的意义，改与不改没有本质区别，这样的修改"权利"名存实亡。对于"调整保护范围论"诸多反对者以"超范围"为由来反对，鉴于现有技术的时间界限是以申请日为时间节点，专利申请人不能在确定申请日之后再将申请文件所记载的技术方案作出变化，这样的修改方式在一定程度上难以判断其修改内容是否超范围，修改内容造成社会大众对专利申请文件期待的不确定性。因此，两种方式都存在一定的问题。

实质上，要求专利申请人能够一次性完美地写出保护范围适当的权利要求是不太可能的，权利要求书与说明书在专利申请文件中各自分工明确。专利法原理对于说明书的要求是"充分公开"使本领域的技术人员能够实现，满足这一要求的说明书撰写是无可厚非的，而权利要求的作用是基于说明书充分公开来界定请求保护的范围，即权利要求书应得到说明书的支持。因此，只要得到说明书支持的权利要求书的撰写就是合格的，但是能够得到说明书支持的权利要求的撰写表达方式可能是多种多样的，也是符合专利法要求的。所以，在专利申请撰写时，不管权利要求撰写成什么样子，只要能够得到说明书支持并满足一定形式上的要求，都是专利法赋予申请人的正当权利。

三、如何理解"原说明书和权利要求书记载的范围"

《专利法》第 33 条中"不得超出原说明书和权利要求书记载的范围"的表述，正是"修改不得超范围"原则的由来。何谓"记载的范围"？

业界内有两种观点：一种观点认为，所谓"记载的范围"，是指有明确记载，即指"原说明书和权利要求书文字记载的内容和根据原说明书和权利要

---

❶ 王翠平，于立彪，曹正建."修改不得超范围"原则法律论争的若干问题［J］. 知识产权，2012（6）：63－67.

求书文字记载的内容以及说明书附图直接地、毫无疑义地确定的内容"；另一种观点认为："原说明书和权利要求书记载的范围应该包括如下内容：一是原说明书、权利要求书文字及附图等明确表达的内容；二是本领域技术人员通过原说明书及其附图和权利要求书可以直接、明确推导出的内容。"只要是所推导出的内容对于本领域技术人员而言是显而易见的，就可认定该内容属于原说明书和权利要求书记载的范围。❶ 比较两种观点可以看出，两者的共同点是，都认可"原说明书、权利要求书文字及其附图等明确表达的内容"属于"记载的内容"；分歧点在于：前者认为"根据原说明书和权利要求书文字记载的内容以及说明书附图直接地、毫无疑义地确定的内容"才属于"记载的内容"，而后者认为本领域技术人员"通过原说明书及其附图和权利要求书可以直接、明确推导出的内容"也属于"记载的内容"。前者的说法是"直接地、毫无疑义地确定"，后者的说法是"直接、明确推导出"，两者之间的分歧很大。

上述两种观点，本文分别简称其为"确定论"与"导出论"。无论是"确定论"还是"导出论"，都认为其符合《专利法》第 33 条的立法目的。但从"确定论"和"导出论"的论争看，"确定论"将重点放在了"记载"的解释上，而"导出论"着眼于本领域技术人员的明确推导。但目前情况是"确定论"仍明确地写在了《专利审查指南 2010》中，审查员仍需按照"确定论"来判断申请文件的修改是否超范围。笔者认为，为了更好地鼓励发明创造，促进科学技术的发展与进步，本领域技术人员有责任去判断该技术方案是否可以"通过原说明书及其附图和权利要求书直接、明确推导出"，"导出论"中的技术方案被社会大众所知，也促进该技术领域的发展，但在实务上，"导出论"是否能替代"确定论"，尚需时日观察。

四、专利申请文件的修改原则、修改时机、修改方式

作为一项总原则，对专利文件的任何修改，都应满足《专利法》第 33 条的规定。但在具体的修改原则上，针对专利申请和授权后的专利，还是有所区分的。

首先，在申请过程中，为使申请符合《专利法》及《专利法实施细则》的规定，对申请文件的修改可能进行多次。理论上，对于符合《专利法》第 33 条的任何修改，似乎都应该被接受。但是考虑到行政程序的效率，《专利

---

❶ 陈曦. 论无效程序中专利文件的修改［D］. 北京：中国政法大学，2006.

法》对申请文件的修改时机或次数进行了适当的限制。从修改的动机看，可分为主动修改与被动修改。根据《专利法实施细则》第 51 条的规定，所谓主动修改是指，申请人仅在下述两种情形下对发明专利申请文件进行主动修改：一是在提出实质审查请求时；二是在收到国务院专利行政部门发出的发明专利申请进入实质审查阶段通知书之日起的 3 个月内。所谓被动修改是指为了克服审查意见中所指出的缺陷所做的修改。其次，《专利审查指南 2010》特别规定，在某些情况下，即使修改的内容没有超出原说明书和权利要求书记载的范围，也不能视为针对通知书所指出的缺陷进行的修改，因而不予接受。更进一步地，即使修改的内容没有超出原说明书和权利要求书记载的范围，只要修改导致权利要求请求保护的范围扩大，也不予接受。

《专利审查指南 2010》是从节约审查程序的角度规定了被动修改的限制。但是业界内对于何谓"针对通知书所指出的缺陷进行的修改"有不同解读。例如，由于审查意见认为原独立权利要求及从属权利要求没有新颖性或创造性，申请人增加了在原权利要求书中未出现的新的独立权利要求及从属权利要求，假设新的独立权利要求和从属权利要求具有新颖性或创造性，是否视为是"针对通知书所指出的缺陷进行的修改"？一方面，《专利审查指南 2010》明确规定不能增加未出现在原权利要求书中的新的独立权利要求及从属权利要求；另一方面，业界内会质疑这种做法与节约审查程序的初衷并不矛盾，为什么这种修改方式不予接受？笔者认为，专利申请在撰写时就是严格的，专利申请的意义在于公开换保护，因此，在撰写之初，专利申请人应当尽量公开其请求保护的内容，写明请求保护的技术方案，不能在实质审查过程中因审查意见而随意的变动请求保护的内容，一方面增加专利审查的行政成本，另一方面对其他专利申请人不公平。

五、专利申请文件在授权与复审、无效阶段修改的差异

《专利法实施细则》第 69 条规定，在无效宣告请求的审查过程中，发明或者实用新型专利的专利权人可以修改其权利要求书，但是不得扩大原专利的保护范围。对于授权后的专利，其修改即使不超出原说明书和权利要求书记载的范围，也不允许扩大权利要求的保护范围。设立这样规定的原因在于：要保证授权专利保护范围的法律稳定性，不得损害公众对该权利要求的期待利益。然而，在实质审查阶段，应根据具体情况而言，不能一律不接受新的权利要求或者扩大原请求保护的范围的权利要求。况且，只要满足《专利法》第 33

条,在《专利审查指南2010》中明确规定的满足修改原则的前提下,并未绝对排除其他修改方式,故在专利申请实质审查的授权阶段对申请文件的修改限制比较少。

然而,依据《专利审查指南2010》第四部分第三章第4.6节"无效宣告程序中专利文件的修改"规定:"发明或者实用新型专利文件的修改仅限于权利要求书,其原则是:

(1) 不得改变原权利要求的主题名称。

(2) 与授权的权利要求书相比,不得扩大原专利的保护范围。

(3) 不得超出原说明书和权利要求书记载的范围。

(4) 一般不得增加未包含在授权的权利要求书中的技术特征。"

修改权利要求书的具体方式一般限于权利要求的删除、合并和技术方案的删除。权利要求的删除是指删除某些项权利要求;权利要求的合并是指两项或者两项以上从属于同一独立权利要求的合并,此时将所合并的权利要求的技术特征组合在一起形成新的权利要求。在独立权利要求未作修改的情况下,不允许对其从属权利要求进行合并式修改。技术方案的删除是指从同一权利要求中并列的两种以上技术方案中删除一种或者一种以上技术方案。

复审、无效阶段对专利申请文件的修改限制更加严格,原因是:一方面,保证授权专利保护范围的法律稳定性,不损害公众对该权利要求的期待利益;另一方面,平衡专利权人与社会公众的合法权益,寻求授权专利的合理保护范围,促进社会科技进步,鼓励发明创造。

六、复审、无效阶段修改对公众造成的影响

在专利无效宣告程序中,现行《专利审查指南2010》规定允许以合并方式修改权利要求,此种方式可能会导致修改后的权利要求中引入原申请文件中没有记载的技术方案。例如,假定原权利要求书为:

权利要求1:一种产品,其特征为A。

权利要求2:根据权利要求1所述的产品,其特征为B。

权利要求3:根据权利要求1所述的产品,其特征为C。

当无效宣告请求人提供了充足的证据证明权利要求1不具备《专利法》第22条中规定的新颖性或创造性时,根据《专利法实施细则》第69条及《专利审查指南2010》中的相关规定,专利权人可以采用合并的方式对权利要求书进行修改,即可以将权利要求书修改为:权利要求1:一种产品,其特征

为A＋B＋C。由于原权利要求2和3均为单独引用权利要求1，其保护的技术方案是：一种产品，其特征为 A＋B；一种产品，其特征为 A＋C；此时，专利申请文件的修改在满足复审、无效阶段的修改方式下，本领域技术人员还需要进一步判断新修改的独立权利要求1：一种产品，其特征为 A＋B＋C，该技术方案是否在原说明书及权利要求中记载，判断该修改内容是否超范围，使其符合《专利法》第33 条的规定。从这一角度来说，复审、无效阶段对专利申请文件的修改不仅在修改方式上有要求，而且在修改内容上也必须符合《专利法》第33 条，由此可以得出结论，复审、无效阶段对专利申请文件的修改更加严格。

为什么《专利法》对复审、无效阶段专利申请文件的修改会更加严格呢？笔者认为在专利无效宣告程序中，国家知识产权局专利复审委员会如果以这种合并方式修改后的原授权文本中没有记载的技术方案维持该专利权有效的话，会对社会公众造成不公平。一项专利权授予后，公众从国家知识产权局公告的授权文本中获得了权利要求书中所限定的技术方案信息，当国家知识产权局专利复审委员会作出无效宣告请求审查决定，以合并方式修改的权利要求被维持有效时，公众得到的将是不同的信息，从某种程度上讲，新的公告信息超出了原先公众所获知的信息范围，影响了专利权的稳定性，从而导致对社会公众造成不公平。权利要求书请求保护的范围是国家批准给予专利权的保护范围，并且以国家强制力为后盾，只要他人未经专利权人许可而实施的技术方案落入授权的权利要求书范围内，通常就构成专利侵权行为。即专利权通过权利要求书的形式在专利权人和社会公众之间划了一条边界，公众有权根据这条边界规划自己的行为。但是，这样的一条边界将会随着专利权人对其权利要求书的修改而改变，使公众无法预测自己的行为是否违法，从而无所适从。

七、结论与建议

在专利无效宣告程序中，恰当地规范和约束专利权人对专利文件的修改是为了平衡专利权人和社会公众之间的合法权益。从保护专利权人的合法权益出发，在不破坏专利权人与社会公众利益平衡的前提下，发明或者实用新型专利的专利权人可以修改其权利要求书，但是不得扩大原专利的保护范围，虽然修改权利要求书的具体方式可以是权利要求的删除、合并和技术方案的删除，但是在实际修改过程中，仍需要判断修改后的技术方案是否超出原说明书及权利要求记载的范围，这样才符合我国《专利法》的立法目的。

功能性限定与《专利法》条款之间的联系

崔　茜* 杨　祺*

【摘　要】

电学领域中，越来越多的权利要求开始采用功能性限定。功能性限定一定程度上扩大了权利要求保护的范围，但是也带来了风险。本文结合一件专利无效案例，对功能性限定带来的影响进行分析，同时，根据案例中涉及的专利法条款，对功能性限定与条款之间的联系展开探讨。

【关键词】

功能性限定　无效　《专利法》

一、有关功能性限定的现有解释

我国《专利法》《专利法实施细则》中对于权利要求中的功能性特征并无具体规定，也没有任何的解释条款。但《专利审查指南 2010》（以下简称《审查指南》）规定："对于权利要求中所包含的功能性限定的技术特征，应当理解为覆盖了所有能够实现所述功能的实施方式。"也就是说，在发明专利的实

---

* 作者单位：国家知识产权局专利局专利审查协作天津中心。

质审查过程中，对于功能性限定，遵循的是上述原则，即对于带有功能性限定的权利要求的审查，需要考虑该限定是否覆盖所有实现该功能的方式。

2009 年 10 月 28 日，最高人民法院发布《最高人民法院关于审理侵犯专利权纠纷案件应用法律若干问题的解释》（法释〔2009〕21 号）（以下简称"司法解释"），其中第 4 条指出，对于权利要求中以功能或者效果表述的技术特征，人民法院应当结合说明书和附图描述的该功能或者效果的具体实施方式及其等同的实施方式，确定该技术特征的内容。该司法解释明确了在司法程序中对于权利要求中功能性限定的理解。

由此可见，仅从实质审查程序和司法程序两个方面考虑，国家知识产权局和法院对于功能性权利要求的判定不尽相同。本文只针对上述两个程序中有关功能性限定的特征（权利要求）与《专利法》条款之间的联系展开讨论，对于程序上的异同不作展开。

二、功能性限定与专利法条款之间的联系

（一）《专利法》第 26 条第 4 款

根据《审查指南》中对于实质审查程序中功能性限定的判断标准来看，主要适用于《专利法》第 26 条第 4 款进行审查。

《专利法》第 26 条第 4 款规定：权利要求书应当以说明书为依据，清楚、简要地限定要求专利保护的范围。根据《审查指南》的标准，在实质审查过程中，权利要求书的每一项权利要求所要求保护的技术方案应当是本领域技术人员能够从说明书充分公开的内容中得到或概括得出的技术方案，并且不得超出说明书公开的范围。也就是说，在判断权利要求是否得到说明书的支持时，有两种判断标准：①本领域技术人员是否可以合理预测说明书给出的实施方式的所有等同替代方式或明显变型方式都具备相同的性能或用途；②本领域技术人员是否有理由怀疑上位概括或并列概括所包含的一种或多种下位概念或多种下位概念或选择方式不能解决发明所要解决的问题。

对于带有功能性限定的权利要求的审查，在遵循上述判断标准的同时，还应考虑发明的改进之处是否是由于具有该功能的结构特征与其他技术特征组合之后所解决的技术问题。也就是说，当存在具有某个特定功能的技术特征与其他技术特征相结合构成了解决本发明技术问题的技术手段，并且能够在说明书中包含覆盖所有实现该功能的实施方式时，可以得出权利要求能够得到说明书的支持。

（二）《专利法》第 22 条第 2 款、第 3 款

根据上述分析，功能性限定的权利要求还与《专利法》第 22 条第 2 款、第 3 款所规定的新颖性和创造性有关。

《审查指南》第二部分第三章有关新颖性的评述标准中明确指出了对于包含性能、参数、用途、制备方法等特征的产品权利要求新颖性的审查标准。总体来说，审查员需要考虑性能、参数特征、用途特征是否隐含了要求保护的产品具有某种特定结构和/或组成，以及制备方法是否导致产品具有某种特定的结构或组成。由于创造性的审查是基于新颖性进行的，因此，对包含性能、参数、用途、制备方法等特征的产品权利要求的评述标准同样适用于创造性的评述。

例如：1. 一种能够盛放硫酸的杯子；2. 一种能够盛放牛奶的杯子。

上述案例既可以按照上述方式限定为包含性能特征的产品权利要求，也可以限定为包含用途特征的产品权利要求。"盛放硫酸"本身隐含了请求保护的杯子具有"耐腐蚀"等特定的结构和组成，因此，在对上述权利要求进行评述的过程中，要充分考虑隐含的限定作用。

（三）《专利法》第 33 条

《专利法》第 33 条规定，申请人可以对其专利申请文件进行修改，但是，对发明和实用新型专利申请文件的修改不得超出原说明书和权利要求书记载的范围。就《专利法》第 33 条而言，指明了申请人对专利申请的修改范围包括原说明书和权利要求书文字记载的内容以及根据原说明书和权利要求书文字记载的内容以及说明书附图能够直接地、毫无疑义地确定的内容。

从《专利法》第 33 条来看，使得申请人不能够随意增加原说明书和权利要求书中无法得出的内容，确保了我国先申请制度的有效进行，同时不增加审查员的工作量。

由于功能性限定会增大权利要求的保护范围，因此在实质审查过程中，审查员需要考虑修改后的权利要求书中加入功能性限定的内容，是否属于超范围的情形。针对增加的功能性限定的权利要求的审查可以参照《专利法》第 26 条第 4 款对"不支持"情况的审查标准，考虑原始说明书中是否包含覆盖所有实现该功能所有的实施方式，即修改后的权利要求中的功能性限定的内容，是否在说明书中给出了所有实施该功能的方式。除非说明书中给出了所有实施方式，或者在说明书中详细指出所有能够和所有不能够实现的实施例，并在权

利要求中以排他的撰写方法去除所有不能够实现的实施例；否则，对于修改后的权利要求中增加了功能性限定必然会扩大权利要求的保护范围。❶

三、典型案例

案件名称：选择数据传送方法。❷

上诉人（原审原告）：诺基亚公司。

被上诉人（原审被告）：上海华勤通讯技术有限公司。

案情介绍：

原告在一审程序中诉称：被告未经原告允许，擅自制造、许诺销售、销售被控侵权产品的行为已经构成了侵权。被告在一审程序中辩称：被控侵权的产品并未落入原告专利权的保护范围中，且原告的授权专利为现有技术，因此已向国家知识产权局专利复审委员会提出专利无效宣告请求。国家知识产权局专利复审委员会就被告提出的无效宣告请求，认定涉案专利部分权利要求无效。一审程序中，原告主张依据涉及权利要求 7 确定专利保护范围，要求认定被告的侵权行为。一审和二审法院均认为：原告所述的涉案专利的权利要求 7 的保护范围不能确定，因此被告不构成侵权。

涉案专利权利要求 7 为："如权利要求 6 所述的终端设备，其特征在于：所述终端设备被配置为：将所述数据传送方法选择应用于输入消息的消息编辑器；所述终端设备被配置为：基于在所述消息编辑器中执行的所述数据传送方法的选择，将所述消息传送到支持所选择的数据传送方法的数据传送应用程序；以及所述终端设备被配置为：根据所述数据传送应用程序所使用的数据传送协议，将所述消息传送到电信网络。"

本案的主要争议焦点为：（1）涉案专利权利要求 7 是否包含功能性技术特征；（2）根据涉案专利说明书及附图描述的实施方式，是否能够确定权利要求 7 的保护范围。

关于争议焦点（1），该院认为，《专利法》第 59 条第 1 款规定，发明或者实用新型专利权的保护范围以其权利要求的内容为准，说明书及附图可以用于解释权利要求的内容。司法解释第 2 条规定："人民法院应当根据权利要求的记载，结合本领域普通技术人员阅读说明书及附图后对权利要求的理解，确

---

❶ 许谅亮. 关于功能性限定权利要求的审查与思考［J］. 中国发明与专利，2015（6）：81－86.

❷ 上海市高级人民法院（2013）沪高民三（知）终字第 96 号民事判决书。

定专利法第五十九条第一款规定的权利要求的内容。"该案中，涉案专利权利要求 7 包含功能性技术特征，理由如下：第一，功能性技术特征，是指对于产品的结构、部件、组分或其之间的关系或者方法的步骤、条件或其之间的关系等，通过其在发明创造中所起的作用、功能或者效果进行限定的技术特征，但本领域普通技术人员通过阅读权利要求书、说明书和附图可以直接、明确地确定技术内容的技术特征除外。第二，根据涉案专利权利要求书及说明书的记载，涉案专利权利要求 1 和权利要求 2 要求保护的是一种在电信系统中选择数据传送方法的方法，而权利要求 7 要求保护的是一种能够实现或执行上述方法的终端设备。涉案专利权利要求 7 采取了在方法权利要求对应的每一个步骤特征前附加"被配置为"的撰写方式来表征其所限定的相关技术特征，而"被配置为"在文意上应当被理解为使该设备、部件能够实现或达到其所限定的执行某一步骤的功能或效果，因此，涉案专利权利要求 7 的技术特征均属于使用功能性词语限定的技术特征。第三，对于权利要求中使用功能性词语限定的技术特征，如果通过阅读权利要求书和说明书及附图，对该技术特征的理解，与本领域普通技术人员的通常理解一致，能够明了该技术特征所体现的功能或者效果是如何实现的，在这种情况下，按照通常理解确定该技术特征的内容即可，该技术特征不属于功能性技术特征，反之，则属于功能性技术特征。第四，虽然诺基亚公司认为，权利要求 7 的文字描述并未超出本领域普通技术人员的通常理解范围，本领域普通技术人员能够明了每一个"被配置为"的技术特征是如何实现的，其结构是如何改进的，但是，诺基亚公司同时主张涉案专利权利要求 7 中限定的"消息编辑器"是其与现有技术的主要区别所在。因此，诺基亚公司也认为，至少对于"消息编辑器"的理解，其与本领域普通技术人员的通常理解并不一致，也不存在能够实现该技术特征所体现的功能或者效果的惯常技术手段。

综上，涉案专利权利要求 7 的技术特征仅表述了该特征所要实现的功能，且本领域普通技术人员通过阅读权利要求书、说明书和附图也不能直接、明确地确定该技术特征的技术内容。因此，涉案专利权利要求 7 中包含功能性技术特征。

关于争议焦点（2），该院认为，司法解释第 4 条规定，对于权利要求中以功能或者效果表述的技术特征，人民法院应当结合说明书和附图描述的该功能或者效果的具体实施方式及其等同的实施方式，确定该技术特征的内容。涉案专利说明书第 6~9 页分别记载了如下内容："图 3 说明根据实施例用于选择数据传送方法的方法，图中的方法具体应用于移动台 MS；根据实施例应用于消息编辑器 ED""图 4a 说明根据实施例如何使用选择条件，所述选择条件确定要用于不同信息类型的数据传送方法""图 4b 说明根据另一个实施例如何使用选择条件，所述选择条件确定要用于接收方标识符类型的数据传送方法""图 4a 和图 4b 中所示的实施例可以应用于消息编辑器 ED"。根据上述记载，并结合涉案专利说明书中的图 3、图 4a、图 4b 以及对应于相关附图所作的具体描述，可以明确涉案专利说明书结合图 3、图 4a、图 4b 所公开的实施例均是针对方法、步骤、功能所作的描述。涉案专利说明书仅简单陈述了上述方法步骤可以应用于移动台 MS 或者应用于消息编辑器 ED，并说明可以通过软件、硬件或软硬件结合的解决方案来实施所述创新手段，但是说明书及附图中并没有关于如何将上述方法步骤应用至终端设备或消息编辑器的具体技术手段的描述。也就是说，说明书及附图中没有记载终端设备、消息编辑器"被配置为"实现相应功能的具体实施方式，故依据前述司法解释第 4 条的规定，不能确定涉案专利权利要求 7 中以"被配置为"所限定的技术特征的内容，进而也无法确定涉案专利权利要求 7 的保护范围。

由于涉案专利权利要求 7 包含功能性技术特征，且结合涉案专利说明书及附图仍然不能确定权利要求 7 的保护范围，故无论被控侵权产品的技术方案如何，上诉人诺基亚公司的侵权指控均不能成立。

上诉人上诉称，一审判决关于涉案专利权利要求 7 属于功能性技术特征的认定错误，涉案专利权利要求 7 的内容不应当被认定为功能性技术特征。对此，该院认为，该院已在上文详细阐述，涉案专利权利要求 7 采取在方法权利要求对应的每一个步骤特征前附加"被配置为"的撰写方式来表述其所限定的技术特征，该些技术特征均属于使用功能性词语限定的技术特征。且本领域普通技术人员通过阅读涉案专利权利要求书、说明书和附图，并不能直接、明确地确定前述技术特征的技术内容。故涉案专利权利要求 7 中包含功能性技术特征。上诉人诺基亚公司的这一上诉理由不能成立，该院不予支持。

上诉人上诉称，一审判决关于涉案专利权利要求 7 的保护范围不能确定的认定错误，由前述 7 个技术特征所限定的权利要求 7 的保护范围是可以确定的。对此，该院认为，涉案专利权利要求 2 要求保护的方法和权利要求 7 要求保护的实施该方法的装置，在技术上具有关联性，但是两者的保护对象以及保护范围应当是不同的。在撰写方式上，涉案专利权利要求 7 的技术特征仅仅是在其所对应的方法权利要求的每一个步骤前加上"被配置为"而组成。然而，涉案专利说明书中披露的具体实施例又均是针对方法步骤所作的具体描述，而对于装置、消息编辑器如何"被配置为"并未描述具体的实施方式。诺基亚公司认为根据说明书的描述，本领域普通技术人员可以清楚地知道，要实现权利要求7描述的"被配置为"的步骤，可以通过软件、硬件或软硬件结合的方式来实施。但是，该院已在上文详细阐述，涉案专利说明书中并未记载实现权利要求7描述的装置、消息编辑器"被配置为"的步骤的具体实施方式，也不存在本领域普通技术人员所熟知的能够实现该技术特征所体现的功能或者效果的惯常技术手段，故依据司法解释第4条的规定，不能确定涉案专利权利要求7中技术特征的技术内容，进而也无法确定涉案专利权利要求7的保护范围。因此，上诉人诺基亚公司的这一上诉理由不能成立，该院不予支持。

上诉人上诉称，一审判决对装置发明本身所谓的"贡献"的认定是错误的。对此，该院认为，涉案专利说明书中的具体实施例均是针对方法步骤等所作的具体描述，虽然说明书图2披露了移动台MS的具体装置结构，但图2也未体现该移动台MS的结构与现有装置结构的区别所在。而涉案专利权利要求7要求保护的是一种终端设备。原审法院并未对涉案专利权利要求7的创造性进行评判，原审法院仅是认为涉案专利说明书应当进一步说明装置"被配置为"的具体实施方式，从而能够在说明书中体现权利要求7要求保护的装置相对于现有装置的技术贡献。故上诉人诺基亚公司的这一上诉理由不能成立，该院不予支持。

上诉人上诉称，原审法院在适用司法解释第4条的时候，并未结合该司法解释第2条来适用，在适用法律的顺序上存在错误，属适用法律错误。对此，该院认为，该院已在上文详细阐述了涉案专利权利要求7包含功能性技术特征，且结合涉案专利说明书和附图的描述不能确定权利要求7的保护范围。专利复审委员会的专利有效性审查程序，与人民法院的专利侵权民事诉讼程序，是两种不同的法律程序，两者解决的问题不同，所涉的证据材料也不完全相同。专利复审委员会在无效宣告请求审查决定中是对涉案专利的有效性进行审查，而原审法院并未对涉案专利的有效性进行评判。原审法院根据《专利法》以及司法解释的相关规定对涉案专利权利要求7的保护范围进行解释和认定，并无不当。故上诉人诺基亚公司的这一上诉理由不能成立，该院不予支持。

由上述案例可以看出，对于功能性限定的权利要求来说，在侵权认定的时候，需要考虑该功能限定是否对权利要求的保护范围产生影响。该案中的权利要求 7 使用了功能性限定，在司法阶段考虑功能性限定对权利要求保护范围的影响时，通过结合说明书和附图中给出的解释进行判断。该案说明书和附图中并未给出相应的解释，因此，法院裁定原告的上诉请求不成立。

不论是实审阶段、复审阶段还是司法阶段，都要明确包含功能性限定的权利要求的保护范围，以作合理的裁量。该案也体现了功能性限定与《专利法》第 26 条第 4 款 "判断权利要求是否清楚" 的结合。

四、结　语

本文结合具体的案例，对包含功能性限定的权利要求的审查以及涉及的法条进行了分析。上述内容仅代表个人见解。

探析涉及计算机程序的发明专利申请
有关审查和保护范围的相关问题

刘　鹏* 朱　朔* 严佳琳*

【摘　要】

　　本文通过对业界重点关注的华勤公司与诺基亚公司之间的专利权确权与侵权案件进行深入分析，从而引出在涉及计算机程序的发明专利权中如何确定是否为功能性限定特征以及如何确定其保护范围的问题，并通过对涉及计算机程序的发明专利申请的权利要求的理解、审查和保护范围的解读，给出对功能性限定特征定义和对《专利审查指南 2010》第九章的修改建议。

【关键词】

　　功能性限定　计算机程序　保护范围

一、引　　言

　　本文针对的是经过本领域技术人员对涉案专利全部内容的分析之后，认定为其技术方案通常通过全部或部分计算机程序实现的发明专利申请，对于通过硬件改进实现的不在本文考虑之列，当然，如果申请人在申请文件中仅仅给出

---

*　作者单位：国家知识产权局专利复审委员会。

了实现技术方案的计算机程序流程，只是声称可以用软硬件结合实现或硬件实现的，本领域技术人员认定说明书需要给出具体软硬件结合实现或硬件实现的实施例而没有给出的，也认为是通常通过全部或部分计算机程序实现，同样也属于本文考虑的范畴。

二、问题的提出

2010 年底，诺基亚公司向上海市第一中级人民法院起诉上海华勤通讯技术有限公司（以下简称"华勤公司"）侵犯其专利号为 ZL200480001590.4，发明名称为"选择数据传送方法"发明的专利权（以下简称"诺基亚公司案"），要求赔偿人民币 2000 万元。2011 年 3 月，华勤公司质疑涉案专利权的有效性，向国家知识产权局专利复审委员会对涉案专利提起无效宣告请求。2012 年 5 月，国家知识产权局专利复审委员会作出无效宣告请求审查决定书❶，该专利被宣告部分无效，维持权利要求 2、4、7、9 有效。2013 年 6 月，上海市第一中级人民法院对该案作出一审判决❷，认为原告专利权利要求 7 的保护范围不能确定，无须亦无法就被告是否实施了原告专利进行确定，自不应判定被告构成侵权。据此，一审判决驳回了原告诺基亚公司全部诉讼请求。诺基亚公司对一审判决不服，向上海市高级人民法院上诉。2014 年 2 月，上海市高级人民法院作出了终审判决❸，法院仍然以不能确定专利权利要求 7 的保护范围为由，驳回了诺基亚公司的上诉，维持原判。

涉案专利的权利要求 6~7 的内容如下：

6. 一种终端设备，被配置为基于从用户接收的输入来确定待传送的消息，所述终端设备还被配置为：检查涉及正在被输入或已经被输入的消息的至少一部分特性信息；以及

所述终端设备被配置为：为了传送所述消息，选择在预定选择条件下与所述消息的特性信息相关联的数据传送方法，其特征在于：

所述特性信息是下列信息之一：信息类型，其指定所述消息中输入的和/或为所述消息选择的信息的格式；接收方的标识符；接收方标识符的类型。

7. 如权利要求 6 所述的终端设备，其特征在于：

---

❶ 国家知识产权局专利复审委员会第 18676 号无效宣告请求审查决定。
❷ 上海市第一中级人民法院（2011）沪一中民五（知）初字第 47 号民事判决书。
❸ 上海市高级人民法院（2013）沪高民三（知）终字第 96 号民事判决书。

所述终端设备被配置为：将所述数据传送方法选择应用于用于输入消息的消息编辑器；

所述终端设备被配置为：基于在所述消息编辑器中执行的所述数据传送方法的选择，将所述消息传送到支持所选择的数据传送方法的数据传送应用程序；以及所述终端设备被配置为：根据所述数据传送应用程序所使用的数据传送协议，将所述消息传送到电信网络。

本案的主要争议焦点在于：（1）涉案专利权利要求7是否包含功能性技术特征；（2）根据涉案专利说明书及附图描述的实施方式，是否能够确定权利要求7的保护范围。

关于争议焦点（1）：

一审法院认为，权利要求7要求保护的是一种能够实现或执行权利要求1及2所述方法的装置。权利要求7的撰写方法是在方法步骤特征前附加"被配置为"进行限定，在文义上应该将"被配置为"理解为使具备或达到其所限定的执行某一步骤的功能或效果，据此，权利要求7是以功能和效果来表述技术特征，所以是功能性限定权利要求。

终审法院首先对"功能性技术特征"下了定义，认为是指对于产品的结构、部件、组分或其之间的关系或者方法的步骤、条件或其之间的关系等，通过其在发明创造中所起的作用、功能或者效果进行限定的技术特征，但本领域普通技术人员通过阅读权利要求书、说明书和附图可以直接、明确地确定技术内容的技术特征除外。接着，终审法院分析了权利要求7的撰写方式，是在每一个步骤特征前附加"被配置为"来表示其所限定的技术特征，"被配置为"在文义上应当被理解为使该设备、部件能够实现或达到其所限定的执行某一步骤的功能或效果，因此，涉案专利权利要求7的技术特征均属于使用功能性词语限定的技术特征。对于权利要求中使用了功能性词语限定的技术特征，需要进一步分析本领域普通技术人员按照通常理解，能否明了该技术特征所体现的功能或者效果是如何实现的。该案中，诺基亚公司主张权利要求7中限定的"消息编辑器"是其与现有技术的主要区别所在，诺基亚公司也认为，至少对于"消息编辑器"的理解，其与本领域普通技术人员的通常理解并不一致，也不存在能够实现该技术特征所体现的功能或效果的惯常技术手段。

综上，权利要求7的技术特征仅表述了该特征所要实现的功能，且本领域普通技术人员通过阅读权利要求书、说明书和附图也不能直接、明确地确定该技术特征的技术内容。因此，涉案专利权利要求 7 包含了功能性技术特征，是功能性限定权利要求。

关于争议焦点（2）：

一审法院认为，以"被配置为"的开头撰写的权利要求，应当要求原告进一步说明"被配置为"的具体实施方式，以明确原告除了在方法上对现有技术作出了贡献之外，在装置上相对于现有装置的技术贡献何在，否则就是给予一种纯功能限定的装置予以了保护。法院根据《最高人民法院关于审理侵犯专利权纠纷案件应用法律若干问题的解释》（法释〔2009〕21 号）第 4 条规定查明涉案专利的说明书和附图，说明书和附图多数涉及的是方法、步骤或者功能，而缺乏对装置本身的描述，法院并没有在说明书中发现关于权利要求 7 要求保护的装置本身如何"被配置为"的具体实施方式，因此，原告专利权利要求的保护范围结合说明书仍然不能确定。一审法院还认为，原告主张的权利范围实际上认为只要具备其所述某种功能的手机，均落入其保护范围，这与最高人民法院关于功能性特征保护范围如何确定的规定是相违背的。原告认为，权利要求 7 中的技术特征的相关实施方式在涉案专利说明书已有非常充分的描述，而且专利说明书多次提及，这与法院查明的事实不相符。

终审法院肯定了一审判决，认为权利要求 7 要求保护的是实施权利要求 2 中记载的方法的装置，涉案专利说明书中披露的具体实施例均是针对方法步骤所作的具体描述，并简单陈述了上述方法步骤可以应用于移动台或者应用于消息编辑器，并说明可以通过软件、硬件或者软硬件结合的解决方案来实施所述创新手段；但是说明书及附图并没有关于如何将上述方法步骤应用于终端设备或消息编辑器的具体实施方式的描述，也就是说，说明书和附图没有记载终端设备、消息编辑器"被配置为"实现相应功能的具体实施方式，故不能确定权利要求 7 的保护范围。

由该案可见，在涉及计算机程序的发明专利权中如何确定是否为功能性限定特征以及其保护范围是存在争议的。这种争议主要体现下以下几个方面：

（1）方法权利要求与装置权利要求的边界不清楚，在装置上的技术贡献体现在哪里，与纯功能性限定权利要求之间的区别。

（2）功能性限定特征的保护范围是否需要结合实施例来确定。

三、对涉及计算机程序的发明专利申请的特殊性、审查和保护范围的解读

（一）涉及计算机程序的发明专利申请的特殊性

目前，电学、通信领域的很多设备或装置均由硬件系统和软件系统两部分组成。传统的计算机系统，即冯诺依曼体系的计算机硬件一般由输入单元、输出单元、算术逻辑单元、控制单元和存储单元组成，软件由系统软件和应用软件组成。系统软件由一组控制计算机系统并管理其资源的程序组成，主要包括操作系统、解释或编译程序、服务程序、数据库管理系统等。应用软件是为解决各类具体问题而设计的程序。冯诺依曼体系的计算机采用存储程序的方式，即事先将编制好的程序存入主存储器中，计算机在运行程序时就自动、连续地从存储器中依次取出指令并由控制单元执行。计算机的工作表现就是执行程序，在存储单元和控制单元的配合下运行程序。硬件构成计算机的身体，软件构成计算机的灵魂，二者缺一不可，共同协同工作，完成特定问题的解决。

一般而言，硬件只完成基本功能，而复杂的功能则通过软件来实现。随着技术的发展，软件与硬件之间的界限也是不断变化的。许多功能既可以直接由硬件实现，也可以在硬件的支持下靠软件实现，对用户来说，在功能上是等价的，即所谓的软硬件在功能上的逻辑等价。并且，计算机硬件技术和软件技术是协同发展的，软件随着硬件技术的发展而变化，而软件的不断发展和完善又促使硬件技术的升级，二者交替发展，相互促进。在计算机系统结构中，早期，硬件成本较高，为了节约成本，硬件软化，后来随着集成电路技术的快速发展，又出现了软件硬化，并随着微程序控制技术的出现，产生了软件固化，即固件化，将系统软件的核心部分固化在存储芯片中，从用户角度看去，它们是系统硬件的一部分。因此，软硬件在计算机系统结构的功能上是等价的，只有执行速度的差别。

总之，整个设备或装置就是一个软硬件结合的系统，软件与硬件根据性能的要求相互分工，进而相互配合完成特定的任务。涉及计算机的产品必然也是一个软硬件结合的产品，软件也必然是该产品必需的组成部分。

（二）涉及计算机程序的发明专利申请的审查

严格地将一个涉及计算机程序的发明专利申请区分成硬件或软件，即软硬件不能混杂，并在撰写方式上进行过于严苛的要求，无论从体系上还是目的

上，都是与涉及计算机程序的发明专利申请的发明本质特点不符的。另外，计算机程序本身看不见、摸不着，将使用传统产品权利要求的撰写方式适用于涉及计算机程序的发明专利申请中的产品权利要求也是不合时宜的。

由于计算机程序本身的特点，其不可能使用结构特征、参数特征来表达，但又是产品不可分割的组成部分，因此，对于此类撰写的产品权利要求的理解应当不同于传统产品即物理形态上的产品的理解，而应当将计算机程序也视为产品的组成部分，软件所具有的功能即为计算机产品所具有的功能。因此，应该认为在产品权利要求中使用了功能性限定特征来进行审查。

对于产品权利要求是否清楚的审查、基于上面对于涉及计算机程序的发明专利申请的分析，一旦计算机程序静态存储于某一介质上，例如存储器、处理器等，就可以进行保护，也就是说，只要主题名称为介质、处理器、装置等实体设备，不管在其中用任何形式来描述方案，都掩盖不了其发明本质，其是否清楚的审查与其他类型权利要求是否清楚的审查并无不同。

对于产品权利要求是否得到说明书支持的审查、对于用功能性限定的产品权利要求能否得到说明书支持的审查，总的原则仍应要求每一项权利要求所要求保护的技术方案应当是本领域技术人员能够从说明书充分公开的内容中得到或概括得出的技术方案，并且不得超出说明书公开的范围。

不过，对于直接使用计算机程序产品、软件、插件等作为权利要求的主题名称的，由于其并没有依附于介质、处理器、装置等实体设备，将其简单认定为产品权利要求或方法权利要求，仍然有悖于专利审查指南规定的两种权利要求类型的范畴，即物的权利要求和活动的权利要求，也容易与计算机程序本身的概念相混淆，因此仍然应当不被允许。

对于本文第二部分提到的"诺基亚公司案"，要根据申请文件深入分析其技术贡献所在，依据技术贡献来衡量是否得到说明书的支持，对于属于技术贡献的内容，本领域技术人员在依据现有技术难以预测其他的实施方式或等同实施例时，其对应权利要求特征的概括范围应当较小；相反，对于不属于技术贡献的内容，现有技术中已经大量存在相关技术手段，如果申请人也未对该部分技术手段的选择提出约束限制条件，则本领域技术人员容易预测其他等同实施方式或替代方式，其对应权利要求特征的概括范围可以较大。

对该案来说，发明的技术贡献已经在权利要求中具体地进行了限定。权利要求中虽然采用功能性语言"检查"和"选择"进行了限定，但也在其对应特征描述中具体限定了例如检查所依据的规则和对象、选择所依据的规则和对象。更重要的是，依据该规则和对象如何构建实现检查和选择的具体计算机程序，则并非本发明的技术贡献所在。此时，本领域技术人员仅仅通过权利要求的上述"检查"和"选择"这样的技术描述，结合现有技术，已经足以容易地想到多种计算机语言编制实现上述功能的计算机程序。因此上述"检查"和"选择"的功能足以得到说明书的支持，并且本领域技术人员能够清楚地确定其保护范围，即涵盖所有依据权利要求所限定的规则和对象实现检查和选择功能的所有计算机程序，由于其说明书中并没有给出由软硬件结合实现或硬件实现的具体实施例，因此也仅能认为是通过计算机程序实现的。

需要补充一点的是，如果权利要求中已经描述了各个功能特征之间的相互关系，从技术方案整体上看，能够体现其技术贡献，这也是此类发明专利申请的特殊之处，其不同于纯功能性限定的权利要求，因此，能够得到说明书的支持。

（三）涉及计算机程序的发明专利申请的保护范围

目前，专利行政部门与司法部门对于功能性限定的权利要求的保护范围的解读存在差异，研究已多，在此不再赘述。特别地，对于涉及计算机程序的产品权利要求，由于基本只能使用功能性限定来表述其特征，而说明书中的实施方式也基本与权利要求的描述相差不多，或者是进一步记载一些流程图或框图，从而导致缺少传统领域中通常使用功能性限定时的具体实施方式的描述，进而会导致大量涉及计算机程序类的发明创造根本不可能得到司法保护，这显然是不合适的。因此，要站在计算机程序这一特殊领域的高度，来解读其保护范围。

对于"诺基亚公司案"，一审法院和终审法院都认为权利要求7是以功能和效果来表述技术特征，所以是功能性限定权利要求。但是说明书及附图并没有关于如何将上述方法步骤应用于终端设备或消息编辑器的具体实施方式的描述，也就是说，说明书和附图没有记载终端设备、消息编辑器"被配置为"实现相应功能的具体实施方式，故不能确定权利要求7的保护范围。

对此，笔者认为，根据《最高人民法院关于审理侵权专利权纠纷案件应用法律若干问题的解释（二）》（法释〔2016〕1号）第8条规定："功能性特征，是指对于结构、组分、步骤、条件或其之间的关系等，通过其在发明创造中所起的功能或者效果进行限定的技术特征，但本领域普通技术人员仅通过阅读权利要求即可直接、明确地确定实现上述功能或者效果的具体实施方式的除外。"权利要求7中的功能性限定特征属于本领域普通技术人员仅通过阅读权利要求即可直接、明确地确定实现上述功能的情况，因此，不需要结合实施例来确定其保护范围。当然，在说明书实施例中未记载硬件结构实现的实施例的情况下，也不适宜将其保护范围扩展为涵盖硬件实现的方式。

四、意见建议

（一）对功能性限定特征定义的修改建议

目前，功能性限定特征的定义仅仅出现在《最高人民法院关于审理侵权专利权纠纷案件应用法律若干问题的解释（二)》第 8 条的规定中，但该定义中所称的功能性限定特征也仅仅覆盖传统产品技术方案中的结构、组分、连接关系以及传统方法技术方案中的步骤等，并没有涉及计算机程序这一特殊类型技术方案中，应该对此予以修正，明确在涉及计算机程序的发明专利申请，允许用功能性限定特征来表述技术方案。

（二）对于《专利审查指南 2010》第二部分第九章的修改建议

《专利审查指南 2010》对于涉及计算机程序的发明专利申请的特殊性的总结存在不足，应该予以明确其特殊之处，并明确认定将存储有计算机程序的介质作为产品权利要求的一部分看待，可以放入产品权利要求中与其他实体硬件一起构成技术方案，也可以单独作为主题名称进行保护。同时，应该删除关于全部以计算机程序流程为依据时撰写对应一致方式的产品权利要求的相关规定。

浅谈涉及功能性限定技术特征的计算机程序

王　静* 杨子芳* 刘　琳* 王孜琦*

【摘　要】

涉及计算机程序相关发明对于现有技术的改进之处在于对外部或内部对象的处理、控制的流程、方法等方面，而不在于对硬件结构的改变，与其他领域的发明相比具有一定的特殊性，因此撰写方式不当会导致专利权人无法有效地保护其专利权益。本文对此类专利申请进行分析研究，根据涉及计算机程序相关发明的功能性限定对权利要求保护范围的影响，为此类专利申请遇到的一系列问题寻找解决出路，克服撰写缺陷，提高专利申请文件撰写质量，有效保护专利权人的合法权益。

【关键词】

计算机程序　功能性限定　申请文件　撰写

一、引　言

计算机应用领域已经扩展到社会各个领域，成为信息社会必不可少的工

---

* 作者单位：国家知识产权局专利局专利审查协作天津中心。

具。计算机是由硬件系统和软件系统两部分组成，相应地，计算机技术可以分为硬件技术和软件技术两个方面。软件技术得到越来越广泛的应用和越来越快的更新发展，尤其是在实现复杂的运算以及数据分析方面。为了更好地保护软件技术，我国设置了版权和专利两种保护途径。由于版权所保护的仅仅是作品的外部表达形式，而专利则保护技术构思。因此，特别是在电学、通信、光电领域，出现了大量为解决发明提出的问题、全部或部分以计算机程序处理流程为基础、通过计算机执行按上述流程编制的计算机程序、对计算机外部对象或者内部对象进行控制或处理的技术，越来越多的技术研发人员或单位选择对涉及计算机程序的技术成果提出发明专利申请。❶ 但是也有相当一部分此类专利申请撰写不符合《专利法》规定，甚至由于其撰写方式导致的保护范围不清楚而在专利诉讼中对专利权人造成不利影响。

二、问题的提出

近年来，广受业界关注的"诺基亚诉上海华勤"案，2015 年终审宣告诺基亚专利号为 ZL200480001590.4，名称为"选择数据传送方法"专利的专利权全部无效。该案中，诺基亚公司专利中的方法和实施该方法的装置在技术上虽然相互关联，但保护对象和范围应当界限清晰，各不相同。两者权利要求的区别仅在于涉及装置的权利要求每一个步骤前加上"被配置为"。对这样撰写的包含功能性限定的技术特征，说明书并没有充分公开装置本身是如何配置的具体实施方式，并没有明确该装置相对于现有装置的技术贡献，这属于要求保护一种纯功能限定的装置，与清晰界定专利保护范围的目的是相违背的。因此，鉴于诺基亚公司该专利权利要求保护范围不能确定，判定上海华勤通讯技术有限公司侵权不成立，从而驳回原告的全部诉讼请求。

涉及计算机程序的发明，对于现有技术的改进之处在于对外部或内部对象的处理、控制的流程、方法等方面，而不在于对硬件结构的改变，与其他领域的发明相比具有一定的特殊性。❷ 虽然对现有技术的改进仅在于软件流程方面，但就保护主题而言，往往希望对软硬件结合的固件进行保护，而不仅限于

---

❶　石红艳，马鑫，金霞. 浅谈涉及计算机程序的发明专利申请的审查［J］. 中国发明与专利，2013（3）：102 - 105.

❷　李枭，熊延峰，吴玉和，李江，等. 涉及计算机程序的功能性限定权利要求保护范围的确定［J］. 中国专利与商标，2014（2）.

方法主题。《专利审查指南2010》在第二部分第九章对此类发明的权利要求的撰写方式作出了特别规定，"涉及计算机程序的发明专利申请的权利要求可以写成一种方法权利要求，也可以写成一种产品权利要求，即实现该方法的装置""如果全部以计算机程序流程为依据，按照与该计算机程序流程的各步骤完全对应一致的方式，或者按照与反映该计算机程序流程的方法权利要求完全对应一致的方式，撰写装置权利要求"。

功能性限定特征的撰写方式能够给专利权灵活而有效的保护，申请人在撰写权利要求时不必绞尽脑汁穷举出所有可以实现该功能的具体技术特征，含有功能性特征限定的权利要求的撰写方式给专利权人带来了极大的便利和强有力的保护。❶ 但是有些计算机类专利申请被驳回，是由于专利申请文件撰写人对于《专利法》有关条款以及对计算机类专利申请文件的撰写特征理解不深而导致专利申请文件未能准确表达申请人想要求保护的专利权范围。❷ 因此，需要对此类专利申请进行分析研究，根据涉及计算机程序相关发明的功能性限定对权利要求保护范围的影响，为此类专利申请遇到的一系列问题寻找解决出路，克服撰写缺陷，提高专利申请文件的撰写质量，有效保护专利权人的合法权益。

三、案例分析

【案例1】 响应于搜索查询的社交网络增强内容项

1. 一种用于响应于搜索查询而标识社交网络用户以与广告一同显示的方法，所述方法包括：

接收来自用户的搜索查询，所述用户具有社交网络上的用户存在；

标识响应于所述搜索查询的至少一个广告，所述至少一个广告与具有所述社交网络上的社交存在的实体相关联；

标识所述社交网络的另一个用户，所述另一个用户具有与所述社交网络上的所述用户的共同用户联系并且与所述社交网络上的所述社交存在曾有过交互；以及

---

❶ 周琪. 功能性限定特征的撰写与审查［C］//中华全国专利代理人协会. 发展知识产权服务业　支撑创新型国家建设——2012年中华全国专利代理人协会年会第三届知识产权论坛论文选编. 2012.

❷ 余毅勤. 涉及计算机程序的专利申请文件撰写特点案例研究［D］. 上海：上海交通大学，2011.

为显示并且响应于所述搜索查询，提供响应于所述搜索查询的所述至少一个广告、所述另一个用户的标识以及所述另一个用户的所述交互的指示符。

......

12. 一种用于响应于搜索查询而标识社交网络用户以与广告一同显示的系统，所述系统包括：

存储器，所述存储器包括指令；以及一个或多个处理器，所述一个或多个处理器被配置成运行所述指令以：

接收来自用户的搜索查询，所述用户具有社交网络上的用户存在；

标识响应于所述搜索查询的至少一个广告和响应于所述搜索查询的至少一个搜索结果，所述至少一个广告与具有在所述社交网络上的社交存在的实体相关联；

标识所述社交网络的另一个用户，所述另一个用户具有与所述社交网络上的所述用户的共同用户联系并且与所述社交网络上的所述社交存在曾有过交互；以及为显示并且响应于所述搜索查询，提供所述响应于所述搜索查询的至少一个广告、响应于所述搜索查询的所述至少一个搜索结果、所述另一个用户的标识以及所述另一个用户的所述交互的指示符。

该专利申请提供一种用于响应于搜索查询而标识社交网络用户以与广告一同显示的方法和系统，说明书具体实施方式结合了一个流程图解释如何实现上述方法。从权利要求的技术方案来看，其涉及使用计算设备以提供响应于通过网络发送的请求的数据处理：接收用户的搜索查询；标识响应于所述查询的广告；标识社交网络另一个用户；提供相应于所述搜索查询的广告及另一个用户的交互信息。另外，说明书中用于响应于搜索查询而标识社交网络用户以与广告一同显示的系统虽然包括存储器和处理器，处理器被配置为执行该方法的指令的程序，而"被配置为"的撰写方式在文意上应当理解为使该设备、部件能够实现或达到其所限定的执行某一步骤的功能或效果。因此，该专利申请权利要求1的方法属于计算机程序流程实现的方法，且说明书中未记载其他实现上述方法的方式，该专利申请属于所述的"全部以计算机程序流程为依据"发明专利申请。因而目前权利要求12的撰写方式使得其属于要求保护一种纯功能限定的装置，对于权利要求12中的功能性特征，应当理解为覆盖了实现该功能的所有方式，这种方式撰写的装置权利要求导致专利申请的保护范围不适当的扩大，应当是不被允许的。

【案例2】 用于建立具有一个或多个流特征的网络连接的方法和装置

1. 一种方法，包括：

提供与网络实体的通信，以便于建立支持与所述网络实体的流的网络连接，其中所述流与多个流特征相关联；

基于结合现有网络连接进行的特征协商，从所述多个流特征中识别一个或多个流特征；以及

使得所述网络实体被通知所述一个或多个流特征；

使得利用所述一个或多个流特征来使用所述流。

……

12. 一种装置，包括：

用于提供与网络实体的通信以便于建立支持与所述网络实体的流的网络连接的装置，其中所述流与多个流特征相关联；

用于基于结合现有网络连接进行的特征协商从所述多个流特征中识别一个或多个流特征的装置；

用于使得所述网络实体被通知所述一个或多个流特征的装置；以及

用于使得利用所述一个或多个流特征来使用所述流的装置。

该专利申请提供为促进支持具有多个流特征的流的网络连接的高效建立的方法和装置，在说明书中公开了该装置包括至少一个处理器和包含计算机程序代码的至少一个存储器，其装置权利要求采用了符合《专利审查指南2010》规定的采用功能限定权利要求的撰写方式，该功能在权利要求中的表述与在说明书中对应实施方式的功能或效果接近一致，根据说明书公开的内容可以确定结构限定和功能限定的保护范围。

四、总结和思考

上述案例属于比较容易判断其保护范围的情况，但许多情况下，软硬件结合的实现并不那么容易区分。本着鼓励发明创造的出发点，对于涉及计算机程序的专利申请，应根据具体情况判断，同时对于某些部件的功能性描述参考说明书的具体实现方式，准确把握此类专利申请的保护范围。为了更清楚地表述专利申请的保护范围，尽量避免日后侵犯专利权纠纷的产生，在撰写申请时清楚明晰结构限定和功能限定的保护范围，为今后可能的修改预留空间。❶ 如在

---

❶ 苏斐. 功能性限定权利要求相关问题探讨 [D]. 北京：中国社会科学院研究生院，2013.

概括结构特征时将权利要求写成多套的方式：功能性限定权利要求（一种系统 X，包括装置 A、装置 B 以及用于……的装置 C）和功能性限定＋适当结构限定的权利要求（一种系统 X，包括装置 A、装置 B 以及用于……的装置 C；其中装置 C 包括部件……和/或必要位置关系和/或连接关系）等；撰写说明书时应明确记载涉及功能限定的多个具体实施方式，使得本领域技术人员能够实现，同时这对于专利申请是否能获得切实保护、是否能够更好地平衡公众与专利权人的利益有不可忽视的影响。❶

---

❶ 李永红. 电学领域专利申请文件撰写精要［M］. 北京：知识产权出版社，2016.

小议实用新型审查中修改超范围的判断

凌 云[*]

【摘 要】

　　本文通过对几个实际案例的分析，探讨了如何把握专利申请文件修改超范围的判断。笔者从《专利法》第33条立法本意出发，针对是否属于明显错误的修改和未被原始申请文件直接记载的修改这两种情形，结合实际案例分析了判断原则的具体应用，希望能对审查员在判断修改超范围以及申请人在修改专利申请文件时提供一定的思路。

【关键词】

　　实用新型审查　修改　超范围

一、引　言

　　在我国，专利申请制度采用的是"先申请制"，申请人在完成发明创造后会尽早提交申请文件以获得申请日，但现实中专利申请文件不可能完美无缺，常常还存在一些不符合《专利法》及其实施细则规定的缺陷，例如用词不严

＊ 作者单位：国家知识产权局专利局实用新型审查部。

谨、表述不准确、权利要求撰写不当等。如果不修改这些缺陷就授予专利权，不仅会影响向公众传递专利信息的准确性，妨碍公众对授权专利的实施应用，还会影响专利权保护范围的大小及其确定性，给专利权的行使带来困难。上述两者都会妨碍专利制度的正常运作，降低专利制度的价值。● 基于此，我国专利制度允许申请人对其提交后的申请文件进行修改，但同时也给出了修改原则，即《专利法》第33条规定的"申请人可以对其专利申请文件进行修改，但是，对发明和实用新型专利申请文件的修改不得超出原说明书和权利要求书记载的范围"，这是要避免申请人享受原申请日的同时，又通过修改将申请日以后完成的技术内容写进申请文件，损害社会公众利益。因此如何正确适用《专利法》第33条，既维护申请人的正当权益又不损害社会公众的利益，一直是引发业界关注的热点之一。

二、实践中对于"修改超范围"的判断

《专利法》第33条适用中的关键点，就是对修改内容是否超范围的把握，也就是对"原说明书和权利要求书记载的范围"的把握。专利审查指南中指出，"原说明书和权利要求书记载的范围"是指包括原说明书和权利要求书文字记载的内容，以及根据原说明书和权利要求文字记载的内容以及说明书附图能直接地、毫无疑义地确定的内容❷，但在审查实践中，把握上述标准不是很容易，存在很大的争议。本文从几个实用新型实际案例出发，探讨如何把握修改超范围的判断。

（一）修改内容是否属于明显笔误

案例1：申请人在申请日提交的实用新型专利申请请求保护一种谐振器，申请文件记载该谐振器包括屏蔽罩、陶瓷基体、PCB板，并对陶瓷基体和屏蔽罩的结构进行了详细描述，说明书附图是关于屏蔽罩、陶瓷基体、PCB板结构的示意图，没有公开电路电气特征的电路图。申请人提交主动修改，陈述由于笔误将原始申请文件中"滤波器"错写为"谐振器"，请求将本申请要求保护的主题"谐振器"修改为"滤波器"，并说明修改依据：原始说明书背景技术部分公开了"现有的滤波器设计调试好后，在使用时由于使用环境的温度或者其他因素的影响，会使整个滤波器的滤波频率发生改变或者滤波器的某个电

---

❶ 尹新天. 中国专利法详解 [M]. 北京：知识产权出版社，2011：410.
❷ 中华人民共和国国家知识产权局. 专利审查指南2010 [M]. 北京：知识产权出版社，2010：243.

气指标变差……而在滤波器工作时……"，以及说明书有益效果部分记载了
"本实用新型谐振器通过……从而达到调节整个滤波器的频率的目的"，认为
由此可见，该申请解决的是现有滤波器中存在的问题，同时结合公开的结构和
附图，可以判断要求保护的主题实质是滤波器。

那么，申请人所述内容是否可以认为是明显笔误而允许修改呢？首先，对
于允许修改的明显错误，《专利审查指南2010》中的规定是指语法错误、文字
错误和打印错误。对这些错误的修改必须是所属技术领域的技术人员能从说明
书的整体及上下文看出的唯一的正确答案❶。也就是说，所属技术领域的技术
人员看到申请文件中的错误，会立即反映出并且知道如何正确修改，并且这种
修改是唯一、确定的。对于该申请，"谐振器"和"滤波器"是两种不同的电
气元件，两者之间既不属于语法错误、文字错误或打印错误，也不属于本技术
领域混淆使用的公知情形。其次，对于申请人所述原始说明书背景技术和有益
效果中记载关于"滤波器"的内容可作为修改依据，一方面，通过查阅案卷
可以看到，虽然背景技术部分出现对现有"滤波器"不足的描述，有益效果
部分也提到"达到调节整个滤波器频率的目的"，但原权利要求书和说明书关
于技术方案的文字记载中使用的均是"谐振器"，原说明书描述的技术效果中
也多处提到了"谐振器"，如"在谐振器使用时……增强本实用新型谐振器通
用性"。另一方面，说明书中背景技术和有益效果只是起辅助理解发明创造
的作用，尤其是背景技术，审查过程中可以修改且无须考虑对背景技术的修
改是否超范围。可见该申请中，用原说明书背景技术和有益效果举证修改内
容属于明显笔误，非常不具有说服力。最后，也是关键点，就是对于该申
请，所属技术领域的技术人员能否从说明书的整体及上下文看出修改后的内
容是唯一的正确答案。前文已述，该申请技术方案主要包括屏蔽罩、陶瓷基
体、PCB板，以及对陶瓷基体和屏蔽罩的详细描述，同时说明书附图是结构
示意图。对于本领域技术人员而言，屏蔽罩、陶瓷基体、PCB板是陶瓷电气
元件的通用部件，不属于滤波器特有；而原说明书中对陶瓷基体和屏蔽罩的
细节描述，本领域技术人员根据公知常识也无法判断其对应的电气元件必然
为滤波器；同时，说明书附图也缺少能帮助判断的表征滤波器特性的电路
图。很明显，本领域技术人员无法得出将"谐振器"修改为"滤波器"是

---

❶ 中华人民共和国国家知识产权局. 专利审查指南2010［M］. 北京：知识产权出版社，2010：
249.

唯一正确、合理的答案。因此，该申请中"谐振器"与"滤波器"不属于《专利审查指南2010》中规定的允许修改的明显笔误，所述对主题名称的修改已经超出《专利法》第33条规定的范围。

（二）修改内容在原申请中无明确记载是否超范围

案例2：原权利要求书中权利要求1请求保护一种多功能椅子，权利要求2进一步限定权利要求1中凸起的材料为橡胶，权利要求3进一步限定权利要求1中椅子主体的材料为钛合金。原说明书文字记载部分同权利要求书，说明书附图为揭示椅子形状与结构的示意图，图中未公开椅子各部分的制作材料。审查过程中，申请人将原权利要求1~3合并修改为新的权利要求1。

根据前述，该申请原说明书和权利要求书记载的范围公开了三个技术方案：原权利要求1、原权利要求1+凸起的材料为橡胶以及原权利要求1+椅子主体的材料为钛合金。修改后权利要求1要求保护的技术方案为：原权利要求1+凸起的材料为橡胶+椅子主体的材料为钛合金。虽然修改后权利要求1的各个技术特征已被原始申请公开，但是不能仅考虑技术特征本身是否公开，还要考虑技术特征所处的新的技术方案是否被原说明书和权利要求所公开。该申请的申请人将出现在不同技术方案中的技术特征进行混合叠加形成新的技术方案，但是首先该新的技术方案未在原申请中有明确的文字记载，其次，原申请虽然在不同技术方案中公开了新技术方案的各个技术特征，但是没有说明各个技术特征之间有必然的联系，例如，原申请文件没有说明凸起材料为橡胶与椅子主体材料为钛合金有必然联系，同时这些技术特征作为一个整体的技术构思也没有体现在附图中，因此，对于这些技术特征组合堆叠后获得的新的技术方案，本领域技术人员不能从原申请文件中直接地、毫无疑义地确定得出，属于超范围的修改。

案例3：一种插座连接器，原申请文件中权利要求有26项，申请人在审查过程中主动增加权利要求27。其中权利要求27对所引用权利要求3中的"触点"的形状构造进行了具体的限定，权利要求27要求保护的整体技术方案没有直接文字记载在原申请文件中。虽然权利要求27没有被原申请文件文字记载，但审查员以本领域技术人员的视角认为，其并没有超出原说明书和权利要求书公开的范围。说明书第88段描述了图8A所示触点的形状与构造，所述内容正对应权利要求27的附加技术特征；而说明书第112段记载了权利要求27所引用的权利要求3涉及的技术方案，一种设有多个触点的插座连接器。同时该段还记载在插座连接器的一个实施方式中，图8A中的触点可以用作插座连接器中能够支持高速数据接口的触点。也就是说，原说明书不仅公开了新权利要求 27 的引用部分（插座连接器设有多个触点的技术方案）、限定部分（图 8A 所示触点），还说明了两者之间的联系（图 8A 中触点可以用作插座连接器中），综合考虑原说明书文字和附图公开的内容，本领域技术人员明了权利要求 27 能够从原申请文件直接、毫无疑义地确定出，而不是一个重新组合、演变的超出原始公开范围的技术方案。虽然是申请人在申请日后才作出该修改行为，但实际上对于增加的权利要求所形成的技术方案，申请人早在申请日就有此意，该修改行为并没有侵害社会公众的利益。

案例 2 和案例 3 都属于修改后的权利要求所形成的技术方案在原申请中没有明确记载，但判断结果却大相径庭，原因就在于对"直接地、毫无疑义地确定"的把握。在判断是否"直接地、毫无疑义地确定"时，应注意整体分析，既要对修改后的技术方案作整体判断，也要对原说明书和权利要求书记载的内容进行综合考虑，判断修改后的技术方案是否含有新的技术内容以至于超出原说明书和权利要求书记载的范围。

三、小　结

结合上述三个案例的分析以及审查实践，笔者给出以下几点建议：

第一，提高申请文件的撰写质量。很多实用新型专利申请说明书的撰写质量不高，例如，具体实施方式部分只是简单复述权利要求，附图仅仅勾勒产品的整体结构。申请人撰写说明书时应尽可能对技术信息进行详细描述，尽量在说明书中记载足够的实施例，附图除了整体结构图还应有部件细节图，最好有对照各附图的详细描述。这样可以为以后的修改留下空间。

第二，对明显错误的修正，必须是所属技术领域的技术人员能从原权利要求书、说明书直接、毫无疑义地确定。也就是说，明显错误是一种客观错误，不受判断主体差异的影响，要满足严格的判断标准。申请人由于疏忽造成的撰写错误，常常不被认定为明显错误。

在实用新型初步审查中，《专利法》第 33 条是审查过程中使用频率较高的实质性条款，判断修改内容是否超范围时，应对原说明书和权利要求进行综合考虑，以便更准确地进行判断。

修改文本是否超范围的判断

孙　雪[*]　　王艳臣[*]　　张红云[*]

【摘　要】

　　在实质审查过程中，对申请文件的修改是否超范围的判断十分重要，关系着专利授权的正确性、准确性和稳定性，笔者结合实际案例，对文件的修改是否超范围的判断原则提出了浅显的见解。

【关键词】

　　实质审查　　超范围　　判断原则

一、引　　言

　　在对发明进行实质审查过程中，大多数情况都需要对申请文件进行修改，各国专利法都有对文件修改的规定，我国也不例外。本文中的"修改"主要指的是《专利法》第33条的内容。

　　《专利法》第33条规定：申请人可以对其专利申请进行修改，但是，对发明和实用新型专利申请文件的修改不得超过原说明书和权利要求书记载的范围，对外观设计专利申请文件的修改不得超出原图片或者照片表示的范围。

---

　　* 作者单位：国家知识产权局专利局专利审查协作天津中心。

《专利审查指南2010》第二部分第八章中规定：原说明书和权利要求书记载的范围包括原说明书和权利要求书文字记载的内容和根据原说明书和权利要求书文字记载的内容以及说明书附图能直接地、毫无疑义地确定的内容。同时又在第二部分第八章第5.2.2节和第5.2.3节中分别基于《专利法》第33条，对允许的修改和不允许的修改以非穷举的方式进行了进一步的阐述。

《专利法》第33条包含了两层含义❶：一是申请人可对专利申请文件进行修改；二是对申请文件的修改应当遵循规定的原则，不得超出原说明书和权利要求书记载的范围。

允许申请人对申请文件进行修改是因为大多数的发明申请文件都存在撰写不规范、权利要求保护范围过大等缺陷，若不对此进行修改，就会影响公众获取专利信息、妨碍公众对专利的实施和应用，同时，也影响专利权的正确性和稳定性。对修改进行限制的根本原因在于，我国专利制度为先申请原则，判断是否能获得专利权是依据申请人提交申请的申请日或优先权日之前的现有技术来进行的，若允许申请人无范围地随意修改内容，将原始申请文本中未公开的新内容引入修改文本中，就不能保证申请文本中技术方案的整体是否保持在申请日原来公开的水平上，造成对其他申请人或公众不公平的后果。

由此可见，对申请文本是否符合《专利法》第33条规定的判断在发明实质审查过程中非常重要，《专利审查指南2010》在第二部分第八章更进一步明确了"原说明书和权利要求书记载的范围"所包含的内容，但在具体地审查实践中，对《专利法》第33条中关于原说明书和权利要求书记载的范围的判断又存在诸多难点，特别地，对于"根据原说明书和权利要求书文字记载的内容以及说明书附图能直接地、毫无疑义地确定的内容"尤其难以把握，那么在具体地实践中，如何把握好《专利法》第33条的判断原则呢？

下面，基于《专利法》第33条的立法宗旨，笔者结合审查实践中的具体案例对申请文本的修改文本是否超范围的判断原则提出了几点浅显的见解。

二、超范围的判断原则

案例1：权利要求1请求保护一种可记录语音信息的二维条码，申请人在答复第一次审查意见通知书时对权利要求1进行了修改，除了将从属权利要求的特征加入独立权利要求1之外，还增加了特征"每个图形矩阵码的大小是

---

❶ 尹新天. 中国专利法详解［M］. 北京：知识产权出版社，2011.

0.2cm×0.2cm，每个方向上可容纳小黑点的位置是36个"，现针对这一新增的特征进行超范围的判断。

首先，原始权利要求和说明书的文字部分均未记载此特征，但在说明书附图（见图1）中记载了其大小是0.2cm×0.2cm，因此，"每个图形矩阵码的大小是0.2cm×0.2cm"属于原说明书和权利要求书记载的范围，并未超范围，那么，特征"每个方向上可容纳小黑点的位置是36个"是否超范围呢？

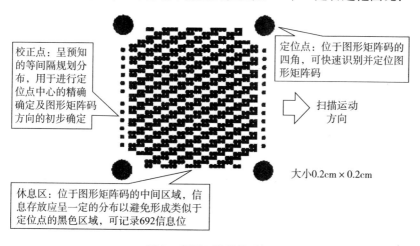

校正点：呈预知的等间隔规划分布，用于进行定位点中心的精确确定及图形矩阵码方向的初步确定

定位点：位于图形矩阵码的四角，可快速识别并定位图形矩阵码

扫描运动方向

大小0.2cm×0.2cm

休息区：位于图形矩阵码的中间区域，信息存放应呈一定的分布以避免形成类似于定位点的黑色区域，可记录692信息位

图1　案例1说明书附图

其次，该特征并未记载在原说明书和权利要求书的文字记载的内容中，下一步就要判断该特征是否属于能从原说明书、权利要求书和说明书附图中能直接地、毫无疑义地确定的内容。依据《专利审查指南2010》第二部分第三章第2.3节的规定："由附图中推测的内容或者无文字说明、仅仅是从附图中测量得出的尺寸及其关系，不应当作为已公开的内容。"根据此规定，再来审视图1。

从图1中的图形矩阵码的横向来看，由于相邻两行都有参照的小黑点，可以确定横向方向可容纳小黑点的位置是36个，但从纵向来看，中间信息区内共有32列小黑点，两侧的校正点与相邻的信息区的间隔之间存在空白列，可以确定其中间可以设置有小黑点，但由于该列上下没有可参照的小黑点，因此，在这里不能直接地、毫无疑义地从附图中就可以判断出这中间就仅容纳一列小黑点，相应地，也不能直接地、毫无疑义地确定纵向就能容纳36列，因此，特征"每个方向上可容纳小黑点的位置是36个"在原始申请文件中未文字记载，也不能从原始申请文件中直接地、毫无疑义地确定，超出了原说明书和权利要求书记载的范围，不符合《专利法》第 33 条的规定。

申请人认为每个矩阵块的大小、每边可容纳的信息位等参数是该申请的申请人在大量实验基础上为克服现有技术的诸多缺陷而提出的成熟方案，能使该申请的技术方案具备创造性，如若在实质审查中，允许申请人将此特征加入权利要求中，就不能保证其技术方案整体上是否保持在申请日的水平上，对专利审查的正确性、准确性、公众对专利信息的获取等方面都有不良影响。

同时，从此案例中也可以看出，对于原说明书和权利要求书记载范围的确定除了其文字记载的内容之外，对于说明书附图中公开的内容也不能忽视，说明书附图也是申请人公开技术方案时十分重要的手段，但也不能扩大其公开的内容的范围，要基于《专利法》《专利审查指南 2010》的相关规定，客观、严谨、审慎地来确定其公开的内容。

案例 2：权利要求 1 请求保护一种输入装置（见图 2），申请人在提交复审请求时，对权利要求 1 进行了修改，将特征"一散射层，形成于所述下表面，用以改变部分的所述光线于所述下表面的一反射路径，使所述部分的所述光线通过所述散射层投射出所述上表面而形成一穿透光"修改为"一散射层，形成于所述下表面，用以改变部分的所述光线于所述下表面的一反射路径，使所述部分的所述光线被所述散射层散射，以穿透出所述上表面而形成一穿透

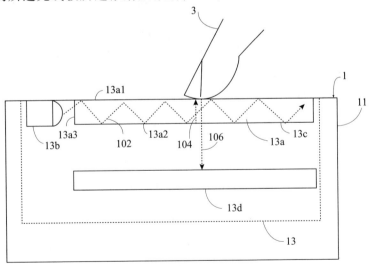

图 2　案例 2 说明书附图

光"。而在整个申请文本中对散射层的限定都为"一散射层，形成于所述下表面，用以改变部分的所述光线于所述下表面的一反射路径，使所述部分的所述光线通过所述散射层投射出所述上表面而形成一穿透光"。针对此修改是否超范围，有两种观点。

观点一认为：原始申请文本记载的是散射层将光投射出上表面形成穿透光，而投射并不等同于散射，它还包括反射、折射等，修改后的特征并不能从原始申请文中直接地、毫无疑义地确定，因此，此修改超范围。

观点二认为：原始申请文本虽记载的是散射层将光投射出上表面，但站位于本领域技术人员，"散射层"这一名词本身就限定了其对光起到的是散射作用，因此，申请人的修改并未超范围。

在实质审查过程中，始终要以本领域技术人员的知识和能力进行评价。综合理解全部申请文件，输入装置通过散射层将光投射出上表面目的是让光均匀分布于作为操作面的上表面上，当手操作时，可将分布于上表面上的光反射回来，由感测器13d进行感测，从而进行位置探测，而对光的反射、折射和散射来形成的对光的作用和效果是不同的，并且通过检索现有技术发现，当在本领域中提及散射层时，根据申请日前的普通技术知识和常规理解，该结构指的是对光起到散射作用的层状结构，因此，结合对申请文件中整体技术方案的理解和本领域技术人员的普遍认识，虽然原始申请文本中记载的是散射层将光投射出上表面，但其实质上，该散射层对光起到的是散射作用，以形成穿透光，因此，笔者认为此种修改不超范围。

允许申请人修改申请文件，进一步明确其技术方案的内容，是对申请人修改专利申请文件的权利的维护，同时，也为向公众提供信息的正确性提供了保障。

在该案例中，体现了在判断修改文本是否超范围时要始终站位于本领域技术人员，通过检索不断地向本领域技术人员的标准靠拢，趋近于本领域技术人员的水平，只有以本领域技术人员的角度来掌握申请文件的整个技术方案时，才能对修改是否超范围作出更客观、更正确、更准确的判断。

通过上述结合具体案例对修改是否超范围过程的分析，笔者总结了以下几点：

1. 要站位于本领域技术人员来判定

站位于本领域技术人员是贯穿于发明实质审查的整个过程的。在《专利审查指南2010》第二部分第四章第2.4节中规定：所属技术领域的技术人员，也可称为本领域的技术人员，是指一种假设的"人"，假定他知晓申请日或优先权日之前发明所属技术领域所有的普通技术知识，能够获知该领域中所有的现有技术，并且具有应用该日期之前常规实验手段的能力，但他不具有创造能力。如果所要解决的技术问题能够促使本领域的技术人员在其他技术领域寻找技术手段，他也应具有从该其他技术领域中获知该申请日或优先权日之前的相关现有技术、普遍技术知识和常规实验手段的能力。从此规定可以看出，虽然"本领域技术人员"的标准是一种理想状态，永远无法真正实现，但它从一定程度上要求相关人员向该标准无限靠拢和接近，以确保执行过程中的客观性、正确性和稳定性。而在确认是否修改超范围中也必须秉持此标准，站位于本领域技术人员，明确申请文件记载的范围，以本领域技术人员的知识和能力评价修改的正确与否。

2. 要明确原说明书和权利要求书记载的范围

在《专利审查指南 2010》第二部分第八章中明确规定了原说明书和权利要求书记载的范围，在判断修改是否超范围时要基于此点，从技术方案的整体来判断，不要割裂技术方案中的技术特征，只文字对比，也不要只重视文字记载，忽略附图中的内容，但也不要对整个技术方案结合自身的理解进行更宽范围的推导，要以"直接地、毫无疑义地"标准来进行理解。

原说明书和权利要求书记载的范围与《专利法》第 26 条第 4 款关于不支持中公开的范围不同，公开的范围是指从说明书充分公开的内容中得到或概括的范围，包括具有相同的性能或用途、与说明书给出的实施方式的所有等同替代方式或明显变型方式，其允许一定合理范围的外扩，该法条针对申请文本的撰写，而原始申请文本中记载的范围则不同，其只包括明确记载的内容以及能从明确记载的内容中直接地、毫无疑义地确定的内容，该法条针对申请文本的修改。

三、结　　论

通过上述案例分析可以看出，在对申请文本的修改是否超范围的判断中，不能简单、生硬地对比文字内容，要结合申请文本的整体技术方案，从实质上把握原始申请文本记载的内容，基于本领域技术人员的知识和能力，明确根据原说明书和权利要求书文字记载的内容以及说明书附图能直接地、毫无疑义地确定的内容，以此在发明实质审查过程中客观、正确地作出判断，更好地给予发明合理的保护范围，维护申请人、公众等各方的利益，达到提高创新能力、促进科学技术进步和经济社会发展的目的。

对无效宣告程序中专利权人修改专利限制的讨论

管高峰[*]

【摘 要】

　　对于无效宣告程序中对专利的修改，本文从国内和国际上主要知识产权国家和地区的相关法律规定出发，讨论了我国《专利法》及其实施细则对这种修改并无过多限制，《专利审查指南 2010》却进一步严格限制专利权人对专利修改规定的合理与不合理之处，并分别从公众及专利权人双方的角度论证了其不合理的缘由，得出《专利审查指南 2010》"不合理却合情"的结论及其缘由，最后给出在《专利审查指南 2010》的规定下，申请人和专利代理人该如何撰写申请文件以尽可能地保护申请人利益的建议。

【关键词】

　　无效宣告　修改权利要求　限制　《专利法实施细则》第 69 条　审查指南

---

* 作者单位：成都九鼎天元知识产权代理有限公司。

一、我国《专利法》及其实施细则对于无效宣告程序中对专利修改的规定及其合理性

对于无效宣告程序中对专利的修改，《专利法》中并无明确规定（《专利法》第33条规定，申请人可以对其专利申请文件进行修改，但是对发明或者实用新型专利申请文件的修改不得超出原说明书和权利要求书记载的范围。由该条可知，该项关于修改的规定系针对申请阶段，而非无效宣告程序），只在《专利法实施细则》第69条规定：在无效宣告请求的审查过程中，发明或者实用新型专利的专利权人可以修改其权利要求书，但是不得扩大原专利的保护范围。发明或者实用新型专利的专利权人不得修改专利说明书和附图，外观设计专利的专利权人不得修改图片、照片和简要说明。

由上述规定可知，其核心是：修改不得扩大原专利的保护范围。

这个规定的原因在于，中国专利制度的建立旨在"保护专利权人的合法权益，鼓励发明创造，推动发明创造的应用，提高创新能力，促进科学技术进步和经济社会发展"。《专利法》在维护专利权人合法权益的基础上，又要兼顾社会公众的利益。一项专利权授予后，其权利要求书表明的范围是国家批准给予专利权的保护范围，并且以国家强制力为后盾，只要他人未经专利权人许可而实施的技术方案落入授权的权利要求书范围内，通常就构成专利侵权行为。即专利通过权利要求书的形式在专利权人和社会公众之间划了一条边界，公众有责任根据这条边界规划自己的行为。因此，授权以后的专利在无效过程中的修改，其保护范围只能缩小，而不能被扩大，以避免原本未跨出该边界的公众却在专利经无效过程修改后反而无意间跨过了该边界，造成侵权。

研究该条规定可以发现，该条在规定了核心原则之外，只规定，发明或者实用新型专利的专利权人不得修改专利说明书和附图，即专利权人在无效宣告程序中只允许修改权利要求书，并没有对无效程序中专利权人对专利文件修改的具体方式作出更多的限制。

二、国际上主要知识产权国家和地区在专利授权后对专利修改的相关规定

从其他国家和地区的相关专利法规也可以看出，各国家和地区在这一点的原则是基本一致的。美国、日本、欧洲等国家和地区在专利授权后，专利文件修改的共同特点就是：①修改不得扩大专利的保护范围，不得增加新的客体；

②对修改的具体形式大多没有作出规定，不仅可以修改权利要求书，也可以修改说明书和附图；③允许专利权人进行勘误性的修改。这样就比较充分保障了专利权的稳定性，也更好地维护了专利权人的利益❶。即世界上的主要知识产权国家和地区对这一点都只是作了原则性规定，实践中也并没有更多修改方式的限定。

三、我国审查指南在无效宣告程序中对专利修改的严格规定及其合理与不合理之处

但是，在我国，作为实践中被实际执行的国家知识产权局部门规章的现行《专利审查指南 2010》中还进一步规定：

发明或者实用新型专利文件的修改仅限于权利要求书，其原则是：

（1）不得改变原权利要求的主题名称。

（2）与授权的权利要求相比，不得扩大原专利的保护范围。

（3）不得超出原说明书和权利要求书记载的范围。

（4）一般不得增加未包含在授权的权利要求书中的技术特征。

外观设计专利的专利权人不得修改其专利文件。

此外，在规定了上述原则之外，《专利审查指南 2010》对修改权利要求书的具体方式还作了更进一步的限制：

在满足上述修改原则的前提下，修改权利要求书的具体方式一般限于权利要求的删除、合并和技术方案的删除。

由《专利审查指南 2010》对修改原则的进一步规定可知，《专利审查指南 2010》意图在秉承专利法立法宗旨原则的基础上，在实践中对于《专利法》及其实施细则作进一步的完善：其中，上述（1）～（3）实际上都是对《专利法》"既保护专利权人又保护公众利益"这一核心宗旨的具体体现。

针对第（1）点，如果允许改变原权利要求的主题名称，虽然权利要求所限定的具体技术特征未发生改变，看似保护范围未变，但由其名称所带来的限制效果的变化却往往会导致实际的保护范围发生变化。甚至会存在一种极端情况，通过主题名称的变化使得权利要求发生产品权利要求到方法权利要求之间的相互转化，此时其保护范围未发生变化，但实际得到的保护却发生了根本变化。这是由于，权利要求的类型是根据权利要求的主题名称来确定，而不是根

---

❶ 李新芝，谭红. 无效宣告程序中专利文件的修改 [J]. 法律适用，2012（8）：89－91.

据权利要求中记载的技术特征的性质来确定。我国《专利法》中对方法权利要求和产品权利要求实行的是不同的保护，产品权利要求实行的是绝对保护，保护力度要远大于方法权利要求。

针对第（3）点，虽然专利权人的修改未扩大原专利的保护范围，但如果超出原说明书和权利要求书记载的范围，也是不允许的。因为我国专利制度采用的是先申请原则。如果允许专利权人对专利文件的修改超出原始提交的说明书和权利要求书记载的范围，就会违背先申请原则，造成对其他申请人来说不公平的后果。

对于第（4）点，一般不得增加未包含在授权的权利要求书中的技术特征规定。何为"一般不"，《专利审查指南 2010》并未作出进一步说明和解释，业界对此鲜有讨论，更没有较权威的说法。然而根据审查实践，专利复审委员会按惯例不会准许增加未包含在授权后的权利要求书中的技术特征。而且在实践中，审查指南对于我国法院如何诠释《专利法》及实施细则具有重大影响，法院也对专利复审委员会遵照审查指南规定执行的做法一直予以肯定。通常情况下，除非情况清楚显示出审查指南存在使申请人、专利权人或公众的权利受损的不当限制，否则法院绝大多数会遵从审查指南。由此便产生了著名的"RCA案"。在"RCA案中"，法院还明确指出："《专利法实施细则》第68条规定，在无效宣告请求的审查过程中，发明或者实用新型专利的专利权人可以修改其权利要求书，但是不得扩大原专利的保护范围。审查指南对于无效宣告程序中专利文件的修改规定了4项原则，其中的一项原则是一般不得增加未包含在授权的权利要求书中的技术特征。审查指南是《专利法》及其实施细则的具体化，是专利复审委员会依法行政的依据和标准。上述审查指南的规定和《专利法实施细则》第68条的规定确有不同，但审查指南上述规定的目的是维持已授权专利保护范围的稳定性，增加社会公众对于专利权人可能对权利要求进行修改的内容的可预见性。如果任由专利权人添加未包含在授权权利要求书中的技术特征，势必会导致已授权专利保护范围的混乱，损害公众利益。因此，审查指南的上述规定并不违反《专利法实施细则》的立法本意，可以作为本院审理本案的参照。"❶

对于《专利审查指南 2010》中进一步的限制，在实践中也有不少当事人以及行业同仁提出了异议。笔者也一样，对于该第（4）点关于"一般不得增加未包含在授权的权利要求书中的技术特征"的规定，笔者不敢苟同，更勿

❶ 参见：北京市第一中级人民法院（2005）一中行初字第113号行政判决书。

论其对权利要求三种修改方式的进一步限定了。

四、审查指南之所以对无效宣告程序中修改方式作出严格限制的公开缘由

审查指南之所以对无效宣告程序中权利要求修改方式作出如此严格限制，从一些公开发表的较权威的言论和业界同人的研究观点中可以窥得一斑："审查指南上述规定的目的是维持已授权专利保护范围的稳定性，增加社会公众对于专利权人可能对权利要求进行修改的内容的可预见性。如果任由专利权人添加未包含在授权权利要求书中的技术特征，势必会导致已授权专利保护范围的混乱，损害公众利益。""审查指南中对修改方式的严格限制既是《专利法实施细则》修改的要求，又是规范双方当事人之间，以及公众与专利权人之间的权利和义务的需要，也有利于规范审查程序""既考虑了公众对受法律保护的权利的明确性和稳定性的要求，又有利于使发明创造得到应有的保护"。❶ "专利权属于一种对世权，专利申请经国家知识产权局审查授权并公告后，专利权的保护范围必然会对社会公众产生影响，为了保护社会公众利益，应当尽可能保证专利权利范围的稳定性，因此，专利申请人或专利权人对其专利申请文件或专利文件的修改必须受到一定限制。"❷ "无效宣告程序中，对专利文件的修改应该受到严格的限制。这是因为该专利文件已经被授权，授权的专利经过公告公示后，就具有公信力。对社会公众来说，他们负有不侵犯该专利权的义务。授权后的专利，为了维持其稳定性和对公众的可预见性，对其修改必须进行明确的规定和限制。"❸

从这些观点中，可以得出一个结论：审查指南中之所以作出如此严格的规定，至少从其试图向公众传达的信息而言，是基于专利权的"稳定性"和"可预见性"的需要，由此保护公众的利益。也即是，通过对无效宣告过程中修改方式的明确且严格的限制，公众能事先预知专利权人可能的修改结果，因为仅仅三种的修改方式的严格限制，导致专利权人的修改结果也被明确为已注定的若干种修改结果之一。但是，事实上，公众真的需要审查指南如此设身处

---

❶ 国家知识产权局专利局审查业务管理部. 专利审查指南修改导读［M］. 北京：知识产权出版社，2002：207 - 208.

❷ 吴贵明. 谈专利无效宣告程序中专利文件的修改［J］. 电子知识产权，2011（1）：118 - 120.

❸ 武玉琴，王维玉. 也谈无效宣告程序中权利要求的修改［EB/OL］. （2012 - 02 - 15）. http：//www. cnipr. net/article_ show. asp? article_ id = 509.

地细致体贴吗？

五、审查指南对无效宣告程序中修改方式的严格限制对公众并无实际意义

如前所述，专利通过权利要求书的形式在专利权人和社会公众之间划了一条边界，公众则根据这条边界规划自己的行为。

首先，对于不知道专利存在的那部分公众而言，其自始至终都不会依据专利的界限规范自己的行为，因此不管专利无效修改是否有限制，都不会产生边界作用，因此对这部分公众而言，对专利无效修改的限制并没有实际意义。

其次，对于知道专利存在且与专利发生或将发生关系的那部分公众而言，不管是否限制专利无效修改方式，无效的结果肯定是公众的自由度和利益不变或增大，而不会变小，这部分公众可以按照专利无效前的边界规范自己的行为而无视专利无效的各种不确定性、可预期性或不可预期性，也可以为了可能增大的自由度和利益，随时准备越过专利无效前的边界到专利无效后的边界之前，此时，这部分公众自然就有责任因为其欲获得更大的自由度和利益而主动随时关注与己有关的专利的保护范围的变化，而并不应该由专利局主动以"家长式的关心"给予其被动的可预期性来代劳。反过来，专利无效修改是否限制，对这部分公众有两种影响：第一，放开限制以后，同样的专利将会更难以被无效（实际上在某种程度上而言，专利权变得更稳定了），公众欲获得更大的自由度将经过更多的无效程序；第二，限制专利无效修改方式，将使得无效程序的结果由无限多种变为有限多种，也就是所谓的可预期性提高了，虽然如此，其结果依然是不确定的，在无效最终结果出来之前，这部分公众的任何试图逾越专利无效前保护范围的行为都是一种冒险，甚至可以说是一种赌博，其区别仅仅在于，限制以后这种赌博的风险减少了。更何况对于那些有价值的专利，其权利要求项通常众多，即使按照目前的限制，其可能的修改结果依然是众多的。明智的公众不会冒着侵权的巨大风险去赌这个可能性的。缩小这种不确定性，实际上将造成诱使公众为了更大的利益去冒着侵犯专利权的风险去赌这一局的不良结果，笔者认为这也不会是专利法的宗旨吧？因此，不管专利已进入无效宣告程序还是在这之前，只要最终结果未明确，公众会也仅仅只会根据无效前所划定的边界规范自己的行为，公众可以在该边界下取得最稳定的自由和最稳定的利益，避免

可能的侵权带来的巨大损失，并不需要这种结果依然未知的可能预期。

最后，对于知道专利存在但不会与专利发生或将发生关系的那部分公众而言，很明显这种限制更没有什么实际意义了。

因此，审查指南的过度限制，看似是极力保护公众利益，实则并没有什么实际意义，公众并不需要这种过度的保护。

六、审查指南对无效宣告程序中修改方式的严格限制是对专利权人的不公平

反过来，从专利权人的角度来继续讨论这个话题：按照我国《专利法》及其实施细则的相关规定，无效宣告程序是专利授权后专利权人修改或完善其专利文件的唯一机会。如《专利法》第 1 条所规定的，我国《专利法》旨在保护专利权人的合法权益，鼓励发明创造，推动发明创造的应用，提高创新能力，促进科学技术进步和经济社会发展。虽然发明人作出了发明创造，并通过专利公开的形式，为促进科学技术进步和经济社会发展作出了他的贡献，按照专利以公开换保护的基本原则，社会给予其保护应与发明人作出的贡献相当。但是，事实上是，尽管发明人通过艰辛努力作出了发明创造，但是如何通过权利要求的形式全面、妥善地保护其发明创造，却是个极为艰难的事情，一项发明创造的作出，对社会的贡献影响是广泛的，但以权利要求形式的保护却是有限的；而且，智慧是无形的，却必须通过有形的权利要求予以保护；再加上我国目前处于专利保护的初级阶段，大部分申请人和专利代理人的水平有待提高，其难免使得授权的专利无法全面妥善地保护发明人的发明创造。如上种种，专利申请伊始，申请人就处于不利的地位，其实际获得的保护往往难以与其对社会作出的贡献相当。

更进一步地，在专利审查和授权的过程中，按照社会契约论，授权的专利是专利局代表公众与专利权人签订的契约，专利局审批专利申请的行政权力来自公众的授权，专利局代表公众审查专利，在这个过程中，既维护公众的利益，尽量避免不能授权的发明创造获得专利，同时尽量确保授权专利得到的保护与申请人对社会实际作出的贡献相当；同时也保护申请人的权益，即通过审查的方式，克服申请人申请文件的缺陷，使得其授权的专利尽可能地稳定，难以被他人无效，并获得其应得的保护。但这个通过审查使得申请人得到的保护与其贡献相当的结果只是理想的状态，由于众所周知的客观限制，实际上是不可能实现的。即使通过审查而授权的专利，也会存在各种各

样的缺陷与不足，导致其得到的保护与其贡献不相当，而这个实际的结果往往并不是申请人所能左右的，更大的因素取决于专利局审查质量的好坏。

由此，授权之后的无效宣告程序便是实现这种相当的最后手段了。通过广泛而无限的公众力量，可以尽可能地缩小这种不相当，趋向理想的相当。因此，无效宣告程序的目的应该是弥补前述专利制度本身存在的在前两阶段无法实现相当的不足，以尽可能使得专利权人得到的保护与其对社会的贡献相当，而不是为了无效而无效。是否能够将专利权人的专利无效或尽量维持其专利权的稳定性使其不易被无效，都不是无效制度的成功，而通过该制度使得专利权人能得到的保护与其对社会的贡献相当，实现既保护专利权人又保护公众，实现两者的和谐平衡，才是该制度的成功。

综上所述，专利申请伊始，申请人实际获得的保护就往往难以与其对社会作出的贡献相当，而在之后的审查中，代表公众的专利局也无法实现这种相当，这并非完全是申请人单方面的过错造成的，更多的是专利局客观的条件、能力限制的审查局限性，专利局怎么能够因为自己审查的局限性或不到位（虽然这并不是专利局的主观过错，是客观的必然结果，但不能否定的是，这个审查不到位的结果也是客观事实），而如此严苛地限制专利权人最后的补救手段呢？这显然会造成对专利权人更大的不公平，其结果是以对专利权人的不公平对待或不当惩罚换取对公众的过度保护。这明显是与我国专利法的立法宗旨相悖的。

七、涉及审查指南前述规定的判例

作为证明，最高人民法院（2011）知行字第 17 号行政裁定书支持了笔者的观点："本专利授权文本为 1∶10 - 30，无效程序中（依据说明书内容）再次修改为 1∶30……《审查指南》规定无效过程中权利要求的修改方式限于三种：权利要求的删除、合并和技术方案的删除。专利复审委员会认为，即使认定本案中对权利要求的修改符合上述修改原则，但其仍然因不符合《审查指南》对修改方式的要求而不能被接受。……《专利法实施细则》及《审查指南》对无效过程中权利要求的修改进行限制，其原因一方面在于维护专利保护范围的稳定性，保证专利权利要求的公示作用；另一方面在于防止专利权人通过事后修改的方式把申请日时尚未发现、至少从说明书中无法体现的技术方案纳入到本专利的权利要求中，从而为在后发明抢占一个在先的申请日。本案中显然不存在上述情况，1∶30 的比值是专利权人在原说明书中明确推荐的最佳剂量比，将权利要求修改为 1:30 既未超出原说明书和权利要求书记载的范围，更未扩大原专利的保护范围，不属于相关法律对于修改进行限制所考虑的要避免的情况。如果按照专利复审委员会的观点，仅以不符合修改方式的要求而不允许此种修改，使得在本案中对修改的限制纯粹成为对专利权人权利要求撰写不当的惩罚，缺乏合理性。况且，《审查指南》规定在满足修改原则的前提下，修改方式一般情况下限于前述三种，并未绝对排除其他修改方式。故本院认为，本案中，二审判决认定修改符合《审查指南》的规定并无不当，专利复审委员会对《审查指南》中关于无效过程中修改的要求解释过于严格，其申诉理由不予支持。"

八、审查指南之所以对无效宣告程序中修改方式作出严格限制的实际考量

如前所述，既然审查指南的严格规定对公众实际上并没有多大意义，那为什么若干次审查指南的修改中都坚持了这一点，而且其趋势还是逐渐趋严呢？其必然存在某种实际的作用和意义。

《专利法》及其实施细则只规定修改不得扩大原专利的保护范围，并未限制无效修改的方式，只规定发明或者实用新型专利的专利权人不得修改专利说明书和附图，即专利权人在无效程序中只允许修改权利要求书。关于该点，不少业界同人都持不同意见，认为至少应该容许对于说明书中存在的明显笔误或错误在能够进行澄清性解释前提下进行修改。但笔者认为：如果说明书存在的笔误或错误是明显的，哪怕修订并不会超出原说明书和权利要求书记载的范围，只要并不影响公众理解并再现专利，也不影响对专利保护范围的理解和确认，那么修改与否都不会对公众造成实际影响；如果允许修改，那么势必会耗费现已紧张的行政审查资源，在现阶段并没有多大实际的必要；反过来，如果这种笔误或错误已足以影响公众理解并再现专利，或影响对专利保护范围的理解和确认，那这种修订必然会超出原说明书和权利要求记载的范围，自然也无法允许；或者这种笔误或错误已实际导致出现说明书公开不充分等实质性缺陷，更应该留待无效宣告程序予以修正。因此，《专利法》及其实施细则，从立法本身上来说，兼顾了专利权人和公众的利益，是可以实现专利权人得到的保护与其贡献相当的，是"合理"的法，从这种意义上来说，法律上的无效制度可以说是一种并不符合其名称的较完善的"公众再审制度"。实际执行实施的审查指南则将其进一步严格限制，

应该是出于我国审查的实际国情，配合实践的需要，在执行法律的时候将其变成的如今实际实施的"不合理，但合情"的与其名称反而相当的无效制度。因为，其可能是更实际的考量：如果不限制修改方式，如果允许将说明书内容补入权利要求，即使未扩大保护范围，但会导致专利权人在面对专利权可能以缺乏新颖性、创造性等理由被宣告无效时，都会将说明书中下位的技术特征引入权利要求，从而保留了原本不能保留的保护范围。如此，专利被无效的可能性将降低，有争议的专利将经过更多次、更反复的无效审查过程才能产生与限制修改方式同等的最终结果。目前，专利复审委员会可能还不具备承担这种更大密度、更大强度的无效审查频率的行政资源，因此，如前所述，目前的无效程序可能只是在本身是合理而较完善无效制度的法律下，实际实施的向完善的无效程序（或者叫公众再审程序）过渡的中间程序，是在平衡行政资源下的折中结果，是"不合理，但合情"的结果。

九、对《专利审查指南 2010》关于无效宣告程序中修改方式规定的一点修改建议

如果这种情形就是客观事实，那么显然放开对无效宣告程序中修改方式的限制就不现实了。但这并不代表目前的严格限制就非常恰当，笔者认为在目前的条件下，至少可以放开：在因缺少必要技术特征而提起的无效宣告程序中，允许专利权人将无效请求人提出的说明书存在的而独立权利要求中缺少的必要技术特征补入独立权利要求。因为在这种情况下，无效宣告请求人必然会给出准确的缺少的必要技术特征，事实通常比较清楚，容易认定，专利复审委员会也无须耗费太多的审查资源。通过该方式，无效请求人迫使专利权人补入技术特征，缩小了保护范围；而专利权人也通过补入必要技术特征使得专利权更为稳定，实现了无效请求人和专利权人的双赢。

十、在《专利审查指南 2010》的规定下，申请人和专利代理人该如何撰写申请文件以尽可能地保护申请人的利益

综上所述，笔者提出了目前《专利法》在对待无效审查程序中专利权人修改专利规定的合理性、审查指南对待该点修改严格限制的"不合理，但合情"的看法，同时也提出了即使在《专利审查指南 2010》的规定出发点下，也应作出进一步完善建议。由于这些仅仅都是理论探讨或建议，可能在较长一段时间内无法成为现实。那么，面对如今严格限制的现实，广大申请人和专利

代理人又该如何呢？下面笔者给出一些具体建议，供各位在实践中参考：

（1）权利要求书，应包含说明书中提及的所有技术特征，无论该等特征表面看来是如何微不足道；

（2）如可能的话，每一项从属权利要求应针对发明的每一个单一特征；

（3）从属权利要求的集合，应包含发明的全部有依据的从属特征的组合；

（4）申请文件撰写阶段即为无效过程的权利要求合并式修改预备用于支持修改后的权利要求的实施例；

（5）分析各项权利要求间的从属关系，以免存在无依据的组合。

功能性限定权利要求的保护范围理解

柳 倩* 杨 祺* 朱 哲* 于 潇*

【摘 要】

在专利申请过程中，往往存在使用功能性限定的权利要求，无论在实质审查过程中还是在专利复审过程中，功能性限定的范围一直为热点问题，功能性限定对权利要求的影响直接关系到专利权的保护范围。本文将以两个案件为例，分析功能性限定对权利要求保护范围的影响。

【关键词】

功能性限定 权利要求 保护范围 实质审查 复审

一、功能性限定的概念

专利权利要求中涉及的对象种类繁多，按照性质划分，其权利要求可以分为产品权利要求和方法权利要求。产品权利要求适用于产品类型的发明创造，通常使用产品的结构特征限定；方法权利要求适用于方法发明创造，通常适用于工艺、操作、步骤、流程等技术特征。然而在实际撰写过程中，往往出现采

---

* 作者单位：国家知识产权局专利局专利审查协作天津中心。

用功能性限定撰写的权利要求。

专利法意义上的功能性限定是指在权利要求中采用结构、组成、操作特征（以下统一简称"结构特征"）所起到的作用、功能或者所产生的效果来代替结构特征本身对发明进行限定。❶《专利审查指南 2010》中规定，当权利要求某一技术特征无法用结构特征来限定，或者技术特征用结构特征限定不如用功能或效果特征来限定更为恰当，而且该功能或者效果能通过说明书中规定的实验或者操作或者所属技术领域的惯用手段直接和肯定地验证的情况下，才能使用功能性限定特征。同时，《专利审查指南 2010》中也指出，对于产品权利要求来说，应当尽量避免使用功能或者效果来限定发明，尤其不允许出现使用纯功能性限定的权利要求。

功能性限定的技术特征可以理解为在申请日可以覆盖所有可以实现上述功能的实施例。❷ 因此，申请人更偏向于使用功能性限定表述技术特征，权利人使用功能限定可以使权利要求的保护范围变大，❸ 覆盖所有可能实施方式意味着在这一技术特征上的绝对垄断。但是，使用功能性限定就必须在说明书中公布足够多的具体实施方式来支撑这种功能性限定特征的表述。如果公开的实施方式不够充分或者功能性限定特征中包含的部分实施方式不能实现相应的功能，则会被认为没有得到说明书支持而不能通过专利审查。

二、案例介绍

【案例 1】 通用控制器扩展模块系统、方法和装置

权利要求：一个通用扩展模块系统（300），包含：

一个逻辑控制器，具有一个用于驱动一个自动化设备的结构；

多种类型的输入/输出扩展模块（302a～302c），用于把所述逻辑控制器连接到所述自动化设备；以及

一个通用扩展模块，具有一个调节来自所述多种类型输入/输出扩展模块中每一个的信号的物理结构，以便对应于所述多种类型输入/输出扩展模块中的每一个由通用扩展模块建立一种不同的操作模式；

其中所述通用扩展模块把逻辑控制器连接到多种类型的输入/输出扩展模

---

❶ 钱紫娟，张文明，李天星. 功能性限定对权利要求保护范围的影响［J］. 电视技术，2014，38（s2）.

❷ 王冉. 论功能性限定特征解释标准的统一［J］. 中国发明与专利，2010（9）：95-98.

❸ 冯美玉. 功能性限定两种解释方式之比较［J］. 科技与法律，2013（3）：43-46.

块，且其中所述通用扩展模块的通信接口在逻辑控制器和多种类型的输入/输出扩展模块之间建立通信。

案例 1 为实质审查过程中的授权文本，第三人针对案例 1 向专利复审委员会提出无效宣告请求，经过复审，复审决定意见如下：

该专利权利要求要求保护一个通用扩展模块系统，其中"一个通用扩展模块，具有一个调节来自所述多种类型输入/输出扩展模块中每一个的信号的物理结构，以便对应于所述多种类型输入/输出扩展模块中的每一个由通用扩展模块建立一种不同的操作模式"为功能性限定的技术特征，其对物理结构的限定方式为功能性限定，应当理解为覆盖了能够实现"调节多种类型输入/输出扩展模块中每一个的信号""对应于所述多种类型输入/输出扩展模块中的每一个由通用扩展模块建立一种不同的操作模式"功能的所有实施方式。但是，该专利整个说明书仅仅记载了一种特定的实施方式，即通过扩展模块从属装置 ASIC302a～302c、总线驱动电路 306a～306c、终端电路 304a～304c，以及专用寄存器 ID_ REG 等部分以特定的方式连接在一起的电路结构来实现的，本领域技术人员不能明了要实现此功能还可以采用说明书中未提到的其他替代方式来完成，因此权利要求得不到说明书的支持，该权利要求不符合《专利法》第 26 条第 4 款的规定，上述案例宣告无效。

【案例 2】 一种电池外壳的制造方法

权利要求：一种电池外壳的制造方法，其特征在于，包括以下步骤：

制备预定长度的管通；

用模具把所述管通向两边拉伸成所要求形状的筒体；

……

所述模具包括斜楔形上模和下模，所述下模主要由斜楔形滑块和限位装置组成。

案例 2 为实质审查过程中的授权文本，第三人针对案例 2 向专利复审委员会提出无效宣告请求，经过复审，复审决定意见如下：

对于权利要求中"限位装置"的含义，双方有不同的理解。被请求人认为，限位装置应当理解为用于限定下滑块极限位置的装置；而请求人认为，限位装置应当理解为用于限定电池外壳尺寸的装置。专利复审委员会经审查认为：在权利要求中某术语产生歧义的情形下，应当从权利要求所公开的整体技术方案出发并结合说明书及其附图对其进行解释。对于上述理解，从说明书中所给出的实施例及其附图中也可以得到进一步的支持。因此合议组认为该专利权利要求中所述的"限位装置"应当解释为"具有 U 形结构的固定结构,该 U 形结构的两臂的内壁可以限制斜楔形滑块的运动极限位置"。❶❷ 合议组将在参考说明书附图对"限位装置"作出上述解释的基础上,评价该专利权利要求的新颖性和创造性。最后,专利复审委员会维持了该专利权有效。

三、案例分析

【案例1】和【案例2】均为实质审查过程中的授权文本,由第三方向专利复审委员会提出无效宣告请求,而两个案件的复审结果却完全不同,其原因如下:

(1) 案例 1 中的物理结构总体上仅仅采用功能性方式来限定,既未体现该物理结构为现有技术中的各已知部件的特定组合,又未限定其与现有技术不同的具体构成,仅用其所要实现的功能来限定,对此应理解为覆盖了能够实现该功能的所有实施方式,但在说明书中只是公开了一种特定的实施方式,这里所述的特定的实施方式是指各部件为实现某一功能而有机地、特定地电连接在一起形成一种电路结构的方式,这是从电路结构的整体上来说的,并不意味着构成电路结构的各部件一定是特定的(况且,从说明书对某些部件的描述来看,其也只是含糊地强调为"最佳实施例",并未给出明确的可选方式,因此该专利说明书实质上将这些部件仍然描述为特定的部件),本领域技术人员不能明了该功能还可用其他替代方式来完成,以说明书中所公开的特定的实施方式来要求保护说明书中未公开且本领域技术人员不能明了的、能够实现所述功能的所有实施方式,导致权利要求得不到说明书的支持,不符合《专利法》第 26 条第 4 款的规定,最终宣告专利无效。

(2) 案例 2 中的"限位装置"在说明书中是公开充分的,因而争议的焦点主要为对"限位装置"的理解上,被请求人认为"用于限定下滑块极限位置的装置",请求人认为"用于限定电池外壳尺寸的装置",而对权利要求的术语产生歧义时,需要结合说明书及附图来进行理解,因此,专利复审委员会在结合附图的基础上对权利要求的方案进行了理解说明,判断请求人提供的证据无法对案例 2 中的方案的新颖性和创造性造成影响,最终维持专利有效。

---

❶ "功能性限定的特征"在授权审查/侵权诉讼阶段解释立场的差异比较 [EB/OL]. (2015 – 07 – 26) [2017 – 01 – 30]. http: //ithao123. cn/content – 366960. com.

❷ 马晓亚. 功能性限定特征的解释之争 [J]. 中国发明与专利, 2007 (10): 48 – 49.

案例 1、2 的复审结果取决于限定性的权利要求是否得到说明书的支持。如果不能得到说明书的支持，则限定性的权利要求必然无法进行授权；如果可以得到说明书的支持，则其限定性对权利要求的影响主要体现在对限定性功能的理解上。至于具体如何理解限定性功能中的功能，需要结合说明书及其附图进行理解。

四、总　　结

为了满足《专利法》及其实施细则的要求，既然允许"功能性限定的技术特征"的存在，审查员就应该严格审查，确保其得到说明书的支持。而确保得到说明书支持的唯一办法即"功能性限定的技术特征已经完全在说明中通过具体实施方式或者说明全部将所有实现该功能的实施方式公开"。如果权利要求中限定的功能是以说明书实施例中记载的特定方式完成的，并且所属技术领域的技术人员不能明了此功能还可以采用说明书中未提到的其他替代方式来完成，或者所属技术领域的技术人员有理由怀疑该功能性限定所包含的一种或几种方式不能解决发明或者实用新型所要解决的技术问题，并达到相同的技术效果，则权利要求中不得采用覆盖了上述其他替代方式或者不能解决发明或实用新型技术问题的方式的功能性限定。

据此可见，为了保证专利申请文件符合《专利法》及其实施细则的规定，审查员应当严格审查"功能性限定的特殊规定"，确保功能性限定的技术特征得到了说明书的支持，如果得不到支持，则不能使用功能性限定。在审查中如果遇到功能性限定的技术特征，应当尽量说服申请人修改；如果申请人坚持，申请人应当负有更大的注意义务和检索义务，防止授权不当或者漏检的情况出现。

功能性特征之定义与识别

李春晖*

【摘　要】

《最高人民法院关于审理侵犯专利权纠纷案件应用法律若干问题的解释（二）》（法释〔2016〕1号）对功能性特征提出了定义，该定义包括形式定义和对非功能性特征的实质性排除两部分。形式识别功能性特征的关键在于判断何为功能/效果的表达。例如，对涉及计算机程序的产品权利要求，不能将与方法步骤对应的"装置＋功能"一概认作功能性特征。实质排除非功能性特征时，本领域技术人员从权利要求所确定的具体实施方式可以是实现功能/效果的产品结构或方法步骤，可能来源于功能执行主体的术语本身、对功能执行主体的具体实施方式限定及从功能/效果描述能确定的具体实施方式。前述"功能＋装置"特征的具体实施方式即为实现该功能的方法步骤，而非硬件结构。在形式识别功能性特征时，只能依据权利要求自身和外部证据，而不能查看说明书。

【关键词】

功能性特征　定义　功能　效果　具体实施方式

---

* 作者单位：北京集佳知识产权代理有限公司。

一、引言：功能性特征之定义与解释的发展

作为权利要求撰写会用到的一种特征描述方式，《审查指南1993》即已涉及"功能性限定"即"用功能限定……特征的写法"❶，以及"使用功能或者效果特征来限定发明"或"技术特征"❷。这些说法一直延续到《专利审查指南2010》，并引入了"功能性限定的（技术）特征"的说法❸。

在专利审查实践中，不提倡用功能/效果来限定技术特征。作为对该撰写方式（及其他过宽上位概念）的限制，国家知识产权局专利局基于最宽解释原则来进行支持问题和新颖性、创造性等问题的审查。

很多人一度认为侵权司法实践中对技术特征的解释原则与确权阶段对其解释的原则是一致的。那么功能性限定的技术特征将被"理解为覆盖了所有能够实现所述功能的实施方式"❹。但功能性限定的技术特征与使用本领域通用术语的普通技术特征（上位概念）的区别在于：后者已有较明确的内涵和外延，覆盖范围是有限的；而功能性限定的技术特征虽有较明确的功能/效果，但外延尚未明确，不能明了究竟涵盖哪些有限的具体实施方式，理论上的覆盖范围是无限的，可能大大超出发明人所作技术贡献。

在此情况下，《最高人民法院关于审理侵犯专利权纠纷案件应用法律若干问题的解释》（法释〔2009〕21号）（以下简称《解释》）第4条规定：对于以功能或效果表述的技术特征，应当"结合说明书和附图描述的该功能或者效果的具体实施方式及其等同的实施方式，确定该技术特征的内容"。如此解释的保护范围明显小于其字面含义。此时，一个技术特征是被判定为功能或效果表述的技术特征还是普通技术特征，对保护范围有重要影响。因此，如何定义和识别以功能或者效果表述的技术特征非常重要。

对此人民法院和行政执法机关均进行了有益的探讨，例如《专利侵权判定指南》❺及《专利侵权判定标准和假冒专利行为认定标准指引（征求意

---

❶ 《审查指南1993》第二部分第二章第3.2.1节第5段.

❷ 《审查指南1993》第二部分第二章第3.2.2节第4段.

❸❹ 中华人民共和国国家知识产权局. 专利审查指南2010〔M〕. 北京：知识产权出版社，2010：145.

❺ 北京市高级人民法院于2013年9月4日下发至北京市属中级法院和基层法院的《专利侵权判定指南》第16条.

稿）》（以下简称《指引》）❶。

在各种争鸣的基础上，《最高人民法院关于审理侵犯专利权纠纷案件应用法律若干问题的解释（二）》（法释〔2016〕1号）（以下简称《解释二》）第8条第1款规定："功能性特征，是指对于结构、组分、步骤、条件或其之间的关系等，通过其在发明创造中所起的功能或者效果进行限定的技术特征，但本领域普通技术人员仅通过阅读权利要求即可直接、明确地确定实现上述功能或者效果的具体实施方式的除外。"该定义以但书为界分为两个部分：前一部分是对功能性特征的形式定义，后面的但书部分是从实质上对非功能性特征的排除。

《解释二》第8条第2款还引入了另一大的变化：功能性特征的等同特征仅覆盖"以基本相同的手段，实现相同的功能，达到相同的效果"的技术特征❷，不同于普通技术特征的"手段、功能、效果"均为"基本相同"的等同标准。该规定为功能性特征的最终保护范围，不应再对功能或效果进行"二次等同"❸。如此，一个技术特征是否被认定为功能性特征，所产生的保护范围的差别就更加明显，因此正确识别功能性特征变得尤为重要。

《解释二》定义的具体执行标准尚不明确。何种语言表示功能/效果而何种语言不是？何种情况算是"本领域普通技术人员仅通过阅读权利要求即可直接、明确地确定实现……功能或者效果的具体实施方式"？

二、美国专利法之功能性特征简介

《解释》及《解释二》的规定类似于美国专利法第112条（f）款的规定：被表达为执行指定功能的手段或步骤的特征（未记载支持该功能的结构、材料或动作）应被解释为覆盖说明书中所描述的相应结构、材料或动作，以及其等同方案。❹ 该条款不仅适用于侵权诉讼，也适用于美国专利商标局（USP-

---

❶ 国家知识产权局于2013年9月26日发布的《专利侵权判定标准和假冒专利行为认定标准指引（征求意见稿）》第16~17页（第一编第1章第2节之5.3）。

❷ 本文不讨论判断是否等同的时间节点和"创造性劳动"的问题。

❸ 宋晓明，王闯，李剑.《关于审理侵犯专利权纠纷案件应用法律若干问题的解释（二）》的理解与适用［J］.人民司法，2016（10）：28-36.

❹ 35 U.S.C 112（f）.该款规定在AIA（《美国发明法案》）之前为35 USC 112, six paragraph，AIA之后的现行美国专利中为35 U.S.C 112（f）。

TO）的专利审查，基于该条款来解释功能性特征被认为仍然符合最宽解释原则❶。从丰富的司法实践中，USPTO 之《专利审查程序手册》（*Manual of Patent Examining Procedure*，MPEP）归纳了确定何时适用第 112 条（f）款的规则❷，相当于对功能性特征进行了定义。简言之，该规则有三方面的要素：（1）无具体结构含义的术语作为功能执行主体；（2）功能性语言的修饰；（3）没有充分描述功能的具体实施方式。

可见，《解释二》与 MPEP 对功能性特征给出定义的方式不同。MPEP 遵循了英美法一贯的分析传统，而《解释二》则体现了中国式的重实质和综合判断、轻程序和分析的传统。两种方式各有优缺点：侧重于分析的定义，易于操作，但有时未免机械僵化，比如美国专利实践常因法官对个案的分析，而机械式地避免或有意使用某些词汇；侧重于综合判断的定义则可能强调了实质的公平正义，然而由于缺乏分析，不易操作。例如，在《解释二》中，如公知常识问题一样，将判断的关键交付给了放之四海而皆准的"本领域普通技术人员"。这种做法可能会增加结论的任意性，不利于司法标准的统一。

因此本文的目的在于在中国专利法语境之下，针对《解释二》的定义提出的两个问题，探讨行之有效的识别功能性特征的方法。

三、功能性特征之形式识别

（一）一般情形

权利要求有两种基本类型，即物的权利要求（产品）和活动的权利要求（方法）。❸ 相应的技术特征一般为结构特征和方法特征。❹ 在特殊情况下，产品权利要求也可包括方法特征❺，方法权利要求也可包括所涉产品/设备的结构特征。

---

❶ See *In re Donaldson*, 16 F. 3d at 1194, 29 USPA2d at 1850.（stating that 35 U. S. C. 112, six paragraph "merely sets a limit on how broadly the PTO may construe means – plus – function language under the rubric of reasonable interpretation."）

❷ MPEP § 2181 I.

❸ 中华人民共和国国家知识产权局. 专利审查指南 2010 ［M］. 北京：知识产权出版社，2010：141.

❹❺ 中华人民共和国国家知识产权局. 专利审查指南 2010 ［M］. 北京：知识产权出版社，2010：141 – 142.

相应地，功能性特征既可针对产品结构，也可针对方法步骤。《专利审查指南 2010》仅针对产品权利要求规定了对功能性特征的使用限制，❶ 但并未否定其他类型的权利要求也可包括功能性特征。MPEP 的定义或者说判定标准涉及对手段（或装置，means）和步骤的功能性限定。《解释二》的定义所涉及的特征类型涵盖了《专利侵权判定指南》和《指引》，包括"结构、组分、步骤、条件或其之间的关系"。其中"组分"可视为广义"结构"之一种，"条件"和"关系"皆附属于"结构"或"步骤"。

这样，形式上看，标准的功能性特征是满足 MPEP 的三项判定标准的样式："用于实现某功能/效果的装置/步骤"。其中，作为中心词的功能执行主体是否有具体实施方式（结构）的含义，对技术特征的描述是否包括对具体实施方式的描述以及这种描述是否足够，需依据《解释二》定义的但书部分进行实质判定。

毫无疑问，功能性特征之核心在于功能/效果，因此形式上初步识别的关键在于对功能/效果的识别。通常认为，功能是表示"做什么"，而功能的具体实施方式是解决"如何做"的问题。❷ 在产品技术方案中，"如何做"即体现为具体的结构描述，因此在产品权利要求中表示功能/效果的语言在结构特征的背景下易于区分。

（二）功能/效果与方法步骤特征之区分

对于针对方法步骤的功能性特征的识别则不太容易，因为在方法权利要求中"如何做"与"做什么"的界限仍难把握。不同于产品中"如何做"是通过结构实现，方法中的"如何做"仍是"做什么"的一种。即方法步骤中功能/效果是作为终极目的的"做什么"，"如何做"则是作为手段的"做什么"。而何为手段、何为终极目的，界限有时并不分明，须个案考虑。

---

❶ 中华人民共和国国家知识产权局. 专利审查指南 2010 [M]. 北京：知识产权出版社，2010：145.

❷ *Seal - Flex, Inc. v. Athletic Track and Court Construction*, 172 F. 3d 836, 850, 50 USPQ2d 1225, 1234（Fed. Cir. 1999）（Rader, J., concurring）.（"Claim elements without express step - plus - function language may nevertheless fall within Section 112, Para. 6 if they merely claim the underlying function without recitation of acts for performing that function…. In general terms, the 'underlying function' of a method claim element corresponds to what that element ultimately accomplishes in relationship to what the other elements of the claim and the claim as a whole accomplish, 'Acts,' on the other hand, correspond to how the function is accomplished."）

此外，在产品权利要求也可以包括方法特征例如产品部件的动作时，其在产品的其他结构特征的映衬之下，很容易被视为对该部件的功能性限定，而实质可能并非如此。

这种纠结在涉及计算机程序（软件）的专利中表现极为明显。此类专利一般包括（但不限于）方法权利要求以及相应的"装置＋功能"产品权利要求，或作为其变形的"处理器＋操作步骤"或"存储器＋操作指令"写法。

一方面，方法步骤在方法权利要求中理所当然的存在，某种程度上导致了对其中功能性特征的忽视，即相比较而言不容易将方法步骤认定为功能性特征。另一方面，一旦将方法步骤转换为"装置＋功能"写法，则往往不加区分地认为全部"装置＋功能"都属于功能性特征。事实上，两种权利要求本是同根生，对其中功能性特征的认定应当一致才对。

诺基亚诉上海华勤案❶就是这种错误的典型。涉案专利权利要求是在相应方法步骤特征前附加"被配置为"进行限定。两审法院均认为，在文义上应将"被配置为"理解为使具备或达到其所限定的执行某一步骤的功能/效果，因此直接认定其属于功能性特征。即"执行某一步骤"本身被认定为一种功能或效果，而未实际考察对该步骤本身的限定是否真正为功能性限定。虽然法院随后也将继续考察本领域普通技术人员通过阅读权利要求书（及说明书和附图——此与《解释二》不同）是否可以直接、明确地确定技术内容，但这种考察即使能排除部分也不可能排除所有假功能性特征（见本文第四部分之（二）下的"功能/效果本身所反映的具体实施方式"），与从源头判定是否为功能性特征的结果是不同的。

其实，在涉及计算机程序产品权利要求的所谓"装置＋功能"写法中，虽然也用了"功能"的字眼，但其指相应的"装置"所要完成的任务步骤，与"功能性特征"中的"功能"不可混同。

因此，对于本质上涉及方法步骤的技术特征，无论是在产品权利要求还是在方法权利要求当中，不应根据撰写形式机械地判断，而应具体考察限定该方法步骤（或者对应的装置）的技术特征究竟是对终极功能/效果的描述，还是对作为手段的"如何做"的描述。

---

❶ 参见：上海市高级人民法院（2013）沪高民三（知）终字第 96 号民事判决书（2014 年）。

四、非功能性特征之实质排除

（一）"具体实施方式"之含义

如前所述，功能性特征可以针对结构特征，也可以针对方法步骤特征。所谓实现功能/效果的具体实施方式，自然是指具体产品结构或方法步骤。

与本文第三部分的讨论相关联，对于与计算机程序有关的方法权利要求及以之为基础的"装置＋功能"产品权利要求，何为"具体实施方式"同样是个问题。同样在诺基亚诉上海华勤案中，在认定了权利要求中的功能性特征后，法院继续考察其是否属于"能够从权利要求确定功能性特征的具体实施方式"这样的例外。法院认为，权利要求中的功能性装置在说明书中没有记载具体实施方式，仅有方法、步骤或功能，因而不清楚，无法界定有意义的保护范围。与在第一步判断中直接将基于方法步骤的"装置＋功能"视为功能性特征一脉相承，法院在此继续不将有关方法、步骤的技术内容（无论是记载在权利要求还是记载在说明书中的）作为产品权利要求的"装置＋功能"的具体实施方式，因为其并非结构特征（"缺乏对装置本身的描述"）。

对基于计算机程序的产品权利要求以上述标准进行审判是不合理的。事实上，《专利审查指南 2010》已经规定此类装置权利要求应理解为计算机程序实现解决方案的功能模块架构，而非硬件实现的实体装置❶。类似问题在美国司法实践中也已得到完美解决：对于软件算法所执行的功能，所对应的"结构"即为算法本身。❷ 注意，这里的算法并非一定指体现为软件代码的具体算法，也可以是自然语言的技术方案描述，如体现为方法步骤的程序流程。

亦即，涉及计算机程序的产品权利要求的"装置＋功能"特征或类似特征的具体实施方式即为实现该功能的具体方法步骤。这进一步印证了在第三部分所讨论的功能/效果的判定中，若"装置＋功能"本身记载了具体算法，则其不应被视为功能性特征。或者即使其在形式识别阶段被（错误地）认定为功能性特征，那么在实质排除阶段，本领域普通技术人员也应能从权利要求直

---

❶ 中华人民共和国国家知识产权局. 专利审查指南 2010 ［M］. 北京：知识产权出版社，2010：272.

❷ *WMS Gaming, Inc. v. Int'l Game Tech.*, 184 F. 3d 1339, 1348 – 1349 (Fed. Cir. 1999) ("［T］he corresponding structure for a function performed by a software algorithm is the algorithm itself.").

接、明确地确定具体实施方式。相应方法权利要求的步骤是否为功能性特征，或者功能性特征的具体实施方式为何，是相同的道理。

（二）具体实施方式之来源

1. "内部证据"与外部证据

《解释二》定义但书部分的"本领域普通技术人员仅通过阅读权利要求即可直接、明确地确定实现……功能或者效果的具体实施方式"，其基本含义有两层：

（1）在识别什么样的技术特征是功能性特征的阶段，据以确定功能性特征的具体实施方式的内部证据限于权利要求自身，而不包括专利文件的其他内容。这就是为何本小节标题对"内部证据"使用引号，以区别于在权利要求解释的语境下通常所称的、包括说明书和附图在内的内部证据。只有当进一步解释已经认定了的功能性特征时，或者说针对已经认定了的功能性特征进行侵权判定时，才需要根据《解释二》第8条第2款，依据说明书和附图记载的具体实施方式来解释已经认定了的功能性特征或者认定相同/等同侵权。这一点曾经存在过混淆不明的情况，例如在《指引》中，可以通过阅读权利要求书、说明书和附图来认定"所属领域普遍知悉的、约定俗成的上位概念"。❶ 而事实上如果尚需借助于说明书和附图来认定，则不应当是所谓"普遍知悉的、约定俗成的"。

（2）本领域技术人员可从权利要求直接、明确地确定具体实施方式。"直接、明确"的措辞与《专利审查指南2010》涉及修改超范围问题时所用的措辞"直接地、毫无疑义地"相近。《解释二》的制订历史及此前的争鸣是十分有意义的参考。比如，《解释二》征求意见稿包括"当事人举证证明技术术语系本领域约定俗成的"❷ 内容，《专利侵权判定指南》使用了"所述技术领域的普通技术人员普遍知晓"的措辞，《指引》则同时提及"普遍知悉"和"约定俗成"。由此观之，"直接、明确"的含义接近于要求基于公知常识进行判断。

"直接、明确"的措辞是否意味着不能使用任何外部证据？笔者不这么认

---

❶ 但在国家知识产权局2016年5月通过国知发管字〔2016〕31号印发给各地知识产权局的《专利侵权行为认定指南（试行）》中，完全未涉及权利要求保护范围的确定。

❷ 2014年7月发布的《最高人民法院关于审理侵犯专利权纠纷案件应用法律若干问题的解释（二）（公开征求意见稿）（第八稿）》第10条。

为。首先，具体的判定者不等于本领域普通技术人员。后者所应知晓的知识，具体的个体未必知道。因此，虽因使用了"本领域普通技术人员"的概念，外部证据不必反映在功能性特征的定义和判定标准的文字当中，但在实践中仍需通过举证来证明本领域普通技术人员的知识范围应该是什么。其次，为本领域普通技术人员所熟知的技术内容方可能依据权利要求直接、明确地确定，因此多半已反映在技术词典、教科书等公知常识性证据当中。因此，使用外部证据来证明本领域技术人员能从权利要求确定的具体实施方式，不仅是可行的，而且是必要的。

2. 功能执行主体所反映的具体实施方式

美国专利法第112条（f）款之"装置/手段"，《解释二》之"结构""组分""条件""关系"均为非结构术语，未表达任何具体的实施方式（结构）。类似的术语还有"模块""器件""单元""部件""元件""组件""设备""机器""系统"❶ 等。

很多情况下，表示功能执行主体的术语可能具有一定程度的结构含义。比如对于"凸缘"，本领域技术人员了解其一般有哪些式样的结构。在前述MPEP判定标准第（1）条中，对非结构术语的要求一般比较刚性。但《解释二》的综合判断方式意味着功能执行主体术语的任何具体实施方式含义可以是综合判断所确定的具体实施方式的一部分。若术语的结构含义足以实现所要实现的功能/效果，则不会导致认定功能性特征；反之，则需进一步进行其他方面的判断。

方法权利要求存在类似情形。例如"步骤""工艺"等词汇未反映任何具体实施方式的信息。而"淬火工艺""降噪算法/装置"则反映了一定的具体实施方式信息，同样需进一步考察其具体实施方式是否足以实现所声称的功能/效果。

3. 对功能执行主体的具体实施方式限定

这对应于前述 MPEP 判定标准的第（3）条。

既用功能/效果，又用至少部分具体实施方式（例如结构）进行了限定的技术特征，是否被认定为功能性特征，原理与本文第四部分之（二）下的"功能执行主体所反映的具体实施方式"类似，取决于所述具体实施方式能否实现所声称的功能/效果，或者说是否为与"功能性或效果性语言""相应的

---

❶ MPEP § 2181 I.

结构、材料、步骤等特征"❶。

例如在塞伯诉浙江爱仕达、杭州家乐福案❷中，权利要求虽然描述了闭锁装置的两个组成部件闭锁凸缘和闭锁抵对凸缘及其位置和相互配合，但所有这些已经描述的结构不足以达到所要的效果即"确保安全销保持在其第二停止位置"，因此属于功能性特征。

4. 功能/效果本身所反映的具体实施方式

一方面，在所属技术领域，某些功能/效果的实现可能具有公认的、常规的实现方式，故其限定的技术特征不能被认定为功能性特征。这类似于本文第四部分之（二）下的"功能执行主体所反映的具体实施方式"，区别在于在本领域已具有公知具体实施方式含义的，是有关功能执行主体的术语，还是有关功能/效果的术语。

另一方面，在实质排除阶段，某些疑似功能/效果的描述可以被澄清为具体实施方式。例如，若涉及计算机程序的方法权利要求的方法步骤本身记载的是具体实施方式（算法），而不含有功能/效果描述，那么与之相应的产品权利要求中的"装置＋功能""处理器＋步骤"或者"存储器＋指令"特征，即使在形式识别阶段被错误地暂定为功能性特征，也能因为可以明确其具体实施方式而最终判定为非功能性特征。

然而，这种先暂定为功能性特征、再予以例外排除的方式仍存漏洞。对于"装置＋功能"，如果其中对相应方法步骤的描述包含了不查看说明书无法具体明确其具体实施方式的上位概念（但不涉功能/效果），则无法据《解释二》定义之但书予以排除，从而按照《解释二》第8条第2款，在"等同"方面受到更严格的限制。这种情况是不合理的：在相应的方法权利要求中，非功能性限定的方法步骤并不会被默认为功能性特征，其中即使包含上位概念，也并不会改变该方法步骤的非功能性特征的性质，除非该上位概念本身表示功能/效果或能将该方法步骤的限定转换为对功能/效果的描述。

因此，上述漏洞再次表明，基于计算机程序方法的产品权利要求中的"装置＋功能"写法不宜被当然认定或预先假定为功能性特征。

---

❶ 北京市高级人民法院于2013年9月4日下发至北京市属中级法院和基层法院的《专利侵权判定指南》第16条。
❷ 浙江省高级人民法院（2013）浙知终字第59号民事判决书（2013年）。

（三）特殊情形："单词"化的功能性特征

语言可以简化。某些情况下标准的功能性特征甚至能简化为单个词语。例如，"改变电压的装置"可简化为"变压器"等。事实上，很多普通术语的渊源正是对其指称的事物所完成的功能或任务的表述，例如滤波器、刹车、夹具等❶，又如导体、散热装置、黏结剂、放大器、变速器、滤波器❷等。

以上举例属于已约定俗成，就其字面所示的功能而言相应的具体实施方式已为本领域技术人员所熟知的例子（若涉字面所示之外的功能，则将回归到本文第四部分之（二）所讨论的问题），因而也属于《解释二》定义但书部分的例外。即该类词语徒具功能性特征的外表，实已为具有确定含义的结构特征。❸ 此为本文第四部分之（二）下的"功能/效果本身所反映的具体实施方式"之情形的进化，同时也是向本文第四部分之（二）下的"功能执行主体所反映的具体实施方式"之情形的回归。

然而真正的功能性特征也可能采用类似的外表，比如发明人自造词。那么如何区分？完全依靠法官的自由心证（所谓本领域普通技术人员的理解和认知）？鉴于是否认定为功能性特征会产生在等同原则适用上的巨大差异，如同"公知常识"一样将似功能性特征的表述是否已含有具体实施方式的含义托付给自由心证是不谨慎的。如本文第四部分之（二）下的"'内部证据'与外部证据"所述，依据外部证据来判断是必要的、可行的。在类似情况下，MPEP也要求审查员应当查看通用词典、专业词典、现有技术证据以证明带有功能的术语已具有公认或者业内认可的结构含义。❹

---

❶ *Greenberg v. Ethicon Endo – Surgery, Inc.*, 91 F. 3d 1580, 1583 – 1584, 39 USPQ2d 1783, 178 – 187 (Fed. Cir. 1996).

❷ 北京市高级人民法院于 2013 年 9 月 4 日下发至北京市属中级法院和基层法院的《专利侵权判定指南》第 16 条。

❸ *Seal – Flex, Inc. v. Athletic Track and Court Construction*, 172 F. 3d 836, 850, 50 USPQ2d 1225, 1234 (Fed. Cir. 1999) (Rader, J., concurring) ("Claim elements without express step – plus – function language may nevertheless fall within Section 112, Para. 6 if they merely clam the underlying function without recitation of acts for performing that function····. In general terms, the 'underlying function' of a method claim element corresponds to what that element ultimately accomplishes in relationship to what the other elements of the claim and the claim as a whole accomplish, 'Acts, ' on the other hand, correspond to how the function is accomplished. ") "What is important is not simply that a 'detent' or 'detent mechanism' is defined in terms of what it does, but that the term, as the name for structure, has reasonably well understood meaning in the art. "

❹ *Ex parte Rodriguez*, 92 USPQ2d 1395, 1404 (Bd. Pat. App. & Int. 2009).

五、结论与展望

概言之，对功能性特征的识别须重点考虑以下要素。

（1）准确判断何为功能/效果的表达。其与具体实施方式的区分在于"做什么"和"如何做"。此看似直观的问题在本质上涉及方法的权利要求（或产品权利要求的方法特征）中须仔细斟酌。尤其是对于涉及计算机程序的权利要求，笔者认为，既不可忽视方法权利要求中可能存在的功能性特征，又不能仅仅基于撰写的形式而将产品权利要求中的"装置＋功能"一概认作功能性特征。相反，应具体问题具体分析，考察某具体的描述是终极的功能/效果，还是实施手段。

（2）具体实施方式的含义。相应于产品与方法权利要求之分，具体实施方式可能是实现功能/效果的产品结构或方法步骤。笔者认为，对于涉及计算机程序的权利要求，其中的"功能＋装置"特征的具体实施方式即为实现该功能的方法步骤，而非硬件结构。

（3）具体实施方式的来源。本领域技术人员从权利要求所确定的具体实施方式可能来源于三个部分（可任意组合）：功能执行主体的术语本身的具体实施方式含义，对功能执行主体的限定直接描述了的具体实施方式，以及本领域技术人员从功能/效果描述已能明了的具体实施方式。需要注意，语言的浓缩可导致功能性特征进化为单个词，这样的单个词可能仍然是不能被但书排除的功能性特征，也可能是已经进化为具有具体实施方式含义的普通技术术语。

（4）证据。在判断功能执行主体的术语本身是否具有具体实施方式的含义、功能/效果是否隐含了具体实施方式，以及在判断单独一个词语的表述本身是否为功能性特征时，只能依据权利要求自身而不能查看说明书。同时，所谓"本领域普通技术人员……直接、明确地确定……具体实施方式"，并不排除外部证据（包括公知常识性证据如词典、教科书等）的使用，而且应当以证据为基础。

可以想见，在司法实践中，将出现何为功能/效果、何为具体实施方式的争鸣和分歧，尤其是在涉及方法步骤的功能性特征的识别方面，笔者期待有更多的司法案例来充实本文的探讨。不过，至少对涉及计算机程序的"装置＋功能"特征，笔者认为结论可以是确定的：不可一概视为功能性特征，并且其具体实施方式即为其具体方法步骤而非硬件结构。

此外，笔者十分担忧当站在"本领域普通技术人员"的角度确定能否从权利要求直接、明确地确定具体实施方式时，将面对与目前专利实践中确定所谓"公知常识"时同样的困难，包括任意性。因此有必要在未来的司法实践中，发展出更加细致的规则，并重视外部证据的使用。

从一件无效宣告请求案件浅谈通式化合物类权利要求的修改

陈　昊[*]

【摘　要】

　　通式化合物类权利要求由于其自身的特点，修改方式具有多样性和复杂性，进而导致对于此类权利要求修改是否超范围的判断存在特殊的复杂性。本文通过结合一个无效宣告案件对该问题进行了一定的分析和探讨，以期为专利审查员和专利申请人/专利代理人如何把握通式化合物类权利要求的修改提供一些参考。

【关键词】

　　通式化合物　修改　盐酸埃克替尼

一、引　言

　　国家知识产权局专利复审委员会于2016年"4·26"全国知识产权宣传周期间发布了十件2015年度重大案件，其中第二个案件为"新型作为酪氨酸激酶抑制剂的稠合的喹唑啉衍生物"发明专利权无效宣告请求案，本案所涉及的专利为我国科学家研发的具有自主知识产权的明星药物凯美纳（盐酸埃克

---

　　* 作者单位：国家知识产权局专利局专利审查协作四川中心。

替尼）的核心化合物专利，其无效理由主要涉及对于通式化合物修改是否超范围以及创造性的判断。

盐酸埃克替尼是我国首个小分子靶向抗癌药，是国家"十一五"和"十二五"科技重大专项的杰出成果，上市以来已经获得社会的广泛认可和商业上的巨大成功，打破了进口药在这一领域的垄断，曾被卫生部前部长、中国科学院院士陈竺誉为我国"民生领域的两弹一星"，并获得2015年国家科技进步奖一等奖，这也是中国化学制药行业首次获此殊荣。

通式化合物类权利要求是化学领域常见的权利要求形式，由于其为大量并列技术方案的组合，囊括了极大的保护范围和可选择范围，因此对于此类权利要求修改是否超范围的判断存在特殊的复杂性。以下本文将结合上述涉及盐酸埃克替尼化合物专利的无效宣告案件对该问题进行一定的分析和探讨，以期为专利审查员和专利申请人/专利代理人对如何把握通式化合物类权利要求的修改提供一些参考。

二、案例分析

本案主要涉及如下通式所示的化合物，其中涉及修改的部分主要为如下部分。

原始权利要求为：

1. 一种具有以下结构的化合物，

其特征在于 A 是 7 到 18 元的环；

……

授权的权利要求为：

1. 一种具有以下结构的化合物，

其特征在于 A 是 9 到 15 元的至少包含 2 个氧原子的非芳香单环，该单环还包括 0~3 个选自 O、S 和 N 的杂原子；

......

可见，申请人在授权阶段将 A 环从"7 到 18 元的环"修改为了"9 到 15 元的至少包含 2 个氧原子的非芳香单环"。

无效请求人认为：授权文本的权利要求 1 的 A 环限定为"9 到 15 元的至少包含 2 个氧原子的非芳香单环，该单环还包括 0~3 个选自 O、S 和 N 的杂原子"，原申请文件中 A 环为 7 到 18 元环，同时并未记载 A 环为至少包含 2 个氧原子的非芳香单环，因此权利要求 1 的修改超范围。

而专利权人认为：（1）权利要求 1 中的"A 是 9 到 15 元"在原权利要求 12 以及原说明书第 14 页第 2 段有记载；权利要求 1 中"A……至少包含 2 个氧原子……该单环还包括 0~3 个选自 O、S 和 N 的杂原子"，其中的 O、S 和 N 属于并列选择的概括方式，基于原权利要求 12 中所记载的 A 是一个 9 至 15 元环，包括 2~5 个 O、S 和 N 杂原子，以及权利要求 2 中记载的 A 进一步包括 0~6 个 O、S 和 N 杂原子，可以拆分成两种技术特征：①A 包含 2 个氧原子，还包括 0~3 个 O 原子；②A 包含 2 个氧原子，还包括 0~3 个选自 S 和 N 的杂原子，即根据原申请文件可以直接地、毫无疑义地得到上述技术特征。（2）实施例记载了大量 A 为非芳香单环的化合物，本领域技术人员据此能够直接得出 A 为非芳香单环；同时根据说明书第 18 页的反应路线可知，通过该亲核取代反应无法形成且稳定地存在包含两个氧原子的芳香单环，因此 A 环是非芳香单环不超范围。此外在无效宣告程序中，拒绝认可实质审查过程中明确认可的意见是不合理的。

可见，对于申请人的上述修改，无效请求人和专利权人争论的焦点主要在于将"A 环"修改为"非芳香单环"是否修改超范围。从该申请说明书的记载来看，其中并未涉及任何该申请通式化合物中 A 环为"非芳香单环"的直接记载，而且其实施例化合物也并非全部为所述"非芳香单环"。在这种情况下申请人将此处的"环"修改为"非芳香单环"是否属于二次概括进而出现超范围的缺陷呢？

对此，合议组认为：尽管该申请说明书中对于 A 环未作进一步的解释说明，并且环类型也未在技术方案部分进行定义，而该案实施例所制备的所有化合物均为非芳香环，并且绝大多数环为单环，在这种情况下，仍应认为申请人将 A 环直接修改为"单环非芳香环"是不超范围的。其主要理由如下：首先，就涉及 A 环本身的定义而言，定义环的维度通常是有限的，往往就仅仅如该专利的上述几个维度，如环原子数目、环类型以及所含有的杂原子状况来定义；其次，就目前 A 环而言，环原子数在原申请文件中有记载，修改不超范围，再次，就环类型和杂原子定义来说，原权利要求 12 记载了"2～5 个 O、S、N 杂原子"的上位信息，进一步地，实施例所公开的绝大部分化合物为非芳香单环，以及所有 A 环中的 O 原子数均为 2 个及以上，即实施例中记载了 A 环为非芳香单环、A 环中的杂原子氧原子数为 2 个及以上的多个具体化合物；最后，就三特征之间的关系而言，如上所述各特征之间并非存在紧密关系，即某一特征的变化不会必然引发另一特征也随之变化的情形。综上所述，A 环的环类型和其中的杂原子定义实际上是原申请文件所记载的大范围中的部分范围，原申请文件中虽然没有文字记载该修改后的部分范围，然而实施例部分所公开的具体化合物中绝大部分 A 环为非芳香单环（据笔者统计：实施例部分共公开了 15 种化合物，其中 14 种为非芳香单环，仅 1 种为稠合双环），以及所有 A 环中的杂原子氧原子数为 2 个及以上的多个具体化合物，同时各特征之间并不存在紧密关系，因此基于技术方案部分所记载的大范围，实施例部分所公开的具体化合物实质上给出了将 A 环进一步定义为非芳香单环，将 A 环中的 O 原子数定义为 2 个以上，以及 0～3 个选自 O、S 和 N 的杂原子的修改指引。因此，在该专利实施例所给出的修改指引下，保留了原申请文件记载的大范围中的部分范围，这样的修改在原申请文件中有依据，该处修改并未超出原申请文件记载的范围。

三、小结与讨论

由于通式化合物为多个并列技术方案的组合，具有高度的概括性，包括并列概括和上位概括等，因此在专利授权和确权程序中，通式化合物类权利要求修改方式具有多样性和复杂性。就本案而言，对于申请人根据说明书实施例中具体化合物的取代基来对通式化合物中的取代基进行修改的修改方式，合议组给出了一种判断方法：如果修改后的取代基定义中所涉及的特征实质上是原申请文件技术方案所记载的大范围中的部分范围，该部分范围本身并无明确的文字记载，然而实施例记载了该部分范围中的数种具体化合物，且通过分析可知绝大部分的化合物中涉及这些特征的定义时均指向该部分范围，即尽管文字部分未明确记载涉及这些特征的部分范围，但能够确认其属于专利权人在申请日之前已经完成的发明，属于专利权人可以主张的正当权利范围，那么，在该专利实施例所给出的修改指引下，保留了原申请文件记载的大范围中的部分范围，这样的修改在原申请文件中有依据，符合《专利法》第33条的规定。另外，由于该案对权利要求的修改还涉及多个技术特征，该案合议组对于此类涉及多个技术特征的修改是否超范围也给出了的一种判断方法：如果修改涉及多个技术特征，则主要考虑修改所涉及的几个特征之间的关系；如果各特征之间并非存在紧密关系，即某一特征的变化不会必然引发另一特征也随之变化的情形，则在申请文件实施例已经给出了明确的修改指引的情况下，同样可以允许申请人将实施例中所定义的相应具体特征引入权利要求中。

此外，在通式化合物类发明的授权和确权程序中，由于通式化合物的特殊撰写形式，对其修改是否超范围还会存在一种特殊情况，即对于申请人在撰写申请文件时没有写入"中位概念"的权利要求，当申请人在答复审查意见通知书时直接将权利要求中定义的通式化合物中上位的取代基改为实施例中具体化合物中下位取代基时，对于此类修改方式是否超范围的判断存在一定的争议。一种偏于严格的观点认为，在通式化合物中，如果申请人在对于通式定义中仅仅采用了"环""烷基""芳基"等上位概念，当申请人要对这些上位概念进行修改以克服其存在的不具备新颖性、创造性、得不到说明书支持等缺陷时，需在说明书中严格公开相应的中位概念，如进一步限定所述"环"的环原子数、环类型等，以及进一步限定所述"烷基"的碳原子数、"芳基"的环大小等，进而才能据此修改；而对于将"环"直接修改为下位的具体环类型，如环己烷、环丁烷等，或者将"烷基"直接修改为甲基、乙基，或者将"芳基"直接修改为苯基等，尽管说明书实施例中所公开的具体化合物可能具体公开了这些具体取代基，但是由于在说明书中申请人并未进一步公开所述"环""烷基""芳基"可以直接为这些具体基团，而通式化合物本身包含了多个并列的技术方案，其是多种技术方案的组合，如果将这些下位的具体技术特征并入权利要求中，将会形成一个新的上下位重新组合的技术方案，其与申请说明书实施例中的技术方案并不相同，并且在原说明书和权利要求书中也未记载过，同时，也不能从原说明书和权利要求书文字记载的内容中直接地、毫无疑义地确定，因此，这种修改超出了原说明书和权利要求书记载的范围。由此可见，这种观点对于通式化合物修改的要求比较严格，对于申请人撰写申请文件要求较高，即在撰写原始申请文件时申请人就应对各种上位概念采用层层递进的撰写方式进行，如果遗漏了对于中位概念的撰写和解释说明，则会极大影响后续对于申请文件的修改。同时，也有另外一种较为宽松的观点认为，对于通式化合物的修改，在实施例已经公开了具有唯一指向的具体取代基的基础上，是应当允许申请人将所述基团修改为相应的取代基的，这一方面是因为对于这部分技术方案申请人实际上在说明书中有过具体公开，其取代基类型也完全能够对应，并且接受这种修改也能使得申请人请求保护的范围与其实际所作出的发明相一致，并不会导致修改超范围。本案合议组明显是偏向于后一种较为宽松的标准，因此尽管涉案申请说明书中对于 A 环未作进一步的解释说明，并且环类型也未在技术方案部分进行定义，而本案实施例所制备的所有化合物均为非芳香环，并且绝大多数环为单环，在这种情况下，合议组认为申请人将 A 环直接修改为"非芳香单环"是不超范围的。

我们知道，《专利法》之所以对专利申请文件的修改进行规定，主要考虑的是申请人在撰写申请文件时难免存在措辞不严谨、表述不准确、保护范围过宽或者说明书与权利要求不一致等缺陷，在指定的期限内或者在审查过程中发现了这些缺陷后，通过修改申请文件是克服这些缺陷的主要方式。另外，如果对存在这些缺陷的专利文件不加以修改，还可能影响专利权保护范围的确切性，影响公众对专利技术信息的利用。而《专利法》之所以进一步规定修改不能超出原说明书和权利要求书记载的范围，是因为我国专利制度采用的是先申请制，如果允许申请人对申请文件的修改超出原说明书和权利要求书记载的范围，就会违背先申请原则，造成对公众特别是其他申请人不公平的后果。❶可见，专利法之所以对专利申请文件的修改进行限制，即规定对专利申请文件的修改不得超范围，是为了实现专利权人和社会公众之间的利益平衡，防止申请人以未完成的发明创造申请专利，并在申请日以后通过修改专利申请文件的方式将申请日时尚未发现的技术方案纳入到专利申请文件中，从而获取不正当的利益，损害公众的利益，阻碍进一步的创新。因此，无论是在专利授权还是在确权程序中，一方面申请人或专利权人对于专利文件的修改均应慎之又慎，在撰写申请文件时尽量为后续修改留足退路和修改依据；另一方面专利审查部门对于修改超范围的判断也应制定科学合理的判断标准，以综合考虑申请文件所公开的内容以及申请人的修改对于公众利益的影响。

具体到通式化合物的修改而言，由于其涉及的并列技术方案众多，要求的保护范围较为宽泛，因此对其修改超范围原则的把握不宜机械化，而应本着善意审查的原则尽可能给予申请人依据审查意见和现有技术情况重新考虑和进一

---

❶ 尹新天. 新专利法详解［M］. 北京：知识产权出版社，2001.

步限制其通式化合物权利要求范围的机会。在不违背《专利法》的基础上应当允许申请人通过合理的修改对通式化合物的范围进行进一步限制和调整，以追求其利益最大化，除非申请人通过修改侵蚀到公众利益以获得不正当的利益，同时损害了他人的相关利益，例如明显排除后人在其中作出选择发明的可能性（最常见的是将通式化合物修改为原申请中未记载的具体化合物的情形）。

综上所述，《专利法》对于在专利授权和确权程序中关于专利文件修改的规定一方面赋予了申请人通过修改而克服其专利申请中错误的权利，尽可能保证真正有创造性的发明创造能够取得专利权和获得保护；另一方面又对申请人在申请日后对申请文件的修改进行了一定的限制，防止申请人对其在申请日时未公开的发明内容获得不正当利益，损害社会公众对原专利申请文件的信赖，最终实现申请人或专利权人与社会公众之间的利益平衡。而这种利益的平衡很大程度上需通过审查员执行统一的审查标准来实现。因而在专利授权和确权程序中，对于文件的修改是否可以接受，应立足于《专利法》的立法本意和立法宗旨，无论修改以何种形式出现，判断是否超范围的原则应当是相同的，即对专利文件修改的解读应更多地从申请人或专利权人可能获得的实际保护范围出发，进一步考察这种修改能否对平衡专利权人与社会公众之间的利益产生影响，以真正实现《专利法》"保护专利权人的合法权益，鼓励发明创造，推动发明创造的应用，提高创新能力，促进科学技术进步和经济社会发展"的根本宗旨。

功能性限定在专利授（确）权程序、侵权纠纷程序中的影响

马丽丽*

【摘　要】

　　功能性特征，是指对于结构、组分、步骤、条件或其之间的关系等，通过其在发明创造中所起的功能或者效果进行限定的技术特征，但本领域普通技术人员仅通过阅读权利要求即可直接、明确地确定实现上述功能或者效果的具体实施方式的除外。下列情形一般不宜认定为功能性技术特征：（1）以功能或效果性语言表述且已经成为所属技术领域的普通技术人员普遍知晓的技术名词一类的技术特征，如导体、散热装置、黏结剂、放大器、变速器、滤波器等；（2）使用功能性或效果性语言表述，但同时也用相应的结构、材料、步骤等特征进行描述的技术特征。

【关键词】

　　功能性限定　专利审查　专利无效　专利侵权诉讼　专利文件撰写

---

* 作者单位：北京市盈科（广州）律师事务所。

一、功能性限定的定义

我国的《专利法》及《专利法实施细则》并未提及功能性限定这一概念，较早提出功能性限定的《审查指南2006》也没有对功能性限定给出明确的定义。《审查指南2006》规定："通常，对产品权利要求来说，应当尽量避免使用功能或者效果特征来限定发明。只有在某一技术特征无法用结构特征来限定，或者技术特征用结构特征限定不如用功能或效果特征来限定更为恰当，而且该功能或者效果能通过说明书中规定的实验或者操作或者所属技术领域的惯用手段直接和肯定地验证的情况下，使用功能或者效果特征来限定发明才可能是允许的。"❶《专利审查指南2010》中保留及沿用了《审查指南2006》的相关规定。因此较长时间以来，业界对功能性限定的定义一直没有统一的标准。

直到2016年1月25日公布的《最高人民法院关于审理侵犯专利权纠纷案件应用法律若干问题的解释（二）》（法释〔2016〕1号）（以下简称《解释二》）中才有了对功能性限定的定义性规定。《解释二》第8条中规定，功能性特征，是指对于结构、组分、步骤、条件或其之间的关系等，通过其在发明创造中所起的功能或者效果进行限定的技术特征，但本领域普通技术人员仅通过阅读权利要求即可直接、明确地确定实现上述功能或者效果的具体实施方式的除外。

该定义不仅仅适用于涉及"产品"的权利要求，同样适用于配方、方法类的权利要求。该条款还设置了排除性规定，在本领域普通技术人员仅通过阅读权利要求就可以直接、明确地确定实现上述功能或效果的具体实施方式的情形下，即使采用了功能或者效果进行限定相关技术特征，也不认为是功能性特征。

二、《专利审查指南2010》中的功能性限定对专利授权、确权的影响

《专利审查指南2010》规定："对于权利要求中所包含的功能性限定的技术特征，应当理解为覆盖了所有能够实现所述功能的实施方式。对于含有功能

---

❶ 中华人民共和国国家知识产权局. 审查指南2006 [M]. 北京：知识产权出版社，2006.

性限定的特征的权利要求，应当审查该功能性限定是否得到说明书的支持。"❶

该规定不仅允许权利要求中包含功能性限定技术特征，而且对功能性限定技术特征给予了相当宽泛的保护范围——覆盖了所有能够实现所述功能的实施方式。至少可以理解为不仅覆盖了说明书中记载的具体实施方式，还覆盖了申请日以前所有能实现所述功能的实施方式。这对于专利权人来说是较为有利的，同时也给了专利代理人对那些不便于用结构描述的技术特征一种更方便、简洁的概括方式。那么在专利授权、确权程序中，审查员对于功能性限定技术特征是否能得到说明书支持的判断标准是怎样的呢？

北京市高级人民法院在（2014）高行（知）终字第 1978 号业聚医疗器械（深圳）有限公司诉国家知识产权局专利复审委员会专利行政管理（专利）行政诉讼一案中认为：权利要求 1 中的"与内皮细胞表面抗原反应的抗体或其片段"采用了功能性限定"能够促进内皮细胞的体内粘附和增殖"，属于以发明创造所要达到的功能或者效果本身限定发明技术方案的功能性技术特征。该功能性限定包括了所有能够促进粘附和增殖的抗体或其片段，事实上能够与所述抗原反应的抗体包括了很多种类。该专利说明书中仅给出采用抗－CD34 抗原的单克隆抗体具有所述功能的实施例，并没有进一步给出任何理论指导或者实验以验证实现所述功能或者效果的规律，以引导本领域普通技术人员选择具有所述功能的与内皮细胞表面抗原反应的抗体或其片段，因而本领域普通技术人员不能借由说明书的教导明了所述功能还可以采用除抗－CD34 抗原的抗体之外的其他抗体来完成。与内皮细胞表面抗原反应的抗体，除抗－CD34 抗体外，本领域技术人员对于其他的抗体是否具备促进内皮细胞在医疗器械表面上体内粘附和增殖的功能，还需要进行实验验证。无论验证方法本身是否是常规技术，也无论内皮细胞表面抗原或对应的抗体的种类或数目多寡，在不能预期结果的前提下，这种没有任何理论指导和规律说明的验证过程即属于本领域技术人员所需付出的过度劳动，也即权利要求 1 的技术方案包括了本领域技术人员不能从说明书充分公开的内容中得到或概括得出的内容，因而权利要求 1 不能得到说明书的支持，不符合《专利法》第 26 条第 4 款的规定。

因此判断权利要求中的功能性限定技术特征能否得到说明书支持应主要从以下几方面考虑：

---

❶ 中华人民共和国国家知识产权局. 专利审查指南 2010 [M]. 北京：知识产权出版社，2010：145.

（1）该功能或效果是否能通过说明书中公开的实验或操作或所属技术领域的惯用手段直接和肯定地验证；

（2）该功能是以说明书实施例中记载的特定方式完成，并且本领域技术人员是否明了此功能还可以采用说明书中未提到的其他替代方法来完成；

（3）该功能性限定中是否包含有一种或几种方式不能解决发明或者实用新型所要解决的技术问题，并达到相同的技术效果；

（4）说明书仅以含糊的方式描述了其他替代方式也可能适用，但对本领域技术人员来说，是否清楚这些替代方式是什么或怎样应用这些替代方式；

（5）权利要求是否属于纯功能性限定。

审查指南对功能性限定的规定以及在专利授权、确权程序中的实践，对专利代理人撰写专利文件具有十分重要的指导意义。功能性限定的提出，一方面给专利代理人在撰写权利要求时提供了一种更为方便简单的概括方式，另一方面为避免滥用功能性限定，对功能性限定的使用也有更为严格的要求。专利代理人在撰写产品权利要求时应尽量避免使用功能性限定，一旦使用，则需对照前述五方面反复判断确认是否存在风险。如果存在相关风险，则应重新概括权利要求或在说明书中进一步充分公开相关技术内容或增加更多的实施方式等，以使功能性限定所概括的权利要求不但具有较大的保护范围，还能对抗基于《专利法》第26条第4款所提出的专利无效的挑战。

三、《最高人民法院关于审理侵犯专利权纠纷案件应用法律若干问题的解释》及《解释二》中功能性限定对确认权利要求保护范围的影响

前面讨论的在授权、确权程序以及授权、确权纠纷案件中，功能性限定理解为覆盖了所有能够实现所述功能的实施方式。那么在专利侵权纠纷案件中法院在确定功能性限定的保护范围时所采用的标准是否与审查指南一致呢？

2009年12月28日公布的《最高人民法院关于审理侵犯专利权纠纷案件应用法律若干问题的解释》（法释〔2009〕21号）（以下简称《解释》）第4条规定，对于权利要求中以功能或者效果表述的技术特征，人民法院应当结合说明书和附图描述的该功能或者效果的具体实施方式及其等同的实施方式，确定该技术特征的内容。该《解释》显然与审查指南的立场是不一致的，因此自其公布以来，无论是实务界还是理论界都产生了较多的争议。对撰写专利文

件的专利代理人来说，更有种不清楚说明书应该充分公开到何种程度才能满足司法审判要求的困惑。对于专利权人来说，一件经国家知识产权局专利局审查后获得授权的专利，基于其权利要求保护范围需要在法院用不同的标准重新确认，就有可能会使得该已授权专利并不能得到有效的保护，导致利益受到损害。对于专利授权行政部门来说，也有损其行政审批的权威性。

特别是对于产品权利要求中普遍使用的上位概括和特殊定义概括方式来描述的权利要求，往往会被认为属于功能性限定，适用《解释》第 4 条规定。不难想象，写入说明书中的实施方式总是有限的，任何人也无法将实施方式穷举，而一旦被认定为属于功能性限定，则只能用说明书、附图、实施方式来确定该技术特征的范围。这对上位概括和特殊定义概括的撰写方式造成了巨大的影响，尤其是对那些在《解释》出台以前已经申请的专利，其维权之艰难是可以想象的。

为解决这些问题，国家知识产权局专利管理司在 2013 年 9 月 26 日公布的《专利侵权判定标准和假冒专利行为认定标准指引（征求意见稿）》中规定，如果对于本领域技术人员来说，通过阅读权利要求书、说明书和附图，能够认定以功能或者效果表述的技术特征是所属领域普遍知悉的、约定俗成的上位概念，则一般不应当认定其为功能性技术特征。几乎同时，北京市高级人民法院于 2013 年 9 月 4 日发布的《专利侵权判定指南》第 16 条规定，下列情形一般不宜认定为功能性技术特征：（1）以功能或效果性语言表述且已经成为所属技术领域的普通技术人员普遍知晓的技术名词一类的技术特征，如导体、散热装置、黏结剂、放大器、变速器、滤波器等；（2）使用功能性或效果性语言表述，但同时也用相应的结构、材料、步骤等特征进行描述的技术特征。由此可见，随着专利授权、确权纠纷案件以及专利侵权纠纷案件的发生量不断增长以及相关专利授（确）权、诉讼案之间的交叉关联情况越来越紧密，在功能性限定问题上国家知识产权局与法院的立场与观点正在逐步统一，两份文件对功能性限定特征均作了排除性的规定。

湖北省武汉市中级人民法院在（2014）鄂武汉中知初字第 01794 号原告广东福田电器有限公司为与被告武汉市东西湖博世五金经营部、被告上海博坚电器科技有限公司侵害实用新型专利权纠纷一案中认为：功能性技术特征，是指权利要求中的对产品的部件或部件之间的配合关系或者对方法的步骤采用其在发明创造中所起的作用、功能或产生的效果来限定的技术特征；由于功能性技术特征易导致对权利要求作出过宽的解释，因此应当结合说明书和附图描述的该功能或者效果的具体实施方式及其等同的实施方式来确定功能性技术特征的内容；但是，某项技术特征是否属于功能性技术特征，并非仅仅是以描述中是否使用了功能性语言作为判断标准，而要综合考虑功能性语言是否对技术特征进行了限定，对于以功能或效果性语言表述且已经成为所属技术领域的普通技术人员普遍知晓的技术名词一类的技术特征，以及使用功能性或效果性语言表述，但同时也用相应的结构、材料、步骤等特征进行描述的技术特征，不宜认定为功能性技术特征。原告权利要求 1 中所记载的"……弹簧被压制在压块与复位组件安装孔之间，使压块在限位扣部的距离内受弹簧的反向力相斥……"虽然使用了"压制""反向力相斥"等功能性语言，但弹簧的工作方式本身就是通过对弹簧的压制或拉伸，使其发生弹性形变，从而产生反向弹力或拉力，是所属技术领域的普通技术人员普遍知晓的技术，且原告权利要求 1 中也明确描述了压块、复位组件的结构及位置关系，并明确描述弹簧的位置关系是置于压块与复位组件安装孔之间，至于弹簧是如何安置于压块与复位组件安装孔之间，是具体实施的问题，可以包括多种安置方式，而不论是采用凸柱方式安装还是采用凹槽方式安装，均属所属技术领域的普通技术人员普遍知晓的技术，因此，上述技术特征的描述明确清晰，可以直接从字面上解释出该技术特征对权利要求的限定，不属于功能性技术特征。

此案直接适用了《专利侵权判定指南》中对功能性技术特征的排除性规定，切实维护了专利权人的合法权益。虽然对功能性限定的认定有了排除性的规定，统一解决了实践中存在较多争议的问题，但对功能性限定一直没有明确的定义，并且功能性限定中是否适用等同原则等问题需要进行解释。

《解释二》第 8 条第 1 款、第 2 款规定："功能性特征，是指对于结构、组分、步骤、条件或其之间的关系等，通过其在发明创造中所起的功能或者效果进行限定的技术特征，但本领域普通技术人员仅通过阅读权利要求即可直接、明确地确定实现上述功能或者效果的具体实施方式的除外。""与说明书及附图记载的实现前款所称功能或者效果不可缺少的技术特征相比，被诉侵权技术方案的相应技术特征是以基本相同的手段，实现相同的功能，达到相同的效果，且本领域普通技术人员在被诉侵权行为发生时无须经过创造性劳动就能够联想到的，人民法院应当认定该相应技术特征与功能性特征相同或者等同。"

最高人民法院以司法解释的方式对功能性特征这一术语进行了司法定义，使功能性限定的定义得到了统一，并进一步将仅通过阅读权利要求即可以直接、明确地确定实现上述功能或者效果的具体实施方式排除在了功能性特征之外。也就是说只要符合该条件，就算是使用了功能性限定，也无须用说明书、附图、实施例来解释该权利要求的保护范围。这等于专利权人只需要举证证明该功能或效果确定的具体实施方式是本领域技术人员采用的惯用手段或基本常识即可以将权利要求的保护范围覆盖到这些惯用手段及基本常识中。

同时《解释二》还对功能性限定在等同原则适用上作了不同的规定，将原来的"三基本，一普通"改成了"一基本、两相同、一普通"，因为既然是采用功能、效果来概括技术特征，那就意味着应严格依照该真实的意思表示来约束权利要求的范围，即实现相同的功能，达到相同的效果。

2016年5月31日浙江省杭州市中级人民法院在（2015）浙杭知初字第920号嘉兴捷顺旅游制品有限公司诉义乌市海纳日用品有限公司侵害实用新型专利权纠纷一案中首次适用了《解释二》，该院认为："本案中，捷顺公司明确表示以涉案专利权利要求1作为保护范围，并主张以说明书第0005段内容来确定上述专利权利要求1中的'挤水机构'的技术特征。经庭审比对可见：被诉侵权产品包含了涉案专利权利要求1的全部技术特征。对此，海纳公司亦认可被诉侵权产品除拖把杆上多了一个刷毛器之外其余均与涉案专利无异。经审查，本院认为，被诉侵权产品的技术特征完全覆盖了涉案专利权利要求1的全部技术特征，故落入了涉案实用新型专利权的保护范围。"

以笔者浅见，有了这些规定及司法解释，以功能性限定概括权利要求已不再是一个充满变数的雷区，专利代理人完全可以依据这些规定及司法解释为指导，在专利文件的撰写中用好功能性限定这一法律赋予的概括方式，将专利文件写得更规范、更稳定、更利于实现专利权人的发明目的及商业目的。

由于笔者身处律师事务所，有较多机会代理专利无效和专利诉讼案件，在作专利权稳定性分析、专利侵权分析、专利无效宣告请求、专利诉讼的过程中，能深刻体会到专利文件作为企业的资产，其质量的好与差有多重要。在以专利技术作为企业核心竞争力的市场博弈过程中，到了最后，考验的往往不是企业有多少专利，而是这些作为武器的专利文件的撰写质量是否足以支撑企业在博弈中立于不败之地。作为工作总结，笔者将专利文件撰写工作的小经验编写成简单的小短句供大家批评指正，并欢迎补充。

建议在专利文件的撰写中尽量注意做到以下几点：

（1）主题产品化；

（2）产品最小化；

（3）避免功能化；

（4）实例多元化；

（5）有了第（4）点，功能也不怕。

另外，作为专利诉讼代理人，无论是代理原告还是被告，有了这些规定及司法解释，在证据收集和法律适用上也有了更为清晰的标准。只有熟悉和灵活运用好这些规定，才有可能在错综复杂的情况中找对攻与守的最佳策略，最大限度地维护委托人的合法权益。

四、结束语

在这里，笔者引用北京市第一中级人民法院（2011）一中知行初字第2307号普鲁玛·普拉特＆吕贝克有限公司诉国家知识产权局专利复审委员会专利行政管理（专利）纠纷一案行政判决书中的一段话作为本文的结束语："最高人民法院司法解释及《审查指南》的规定反映了我国平衡专利权人与社会公众利益的立法本意。专利制度的基本原则之一，在于一项所能获得法律保护的专利权的保护范围，应当与其对现有技术的贡献相适应。功能性特征作为'一网打尽'的撰写方式，相对于结构特征的撰写方式而言，其字面保护范围更为宽泛，对社会公众自由的限制更多，在某些特定的情况下，可能会不恰当地限缩了在后创新的空间。在授权确权纠纷案件中将功能性特征理解为覆盖了所有能够实现该功能或者效果的实施方式，而在侵权纠纷案件中理解为说明书和附图描述的该功能或者效果的具体实施方式及其等同的实施方式，有利于鼓励申请人在采用功能性特征的撰写方式时，尽可能多地披露具体实施方式，从而一方面使得专利申请的权利要求能够满足概括恰当的要求，使其能够得到说明书的支持，另一方面可以使授权专利能够获得与其说明书公开内容范围相匹配的保护，同时避免授权专利获得不恰当的宽泛保护，从而阻碍后续的创新。"

浅谈在专利申请文件撰写中应用功能性特征

艾春慧*

【摘　要】

本文讨论了在权利要求中采用功能性特征的利弊，并结合一个撰写案例讨论了在撰写过程中如何发挥功能性特征的优势，减少采用功能性特征的不利因素。

【关键词】

专利　功能性特征　保护范围

一、功能性特征的定义

功能性特征目前已成为发明或实用新型专利申请文件撰写时较常采用的撰写方式。

2013 年 9 月 4 日北京市高级人民法院下发的《专利侵权判定指南》第 16 条对功能性特征进行了定义：功能性技术特征，是指权利要求中的对产品的部件或部件之间的配合关系或者对方法的步骤采用其在发明创造中所起的作用、

---

* 作者单位：中国国际贸易促进委员会专利商标事务所。

功能或者产生的效果来限定的技术特征。下列情形一般不宜认定为功能性技术特征：（1）以功能或效果性语言表述且已经成为所属技术领域的普通技术人员普遍知晓的技术名词一类的技术特征，如导体、散热装置、黏结剂、放大器、变速器、滤波器等；（2）使用功能性或效果性语言表述，但同时也用相应的结构、材料、步骤等特征进行描述的技术特征。❶

2016 年 4 月 1 日起施行的《最高人民法院关于审理侵犯专利权纠纷案件应用法律若干问题的解释（二）》（法释〔2016〕1 号）（以下简称《解释二》）第 8 条第 1 款也对功能性特征进行了定义：功能性特征，是指对于结构、组分、步骤、条件或其之间的关系等，通过其在发明创造中所起的功能或者效果进行限定的技术特征，但本领域普通技术人员仅通过阅读权利要求即可直接、明确地确定实现上述功能或者效果的具体实施方式的除外。

二、权利要求中采用功能性特征的利弊分析

《审查指南 2006》和《专利审查指南 2010》均在第二部分第二章规定：通常，对产品权利要求来说，应当尽量避免使用功能或者效果特征来限定发明。对于权利要求中所包含的功能性限定的技术特征，应当理解为覆盖了所有能够实现所述功能的实施方式。对于含有功能限定的特征的权利要求，应当审查该功能限定是否得到说明书的支持。

根据以上规定可知，《专利审查指南 2010》虽然不禁止但也不鼓励在权利要求撰写时采用功能性特征限定权利要求的保护范围。在专利审查阶段，具有功能性特征的权利要求比用结构特征或方法特征限定的权利要求更易受到不具备新颖性、创造性和未以说明书为依据的质疑，因此，获得授权的难度相对较大。

尽管功能性特征有这些不足，但由于 2009 年以前没有对功能性特征的保护范围如何进行确定的其他相关规定，功能性特征普遍被认为可以限定出较宽的保护范围，因而在撰写专利文件时经常被采用。

2010 年 1 月 1 日起实施的《最高人民法院关于审理侵犯专利权纠纷案件应用法律若干问题的解释》（法释〔2009〕21 号）（以下简称《解释》）第 4 条规定："对于权利要求中以功能或者效果表述的技术特征，人民法院应当结

---

❶ 北京市高级人民法院. 北京市高级人民法院《专利侵权判定指南》理解与适用［M］. 北京：中国法制出版社，2014.

合说明书和附图描述的该功能或者效果的具体实施方式及其等同的实施方式，确定该技术特征的内容。"

该规定实施后，采用功能性特征限定权利要求的保护范围，不但在授权阶段于获得专利权不利，在授权以后，权利要求实质的保护范围相对于按《专利审查指南 2010》以上规定所理解的范围明显缩小。如果简单应用功能性特征限定权利要求的保护范围，而不在撰写阶段采取合适的应对措施，可能导致申请人的技术思想不能获得合理的保护。

《专利侵权判定指南》第 17 条规定："在确定功能性技术特征的内容时，应当将功能性技术特征限定为说明书中所对应的为实现所述功能、效果所必须的结构、步骤特征。"第 39 条规定："对于包含功能性特征的权利要求，如果被诉侵权技术方案不但实现了与该特征相同的功能，而且实现该功能的结构、步骤与专利说明书中记载的具体实施方式所确定的结构、步骤相同的，则被诉侵权技术方案落入专利权保护范围。"第 54 条规定："对于包含功能性特征的权利要求，如果被诉侵权技术方案相应技术特征不但实现了相同的功能，而且实现该功能的结构、步骤与专利说明书中记载的具体实施方式所确定的结构、步骤等同的，应当认定构成等同特征。上述等同的判断时间点应当为专利申请日。"

《专利侵权判定指南》的以上规定对《解释》第 4 条进行了细化，其中，在等同判断时，对功能性限定采用的是相同的标准，而非采用结构特征或方法特征限定时的基本相同的标准。同时，将功能性特征等同的判断时间点设为专利申请日，也比采用结构特征的等同判断时间点侵权日更为严格。在该规定下，如果既能采用功能性特征又能采用结构性特征撰写的专利申请，且采用功能性限定又不对此进行相应处理，则比采用结构特征或方法限定相对不利。

2016 年 4 月 1 日起施行的《解释二》第 8 条第 2 款规定："与说明书及附图记载的实现前款所称功能或者效果不可缺少的技术特征相比，被诉侵权技术方案的相应技术特征是以基本相同的手段，实现相同的功能，达到相同的效果，且本领域普通技术人员在被诉侵权行为发生时无须经过创造性劳动就能够联想到的，人民法院应当认定该相应技术特征与功能性特征相同或者等同。"

该规定虽然将功能性特征等同的判断时间点规定为被诉侵权行为发生时，与采用结构特征或方法特征的判断时间点相同，但对于功能和效果，仍要求达到相同的标准，严于结构特征和方法特征的基本相同的标准。可见，采用功能性限定而不进行相应处理仍然是不利的。

根据以上内容，功能性特征在授权阶段和侵权阶段有诸多不利之处，但是功能性限定也有其自身优点。一些难以通过结构特征或方法特征清楚地描述的技术特征，往往可以通过功能性特征进行描述。功能性限定可以概括差异性较大的内容，对于实施例较多、实施例间差异较大的专利申请，采用功能性限定往往是最适合的概括方式。有时可以因增加了功能性特征避免独立权利要求缺少必要技术特征，在独立权利要求采用功能性限定的情况下，即使撰写不够规范也不易出现因解决不了技术问题而出现说明书不支持、权利要求保护范围不清楚的情况。采用功能性特征有时则可以使权利要求较为简洁等。

三、在专利申请文件撰写中应用功能性特征

功能性特征有其不足之处，又有其不可替代的优势，那么，在撰写专利申请的过程中，如何才能更好地利用功能性特征呢？以下将结合一个撰写案例讨论在撰写过程中如何发挥功能性特征的优势，减少采用功能性特征的不利因素。

（一）案例介绍

在《发明和实用新型专利申请文件撰写案例剖析》❶ 一书中，提供了一个撰写案例"便携式牙刷"，该撰写案例中发明人提供了表现发明构思的实施例（以下简称"第一实施例"），第一实施例的具体结构如图1所示。

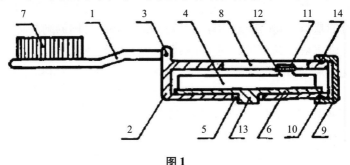

图1

该撰写案例中，为了使申请取得较充分的保护，又提供了另一个补充实施例（以下简称"第二实施例"），第二实施例的具体结构如图2所示。

---

❶ 吴观乐. 发明和实用新型专利申请文件撰写案例剖析［M］. 3 版. 北京：知识产权出版社，2011.

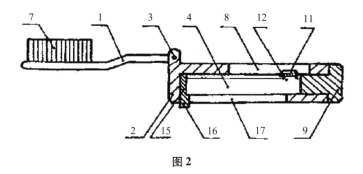

图2

另外，该撰写案例中，以图3所示的便携式牙刷为该案最接近的现有技术。

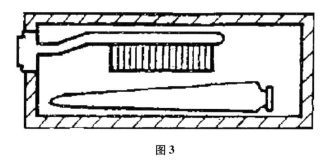

图3

基于该现有技术，在第一实施例和第二实施例的基础上提供了一份基本满足撰写要求的权利要求书，其中前三条权利要求的具体内容如下：

1. 一种便携式牙刷，由牙刷本体（1）、兼作刷柄的盒体（2）和置于该盒体（2）内的牙膏软袋（4）组成，该牙刷本体（1）与该盒体（2）之间为活动连接，其特征在于：所述盒体（2）壁上有一个形状、大小与所述牙刷本体（1）上的刷毛（7）相应的空腔（8），携带时该牙刷本体（1）上的刷毛（7）正好位于此空腔（8）内；所述牙膏软袋（4）的出膏口（12）位置与此刷毛空腔（8）位置相应；该盒体（2）有一个挤压牙膏软袋（4）的装置。

2. 按照权利要求1所述的便携式牙刷，其特征在于：所述挤压牙膏软袋（4）的装置是一块位于该牙膏软袋（4）下方的、带凸块（13）的压板；所述盒体（2）底壁上与该压板凸块（13）相应位置处开有一个孔（5），该压板凸块（13）从此孔（5）中伸出。

3. 按照权利要求1所述的便携式牙刷，其特征在于：所述挤压牙膏软袋（4）的装置是一块位于所述盒体（2）远离所述刷毛空腔那一端的可移动板

（15），该可移动板（15）边缘上有一拨块（16）；所述盒体（2）壁上与此拨块（16）相应位置处开有一条长条形槽（17）；该可移动板（15）上的拨块（16）从此长条形槽（17）中伸出，并可沿此长条形槽（17）移动。

其中，独立权利要求 1 的技术特征"挤压牙膏软袋的装置"是体现该案例的发明构思的一个主要技术特征。根据前述功能性特征的定义和解释，技术特征"挤压牙膏软袋的装置"仅通过功能和效果对第一实施例和第二实施例的结构和结构之间的关系进行限定，假设"挤压牙膏软袋的装置"不是所属技术领域的普通技术人员普遍知晓的技术名词一类的技术特征，则该技术特征属于功能性特征。

而权利要求 2 和权利要求 3 分别引用权利要求 1，对该功能性特征"挤压牙膏软袋的装置"进行了具体限定，权利要求 2 对应于第一实施例，权利要求 3 对应于第二实施例。

在以下的讨论中仅就该功能性特征"挤压牙膏软袋的装置"以及权利要求 2 和权利要求 3 中对"挤压牙膏软袋的装置"的具体限定加以讨论。

（二）采用功能性特征宜有足够的有差异的实施例支持

功能性特征"挤压牙膏软袋的装置"在 2010 年 1 月 1 日以前其保护范围按专利审查指南的相关规定可以理解为包括了能实现"挤压牙膏软袋"这一功能的所有装置"，概括的范围较宽，因此，不失为一个较好的选择。

但 2010 年 1 月 1 日以后，根据《解释》第 4 条，以上撰写案例中"挤压牙膏软袋的装置"则只能涵盖第一实施例、第二实施例中涉及"挤压牙膏软袋的装置"的相关技术特征及与这些相关技术特征相等同的技术特征。对于第一实施例来说，实现"挤压牙膏软袋"这一功能的必不可少的技术特征为压板（6）、压板凸块（13）和孔（5）及与这些特征相应的连接关系、位置关系等；对于第二实施例来说，实现"挤压牙膏软袋"这一功能的必不可少的技术特征为可移动板（15）、拨块（16）和长条形槽（17）及与这些特征相应的连接关系、位置关系等。两个实施例的工作原理是一致的，基于前述假设，可以等同的范围较为有限。也就是说，仅基于以上两个实施例即在独立权利要求中概括"挤压牙膏软袋的装置"这一功能性特征，并不能获得较大的保护范围。

如果要采用"挤压牙膏软袋的装置"进行限定，且要获得比前述范围更大的保护范围，在撰写时，需要尽可能地根据"挤压牙膏软袋"这一功能反推还有什么装置可以实现该功能，并将想到的可行实施方式补充到说明书和从属权利要求中。补充实施例越多，彼此之间的差异性越大，功能性特征"挤压牙膏软袋的装置"所能涵盖的范围越大。

就该实施例而言，挤压牙膏软袋的装置还可以有其他多种结构，例如，在撰写案例的分析该案的部分也提及了一种"类似固体胶棒中所采用的螺旋挤压结构"❶，如果将该实施例也补充到权利要求书中或说明书中，则即使在独立权利要求字面表述不变的情况下，其保护范围也因补充了新的实施例而发生了变化。

因此，专利代理人在撰写时，可以根据所概括出的功能"挤压牙膏软袋"引导发明人补充其他可行的且与已有实施例具有一定差异的实施例，以扩大采用功能性特征的权利要求的保护范围。例如，"挤压牙膏软袋"这一功能还可以采用弹簧推动移动体挤压牙膏软袋并通过控制阀控制牙膏软袋出口开闭的方式、通过拨动滚动体直接挤压牙膏软袋的方式、通过可按压壁挤压牙膏软袋的方式等实现。如果能在说明书中补充这样的实施例，则同样的功能性特征保护的范围相较于仅有第一实施例和第二实施例明显扩大，甚至在实施例足够多且覆盖面足够大的时候，可能难以找到比功能性特征更有效的方式表达发明或者实用新型的发明构思。

可见，如果在权利要求中采用功能性特征，有足够数量的且彼此之间有足够差异的实施例能取得较理想的保护范围。在撰写时补充适当的实施例，是克服功能性特征在侵权判断时的不足的较好的手段。否则，由于功能性特征的等同条件严于结构特征或方法特征，且在侵权判断中，判断功能性特征对应的具体结构中何者为必要技术特征的主动权不在权利人手中，采用功能性特征反倒不如采用结构特征和方法特征有利于权利人。

（三）实施例较少的情况下进行功能细分

在现实情况下，发明或实用新型往往不像该撰写案例那样容易想到诸多替代实施例。此时，如仍采用类似于"挤压牙膏软袋的装置"这样的宽泛、笼统的功能进行概括，因有前述的不足之处，可能并不是较佳的选择。

在实施例较少的情况下，除直接采用结构特征限定发明外，一种可行的选择是对类似于"挤压牙膏软袋的装置"这样宽泛、笼统的功能对应的实施例的各有关组成结构进一步细分功能。在此基础上，再从多个细分功能中选取必

---

❶ 吴观乐．发明和实用新型专利申请文件撰写案例剖析［M］．3 版．北京：知识产权出版社，2011.

要的细分功能形成技术特征写入独立权利要求，该技术特征可以是功能性特征，也可以是非功能性特征。即使该根据细分功能撰写的技术特征仍然采用功能性特征，相比于在侵权诉讼阶段由法官根据说明书和附图公开的具体技术方案判断何者为必要技术特征而言，主动权也是掌握在权利人自己手中，写出来的权利要求的最终的保护范围可能比采用宽泛、笼统的功能进行整体概括时的保护范围更大。而且，在对功能单元进行分解的过程中，有利于促动专利代理人想到或者引导发明人想到更多的替代实施方式。

例如，在撰写前述案例之前，可以对以上第一实施例和第二实施例的挤压牙膏软袋的装置中各具体结构特征的功能进行分析、归类。分析后即可以发现，压板（6）和可移动板（15）的本质都是依靠"可动"这一特点实现挤压牙膏软袋这一功能的挤压结构，而压板凸块（13）和拨块（16）则是向挤压结构传递驱动力的传动结构，孔（5）和长条形槽（17）则是为了实现挤压结构或传动结构的动作而提供动作空间。根据以上分析，可以在已有实施例的基础上，将"挤压牙膏软袋"这一功能进一步分解为"挤压""传动"和"提供动作空间"这三个细分功能。

接下来需要分析"挤压""传动"和"提供动作空间"这三个细分功能对实现"挤压牙膏软袋"是否都是必需的，即分析何者为必要的细分功能。在分析过程中，会促使专利代理人设想（或引导发明人设想）如果没有"传动"和"提供动作空间"是否还能实现"挤压"功能。如果能想到仅有挤压结构即可实现挤压功能或者可以不借助传动结构直接通过对挤压结构本身的操作实现挤压牙膏软袋的功能，则独立权利要求中只需涉及挤压结构，无须涉及传动结构，可能也无须提供动作空间。假设专利代理人或发明人在该思路下能想到相应的实施方式，实现挤压牙膏软袋这一功能的必要技术特征的数量就会减少为两个甚至一个，基于此撰写的权利要求的保护范围就会扩大。例如，可以使壳体的部分壳壁为可按压的，其中可按压的壳壁可以是柔性壁、铰接于其他壳壁上的铰接壁、弹性连接于其他壳壁上的活动壁等，此时"传动"和"提供动作空间"就不是必需的。再例如，可以在放置牙膏软袋的壳体的空间截面形状为圆形（方形）时，通过设置球形（柱形）的滚动体并在壳体上沿滚动体的移动路径设置条形槽，此时"传动"这一功能就不是必需的。而且，经过思考后，专利代理人或发明人有可能意识到挤压结构的具体形状可以多种多样，如果将挤压结构直接限定为挤压板，以对"压板"或"可移动板"进行概括，其中的"板"就会构成不必要的限定。

根据以上分析，如果将以上独立权利要求中的"该盒体有挤压牙膏软袋的装置"修改为"该盒体具有挤压牙膏软袋的挤压结构（或可动结构）"，或者"该盒体具有挤压牙膏软袋的装置，所述装置具有挤压牙膏软袋的挤压结构（或可动结构）"，并在从属权利要求和/或说明书中说明"挤压结构"的含义代表了压板、可移动板、滚动体、可按压壁等结构，在当前的规定下，独立权利要求1的保护范围相对于以宽泛、笼统的功能"挤压牙膏软袋的装置"进行限制，其真实保护范围会更大，减少了在侵权判断中将实现"传动"的相关技术特征和/或"提供动作空间"的相关技术特征认定为必要技术特征的可能，而且使该权利要求更好地得到说明书的支持。

在撰写从属权利要求时，可以在挤压结构的基础上进一步限定具有"传动结构"和/或"动作空间"。同样地，将压板凸块（13）和拨块（16）的功能概括为"传动结构"后，会促使专利代理人或发明人思考是否还有其他方式可以实现向挤压结构传递驱动力的功能。此时，专利代理人或发明人可能想到实现"传动"功能的除了第一实施例的压板凸块（13）、第二实施例的拨块（16）外，还可以通过拉线、螺纹、齿轮齿条等传动方式，将这些方式作为对"传动结构"的具体实现手段，在从属权利要求和/或说明书中进行说明，此时，即使是同时具有挤压结构和传动结构的技术方案，其涵盖的保护范围与之前相比也有较大的扩展。

（四）对功能性特征对应的具体结构宜分层次保护

为了更充分地保护发明，如果权利要求1对某一技术特征进行了功能性限定，尤其是涉及发明点的功能性特征，从属权利要求宜对各实施例进行分类，并概括出多个层次，而不宜如前述权利要求2和权利要求3那样，引用权利要求1后分别直接描写各完整的具体实施例。为了防止独立权利要求1不具有新颖性或创造性；需要直接将某个具体实施例并入独立权利要求1中，而其他实施例只能分案或舍弃。

如果在独立权利要求1的基础上概括出多个层次（例如，在以上撰写案例中，在独立权利要求1不变的基础上，在从属权利要求2中以"所述具有挤压牙膏软袋的装置包括挤压牙膏软袋的挤压结构"作为附加技术特征；然后对挤压结构进行分层、分类撰写，如前述的可按压壁及具体的实现形式即可以再分为两层撰写；其后再在某项从属权利要求中引用权利要求2，以"所述具有挤压牙膏软袋的装置还包括与所述挤压结构连接的传动结构"作为附加技术特征，再在该从属权利要求之后分层、分类撰写传动结构），那么这种撰写方式相比以上分别用两项权利要求直接引用权利要求 1 撰写整个具体实施例的方式，因一般情况下会默认独立权利要求的保护范围大于从属权利要求，在侵权判断过程中考虑"挤压牙膏软袋的装置"限定的内容时，将"挤压""传动"和"提供动作空间"均考虑为必要技术特征的可能性会降低，有利于将独立权利要求的保护范围解释得较大。而且，这样布置权利要求在审查、复审和无效时修改的空间更大，利于权利要求最终获得较大的保护范围。

在实施例较多的情况下，还宜将不同的实施例按不同的角度分类、分层，以在专利审查和复审无效过程中增加选择余地和修改的灵活性，获得利于申请人的结果。

（五）选择概括合理的功能性特征

在进行功能概括时，也可以考虑多种概括方式，再根据所概括出来的功能考虑必要技术特征及可以补充的实施例，选择最适合的功能进行限定。例如，前述案例中，基于第一实施例和第二实施例概括的"挤压牙膏软袋的装置"是较为合理的。但如果有合适的实施例补充，例如，采用手动泵、螺旋叶片、活塞等方式可以无须设置牙膏软袋，而将直接封装在壳体内的牙膏挤出，牙膏软袋这一技术特征就不是必要技术特征，此时，概括为"挤压牙膏的装置"则是更合适的。

在撰写权利要求书时，如果要利用功能性特征限定权利要求的保护范围，需要考查实施例的数量和质量。如果实施例的数量不足或差异性不大，可以通过补充实施例的方式达到扩大保护范围的目的。如果难以补充适合的实施例，可以考虑对具体结构细分功能，再根据细分功能分别补充实施例。而且，在采用功能性特征时，宜分层、分类撰写从属权利要求，避免为克服新颖性、创造性、说明书不支持等缺陷时直接将具体实施例的各特征均补充独立权利要求。

浅谈权利要求中功能性限定的审查

简　斌[*]

【摘　要】

　　在判断权利要求的某一技术特征是否为功能性限定，能否得到说明书的支持时，审查员与申请人之间分歧较大。本文对权利要求功能性限定的一些背景知识进行了梳理，并结合几个复审和无效典型案例对其判定方法和标准进行了分析探讨，最后给出了审查中应当注意的几个关注点。审查实践中，既要防止一遇到在权利要求中出现功能性限定特征，就进行否定质疑，从而不必要地增加申请人的负担；又要避免某些保护范围概括过宽的功能性限定的权利要求获得授权，从而损害公众利益。

【关键词】

　　权利要求　功能性限定　支持　实施例

一、引　言

专利审查实践中，在判断权利要求的某一技术特征是否为功能性限定，是

* 作者单位：国家知识产权局专利局专利审查协作北京中心。

否影响该权利要求的保护范围时，审查员和申请人或复审、无效请求人之间往往存在很大的分歧。而在不同的审查员或合议组看来，针对同一技术特征是否为功能性限定的判断也可能大相径庭。那么，到底是什么原因导致上述情况出现呢？而功能性限定的准确定义又是什么呢？审查中常见的功能限定方式可能包括："可实现……的结构""用于……的装置""能……的设备""使……的方式"等。但是，在判断是否为功能性限定时不能仅以其文字表达为准，笔者认为有必要对功能性限定的一些知识点进行梳理，并借助一些典型案例对其判定方法和标准进行分析探讨。下面首先对世界主要知识产权机构关于权利要求中功能性特征的相关规定进行解读。

二、各国（地区）对功能性权利要求的规定

1. 美　国

在 1946 年 HOWC Co. vs. Walker 案❶中，美国联邦最高法院对功能性权利要求进行了否定，指出：权利要求在表述一项新的发明最为核心的组成部分时，应当采用表明如何实现的措辞，采用表明功能表达方式的权利要求不符合专利法的规定，因而是无效的。但是，美国联邦最高法院的这种立场遭到了专利律师界的强烈反对。美国国会在制定 1952 年专利法时采纳了专利律师界的意见，否定了美国联邦最高法院的意见，增加了专利法第 112 条第 6 项，其中规定："针对组合的权利要求来说，其特征可以采用'用于实现某种特定功能的机构或者步骤'的方式来撰写，而不必写出实现其功能的具体结构、材料或者动作。采用这种方式撰写的权利要求应当被解释为覆盖了说明书中记载的相应结构、材料或动作以及其等同物。"上述规定，明确肯定了可以使用功能性权利要求。

在涉及功能性权利要求的审查时，美国审查指南是这样规定的：专利局应当确定发明的要点，如果审查员发现某在先技术可以实现权利要求中的功能，并且该在先技术是专利具体方案的等同物，审查员可以拒绝授权；如果虽然在先技术可以实现权利要求中的功能，但该在先技术与专利说明书中描述的具体方案并不相同或等同，那么该在先技术并不影响专利的授权。

2. 日　本

日本专利法中并没用关于功能性权利要求的专门规定，1994 年之前的日

---

❶ 闫文军. 专利权的保护范围 [M]. 北京：法律出版社，2007.

本专利法第 36 条规定，专利权利要求"只记载构成专利发明所不可缺少的内容"。显然，功能性权利要求很难达到上述要求。随着电子技术和 IT 的发展，对这些领域的产品发明所不可缺少的构成要件的描述，相比使用结构等具体化手段而言，在很多情况下通过功能作用的记载来定义发明更合适。在这种情况下，在 1994 年日本专利法修改时对第 36 条进行了修改。修改后的第 36 条规定，专利权利要求应当记载专利申请人认为将发明特定化所必要的全部事项，并且权利要求应当明确和简洁。

此后，日本特许厅专利审查基准第 2.2.2.1 节规定的"违反专利法第 36 条的典型情形"包括"通过功能或特点来定义产品的，使发明的范围变得不明确"。可见，在专利授权过程中，日本特许厅虽然不禁止功能性权利要求的使用，但对于功能性权利要求采取了限制的立场。

3. 欧洲专利局

欧洲专利局的审查指南中有关"功能性特征"的规定，具体如下："如果熟悉该项技术的人不需要运用创造性的技能，就可以毫无困难地提供实施该功能的方法，该技术的权利要求可以包含功能性特征。一项专利权利要求可以仅根据其功能性特征概括地定义其范围，即使在说明书中仅提供了一个有关这一特征的实例，只要使熟悉该项技术的人知道利用其他方法也可以得到相同功能即可。然而，如果整个申请的内容给人的印象是该特定的功能是以或只能以一种特定的方式来实施，而没有任何其他的选择，则该申请可能会遭到驳回。如果说明书中仅以含糊的方式描述了其他替代方式也可能适用，但对所属技术领域的技术人员来说，并不清楚这些替代方式是什么或者怎样应用这些替代方式，则是不充分的。"

4. 中　　国

中国《专利法》没有对功能性权利要求进行专门定义，但是《专利审查指南 2010》对于功能性限定进行了相应解释：对于说明书中具有某一技术特征的技术方案仅给出一个实施例，而且权利要求中该技术特征是用功能来限定的情形，如果所属技术领域的技术人员能够明了此功能还可以采用说明书中未提到的其他替代方式来完成的话，则权利要求中用功能限定该特征的写法是允许的。如果说明书中描述的功能是以一种特定方式完成的，没有说明其他替代方式，而权利要求却概括了本领域技术人员不能明了的完成该功能的其他方法或者全部方法，则是不允许的。此外，如果说明书中仅以含糊的方式描述了其他方法也可能适用，但对所属技术领域的技术人员来说，并不清楚这些方法是什么或者怎样应用这些方法，在这种情况下，权利要求中的功能性限定也是不允许的。

此外，《专利审查指南 2010》还提到：通常，对产品权利要求来说，应当尽量避免使用功能或者效果特征来限定发明。只有在某一技术特征无法用结构特征来限定，或者技术特征用结构特征限定不如用功能或效果特征来限定更为清楚，而且在该功能或者效果能通过说明书中充分规定的实验或者操作直接和肯定地验证的情况下，使用功能或者效果特征来限定发明才是允许的。

可见，我国对于权利要求采用功能性限定的做法通常情况下是允许的，并且对于其审查原则进行了较为详细的限定。

通过比较发现，各国对于权利要求中功能性限定的规定和审查原则各有千秋，但是，总体上都是认可其撰写方式，在审查操作过程中又各有侧重点。我们在审查实践中可以借鉴他国的思路，帮助我们在审查中拨云见日、理清头绪，以期形成更为一致的审查标准。下面通过几个案例进行分析说明。

三、功能性限定特征可以得到说明书的支持

【案例1】缝纫机

涉案发明专利授权公告的权利要求书如下：

1. 一种缝纫机，具有通过压布凸轮使压布脚上下运动的压布机构，以及通过拨线凸轮使对上线的线端部进行拨线的拨线器执行拨线动作的拨线机构，其特征在于，包括：

共同对所述压布凸轮和拨线凸轮进行驱动的 1 个步进电动机；以及

通过由所述步进电动机驱动的多个齿轮、而对所述压布凸轮和拨线凸轮进行驱动的齿轮驱动机构，

所述齿轮驱动机构，具有固接在步进电动机的输出轴上的驱动齿轮，以及对所述压布凸轮和拨线凸轮进行驱动的从动齿轮，所述驱动齿轮的直径小于所述从动齿轮的直径，

所述步进电动机和所述齿轮驱动机构配置于在所述缝纫机的底座部上立设的支柱部的外侧部，

所述压布凸轮和拨线凸轮设置在共用的凸轮轴上，所述从动齿轮与该凸轮轴固接，所述凸轮轴配置于所述步进电动机的输出轴的下侧，

与所述压布凸轮的凸轮形状对应地进行摆动驱动的压臂和与所述拨线凸轮的凸轮形状对应地进行摆动驱动的拨线臂，由共用的枢支轴来支承，

在所述步进电动机的输出轴的一方端部设置有用于检测输出轴的相位的相位检测构件，在所述步进电动机的输出轴的另一方端部设置有所述齿轮驱动机构。

2. 如权利要求 1 所述的缝纫机，其特征在于，采用了可变更所述压布凸轮与所述拨线凸轮的相对性的相位位置的结构。

本案中，无效请求人主张：权利要求 2 进一步限定了"可变更所述压布凸轮与拨线凸轮的相对性的相位位置的结构"，然而说明书仅披露了利用小螺钉实现压布凸轮与拨线凸轮的相位调节这样一种特定实施例，本领域技术人员根据该特定实施例并不能想到能够实现"变更所述压布凸轮与所述拨线凸轮的相对性的相位位置的结构"的其他替代方式，故权利要求 2 得不到说明书的支持，不符合《专利法》第 26 条第 4 款的规定。

【案例分析】

本案权利要求 2 对相位调节结构采用了功能性限定，这种限定是否会造成其保护范围的不稳定呢？实际上，本案说明书记载了"在凸轮轴 34 上，从右侧按照与驱动齿轮 33 啮合的从动齿轮 35、使压布脚 24 上下运动（压布动作）的压布凸轮 36、使拨线器 60 产生拨线动作的拨线凸轮 53 这一顺序进行配置（具体可参见图 1）。拨线凸轮 53 通过固定小螺钉 38 被固定在凸轮轴 34 上。所述拨线凸轮 53，通过使用螺丝刀等工具将所述固定小螺钉 38 松开，可以微调拨线凸轮 53 相对于压布凸轮 36 的相对性的相位位置使其变更"（具体可参见图 2）。基于上述内容，本领域技术人员可以确定，只要能在拨线凸轮 53 相对于凸轮轴 34 转动到合适位置后使拨线凸轮 53 与凸轮轴 34 固定的结构均可应用于该专利的技术方案，并实现调节压布凸轮与拨线凸轮相对相位的技术效果。尽管说明书只公开了一种采用螺钉调节的特定技术方案，然而在说明书给出的技术信息的基础上，本领域技术人员基于其所具备的基本知识和能力，能够想到其他变更压布凸轮与拨线凸轮的相对相位的结构，例如在拨线凸轮和凸轮轴上对应设置多个孔，拨线凸轮相对于凸轮轴转动时，使两者相对的孔发生改变，通过在孔中插入销钉实现固定等。显然，这些技术手段的实现难度对本领域技术人员而言是较低的。

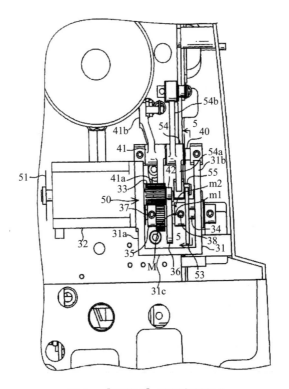

图1 【案例1】说明书附图4

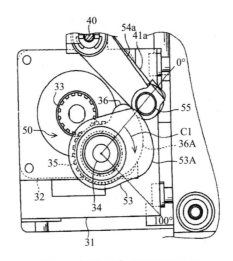

图2 【案例1】说明书附图5

针对本案相类似情形，我们可以参考欧洲专利局审查指南中有关功能性特征的规定。审查员在判断权利要求概括的某个功能能否得到说明书的支持时，不仅要考虑说明书中公开的实现该功能的具体实施方式的数量，也要考虑本领域技术人员实现该功能的难易程度。如果在该功能要求的指引下，本领域技术人员能够想到多个实现该功能的常规技术手段，则不能仅依据说明书公开的实施方式数量少而认为权利要求得不到说明书的支持。本案的最终结果也是对前审实质审查员审查结果的一种肯定，其功能性限定对整个权利要求的保护范围并没有过度扩大，仍然是在一个比较合理的范围内。

【案例2】 多工位连续级进模的工件输送装置

涉案实用新型专利授权公告时的权利要求书如下：

1. 一种多工位连续级进模的工件输送装置，其特征在于：本装置包括间歇同步驱动机构、柔性同步输送带和真空腔结构；间歇同步驱动机构由主动轮、从动轮和分度间歇机构构成，主动轮通过分度间歇机构与冲床主轴传动连接；柔性同步输送带为环状，其左、右两头分别通过主动轮和从动轮张紧支撑，形成上、下两个平面，输送带上平面横向水平穿设在冲床的上、下模间，作为一工件输送面；冲床工作台的下模四周包围设有一敞口箱体，箱体的四壁上设有抽真空口；所述工件输送面覆盖在该箱体的敞口处，与箱体构成一真空腔；该真空腔内架设有一块托板，该托板衬托在工件输送面下，托板的四周设置有上下驱动机构；对应于模具，柔性同步输送带上开设工件定位孔，托板上也开设有圆孔。

针对该专利，无效请求人向国家知识产权局专利复审委员会提出无效宣告请求，认为：权利要求书中的"间歇同步驱动机构"及"分度间歇机构"这种功能性限定的技术特征，该专利说明书及其附图中没有记载任何一种具体实施方式，本领域技术人员无法从说明书公开的内容中得到或概括得出权利要求1的技术方案，因此权利要求1得不到说明书的支持，不符合《专利法》第26条第4款的规定。

【案例分析】

本案中，根据说明书背景技术的记载，现有的多工位连续级进模冲床就存在分度间歇转动，且无效请求人提供的证据中也公开了间歇驱动装置，涉案专利对现有技术的改进点也不在于间歇同步驱动机构，而在于托板结构。在该专利所要求保护的技术方案中，可以采用现有的间歇同步驱动机构，在这种情况下，不必要求该专利说明书对该现有技术作出详细描述。由于该专利权利要求

1 中的"间歇同步驱动机构""分度间歇机构"是本领域公知的现有技术特征，而不是从说明书记载的特定结构所概括得到的技术特征，故不会导致权利要求 1 得不到说明书的支持。

综上可知，如果要求保护的技术方案中的某部分结构可以采用本领域公知的结构，且与申请专利的发明创造的改进点并不密切相关，则可以采用功能性特征限定该部分结构。本案是实用新型无效判定，该无效判定也可以对发明专利申请的审查判断给以启示，审查员在通过发明"三性"评判，确认了发明改进点之后，在有授权前景的前提下便可对功能性特征的限定进行准确判断，从而避免出现多余的审查意见通知书。

四、功能限定特征得不到说明书的支持

【案例 3】电子装置

复审请求人所提交的权利要求 4 如下：

4. 一种电子装置，在其中通过与对方装置进行电磁能量的授受来进行电力传送和数据传送，其特征在于，该电子装置具备：

线圈，通过电磁感应接收其上重叠了来自所述对方装置的信息包的电磁能量；

抽出装置，抽出重叠在所接收的电磁能量上的信息包；

信息包判别电路，判别由所述抽出装置已抽出的信息包的形式；

二次电池；

变换电路，将所接收的电磁能量变换为电能；

充电控制电路，仅当所述信息包判别电路确定所述信息包是对应于电力传送的信息包时，所述充电控制电路才用由所述变换电路变换的所述电能对所述二次电池充电；

存储数据的存储装置；

存储控制电路，仅当所述信息包判别电路确定所述信息包是对应于数据传输的信息包时，所述存储控制电路才使得包含在所述信息包中的数据被存储到所述存储装置中。

【案例分析】

本案中，权利要求 4 以特征"判别由所述抽出装置已抽出的信息包的形式"对"信息包判别电路"的功能进行了限定。而在说明书及附图中均详细记载了"信息包判别电路"包括奇偶检测电路、触发器、与门等多个部件，

且各个部件之间具有特定的连接关系，各部件相互配合以特定方式共同实现判别信息包形式的功能。显然，该申请中的"信息包判别电路"不属于无法用结构特征限定的情形，复审请求人能够以"信息包判别电路"的组成部件以及各部件间的连接关系等结构特征对"信息包判别电路"进行清楚、恰当的限定，因此权利要求4的概括过于上位，保护范围过于宽泛。

虽然本案属于电子领域，是技术发展比较快且不容易采用具体结构等特征来限定的领域，但是正如日本专利法第36条所规定的那样，"专利权利要求应当记载专利申请人认为将发明特定化所必要的全部事项"。针对此类案件，审查员不能根据领域一概而论，应当具体案情具体对待。对于实现发明必不可少的某个组成部件，权利要求中仅以该部件所实现的功能对其进行限定，没有记载该部件的具体结构，而本领域技术人员不能明了还能以说明书记载的具体方式以外的其他方式实现该组成部件，并实现同样的功能，则该权利要求的功能性概括过于上位，不能得到说明书的支持。

【案例4】可灌装食品包装机用的高速折叠装置

涉案发明专利授权公告的权利要求书为：

1. 一种包装可灌装食品的机器用的高速折叠装置（1），该装置包括：

一个供给工位（22），用于供给一系列含所述食品的密封的枕头形包装件（3），每个包装件有多个折叠部分（15，16），准备折叠和密封在包装件（3）的相应的壁（12，11）上，以形成相应的平行六面体形的包装件（2）；

输送机构（21），用于沿成形路径（B）进给所述包装件（3），该成形路径（B）从所述供给工位（22）延伸到输出工位（23）；

折叠机构（24，25，26），沿所述成形路径（B）设置并与每个所述包装件（3）配合，以便完成对包装件（3）的相应折叠操作；

加热机构（27），作用在每个所述包装件（3）的所述折叠部分（15，16）上，以熔化所述折叠部分（15，16）并将其密封在相应的所述壁（12，11）上；以及

最后压紧机构（28），与每个所述包装件（3）配合，以便当折叠部分（15，16）冷却时将相应的所述折叠部分（15，16）固定在相应的所述壁（12，11）上；

其特征在于，所述输送机构（21）是连续的；而所述折叠机构（24，25，26）和所述压紧机构（28）包括多个与所述包装件（3）相互作用的相互作用部件（44，50，55，58，70，71，72），它们具有固定的尺寸，并借助于所述

输送机构（21）的运动而与包装件（3）配合。

针对该专利，无效请求人认为：权利要求 1 中的"输送机构"是功能性限定的技术特征，没有以说明书为依据，不符合《专利法》第 26 条第 4 款的规定。

【案例分析】

本案属于机械领域，要解决的技术问题是针对输送机构输送的包装件因步进移动等断续运动而带来的运动部件的剧烈减速和加速等缺陷。在现有技术中，输送带等普通输送机构起到的是输送包装件的功能。涉案专利说明书中对输送机构的结构和功能进行了具体叙述，例如：输送机构 21 包括齿轮和链条31，链条 31 包括多个由矩形板限定的连接件 40，从矩形板上垂直伸出叶片32；相邻连接件 40 稍许隔开，形成间隙 43（具体可参见图 3）；包装件在水平输入位置进给到输送机 21 的叶片 32 上，包装件的端部部分 7 的翼片 14 与相应的间隙 43 啮合（具体可参见图 4），并借助于叶片 32 的移动和施加的推力，包装件沿着路径倾斜并直立在垂直位置。

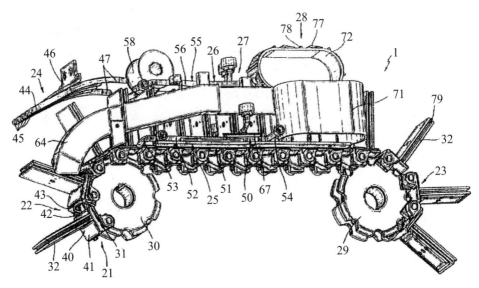

图 3 【案例 4】说明书附图 3

由此可看出，说明书中的输送机构不仅具有将包装件输送的功能，还具有其他特定的功能，例如：①与包装件的翼片啮合将其夹紧的功能；②推动包装件使其从水平输入位置逐渐倾斜到直立在垂直位置。对于本领域的技术人员来

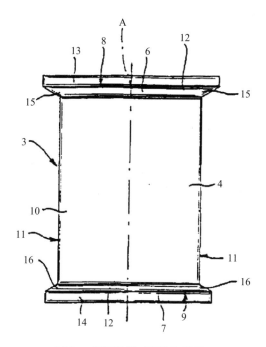

图4 【案例4】说明书附图4

说，上述①②功能是与输送功能没有必然联系的不同的特定功能。因此，作为本领域的技术人员，在阅读了说明书的特定实施例之后，不能明了完成这些功能还可以采用说明书中未提到的其他替代方式来完成输送机构，而且仅由输送机构并不能合理概括上述①②的功能。对于本领域的技术人员来说，现有的输送带等输送机并不能实现上述①②的功能，因此权利要求1中的"输送机构"没有以说明书为依据。

综上所述，对于那些具有不同于字面意义的特定功能的功能性限定特征，审查员应当针对该特征，明确其在说明书中真正所要解决的技术问题，从技术问题出发，判断权利要求中限定的功能是否仅依赖于说明书实施例中记载的特定方式完成。如果所属技术领域的技术人员不能明了此功能还可以采用说明书中未提到的其他替代方式来完成，并达到相同的技术效果，则采用功能性限定的该权利要求的保护范围概括过宽，是不允许的。

五、小　　结

本文结合4个案例阐述了专利审查中有关功能性限定对于权利要求的保护

范围的影响的一点个人浅见。在判断功能性限定权利要求是否能够得到说明书的支持时，笔者认为要重点关注如下几方面：①弱化具体实施例的数量，强调本领域技术人员实现其功能的难易程度；②若限定的特征可以采用本领域公知的结构，且与申请专利的发明创造的改进点并不密切相关，则可以采用功能性特征限定该部分结构；③对于实现发明创造必不可少的某个组成部件，若不属于无法用结构特征限定的情形，应当尽量采用较为细化的结构进行限定；④对于具有不同于字面意义的特定功能的功能性限定特征，应当从能解决的技术问题出发进行判断。总之，在审查实践中，既要防止一遇到在权利要求中出现功能性限定特征，就进行否定质疑，从而不必要地增加申请人的负担；又要避免某些保护范围概况过宽的功能性限定的权利要求获得授权，从而损害公众利益。而要基于实际案情，客观站位本领域技术人员，准确理解立法本意，从而作出正确合理的审查决定。

浅议"原说明书和权利要求书记载的范围"

曾 琳*

【摘　要】

　　"原说明书和权利要求书记载的范围"是判断修改是否超范围的基础。本文认为,"原说明书和权利要求书记载的范围"需要基于本领域技术人员的理解能力加以确定,除了包括原始申请文本以文字和图形明确表达的内容之外,还包括能够根据原始申请文本提供的具体且明确的教导而推导出的显而易见的内容。这些显而易见的内容包括:结合常识性数理逻辑知识得到的内容、结合公知常识得到的内容、基于明确记载的下位概念实施例和对应上位概念而确定的内容,以及基于关联特征的关联性被打破而确定的内容。最后,本文给出了确定"原说明书和权利要求书记载的范围"的具有可操作性的方法,以期使得对修改超范围的判断更加一致和稳定。

【关键词】

　　修改　超范围　显而易见　确定方法

＊ 作者单位:中国国际贸易促进委员会专利商标事务所。

一、引　言

《专利法》第 33 条规定：申请人可以对其专利申请文件进行修改，但是，对发明和实用新型专利申请文件的修改不得超出原说明书和权利要求书记载的范围，对外观设计专利申请文件的修改不得超出原图片或者照片表示的范围。

上述法条对专利申请文件的修改原则进行了限制。究其原因，首先是为了保证先申请原则，避免申请人将申请时未公开的技术方案通过修改的方式纳入到申请日提交的专利申请文件中，从而就该部分内容不正当地抢占在先利益。这样能够鼓励申请人充分公开其发明创造从而为修改留有余地，使得真正有授权前景的发明创造有机会通过修改获得授权。其次是为了保障社会公众对原始公开文本的信赖利益，避免社会公众基于信赖利益采取的行动由于申请人的修改而落入专利权的保护范围。

因此，对修改不超范围这一修改原则的准确理解至关重要，这关乎专利申请人和社会公众之间的利益平衡。如何正确理解并恰当应用这一修改原则，是业内需要明确的问题。上述问题的关键则是对"原说明书和权利要求书记载的范围"（以下简称"原始范围"）的含义的准确把握。本文试图进一步明确原始范围的含义，并提出在实际操作中如何确定原始范围。

二、本领域技术人员的理解能力

要正确理解原始范围的含义，首先需要明确作为判断主体的本领域技术人员所具有的能力。《专利审查指南 2010》中给出的本领域技术人员的定义❶是针对创造性问题而言的，对于评判修改是否超范围并不能完全照搬。笔者试图对本领域技术人员给出进一步的定义，使得此定义适用于评判修改是否超范围，同时和原有针对创造性问题的定义保持原则上的统一。

根据《专利审查指南 2010》第二部分第八章第 5.2.1.1 节的规定，原始范围不仅包括原说明书和权利要求书文字记载的内容，还包括根据原说明书和权利要求书文字记载的内容以及说明书附图能够直接地、毫无疑义地确定的内容。所谓"能够直接地、毫无疑义地确定的内容"，其含义应当是指"能够明

---

❶　中华人民共和国国家知识产权局. 专利审查指南 2010 ［M］. 北京：知识产权出版社，2010：170 - 171.

确推导出来的内容",因为如果要求说明书和权利要求书对其也作出明确表述,则与"原说明书和权利要求书文字记载的内容"没有区别,从而没有必要赘述❶。

在"墨盒"专利无效行政纠纷案❷中,最高人民法院指出,原始范围应该包括如下内容:一是原说明书及其附图和权利要求书以文字或者图形等明确表达的内容,二是所属领域普通技术人员通过综合原说明书及其附图和权利要求书可以直接、明确推导出的内容。只要所推导出的内容对于所属领域普通技术人员是显而易见的,就可认定该内容属于原始范围。

在"圆形孔"专利无效行政纠纷案❸中,最高人民法院指出,原始范围应当理解为原说明书和权利要求书所呈现的发明创造的全部信息,具体可以表现为:原说明书及其附图和权利要求书以文字和图形直接记载的内容,以及所属领域普通技术人员根据原说明书及其附图和权利要求书能够确定的内容。

可见,无论是《专利审查指南2010》的规定,还是最高人民法院在法条适用时所作出的解释,原始范围都不拘泥于原始申请文本中以文字和图形等明确表达的内容,还包括本领域技术人员在阅读原说明书和权利要求书之后根据客观存在的事实能够推导出的内容。而能够推导出的内容到底是什么,则与本领域技术人员所具有的能力息息相关了。

从《专利审查指南2010》对本领域技术人员的定义可以看出,本领域技术人员刻苦但做事被动且没有复杂思考能力,他具有常识性知识、检索能力强大,但对所知晓的技术处理能力不强,仅能凭常识或通过明确教导,借助于非创造性的简单劳动对所知晓的技术进行变通或组合以得到显而易见的其他技术。基于本领域技术人员的上述特点,在他阅读原始申请文本之后,他可以被动接受文本明确表达的内容,能够凭常识或文本给出的明确教导对这些信息进行简单处理而得到超出文字的显而易见的内容。

换句话说,在判断修改是否超范围时,本领域技术人员可以被定义为如下这样的假设的"人":他具有一定的理解能力,能够运用常识性数理逻辑分

---

❶ 尹新天. 中国专利法详解[M]. 缩编版. 北京:知识产权出版社,2012:308.

❷ 即再审申请人郑亚俐与被申请人精工爱普生株式会社、国家知识产权局专利复审委员会及原审第三人佛山凯德利办公用品有限公司、深圳市易彩实业发展有限公司专利无效行政诉讼案,参见:最高人民法院(2010)知行字第53号行政判决书。

❸ 即再审申请人株式会社岛野与被申请人国家知识产权局专利复审委员会及原审第三人宁波赛冠车业有限公司发明专利权无效行政纠纷案,参见:最高人民法院(2013)行提字第21号行政判决书。

析，能够根据看到的信息联想到相关的本领域公知常识，能够通过阅读原说明书和权利要求书来确定文字和图形明确表达的内容，并在其教导下推导出显而易见的内容，但是他不能提炼出技术原理而举一反三。

三、能够推导出的显而易见的内容

如上所述，本领域技术人员能够推导出的显而易见的内容需要以原始申请文本中的明确且具体的内容为依据，也就是说，在原始申请文本明确的教导或指引下才能够推导出这些显而易见的内容。这些内容在能否解决本发明技术问题方面可能是存在疑问的，但这并不妨碍它是原始范围的一部分。这些显而易见的内容是如何推导出的得出过程涉及《专利法》第 33 条的修改超范围问题，而这些显而易见的内容能否解决本发明技术问题的判断过程则涉及《专利法》第 26 条第 4 款的支持问题。这两个过程关注点不同，用不同的法条加以规范，不能由于推导出的内容不能解决本发明技术问题就认为修改超范围。

笔者认为，能够推导出的显而易见的内容包括两种情况：一是结合常识性知识得到的内容，二是对明确表达的内容进行适当上位概括得到的内容。结合常识性知识得到的内容由于得出过程的容易性，属于本领域技术人员的理解范畴，具体可以包括：结合常识性数理逻辑知识得到的内容，以及结合本领域公知常识得到的内容。进行上位概括得到的内容可能由于属于"二次概括"而被《专利法》所不允许，但是，如果说明书给出了具体教导，本领域技术人员基于其理解能力完全能够容易地进行与教导水平相适应的上位概括，在这种情况下上位概括得到的内容属于原始范围，具体可以包括：基于明确记载的下位概念实施例和对应上位概念而确定的内容，以及基于关联特征的关联性被打破而确定的内容。下面具体进行阐述。

1. 结合常识性数理逻辑知识得到的内容

本领域技术人员对阅读到的文字进行字面理解时，能够自然地运用常识性数理逻辑分析得到数理逻辑上唯一确定的内容，这是客观上必然隐含在原始申请文本中的信息，属于原始范围。例如，如果原说明书记载了不与水反应的物质 A 能沉入水中，又提到不与水反应的物质 B 具有大于物质 A 的密度，那么通过数理逻辑分析可知物质 B 也能沉入水中。再例如，如果原说明书记载了不与水反应的金属都能沉入水中，又提到物质铁，那么通过演绎推理可知铁必然能沉入水中。

2. 结合本领域公知常识得到的内容

结合本领域公知常识得到的内容在某些情况下会作为实质审查过程中修改的基础。一种可能的情况是，修改特征与本领域公知常识相关，而为了使权利要求表达清楚，该公知常识不得不被加入权利要求；另一种可能的情况是，修改特征是运用本领域公知常识对原始申请文本记载的内容进行理解而得到的内容。但是，在最初撰写申请文件时，本领域公知常识由于篇幅的限制、与发明点关系不大等原因未被写入，这使得不同的个体由于知识背景和认知的偏差可能难以意识到该公知常识的存在，或者难以将该公知常识结合到申请文本中进行理解，从而造成不同的个体对结合本领域公知常识得到的内容有不同的意见。

解决这一难题的办法是坚持站在本领域技术人员的角度思考问题。本领域公知常识不像常识性数理逻辑知识那样对于一般人具有普遍性，其普遍性仅是对于具有特定技术背景的本领域技术人员而言的，在这些人的大脑中本领域公知常识如同 $1+1=2$ 那样根深蒂固地存在。当本领域技术人员阅读原始申请文件看到某表述时，完全能够意识到并调出与该表述对应的公知常识，这相当于将与该表述相关的公知常识自动嵌入了原始申请文本中。例如，哪怕原始申请文本中没有记载，当本领域技术人员看到"照相机"时，必然知道具有"透镜"这一特征；当本领域技术人员看到"手机"时，必然知道具有"天线"这一特征。

由于本领域公知常识的自动嵌入，本领域技术人员能够容易地根据公知常识对申请文本进行理解，由此确定的内容属于原始范围。这是得到最高人民法院认可的。例如，在"盾构爬升纠偏板"专利无效行政纠纷案❶中，最高人民法院认为，本领域技术人员在阅读说明书给出的技术信息之后，应该能够轻易地补充相关的公知常识，从而确定"爬升纠偏"的字面含义，并且明确指出，本领域技术人员根据原说明书和权利要求书，结合与之相关的公知常识，完全可以确定的技术内容未超出原专利权利要求书、说明书记载的范围。

在一些案例中体现了基于本领域公知常识的修改是允许的。在"第二装置"专利无效行政纠纷案❷中，最高人民法院认为，授权权利要求 1 中增加了

❶　即再审申请人中铁二十四局集团新余工程有限公司与被申请人国家知识产权局专利复审委员会及原审第三人胡麓山专利无效行政纠纷案，参见：最高人民法院（2014）知行字第 119 号行政裁定书。

❷　即再审申请人孙群与被申请人国家知识产权局专利复审委员会及原审第三人中国移动通信集团公司专利无效行政纠纷案，参见：最高人民法院（2011）知行字第 62 号行政裁定书。

"第二装置"的功能，由于该功能既不能从原说明书和权利要求书得到，再审申请人也没有提供证据证明该功能属于公知常识，因此再审申请人关于修改不超范围的主张不予支持。在"两克单位换算"专利驳回行政纠纷案❶中，关于将权利要求中以两为单位的数值采用旧制换算为以克为单位的数值这一修改，在原始申请文本未明确"两"和"克"的换算采用旧制还是新制的情况下，最高人民法院认为，本领域技术人员结合涉案专利申请的背景技术、发明内容以及本领域的常识，能够确定涉案专利申请中的"两"和"克"的换算应当采用旧制，故涉案专利采用旧制的单位换算不超范围。

3. 基于明确记载的下位概念实施例和对应上位概念而确定的内容

在原始申请文本中可能存在如下情况：记载了下位概念的实施例，还记载了该下位概念的上位概念，并且没有明确或隐含排除其他下位概念。本领域技术人员阅读申请文本之后，不仅能够接收到下位概念实施例的信息，还能够接收到下位概念的上位概念的信息。介于申请人没有复杂的思考能力而仅能通过非创造性的简单劳动对所知道的信息进行处理，那么本领域技术人员可以容易地想到用上位概念来替换下位概念，从而能够得到将上位概念运用到实施例中的方案，而不管该方案是否能得到说明书支持。本领域技术人员基于其理解能力得到的上位概念方案属于原始范围。例如，原说明书记载了使用铁，又提到了金属，且没有明确或暗示排除其他金属，则本领域技术人员能够理解原始范围包括使用金属，而不管该方案是否能得到说明书支持。

这在实践中也有所体现。例如，在上述"墨盒"专利无效行政纠纷案中，涉案专利是基于分案申请获得的发明专利权，在其授权权利要求中记载了"存储装置"，但是在原始申请中，仅在说明书中记载有三处"存储装置"。最高人民法院依次针对这三处"存储装置"，确定了每处"存储装置"在语境中的字面含义，并根据上下文进一步确认所得出的字面含义是否恰当，最后认为对于第二处"存储装置"，由于说明书上下文没有明确或隐含排除其他类型的存储装置，也未对该处的"存储装置"给出不同于通常理解的特殊限制，因此，该处的"存储装置"为泛指。由于原始申请的说明书中存在"存储装置"这一泛指性用法，因此本领域技术人员很容易想到将实施方式中的"半导体存储装置"替换为其他存储装置，并推导出技术方案同样可以应用于非半导

---

❶ 即再审申请人曾关生与被申请人国家知识产权局专利复审委员会专利驳回行政纠纷案，参见：最高人民法院（2011）知行字第54号行政裁定书。

体存储装置的情况，因此涉案专利权利要求中的"存储装置"未引入新的内容，修改不超范围。

4. 基于关联特征的关联性被打破而确定的内容

"关联特征"是指在实施例中总是同时出现的多个特征。当本领域技术人员阅读原说明书和权利要求书之后，本领域技术人员完全有理由将关联特征作为一个整体，那么在进行修改时，在权利要求中遗漏掉关联特征中的任何一个特征都意味着有新的技术方案被引入。

但是，如果原始申请文本中明确给出了关联特征中的某一个或一些特征的具体变形或替换，那么本领域技术人员在明确的教导下能够根据其公知常识容易地想到还可能存在其他变形方式及其对应技术方案，因此，关联特征中的不同特征之间的关联性被打破，能够变化的特征可以被排除在关联特征整体之外，而不需要与其他特征同时记载在权利要求中。这是本领域技术人员根据其理解能力能够确定的，属于原始范围。例如，原说明书记载了将球形铁块沉入水中，又提到了铁块可以制成椎体、立方体等其他形状，则本领域技术人员能够理解原始范围包括将铁块沉入水中，而不管该方案是否能得到说明书支持。

欧洲专利法作为我国专利法的鼻祖，同样有修改不得超范围的规定，即不能给本领域技术人员呈现不能从原始提交申请中直接且毫无疑义地导出的信息。需要注意的是，在欧洲审查指南中，提到了某些情况下的中间概括（intermediate generalisation）不属于修改超范围的范畴。具体而言，在欧洲审查指南中规定，仅仅在原始公开的特征之间没有结构和功能关系的情况下，从这些特征中孤立地提取特定特征并用该特征限定要求保护的主题是可以允许的。当从特定实施例获取一特征并将该特征添加到权利要求时，需要满足以下两点：一是该特征与该实施例的其他特征没有关系或者不以解不开的方式与其他特征相联系，二是整个公开内容说明该特征的隔离并引入权利要求是有道理的。❶

对此，欧洲审查指南给出了一个可接受的修改示例。在该例子中，修改后的权利要求涉及用于纺布机的带子的综片，原始权利要求通过引入仅结合特定实施例公开的特征进行限定，在该特定实施例中综片的孔眼具有细长形状，但是该形状未被包括在修改后的权利要求中。在说明书的其他部分还提到了孔眼

❶ Guidelines for Examination in the EPO, Part H, Chapter V－3, November 2015.

可以具有诸如椭圆形状之类的其他形状，因此，欧洲专利局上诉委员会认为修改是可以接受的（T 300/06）。❶ 从该例子可以看出，当说明书中明确给出了具体教导时，关联特征的关联性可以被打破，能够变化的特征可以不被记载在权利要求中。

我国虽然目前还没有相关的判例，但是上述"圆形孔"专利无效行政纠纷案从某种程度上反映我国是支持上述观点的。在该纠纷案中，涉案专利是基于分案申请获得的发明专利权，在其授权权利要求 1 和权利要求 3 中分别记载有特征"所述支架体（8）的第二连接结构（8b）的形状为一大致圆形孔"和"所述第一连接结构的形式是一大致圆形孔（8a）"，而在原始申请文本中仅记载了"圆的螺栓孔""圆形螺栓孔"或"螺栓孔"。最高人民法院认为，在原始申请文本中 8a 和 8b 实质上由两个技术特征共同限定：一是圆形孔，二是供螺栓穿过，再审申请人将"圆的螺栓孔""圆形螺栓孔"以及"螺栓孔"概括修改为"圆形孔"，删除了"供螺栓穿过"的技术特征。由于"圆形孔"与"圆的螺栓孔"具有不同的技术含义，因此上述修改不属于从原始申请文本中能够确定的内容。即便再审申请人主张在附图中用图示的方式画出了大致圆形孔并且说明书明确提及螺栓孔可以用其他各种形式的结构代替，但是最高人民法院认为，附图的作用是使人能够直观形象地理解发明的技术方案，附图中显示的圆形应理解为对"圆的螺栓孔""圆形螺栓孔"或"螺栓孔"的简要形状显示，而原说明书中记载的"螺栓孔 8a 和 8b 可以用其他任何形式的结构代替"范围宽泛且不确定，不能据此认定其记载了圆形孔。

换句话说，在上述案例中，由于附图中的图示仅用于直观显示技术方案，说明书给出的替代方式过于宽泛且不具体，因此未能给出明确教导来破坏关联特征（"圆形孔"和"供螺栓穿过"）之间的关联性，使得本领域技术人员即便知道关联特征之一"供螺栓穿过"能够变化，但不知道怎么变化，无法将其从关联特征中分离出来。因此，这两个关联特征的拆分将引入新的技术内容，导致修改超范围。反过来讲，在该案例中，如果原始说明书给出了 8a 和 8b 的具体替代方式，使本领域技术人员完全有理由确定两个关联特征可以拆分，那么涉案专利权利要求 1 和权利要求 3 中的"大致圆形孔"将极有可能满足《专利法》第 33 条规定。

---

❶ Guidelines for Examination in the EPO, Part H, Chapter V – 4, November 2015.

四、确定原始范围的方法

如上所述，可以得到以下关系：

原始范围＝文字和图形明确表达的内容＋能够推导出的显而易见的内容；

能够推导出的内容＝结合常识性知识得到的内容＋进行适当上位概括得到的内容。

笔者试图提供以下确定原始范围的完整方法，以期通过所给出的方法增强在确定原始范围时的可操作性和规范性。

在步骤 S1 中，通过在原说明书和权利要求书中进行搜索，找出与修改特征相关的描述。

在步骤 S2 中，确定修改特征及其含义。

在步骤 S3 中，通过对找出的描述运用包括常识性数理逻辑分析在内的字面解释，确定是否能从找出的描述理解得到修改特征的含义。如果能，则修改不超范围；如果不能，则进入步骤 S4。

在步骤 S4 中，确定修改特征的含义和在步骤 S3 中从找出的描述理解得到的含义之间的差异点是什么。如果差异点在于修改特征涉及上位概括，则进入步骤 S5；如果差异点在于修改特征通过除上位概括之外的其他方式引入了新内容，则进入步骤 S6。

在步骤 S5 中，确定上位概括是表达含义上的上位总结（例如，从"铁"上位概括为"金属"）还是通过省略某一关联表述的上位（例如，从"根据 A 和 B 得到 C"上位概括为"根据 A 得到 C"）。如果上位概括是表达含义上的上位，则进入步骤 S7；如果上位概括是通过省略某一关联表述的上位，则进入步骤 S8。

在步骤 S6 中，确定新引入的内容是否是结合常识性知识得到的内容。如果是，则修改不超范围；如果否，则修改超范围。

在步骤 S7 中，确定原始申请文本中是否明确记载有该上位的文字。如果是，则进入步骤 S9；如果否，则修改超范围。

在步骤 S8 中，确定在原始申请文本中是否存在所省略的特征的变形或替代方式的明确教导以使本领域技术人员明了替代技术方案具体如何。如果是，则修改不超范围；如果否，则修改超范围。

在步骤 S9 中，确定原始申请文本中是否明确或隐含排除了该上位概念的部分下位概念。如果是，则修改超范围；如果否，则修改不超范围。

上述确定原始范围的方法通过图 1 所示更简洁的流程图给出。

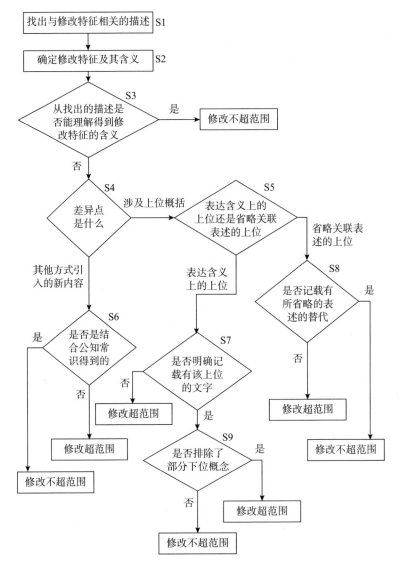

图 1　确定原始范围完整方法的流程图

五、结　语

本文从本领域技术人员应该具有的理解能力谈起，明确了"原说明书和权利要求书记载的范围"除了包括文字和图形明确表达的内容之外,还包括基于本领域技术人员的理解能力能够推导出的显而易见的内容,并具体阐述了这些显而易见的内容是什么。最后,本文给出了确定原始范围的具有可操作性的方法,以期能够对固化在原始申请文件中的信息具有统一的认识,从而使得对修改超范围的判断更加一致和稳定。

试论功能性特征限定对权利要求保护范围的影响

翁晓君*

【摘 要】

权利要求保护范围的解释和认定是专利法领域一个永恒的话题，而对于采用功能性特征进行限定的权利要求保护范围的解释和认定又是其中的一个难点。本文从一个专利无效案件的行政和司法审判说起，分析了宽泛解释原则和具体解释原则的区别和一致性，最终对解释方式的确定、审查员的审查以及申请人的撰写方式给出了自己的建议。

【关键词】

功能性特征 宽泛解释 具体解释

一、从一个专利无效案件说起

无效宣告请求人深圳市比克电池有限公司向国家知识产权局专利复审委员会（以下简称"复审委"）提出无效宣告请求，请求宣告深圳华粤宝电池有限公司享有的专利号为00114037.X、名称为"电池外壳的制造方法"的发明专

---

* 作者单位：国家知识产权局专利局通信发明审查部。

利无效，争议的焦点在于对权利要求1中所记载的功能性限定特征"限位装置"该如何理解。

该发明专利的权利要求1为："一种电池外壳的制造方法，其特征在于，包括以下步骤：制备预定长度的管通；用模具把所述管通向两边拉伸成所要求形状的筒体；在筒体的两端部通过焊接、粘接或机械变形方法加上两底板形成一筒形密封电池外壳；所述模具包括斜楔型上模和下模；所述下模主要由斜楔型滑块和限位装置组成。"在说明书唯一的实施例中限定了该限位装置是一具有U形结构的固定结构。

复审委经审查认为❶：根据原《专利法》❷第56条❸，在权利要求中某术语有歧义时，应当从权利要求的整体技术方案出发并结合说明书及其附图对其进行解释。从权利要求中可以直接理解到的内容是：限位装置是下模中的一个固定部分，其用于直接限定下模中的运动部件，即下滑块的运动极限位置。而根据说明书和附图仅给出的一个实施例，该限位装置应当解释为具有U形结构的固定结构，该U形结构的两臂的内壁可以限制斜楔形滑块的运动极限位置。在上述理解的基础上，复审委维持该专利权有效，认为该申请权利要求1~9相对于无效宣告请求人提供的证据具有新颖性和创造性，维持该专利权有效(采用具体解释原则)。

在行政诉讼一审阶段，一审法院认为❹：我国原《专利法》第56条第1款规定的说明书及附图可以用于解释权利要求是指说明书和附图可以用于帮助理解权利要求，但不得用于限定权利要求。权利要求1中限定的"限位装置"，从文字上看，属"功能性限定特征"，结合说明书及附图公开的内容，可解释为用于限定下滑块的运动极限位置。又《审查指南2001》明确规定："对于权利要求中所包含的功能性限定的技术特征，应当理解为覆盖了所有能够实现所述功能的实施方式。"根据该规定，对于"限位装置"应当理解为所有能够实现限定下滑块的运动极限位置的装置。因此，复审委将权利要求1中的"限位装置"解释为U形固定结构已经超出了以说明书和附图解释权利要求的范围，而属于以说明书及附图限定权利要求，违反了《专利法》及《审查指南2001》的相关规定。由于该上位的功能性限定的装置被对比文件中所

---

❶ 国家知识产权局专利复审委员会第6990号无效宣告请求审查决定。

❷ 指2000年修改的《专利法》，下同。

❸ 即2008年修改的《专利法》第59条。

❹ 北京市第一中级人民法院（2005）一中行初字第607号行政判决书。

披露的具体限位结构所公开,因此,权利要求不具有新颖性,撤销复审委作出的复审决定(采用宽泛解释原则)。

在行政诉讼二审阶段,二审法院认为❶:权利要求中的"功能性限定特征"不应当解释为覆盖了所有能够实现该功能的任何方式,而应当受说明书中记载的实现该功能的具体方式的限制,由涉案专利说明书的描述可知"限位装置"的形状就是"U形结构的固定结构"。而对比文件中公开的"滑动凸轮"不是"U形结构的固定结构",因此涉案专利权利要求1相对于对比文件是具备新颖性的,撤销一审法院的判决,发回重审(采用具体解释原则)。

从上述案例的行政审查和司法审判过程可以很明显地看出,复审委及相关法院各自采用了对功能性限定特征不同的解释原则,即"宽泛解释原则"和"具体解释原则",从而产生了结论的明显不一致,甚至可以说是完全相反的结论。

二、原因分析

究其原因,主要还是复审委及相关法院在各自行政审查和司法审判阶段所采用解释原则背后的法律依据并不相同。

对于权利要求保护范围的认定,不管是行政审查还是司法审判,遵循的基本法律依据均为《专利法》第59条第1款的规定,即"发明或者实用新型专利的保护范围以其权利要求的内容为准,说明书及附图可以用于解释权利要求"。但在具体的行政审查和司法审判实践中,由于考虑的出发点不同,具体的审查和审判依据不同,所以遵循着各自的实践操作依据:

在《专利审查指南2010》第二部分第二章第3.2.1节中,明确规定了:"对于权利要求中所包含的功能性限定的技术特征,应当理解为覆盖了所有能够实现所述功能的实施方式。"以上为在行政审查实践中所较常采用的宽泛解释原则的法律依据。

《最高人民法院关于审理侵犯专利权纠纷案件应用法律若干问题的解释》(法释〔2009〕21号)第4条(以下简称"司法解释")规定:"对于权利要求中以功能或者效果表述的技术特征,人民法院应当结合说明书和附图描述的该功能或者效果的具体实施方式及其等同的实施方式,确定该技术特征的内容。"以上为司法审判实践中所较常采用的具体解释原则的法律依据。

---

❶ 北京市高级人民法院(2006)高行终字第179号行政裁定书。

由此可以看出，宽泛解释原则将功能性限定解释为"实现所述功能的所有实施方式"，着眼点是《专利法》第 59 条第 1 款的前半部分，即专利权的保护范围以其权利要求的内容为准，强调的是专利权的保护范围以其权利要求限定的范围为准。而具体解释原则将功能性限定解释为"对于权利要求中以功能或者效果表述的技术特征，人民法院应当结合说明书和附图描述的该功能或者效果的具体实施方式及其等同的实施方式，确定该技术特征的内容"，即解释为"具体实施方式 + 等同"，其更看重的是《专利法》第 59 条第 1 款的后半部分，即说明书及附图可以用于解释权利要求的内容，强调的是说明书对权利要求保护范围的解释作用。

当然，对于功能性限定特征权利要求保护范围的上述两种解释原则并非是我国所独有的，从国外各国的法规和实践中可以看出，各国也都采用了类似的解释原则。

美国专利法允许使用功能性权利要求并规定功能性权利要求应当解释为覆盖了说明书中记载的相应结构、材料或动作以及其等同物。在专利审查和侵权判断中都采用这种标准。即美国在司法阶段与行政审查阶段对功能性限定都采用具体解释原则。然而，美国专利法并不存在"权利要求以说明书为依据"的专门条款，其在行政审查中的依据为第 112 条第 1 款（根据说明书披露的内容，本领域普通技术人员无法制造和使用该发明）和第 112 条第 2 款（在说明书中没有以具体实现方式定义权利要求中的功能性限定特征，因而导致权利要求的内容不确定）。

德国联邦最高法院通过判例肯定了功能性权利要求，但同时也限定了使用这类权利要求的条件。对于功能性权利要求的专利性（新颖性和创造性）的判断，应当将功能性权利要求一般化到全部范围进行判断。功能性权利要求的保护范围并不只限于说明书所公开的实施例。不管在权利要求书和说明书中有没有明示，只要实现了权利要求书中记载的功能，就在专利的保护范围之内，即德国在司法阶段和行政审查阶段均采用宽泛解释原则。

日本特许厅承认功能性权利要求，但同时又限制这种权利要求的适用，规定功能性权利要求有效的前提是，本领域技术人员通过该权利要求可以清楚地理解专利的保护范围。日本法院在解释功能性权利要求时，认为功能性权利要求的保护范围以本领域普通技术人员通过阅读说明书等专利文件能够实施的范围为基准，并要求对功能性权利要求适用等同原则，因此，可以说日本行政审查阶段和司法审理阶段对功能性限定的解释是不一致的，行政审查阶段采用宽泛解释原则，而司法审理阶段采用具体解释原则。

所以从上述分析可以看出，国外对功能性限定特征权利要求的解释原则也不一致，也都有各自的理由和出发点，但基本都是采用宽泛解释原则或者具体解释原则中的一种。

三、再分析

从上述两种解释原则的文字表述上看，似乎各自所包含的范围并不相同，具体解释原则对功能性限定解释得出的文字范围似乎比宽泛解释原则得出的文字范围要小很多，这主要体现在宽泛解释原则的"所有实施方式"在文字上是一种绝对概括，其文字含义表现为一个范围中的全部和一种连续性，而具体解释原则的"实施方式＋等同"在文字上表现为相对概括，其文字含义甚至可以理解为非连续的离散性。对于说明书只公开一种具体实施方式而概括出功能性限定的情况，这种文字含义上的差别会表现得更为明显，比如本文上述所列举的案例中所表现出来的差异和冲突。

但是经过仔细分析就会发现，两者之间实际上存在相当大的一致性和内在联系。

对于宽泛解释原则所依据的"对于权利要求中所包含的功能性限定的技术特征，应当理解为覆盖了所有能够实现所述功能的实施方式"，其是有允许前提的，即"对于含有功能性限定的特征的权利要求，应当审查该功能性限定是否得到说明书的支持"。如果权利要求中限定的功能是以说明书实施例中记载的特定方式完成的，并且所属技术领域的技术人员不能明了此功能还可以采用说明书中未提到的其他替代方式来完成，或者所属技术领域的技术人员有理由怀疑该功能限定所包含的一种或几种方式不能解决发明或实用新型所要解决的技术问题，并达到相同的技术效果，则权利要求不得采用覆盖了上述其他替代方式或者不能解决发明或实用新型技术问题的方式的功能性限定。所以，如果允许采用功能性限定特征，则所谓的"实现该功能的所有实施方式"的真实含义并不如其字面上所表现的那样为一种全部或者绝对概括，即范围的连续性，而应当理解为在得到包括该具体实施方式的说明书支持前提下的"所有实施方式"。

那么对于在得到包括该具体实施方式的说明书支持前提下的"所有实施方式"又该作何理解呢？功能性限定作为概括方式的一种，《专利审查指南2010》对其有明确的规定，即如果所属技术领域的技术人员可以合理预测说明书给出的实施方式的所有等同替代方式或明显变型方式都具备相同的性能或用途，则应当允许申请人将权利要求的保护范围概括至覆盖其所有的等同替代或明显变型的方式。

预测，从语义学上来说是指"通过调查和分析，对事物的动态和发展趋势，事先作出估计和评价"，则"合理预测的实施方式"即为所属技术领域的普通技术人员根据所属技术领域的特点，参照与之相关的现有技术，由说明书的具体实施方式通过合乎逻辑的分析、推理或者有限的试验，也即在不需要创造性劳动或者过多劳动前提下推测出的，能解决该功能所要解决的技术问题，并具有相同或相近的技术效果的其他能够实现该功能的实施方式。可见"合理预测"的主体为本领域普通技术人员，基础条件是现有技术，评价标准为创造性劳动或者过多的劳动（即近似创造性标准）判断的过程是预测的实施方式是否解决了所要解决的技术问题，实现了基本相同的功能，达到了基本相同的效果。

所以基于上述理解，从得到说明书支持的概念出发，那些与具体实施方式相比存在创造性但实现相同功能的实施方式不属于该功能性限定保护的范围，它是技术进步的产物，否则该功能性限定必定不能够得到说明书支持，因为其包括了不能合理预测的实施方式。因此，对于宽泛解释原则的理解，不应当仅仅因为功能性限定的宽泛解释就将相对于说明书公开的具体实施方式存在创造性但实现相同功能的实施方式解释到功能性限定所包括的范围中去。

可以发现，"合理预测"与具体解释原则中的等同的判断方法是基本相同的。因为等同判断的主体也是本领域普通技术人员，基础条件也是现有技术，评价标准也为创造性劳动或者过多的劳动，即近似创造性的判断标准。但同时也需注意到两者之间的区别。创造性的判断强调将权利要求所要求保护的发明作为一个整体看待，而等同原则侧重对各技术特征进行逐个对比分析，所以不具备创造性的范围还是要大于能够构成等同侵权的范围。

因此根据上述对于宽泛解释的理解，则本文开头的专利无效案件中的"限位装置"就不能简单地解释为"能够实现限定下滑块的运动极限位置的装置"，因为即便是遵循宽泛解释原则进行解释，解释出的含义和范围也应该遵循"得到说明书支持"这一前提规定，否则《专利法》中的先申请制的立法基础将被破坏。对于本案，应该在"U形结构可限制滑块的运行极限位置"这一具体实施方式的基础上，考虑该"U形结构"的功能、作用、效果并考虑说明书公开的发明构思和本领域现有技术状况等因素，合理预测与该U形结构等同的其他替换实施方式或者明显变型实施方式，则前述实际行政审查和司法审判实践中的冲突就不会发生。

四、建　　议

通过上述讨论，虽然可以得出功能性限定在宽泛解释原则下和具体解释原则下没有实质性的差别，两者存在基本一致性，但并不是说两者没有差别。之所以存在两种解释原则，就是因为它们所分别适用的阶段并不相同。

在专利申请审批阶段使用宽泛解释原则，具有必然性，其一是严格掌握专利申请授权标准、提高授权专利稳定性的需要；其二是提高行政效率的需要；其三是专利申请人在撰写申请文件时可以省去大量罗列可以预测的实现该功能具体实施方式的麻烦。因为，在行政审查阶段采用宽泛解释可使审查员一旦在现有技术中发现了实现权利要求所述功能的实施方式，就有可能认为该权利要求不具备新颖性或创造性，从而引起审查员的高度注意，提高检索效率和行政效率。采用这种标准的结果是对专利申请是否可获得专利权要求更严格。

但必须注意到的事实是，我国目前的专利审查和检索方法不可能保证功能性技术特征涵盖所有实施方式。在审查实践中，当审查员质疑权利要求中的某一功能性技术特征时，申请人的答复策略往往是先确定发明要解决的技术问题，再列出发明相对于现有技术的改进点，然后强调只要具备了发明的改进点，即可解决技术问题，无论采用何种具体方式实现所质疑的功能性技术特征。有的申请人还会列出若干个实施例，强调所质疑的功能性技术特征是对这若干个实施例的合理概括，甚至进一步争辩说，说明书中已经公开了若干个实施例，申请人不可能、也没有必要罗列出所有的实施例，参照这若干个举例说明性的实施例，本领域技术人员完全可以预料到实现本发明的各种方式，所以权利要求能够得到说明书的支持。如果实施例的数量超过 3 个，再加上这样冠冕堂皇的争辩理由，审查员一般很难再继续深究下去。但事实上，若干个实施例真能扩展到功能性技术特征所涵盖的所有实施方式吗？这恐怕是一个悬疑。所以很难保证最终授权的功能性特征已经符合了审查指南中所规定的允许进行功能性特征限定的要求，真正能够涵盖所有实施方式。

所以在这种情形下，如果后续的行政审批阶段再继续采用宽泛解释原则，就会存在很多后患。涵盖所有实施方式的解释虽然可能使专利权人在侵权程序中占便宜，但也可能使专利权人在无效宣告程序中吃大亏。例如，发明相对于现有技术的贡献在于结构改进，但权利要求中写的却是功能性技术特征，此时，如果无效请求方提供的证据正好落入功能性技术特征的字面范围、但却不同于发明专利说明书中描述的具体实施方式，在此情况下，除非可以将功能性技术特征修改为说明书中描述的具体实施方式或者将功能性技术特征解释为说明书中描述的具体实施方式，否则专利只能被宣告无效。考虑到我国没有类似美国的再颁（reissue）程序并且专利授权后修改空间狭小，这个问题就更加突出了。也就是说，虽然专利公开的内容相对于现有技术作出了贡献，但却因为一些僵硬的规定而无法得到保护，这显然是不合理、不公平的，有悖《专利法》第 26 条第 4 款的目的，也有违《专利法》"以公开换保护"的制度基石。美国 1952 年修改专利法时增加功能性特征的条款也是充分考虑了这一点。因此，我们认为，将功能性技术特征解释为涵盖说明书描述的具体实施方式及其等同实施方式，可以保证专利权人在侵权程序和无效程序中既不占便宜也不吃亏，在充分尊重发明创造的同时也不会伤害公众利益。

所以总的来看，将宽泛解释原则作为一种审查手段尚可，但作为权利要求解释的目标并不妥当。

笔者认为，对于功能性技术限定特征的解释应当坚持实事求是的原则，力求客观、公正。这就决定了人民法院应当根据说明书及附图、现有技术、专利对现有技术所作的贡献等因素进行综合考虑来解释权利要求，合理确定专利权保护范围。仅限于权利要求文字本身，不顾说明书和附图公开的内容，而对功能性特征赋予与其字面含义相同的"绝对"保护，这不符合《专利法》第 59 条的精神。应该站在本领域技术人员的高度，阅读说明书并理解发明相对于现有技术的贡献，以此确定功能性特征的准确含义和界定权利要求的合理保护范围，既符合专利法鼓励发明创造的宗旨，也兼顾了公众利益。虽然功能性特征的写法是不值得提倡的，但对于有些情形也是不得已的选择，不能被绝对禁止，所以，我们在容忍功能性特征的同时，对其采取限制性的解释，以告诫申请人尽量多使用结构特征、少使用或避免使用功能性特征，而且，这样的解释也可以对发明创造给予恰如其分的保护。

基于目前的解释现状，为了避免在后续侵权审判程序中出现类似的情况，应要求审查员在专利审查阶段严格进行《专利法》第 26 条第 4 款的审查，即严格审查权利要求是否能够得到说明书的支持。

首先，纯功能性的权利要求，没有任何具体实施方式的描述，这样的写法必然使得该权利要求得不到说明书支持，是不符合《专利法》第 26 条第 4 款的。其次，如果权利要求中的功能性限定只能以说明书实施方式中有限的特定实施方式实现，而本领域技术人员也不能明确知晓该功能性限定的功能还可以采取其他未在说明书中提到的实施方式实现，或者本领域技术人员以其对现有技术的掌握，怀疑并非所有的功能性限定的实施方式都能够实施达到发明目的，则该权利要求就不能采用这样的功能性限定，否则就将因不符合《专利法》第 26 条第 4 款的规定而不能获得授权。

可见，只要在专利审查程序中，从本领域技术人员的角度，在充分掌握现有技术的基础上，严格对其是否符合《专利法》第 26 条第 4 款进行审查，就能够将功能性限定的权利要求的保护范围限制在能够得到说明书支持的说明书及附图描述的实施方式及本领域技术人员可以预料的具有等同效果的实施方式。这样的话，在专利审查阶段确定的功能性限定的权利要求的保护范围与在侵权审判阶段确定的就基本一致了，两个程序就能够"无缝"衔接。

参考文献

［1］师彦斌. 专利权利要求中功能/概括性特征在行政和司法审查中的问题分析及对策建议［J］. 审查业务通讯,2010（10）.

［2］孙平. 关于权利要求中功能性限定特征解释的探讨［J］. 中国发明与专利,2010（5）:91－93.

［3］尹新天. 专利权的保护［M］. 2 版. 北京:知识产权出版社,2005.

［4］闫文军. 专利权的保护范围:权利要求解释和等同原则适用［M］. 北京:法律出版社,2007.

从利益平衡的角度谈发明专利无效程序中的权利要求修改

魏小薇*

【摘　要】

　　本文比较了《专利法实施细则》第 69 条与《专利审查指南2010》第四部分第三章第 4.6 节对发明专利无效程序中的权利要求修改的规定，指出了专利权人在承担发明专利审查不足的后果时应被给予合理的救济，不应将权利要求修改的形式限制为审查指南中规定的三种有限形式；另外，为了不损害社会公众的信赖利益，应严格把握修改"不得扩大原专利的保护范围"的要求。本文对于"不得扩大原专利的保护范围"的含义给出了详细解读，进而对于《专利审查指南 2010》第四部分第三章第 4.6 节提出了修改建议。文章最后简单介绍了欧洲和美国对于授权后程序中权利要求修改的要求。

【关键词】

　　专利无效　权利要求修改　扩大原专利的保护范围　《专利法实施细则》第 69 条　利益平衡

---

* 作者单位：中国国际贸易促进委员会专利商标事务所。

《专利法实施细则》第 69 条规定"在无效宣告请求的审查过程中，发明或者实用新型专利的专利权人可以修改其权利要求书，但是不得扩大原专利的保护范围"。另一方面，《专利审查指南 2010》第四部分第三章第 4.6 节对无效宣告程序中的权利要求修改方式进行了形式上的规定，其中明确规定了"一般不得增加未包含在授权的权利要求书中的技术方案"，以及"在满足上述修改原则的前提下，修改权利要求书的具体方式一般限于权利要求的删除、合并和技术方案的删除"。由此可见，《专利法实施细则》重在对修改所造成的专利保护范围的改变进行实质上的约束，而《专利审查指南 2010》则重在对修改的形式进行严格限制。此外，对于无效程序中的修改是否应仅限于《专利审查指南 2010》中规定的三种方式，国家知识产权局专利复审委员会和法院对此问题也持有不同的意见。本文以下将探讨《专利法实施细则》和《专利审查指南 2010》的规定的各自目的，并从专利权人和社会公众的利益平衡角度出发对于发明专利无效程序中应如何约束权利要求修改这一问题进行详细讨论。

一、《专利法实施细则》和《专利审查指南 2010》中对于发明专利无效程序中的权利要求修改的规定及其目的

1.《专利法实施细则》第 69 条的规定及其目的

《专利法实施细则》第 69 条规定了"在无效宣告请求的审查过程中，发明或者实用新型专利的专利权人可以修改其权利要求书，但是不得扩大原专利的保护范围"，主要从修改所造成的专利保护范围改变的方面进行实质上的约束。《专利法实施细则》的该条款与《欧洲专利公约》第 123 条第 3 款的规定即"欧洲专利不能被修改为扩大专利的保护范围"无论在文字上还是实质上均有相似之处。欧洲专利局解释了该条款的目的，即"防止扩大已经授权的专利权保护范围，从而将原本不属于侵权的行为变成侵权行为"。❶

可以推测，《专利法实施细则》第 69 条与《欧洲专利公约》第 123 条第 3 款具有类似的目的，即防止专利权人通过修改而将原本不在专利权保护范围内的技术方案又纳入到专利权保护范围内，以保护公众对于公布的授权专利的信赖利益。

---

❶ 2013 年欧洲专利局上诉委员会判例法（第七版）第 II 部分第 E 章第 2 节。

2.《专利审查指南 2010》第四部分第三章第 4.6 节的规定及其目的

《专利审查指南 2010》第四部分第三章第 4.6 节明确规定了"一般不得增加未包含在授权的权利要求书中的技术方案",以及"在满足上述修改原则的前提下,修改权利要求书的具体方式一般限于权利要求的删除、合并和技术方案的删除"。可见,《专利审查指南 2010》中的规定从形式上严格限制了无效程序中能够进行的权利要求修改的方式。在实践中,即使对权利要求进行某种修改使得能够克服无效理由,这种修改可能在无效程序中不为《专利审查指南 2010》的上述规定所允许,从而导致专利全部无效的结果。

《专利审查指南 2010》实际上要求专利授权时的权利要求保护范围应能够应对未来所有可能出现的无效理由。如果克服无效理由所需的技术特征未出现在授权时的任何权利要求中,哪怕该技术特征已经明确记载在专利说明书中,专利也会被宣告全部无效。换言之,除了所规定的三种修改方式之外,专利权人无法通过丢弃不符合《专利法》及其相关规定的部分保护范围来维持专利权的有效。

虽然《专利审查指南 2010》本身并未释明,但业界有观点认为对无效阶段权利要求修改形式的该严格限制的目的在于"有利于激励专利申请人更加谨慎地选择与其技术贡献相匹配的技术特征,避免因为某个技术特征与技术贡献不匹配而导致整体技术方案被宣告无效"。❶

二、应给予发明专利权人在无效程序中基于说明书限缩权利要求的救济途径,修改方式不应限于《专利审查指南 2010》中规定的三种方式

1. 发明专利权人被动承担专利行政部门的专利审查不足的全部后果

虽然《专利审查指南 2010》对无效阶段权利要求修改进行严格限制以期冀激励专利申请人更加谨慎地选择与其技术贡献相匹配的技术特征,但发明专利的授权权利要求的保护范围绝非是专利申请人随心所欲设定的,而是要经过专利申请的实质审查和授权这一行政程序确定的。

专利授权行为是指"国家专利审查部门依照专利申请权的民事主体之请

---

❶ 石必胜. 论无效程序中权利要求书修改的最小单元 [J]. 知识产权,2015(1):37-44.

求，按专利法所规定的条件和程序，确认其发明创造是否具备专利性的条件，依法做出决定并予以公开告示的行为"。❶ 虽然专利审查质量直接影响被授予专利权的专利的质量，但专利行政部门并不为发明专利审查的不足（虽然专利仍存在缺陷，但专利审查未能揭示这一缺陷而是授予专利权）承担任何责任，因此专利权人不得不承担专利审查不足所带来的全部后果。

如果在发明专利的无效程序中将权利要求修改的形式严格限制为《专利审查指南2010》规定的三种方式，则可以想象这样的情形：在递交日，专利申请 A 和专利申请 B 均具有缺少创造性的缺陷。然而不同的是：专利申请 A 的申请人在专利审查过程中收到创造性的审查意见，从而利用说明书中的记载内容限缩了保护范围后得到授权；而专利申请 B 的申请人在专利审查过程中未收到适当的创造性审查意见，从而以较宽的保护范围得到授权。

专利申请 A 虽然授权过程略显坎坷，但授权后的专利权稳定，关键在于在实质审查程序中专利申请人有机会认识到相关的现有技术并及时利用说明书中的记载内容来放弃不符合《专利法》相关规定的部分保护范围。而专利申请 B 虽然授权过程看似轻松，但授权后基于相关的现有技术的无效理由足以使专利权全部无效，因为专利权人未能在实质审查程序中有机会认识到相关的现有技术，也未能抓住利用说明书中的记载内容排除无技术贡献的保护范围的机会。

专利申请 A 和专利申请 B 的申请人具有相同的能力和相同的善意，均依据相同的法定程序获得专利权，但最终授权专利的质量却主要取决于专利审查质量，而专利审查质量的高低并非专利申请人所能掌控的。

因此，在发明专利的专利权人不得不承担作为另一主体的专利行政部门导致的专利审查不足（并非专利权人可控的因素）所带来的所有后果的情况下，其应该对于自己不能控制的因素获得合理的救济途径。否则，仅仅因为不同的专利审查质量而使得专利权人得到完全不同质量的专利权，却严格限制专利权人为弥补缺陷而放弃部分保护范围的具体形式，这对专利权人是不公平的。

2. 鼓励提高撰写质量不代表应要求专利申请人能够预见专利申请存在的全部缺陷

如前所述，业界有观点认为对无效阶段权利要求修改的该严格限制的目的

---

❶ 冉小燕. 从一个专利无效案浅议国家知识产权局在专利审查中的责任［C］//中华全国专利代理人协会. 加强专利代理行业建设 有效服务国家发展大局：2013 年中华全国专利代理人协会年会第四届知识产权论坛论文集. 北京：知识产权出版社，2013.

在于"有利于激励专利申请人更加谨慎地选择与其技术贡献相匹配的技术特征"。❶ 然而，鼓励提高撰写质量不代表应要求申请人能够预见专利申请的全部缺陷。

发明专利的专利实质审查中允许申请人针对审查意见对权利要求书进行修改，这本身就意味允许专利申请人在递交专利申请时未能预料到专利申请存在的各种缺陷，并允许专利申请人对这些缺陷进行弥补。这就是为什么专利实质审查要由专利行政部门来指出专利申请所存在的缺陷，使得专利申请人有机会认识到这些缺陷并通过修改来克服这些缺陷，从而提高授权专利的质量。

以创造性的无效理由为例，虽然《专利审查指南2010》规定了要站在假设的"本领域技术人员"的角度上来评判创造性，但这样通晓申请日或优先权日之前发明所属技术领域中所有普通技术知识的人在实际中是不存在的，不能要求专利申请人在专利授权之前有能力认识到并找到所有能够影响创造性的现有技术并及时针对这些现有技术对权利要求进行适当的限缩。如果认为专利申请人在专利授权之前未能认识到所有能够影响创造性的现有技术就等同于撰写质量不高，则这对于专利申请人而言是超出其客观能力之外的不合理要求。而如果认为由于专利申请人在专利授权之前未能认识到所有能够影响创造性的现有技术就理应得到专利权全部无效的结果，则这对于专利权人而言也是与其过错不相适应的过于严重的惩罚。

审查和司法实践随着历史潮流的推进而在不断演进，不同行政和司法部门之间也在一定程度上存在审查和司法实践不一致的情况。举例来说，最高人民法院在著名的"墨盒案"❷ 和"后换档器案"❸ 中对于《专利法》第33条进行了不同的解释和适用。可见，难以要求专利申请人在专利授权之前即能自行预见专利申请可能遭遇的审查和司法实践差异和变迁。这也是为什么发明专利即使经过专业的专利审查员进行的实质审查，在之后的无效程序中无效请求人往往仍然能够以新的无效理由和新的证据成功使专利权被宣告无效，这也侧面印证由单方在有限时间内准确预见专利申请可能存在的全部缺陷的难度之大。

可见，鼓励提高撰写质量不代表应苛求申请人能够预见专利申请的全部缺陷，应当给予发明专利的专利权人基于说明书的记载对专利授权前未能预见的

---

❶ 石必胜．论无效程序中权利要求书修改的最小单元［J］．知识产权，2015（1）：37–44.
❷ 中华人民共和国最高人民法院（2010）知行字第53号行政裁定书。
❸ 中华人民共和国最高人民法院（2013）知行字第21号行政判决书。

缺陷进行弥补的机会。

3. 专利权人获得的权利应与专利的技术贡献相适应

专利权人的撰写质量固然是专利权人获得的权利范围的重要基础，但另一方面，专利权人获得的权利也应与专利的技术贡献相适应。

实际上，专利权人天然地希望能够获得尽可能宽的保护范围，而让专利权人心甘情愿放弃一部分保护范围的根本原因在于他们认识到当前的保护范围已超出了专利对现有技术的贡献程度。

如果没有现有技术证据或有力的无效理由表明当前的保护范围已超出了专利对现有技术的贡献，即使是善意的专利权人也没有主动限缩保护范围的合理动机。

另一方面，如果存在现有技术证据或有力的无效理由表明当前的保护范围已超出了专利对现有技术的贡献，则应允许专利权人基于这一新的认识而对专利权进行部分放弃，从而使得限缩后的专利权与专利的实际技术贡献相适应，这是专利权人合法且合理的权利。要求专利权人在尚未认识到存在现有技术证据或有力的无效理由的情况下就能自觉主动地将专利保护范围限缩为小于当前对专利技术贡献的认识相应的保护范围，这样的要求会导致严重损害专利权人应得的权利。

最高人民法院在上述"后换档器案"中不仅对于《专利法》第33条的适用给出了指导性意见，而且还对于无效程序中权利要求存在缺陷时的救济渠道发表了观点："如果仅仅因为专利申请文件中'非发明点'的修改超出原说明书和权利要求书记载的范围而无视整个发明创造对现有技术的贡献，最终使得确有创造性的发明创造难以取得专利权，专利申请人获得的利益与其对社会作出的贡献明显不相适应，不仅有违实质公平，也有悖于《专利法》第33条的立法本意，不利于创新激励和科技发展。因此，在现行法律框架和制度体系下，在维护《专利法》第33条标准的前提下，相关部门应当积极寻求相应的解决和救济渠道，在防止专利申请人获得不正当的先申请利益的同时，积极挽救具有技术创新价值的发明创造。"

可见，由于发明专利的专利权人被动承担专利行政部门专利审查不足的全部后果，要求专利申请人在专利授权前能够预见专利申请的全部缺陷具有客观上的不合理性，且考虑到专利权人获得的权利应与专利的技术贡献相适应，因此应给予专利权人在无效程序中基于说明书限缩权利要求的救济途径，修改方式不应限于《专利审查指南2010》中规定的三种方式。

三、"不得扩大原专利的保护范围"应被解读为修改应为限缩性的或不改变原专利的保护范围，从而避免损害公众的信赖利益

如前所述，应允许专利权人在无效程序中以《专利审查指南2010》中规定的三种方式以外的方式（例如基于说明书的记载）对权利要求进行修改。

然而，充分保障专利权人的利益不能以损害公众利益为代价。应严格限制造成的保护范围的实质变化的修改方式以充分保障公众对于授权专利的信赖利益，这是专利权人能享有形式更灵活的修改权利的前提。

1. 应严格保障公众对授权专利的不侵权的信赖利益

专利一旦授权公告，授权专利的权利要求作为公开的具有法律效力的文件便具有公示性，善意公众会基于对该授权专利的权利要求的信赖而决定如何继续进行其生产经营活动。

具体来说，善意公众在阅读了授权专利的权利要求之后，知晓该专利的保护范围是什么，从而会在其生产经营活动中通过避开该专利的保护范围而实现不侵犯该专利权的目的。不侵权的信赖利益就是"不进入专利权保护范围、不构成侵权的安全性"，❶ 即公众应享有这样的利益：如果某种实施方式不会侵犯授权公告时的专利权，则即使权利要求之后进行了修改，该种实施方式也不应侵犯修改后的专利的专利权。

如果不去保护这种不侵权的信赖利益，则即使在善意公众已在授权公告时使实施方式绕开授权公告时的专利保护范围，仍可能发生该实施方式落入无效程序中修改后的权利要求保护范围的情形。因此，为了避免善意公众尽到了应尽注意义务仍导致侵犯专利权的情况，有必要严格保障公众基于授权专利的不侵权的信赖利益。

此外，业内还有一种观点认为，除了上述的"不侵权的信赖利益"之外，还应考虑"不走弯路的信赖利益"，即不应使得"信赖专利权的保护范围进行绕路行走的相关公众，因为'不当得利'走了冤枉路，由此承担走弯路的机会成本"❷。然而，只要允许在无效程序中对权利要求进行修改，以任何形式对保护范围进行限缩都会引起对这种"不走弯路的信赖利益"的损害。即使是将从属权利要求提升为独立权利要求，公众仍然会由于原独立权利要求的保

---

❶❷ 石必胜. 论无效程序中权利要求书修改的最小单元 [J]. 知识产权，2015（1）：37－44.

护范围与当前独立权利要求（原从属权利要求）的保护范围之间存在的范围差异而"走弯路"。无论如何，放弃不符合相关规定的保护范围属于专利权人对自己合法权利的处置，属于专利权人的基本权利。因此，只要规定了在专利授权之后允许专利权人修改权利要求，这种"不走弯路的信赖利益"就已作为维护专利权人的基本权利的代价而被权衡。换言之，在考虑应如何对专利权人在无效程序中修改权利要求的方式进行限制时，"不走弯路的信赖利益"从来就不应作为一个考虑因素。

如上所述，在考虑应如何对专利权人在无效程序中修改权利要求的方式进行限制时，应重点考虑公众的"不侵权的信赖利益"。

2."不得扩大原专利的保护范围"应被解读为修改应为限缩性的或不改变原专利的保护范围

修改后的专利的保护范围与原专利的保护范围之间的关系总体上存在五种可能的情况：

（1）修改后的专利的保护范围与原专利的保护范围相同；

（2）修改后的专利的保护范围是原专利的保护范围的真子集；

（3）原专利的保护范围是修改后的专利的保护范围的真子集；

（4）修改后的专利的保护范围与原专利的保护范围部分重叠，但二者互不为对方的子集；

（5）修改后的专利的保护范围与原专利的保护范围之间没有重叠。

上述五种可能的关系如图1所示。

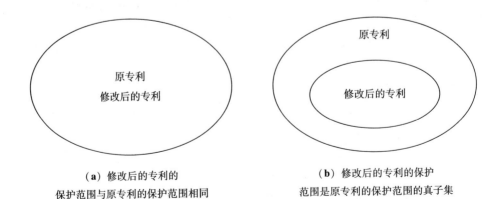

（a）修改后的专利的保护范围与原专利的保护范围相同

（b）修改后的专利的保护范围是原专利的保护范围的真子集

图1　修改后的专利的保护范围与原专利的保护范围之间的关系

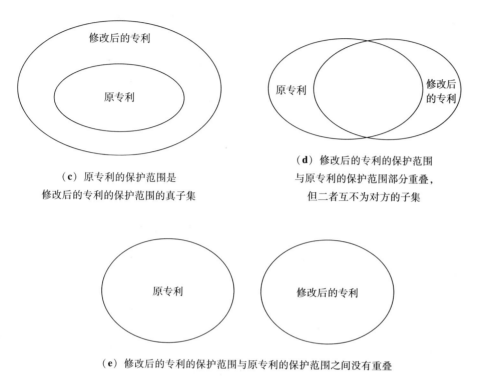

（c）原专利的保护范围是
修改后的专利的保护范围的真子集

（d）修改后的专利的保护范围
与原专利的保护范围部分重叠，
但二者互不为对方的子集

（e）修改后的专利的保护范围与原专利的保护范围之间没有重叠

图1　修改后的专利的保护范围与原专利的保护范围之间的关系（续）

那么，以上哪几种情况属于《专利法实施细则》第69条规定的"扩大原专利的保护范围"呢？

从字面上理解，似乎只有修改后的保护范围"大于"原专利的保护范围，才属于"扩大原专利的保护范围"的情形，即这种理解认为仅有以上的情况（3）属于《专利法实施细则》第69条所不允许的"扩大原专利的保护范围"的情形，情况（4）和（5）不属于修改后的保护范围"大于"原专利的保护范围的情形，而是属于修改后的保护范围"不同于"原专利的保护范围的情形。

然而，上述理解仅仅从字面进行考虑而未考虑到《专利法实施细则》的该条款设立的目的，因而是不妥的。如前所述，对无效程序中权利要求修改的限制的目的在于保障公众对于授权专利的不侵权的信赖利益，即如果某种实施方式不会侵犯授权公告时的专利权，则即使权利要求之后进行了修改，该种实施方式也不应侵犯修改后的专利的专利权。考虑到对公众的不侵权的信赖利益，修改后的权利要求中不应存在任何未被原专利覆盖的保护范围。

由于情况（3）（4）（5）中的修改后的专利均包含未被原专利覆盖的保护范围，即使善意公众已采用绕开原授权专利的技术方案，该技术方案仍可能落入修改后专利的保护范围而导致侵犯专利权，因此情况（3）（4）（5）都应被视为不允许的修改。

综上可知，《专利法实施细则》第 69 条中规定的"不得扩大原专利的保护范围"应作狭义解释，即应被解读为修改应为限缩性的或不改变原专利的保护范围［如上述的情况（1）和（2）］，修改后的专利不应包含未被原专利覆盖的保护范围。

四、对现行《专利审查指南 2010》的修改建议

《专利审查指南 2010》第四部分第三章第 4.6 节明确规定了"一般不得增加未包含在授权的权利要求书中的技术方案"，以及"在满足上述修改原则的前提下，修改权利要求书的具体方式一般限于权利要求的删除、合并和技术方案的删除"。❶ 通过上面的分析可知，这种规定未考虑《专利法实施细则》第 69 条的保护公众的不侵权的信赖利益的本意，未对"不得扩大原专利的保护范围"这一实质性和原则性的规定的外延进行解释，却通过生硬的形式要求过度地限制了专利权人在无效程序中对权利要求进行修改的合法权利。

北京市高级人民法院在（2012）高行终字第 1909 号行政判决书中也表达了这样的观点："仅仅因为专利权人对专利权利要求的修改不属于《审查指南》或者《专利审查指南》所明确列举的可以允许的修改方式，就不接受专利权人的修改文本并理所当然地不再审查该修改文本是否超出'原专利的保护范围'，显然是不恰当的，同时也缺乏法律依据。必须明确的规则是，原则上只要不导致修改后的专利权保护范围扩大的任何修改权利要求书的方式都是专利权人可以选择的修改方式。"❷

因此，建议《专利审查指南 2010》取消对于"一般不得增加未包含在授权的权利要求书中的技术方案"，以及"在满足上述修改原则的前提下，修改权利要求书的具体方式一般限于权利要求的删除、合并和技术方案的删除"

---

❶ 中华人民共和国国家知识产权局. 专利审查指南 2010［M］. 北京：知识产权出版社，2010：385.

❷ 北京市高级人民法院（2012）高行终字 1909 号行政判决书。

的修改形式限制，而是增加"不得扩大原专利的保护范围"的具体含义和外延，从《专利法实施细则》第 69 条的立法目的出发对无效阶段专利权人修改的审查进行指导和规范。

五、对美国和欧洲关于授权后修改要求的借鉴

俗话说："他山之石，可以攻玉。"本文最后也简单介绍一下美国和欧洲的授权后对专利文件进行修改的相关规定。

《欧洲专利公约》第 123 条第 3 款规定了"欧洲专利不能通过修改来扩大保护范围"，欧洲专利局解释了该条款的目的在于"防止扩大已经授权的专利权保护范围，从而将原本不属于侵权的行为变成侵权行为"。❶

美国联邦法规的 37 CFR 1.173（a）条款规定了再颁的专利不应扩大原专利的权利要求的保护范围，除非是在原专利授权起两年内。美国法律法规或专利审查程序手册（MPEP）均未对修改的具体形式进行规定或限制。

可见，美国和欧洲的规定均在修改不应扩大原专利的保护范围以不同程度保障公众利益的基础上充分保证了专利权人对专利进行修改的形式自由。

六、结　　语

如前所述，对于发明专利作出的实际技术贡献与专利权人应承担的责任及其后果进行权衡考虑，放宽无效程序中对发明专利权利要求的修改的形式要求能够有利于保障专利权人的合法权益，鼓励专利权人进行发明创造和申请专利的积极性。另一方面，专利权人的合法权益不应凌驾于公众的信赖利益之上，因此对于无效程序中对发明专利权利要求的修改造成的范围变化应当进行严格的实体性要求。综上，这种"重实体轻形式"的审查标准将有利于实现专利权人与社会公众之间的利益平衡。

---

❶　2013 年欧洲专利局上诉委员会判例法（第七版）第 Ⅱ 部分第 E 章第 2 节。

第二部分

优秀提名论文

从审查的角度浅析功能性限定对产品权利要求保护范围的影响

卢振宇*

【摘　要】

权利要求中的功能性限定对权利要求保护范围的影响会随着该功能性限定的种类以及权利要求的撰写方式而不同。本文从实际的审查案例出发，分析了固有功能的功能性限定和非固有功能的功能性限定对权利要求保护范围的影响，进而对权利要求的撰写提出了相应的建议，以实现专利权人的利益最大化。

【关键词】

功能性限定　固有功能　非固有功能　审查

一、引　　言

根据《专利法》第 59 条第 1 款的规定，发明或实用新型专利权的保护范围以其权利要求的内容为准。由于权利要求的概括性，其无法穷举出所有能够实现相应功能的具体实施方式，因此，为了防止权利要求保护范围过窄而损害申请人的利益，我国《专利法》尽管不提倡使用功能性限定来限定权利要求，

---

* 作者单位：国家知识产权局专利局专利审查协作江苏中心。

但是在《专利审查指南 2010》中明确给出了可以采用功能或者效果特征来限定发明的情形：

"只有在某一技术特征无法用结构特征来限定，或者技术特征用结构特征限定不如用功能或效果特征来限定更为恰当，而且该功能或者效果能通过说明书中规定的实验或者操作或者所属技术领域的惯用手段直接和肯定地验证的情况下，使用功能或者效果特征来限定发明才可能是允许的。"

由此可知，功能性限定是在难以直接用结构特征来限定技术方案这种不得已的情况下才使用的；当然，在某些情况下，申请人为了扩大权利要求的保护范围会故意采用功能性限定。

那么，这样的限定方法对权利要求的保护范围会产生怎样的影响？在权利要求的撰写过程中该如何合理地利用功能性限定以实现专利权人的权益最大化？

二、具体案例

【案例 1】

申请号为 201310559459.0 的发明请求保护一种结势垒肖特基二极管，包括由 N 型半导体构成的有源区，所述有源区内设置有多个 P 型掺杂区，所述 P 型掺杂区在所述有源区的分布呈点阵型结构分布，其特征在于，任意两个相邻的 P 型掺杂区之间的距离相等。

审查员在检索过程中发现破坏其新颖性的对比文件。针对审查员发出的通知书，申请人在上述权利要求中进行了功能性限定："以使当反向电压达到一定值后，P 型掺杂区的整个分布区域的 PN 结所产生的耗尽层能够在各个方向上同时连接，实现 PN 结耗尽层的穿通"，认为对比文件中并没有涉及该功能，因此上述权利要求具备新颖性和创造性。

审查员未认可申请人的意见陈述，认为该功能性限定对上述权利要求不具有限定作用，仍然评述了上述权利要求的新颖性。针对审查员后续发出的通知书，申请人将"P 型掺杂区"的形状进一步限定为"圆形"，并增加了功能性限定"防止尖端电场集中的发生"，同样也认为对比文件中没有涉及该功能。但是审查员仍然未认可申请人的意见陈述，认为该功能性限定对上述权利要求的保护范围并没有影响。目前本案还在审理中，但可以预测本案最终将走向驳回。

【案例 2】

申请号为 201210552008. X 的发明请求保护一种半导体器件，包括：异质结构的场效应晶体管（HFET）……以及第一金属模，在所述封装膜上，其中所述第一金属模包括一个位于所述有源区的大部分上方的屏蔽罩，并且电源连接至所述电极。

审查员在检索过程中将检索到的对比文件中覆盖有源区大部分的金属场板结构对应成屏蔽罩，因为屏蔽罩实质上是一个功能性限定，具有屏蔽电磁辐射的功能，而从本领域技术人员的角度来看，覆盖有源区大部分的金属场板也具有屏蔽有源区电磁辐射的功能。

针对审查员发出的通知书，申请人对该屏蔽罩作了进一步的功能性限定："其中所述屏蔽罩的几何形状不被优化使所述栅电极的与所述漏电极最接近的边缘上的电场扩散开"，以此来区分本案的屏蔽罩与审查员所认定的对比文件中的"屏蔽罩"之间的区别。最终，本案走向授权，也即申请人针对审查意见所增加的功能性限定使得本案与现有技术区分开，其进一步缩小了权利要求的保护范围。

三、案例分析与讨论

上述两个案例针对审查员发出的通知书所作的修改方式都是增加功能性限定，但是审查员对于两个案例的处理结果却完全不同，其主要原因在于两者的功能性限定对于权利要求保护范围的限定作用是不同的。

根据《专利审查指南2010》中的相关规定，对于产品权利要求而言，功能性限定对权利要求的限定作用最终都应当体现在对该产品结构和/或组成上的限定；同时也进一步指出，在专利审查阶段，权利要求中所包含的功能性限定的技术特征应当理解为覆盖了所有能够实现所述功能的实施方式。因此，对于权利要求中所包含的功能性限定的技术特征，其专利审查的思路通常是：

（1）阅读说明书中与该功能性限定相关的内容，确定说明书中实现该功能的具体实施方式，例如实现该功能的具体结构或者工艺步骤；

（2）根据检索过程中所掌握的现有技术，罗列出能够实现该功能的其他实施方式；

（3）结合所有能够实现该功能的实施方式，明确该功能性限定所隐含的结构和/或组成的特征；

（4）根据权利要求的撰写方式确定该功能性限定对权利要求保护范围的限定作用。

基于上述审查思路，下面对【案例1】和【案例2】进行具体分析。

【案例1】的两次修改都增加了功能性限定。对于第一项功能性限定"以使当反向电压达到一定值后，P 型掺杂区的整个分布区域的 PN 结所产生的耗尽层能够在各个方向上同时连接，实现 PN 结耗尽层的穿通"，根据说明书记载的内容可知，只有任意两个相邻的 P 型掺杂区之间的距离相等才能保证 PN 结所产生的耗尽层能够在各个方向上同时连接，实现 PN 结耗尽层的穿通。通过分析可知也不存在其他实施方式能够实现该功能。因此，该功能与结构特征"任意两个相邻的 P 型掺杂区之间的距离相等"具有一一对应关系，因而该结构特征与该功能性限定属于对权利要求的重复限定，该功能性限定对权利要求的保护范围没有影响。

对于第二项功能性限定"防止尖端电场集中的发生"，根据说明书记载的内容可知，P 型掺杂区为圆形时能够实现防止尖端电场集中的发生。此外，基于对现有技术的掌握可知，实际上只要 P 型掺杂区的形状不具有尖锐夹角，即可防止尖端电场集中的发生，因此能实现该功能的其他实施方式还包括相邻两边的夹角为圆弧角的多边形等不具有折角的几何形状。但是，增加了该功能性限定的权利要求的保护范围是否覆盖了相邻两边的夹角为圆弧角的多边形这一实施方式还有待进一步分析。一项权利要求的保护范围由其所有的技术特征共同决定，❶ 每一项技术特征之间是"与"的关系，因此，权利要求的保护范围可以认为是每项技术特征所限定范围的交集。由于产品权利要求中的功能性限定最终都应当体现在对该产品结构和/或组成上的限定，因此，将该第二项功能性限定的保护范围记为 A：

A＝P 型掺杂区为圆形∪P 型掺杂为相邻两边的夹角为圆弧角的多边形∪……；

权利要求中的结构特征限定"P 型掺杂区为圆形"的保护范围记为 B：

B＝P 型掺杂区为圆形。

因此，上述两个技术特征对权利要求保护范围的限定为：A∩B＝P 型掺杂区为圆形。也即，第二项功能性限定尽管包括了多种实施方式，但是由于是对权利要求中特定结构的进一步限定，从权利要求的整体来看，该功能性限定也只是对该特定结构的重复限定，因而第二项功能性限定对该权利要求的保护范围也不具有限定作用。

从另一个角度来讲，一项权利要求中既有特定结构特征，又有针对该特定

---

❶ 尹新天. 中国专利法详解 ［M］. 缩编版. 北京：知识产权出版社，2012：429 - 430.

结构的进一步功能性限定，如果该功能性限定是该特定结构所固有的功能，并且该固有的功能也是本领域技术人员能够认识到的，那么该功能性限定对权利要求不具有限定作用。在【案例1】中，"防止尖端电场集中的发生"是"P型掺杂区为圆形"这一结构特征所固有的功能，并且这一功能是本领域技术人员通过合乎逻辑的分析、推理就能够直接和肯定地验证的。

【案例2】也包括两项功能性限定。对于"屏蔽罩"这一功能性限定，由于金属罩能够屏蔽电磁辐射是本领域的公知常识，因此覆盖有源区大部分的金属场板相当于覆盖有源区的金属罩，进而推定覆盖有源区大部分的金属场板也具有屏蔽电磁辐射的功能。这是基于审查过程中将功能性限定理解为覆盖了所有能够实现所述功能的实施方式而作出的判断。

对于另一项功能性限定"所述屏蔽罩的几何形状不被优化使所述栅电极的与所述漏电极最接近的边缘上的电场扩散开"，根据说明书记载的内容可知，屏蔽罩覆盖于有源区的大部分上方是实现该功能的结构特征，但是该功能并非该结构特征所固有的功能。对比文件中覆盖有源区大部分的金属场板也具有屏蔽作用，但是本领域技术人员可以确定，场板的功能却是使栅电极的与漏电极最接近的边缘上的电场扩散开，以缓和栅电极中靠近漏电极端的电场强度，防止器件被击穿。因此，上述功能性限定将屏蔽罩与金属场板区分开，进一步限定了该屏蔽罩不具有场板的功能，使得该权利要求的保护范围更加明确。

通过上述两个案例的分析可知，权利要求中的功能性限定包括两种类型：固有功能的功能性限定和非固有功能的功能性限定，其中固有功能的功能性限定对权利要求的保护范围没有影响，不具有限定作用，而非固有功能的功能性限定能够将特定的结构与现有技术中已知的相似结构区分开，可以更加明确权利要求的保护范围，对权利要求具有限定作用。

此外，固有功能的功能性限定和非固有功能的功能性限定根据权利要求的撰写方式是可以相互转换的。例如上述【案例1】中权利要求的撰写方式，"一种结势垒肖特基二极管，包括……P型掺杂区为圆形，防止尖端电场集中的发生"，其中的功能性限定属于固有功能的功能性限定，但是如果该权利要求改写为"一种结势垒肖特基二极管，包括……P型掺杂区的形状被配置为防止尖端电场集中的发生"，那么该功能性限定则属于非固有功能的功能性限定。因为在该改写的权利要求中，并没有包括产生该功能的具体结构，所以认为该功能是"P型掺杂区"这一技术特征的非固有功能。

基于上述分析可知，在权利要求的撰写过程中，欲使功能性限定能够最大化地保护专利权人的权益，尽量避免在权利要求中出现固有功能的功能性限定，因为固有功能的功能性限定只是对特定结构特征的重复限定。此外，在权利要求中进行非固有功能的功能性限定时，应当使得该非固有功能的功能性限定能够将所要保护的产品与现有技术中的类似产品区分开，避免在权利要求中出现实现该功能的特定结构。

四、总　　结

笔者从审查的角度出发，分析了权利要求中固有功能的功能性限定和非固有功能的功能性限定对权利要求保护范围的影响。根据审查阶段对功能性限定的解释原则，固有功能的功能性限定只是对权利要求中特定结构的重复限定，对权利要求的保护范围不具有限定作用。而非固有功能的功能性限定则能够将所限定的特定结构与现有技术中的相似结构相区分开。因此，在权利要求的撰写过程中，为了实现专利权人的权益最大化，建议权利要求中的功能性限定以非固有功能的功能性限定的形式撰写，避免出现实现该功能的特定结构。

从审查实践中浅析功能性限定对权利要求保护范围的限定作用

周婷婷*　亢心洁*

【摘　要】

　　在专利审查实践中，经常出现包含功能性限定的权利要求。《专利审查指南 2010》中规定，对于功能性限定的权利要求要审查是否得到说明书的支持。除此之外，在"三性"评价的过程中，审查员还面临一个关键问题，即如何判断一个功能性限定的技术特征对权利要求请求保护的产品产生的限定作用。笔者通过实际案例给出了关于上述疑惑的浅显见解。

【关键词】

　　功能性限定　权利要求保护范围

一、前　　言

《专利审查指南 2010》（以下简称《指南》）第二部分第二章第 3.2.1 节中写道，"对产品权利要求来说，应当尽量避免使用功能或者效果特征来限定发明"，可见，我国专利制度对功能性限定权利要求的态度是"允许但不鼓

---

* 作者单位：国家知识产权局专利局专利审查协作天津中心。

励"。《指南》中接下来明确记载了"只有在某一技术特征无法用结构特征来限定，或者技术特征用结构特征限定不如用功能或效果特征来限定更为恰当，而且该功能或者效果能通过说明书中规定的实验或者操作或者所属技术领域的惯用手段直接和肯定地验证的情况下，使用功能或者效果特征来限定发明才可能是允许的"。

《指南》中进一步指出，对于权利要求中所包含的功能性限定的技术特征，应当理解为覆盖了所有能够实现所述功能的实施方式。因此，通常采用功能性限定会概括出一个大的保护范围。然而，自2010年1月1日开始实施的《最高人民法院关于审理侵犯专利权纠纷案件应用法律若干问题的解释》（法释〔2009〕21号）中，对功能性限定的技术特征解释为"说明书和附图所描述的具体实施方式及其等同的实施方式"。可见，我国在专利行政审查和专利侵权判定的过程中，对功能性限定权利要求的保护范围的认定存在一定差异。这种差异近年来引起了广泛的关注和讨论。

虽然对于功能性限定的权利要求的保护范围存在争议，但是对于申请人而言，通过功能性的概括获得一个更合理的保护范围是最重要的目的。在目前的专利审查实践中，依然存在相当数量的功能性限定权利要求。《指南》中指出，"对于含有功能性限定的特征的权利要求，应当审查该功能是否得到说明书的支持"，而在专利实质审查过程中，审查员还需要考虑另一个的重要问题，即功能性限定的技术特征对权利要求请求保护的产品是否具有限定作用，尤其是在审查权利要求的新颖性、创造性以及重复授权问题时。

二、案例介绍

该发明涉及一种医疗或保健用品，特别涉及一种在保持人体自然呼吸的状态下加大人体呼气阻力、深度推进血液流动的鼻外呼吸器。

获得授权的权利要求1（如图1所示）为：

1. 一种鼻外呼吸器，其特征是：包括底板和呼吸支撑板，呼吸支撑板固定在底板上或者铰接在底板上，呼吸支撑板上设置有一对与鼻孔大小及形状近似匹配的通气孔，通气孔上设置格栅，每个通气孔上粘贴有挡气叶片，挡气叶片的可翻转部分贴合在格栅的内表面上；同时，底板的两外侧边分别固定有连接带，两连接带的末端设置有能够挂在耳朵上的耳托，利用可以摆动的挡气叶片，呼吸时气流能够顺畅自如，空气几乎没有阻力能够顺利吸入；呼气时由于挡气叶片贴合在格栅内表面上阻挡了大部分通道，使人体呼气时受到一定的阻力。

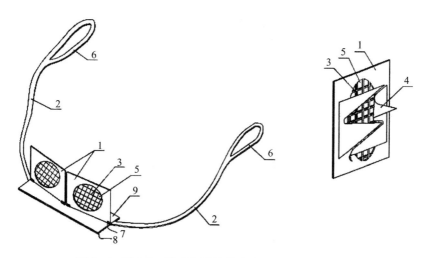

图 1 权利要求 1 请求保护的鼻外呼吸器的结构示意图

同日申请的实用新型权利要求 1 为:

1. 一种鼻外呼吸器, 其特征是: 包括底板和呼吸支撑板, 呼吸支撑板固定在底板上或者铰接在底板上, 呼吸支撑板上设置有一对与鼻孔大小及形状近似匹配的通气孔, 透气孔上设置格栅, 每个通气孔上粘贴有挡气叶片, 挡气叶片的可翻转部分贴合在格栅的内表面上; 同时, 底板的两外侧边分别固定有连接带, 两连接带的末端设置有能够挂在耳朵上的耳托。

由于授权的权利要求 1 相对于申请日提交的权利要求 1 至少增加了 "可以摆动的挡气叶片" "挡气叶片贴合在格栅内表面上阻挡了大部分通道" 这两个技术特征, 使权利要求的保护范围发生了明显的变化, 因此和同日申请的实用新型保护范围实质上已经不同。然而, 暂且不考虑是否得到说明书的支持, 若授权的权利要求 1 相对于申请日提交的权利要求 1 只增加了 "呼吸时气流能够顺畅自如, 空气几乎没有阻力能够顺利吸入; 又使人体呼气时受到一定的阻力" 这一功能性特征限定, 其对权利要求保护范围会有什么样的影响呢?

三、功能性限定的具体讨论方法

《指南》中规定: 包含性能、参数、用途等特征的产品权利要求, 应当考虑权利要求中的性能、参数、用途等特征是否隐含了要求保护的产品具有某种特定结构和/或组成。在上述案例中, "呼吸时气流能够顺畅自如, 空气几乎没有阻力能够顺利吸入; 又使人体呼气时受到一定的阻力" 这一功能仅仅通过同日申请的实用新型权利要求 1 中记载的技术特征是无法实现的，因此，该功能性限定隐含了要求保护的产品具有某种特定结构和/或组成，如可摆动的挡气叶片、挡气叶片贴合在格栅内表面上阻挡了大部分通道，具有上述功能性限定的权利要求和实用新型的权利要求的保护范围实质上也已经不同，即功能性限定对产品的结构产生了具体的限定作用。

从广泛意义上来说，性能、参数、用途等特征都包含在功能性限定的范围内，因而对于功能性限定对产品是否具有限定作用这一问题，我们可以参考《指南》第二部分第三章第 3.2.5 节中规定的对于包含性能、参数、用途等特征的产品权利要求新颖性的审查原则：如果该性能、参数隐含了要求保护的产品具有区别于对比文件产品的结构和/或组成，则该权利要求具备新颖性；相反，如果所属领域技术人员根据该性能、参数无法将要求保护的产品与对比文件产品区分开，则可推定要求保护的产品与对比文件的产品相同，因此不具备新颖性。

然而，在实践过程中，审查员对这一问题的把握依然相当困难。审查员需站位于本领域技术人员，充分理解本申请说明书和具体实施例，考虑该功能性限定是否使得权利要求所保护的产品具有材料、结构或连接关系等具体的不同。结合上述案例，审查员需慎重作出功能性限定对产品无限定作用的结论。

四、结　　语

专利审查过程是平衡申请人与公众利益的过程，对于包含功能性限定技术特征的权利要求而言，申请人通常是概括出一个大的保护范围，在实质审查中尤其要注意这种功能性限定是否能够得到说明书的支持，但是也不应该轻易地认为功能性限定对权利要求的主题产品没有限定作用，从而忽视了申请人对现有技术作出的贡献。在审查实践中，应当遵循以"三性"审查为主线的审查理念，结合《指南》中对功能性限定的规定，优先使用证据，站位于本领域技术人员，避免造成对功能性限定的过度质疑。

功能性限定是一把双刃剑

杨永梅[*]

【摘　要】

　　功能性限定真的像蜜糖一样诱惑而又像小白兔一样温顺吗？并不是。想要做好功能性限定，需要准备好两件事情：（1）说明书中给出足够的实施例支持；（2）权利要求书中布局好有层次的退路。只有在满足这两点的情况下，才是有价值的功能限定，才能为申请人真正争取最大可能的保护范围。功能性限定是一把双刃剑，滥用功能性限定不仅无法伤敌，还容易自损。

【关键词】

　　功能性限定　支持

　　对于"功能性限定"这五个字，专利申请人和专利代理人都表达出了由衷的热爱，尤其是《专利审查指南 2010》第二部分第二章第 3.2.1 节中明确规定："对于权利要求中所包含的功能性限定的技术特征，应当理解为覆盖了所有能够实现所述功能的实施方式。"依照审查指南的要求，只要认为是合适的功能性限定，那么保护范围无疑是最大的。正因为如此，很多专利申请人和

---

　　* 作者单位：成都九鼎天元知识产权代理有限公司。

代理人甚至都表达出了这样的论断：没有作功能性限定的权利要求绝对不是好的权利要求，没有做功能性上位的代理人也绝对不是一个好的代理人。然而，事实真的是这样吗？功能性限定真的像蜜糖一样诱惑而又像小白兔一样温顺吗？

我们一起来看两个案例。

一、专利复审委员会第 11291 号无效宣告请求审查决定

该案的权利要求中涉及一个技术术语：存储装置，在权利要求 1 中的描述是这样的："存储装置，由所述墨盒支承，存储关于墨水的信息"，即采用了功能性限定（存储关于墨水信息）来限定存储装置。而事实上，"存储装置"是用于保存信息数据的装置，除半导体存储装置外，其还包括磁泡存储装置、铁电存储装置等多种不同的类型。根据原说明书第 1 页第 29 ~ 32 行的记载，本发明专利是为了解决拆装墨盒时由于托架与墨盒之间存在间隙使半导体存储装置接触不好，信号可能在不适当的时候充电或施加，数据无法读出或丢失的问题。因此，包括实施例在内的整个说明书都始终是针对半导体存储装置来描述发明的。同样，原权利要求书要求保护的技术方案中亦针对的是半导体存储装置，原说明书和权利要求书中均不涉及其他类型的存储装置，也不能直接且毫无疑义地得出墨盒装有其他类型的存储装置。因此，"存储装置"并非确定无疑就是原说明书和权利要求书中记载的"半导体存储装置"，本领域技术人员并不能从原说明书和权利要求书记载的"半导体存储装置"直接且毫无疑义地确定出"存储装置"。据此，合议组认为：专利权人在实质审查程序中将"半导体存储装置"修改为"存储装置"超出了原说明书和权利要求书记载的范围。

从以上内容可以看出，在说明书只记载了其中一部分特定的实施例（半导体存储装置）的情况下，权利要求中想要用更加上位的功能性限定（存储装置）来保护，尤其是在专利审查程序中修改，是难以得到专利复审委员会支持的。想要在权利要求书中得到更大的保护范围，就需要更为充分的实施例来支撑。一旦支撑的实施例这个"地基"不够牢固的时候，过大的权利要求这个"大厦"反而更容易倾塌，进而导致权利要求不能得到说明书支持，不符合《专利法》第 26 条第 4 款。

二、专利名称为"一种随机数的生成方法及系统"的第二次审查意见通知

该案保护的主题内容是"一种随机数的生成方法及系统",在说明书的具体实施例中仅举例说明了该方法和系统在抽奖系统中的应用。国家知识产权局2015年4月24日发出第二次审查意见通知书,其记载:"独立权利要求1和5的主题名称未体现出其所应用的技术领域,不符合《专利法》第26条第4款的规定。申请人应当将其所要求保护的方案的应用领域作出进一步的限定,否则难以体现其在该领域所能达到的技术效果。申请人可以将权利要求1和5的主题名称分别修改为'一种应用于抽奖系统中的随机数生成方法'和'一种应用于抽奖系统中的随机数生成系统'。"无疑,这样的修改会极大地缩小保护范围。

而事实上,该申请解决的技术问题是:现有技术中生成随机数的方法随机性不高,系统开销大;其采用该申请权利要求1的方法或者权利要求5的系统得到的随机数可以在计算机软件、硬件、信息安全、抽奖系统等领域中进行非常广泛的应用(原始说明书背景技术第1段的原文记载),很显然该发明的方法或者系统不仅仅限于抽奖系统。其方法或者系统是为了系统开销更小,得到更好的随机性的随机数,而这种随机数可以应用到任何一个需要使用随机数的场景,比如计算机软件或者硬件中的任务分配或者信息安全中的随机数加密等场景中。只要是需要使用随机数的场景,就可以采用本发明的方法或者系统得到随机数,因此,该发明的方法或者系统不限于抽奖系统这一个应用场景。

所幸,该意见陈述得到了审查员的认可,该申请被授予专利权。

就该案而言,如果在说明书的具体实施例中只记载了该方法和系统在抽奖系统中的应用,那么审查员就的确有合理的理由怀疑该方法和系统只能在抽奖系统中应用。因此,还是前文所述,想要得到更大的保护范围,就需要在说明书中给出足够的支撑,这样才能避免不应有的质疑。

三、结论:功能性限定必须合理,否则不仅大范围没捞到,反而权利不保

2009年12月21日,最高人民法院审判委员会第1480次会议通过了《最高人民法院关于审理侵犯专利权纠纷案件应用法律若干问题的解释》(法释〔2009〕21号),其中第4条规定:"对于权利要求中以功能或者效果表述的技

术特征，人民法院应当结合说明书和附图描述的该功能或者效果的具体实施方式及其等同的实施方式，确定该技术特征的内容"。可见，在司法过程中更加注重的是具体实施方式中的记载，而不是权利要求的字面上位。

在实际的维权过程中，法院审理司法案件的时候都是以此为标准进行的，因此，不合理的上位和概括在司法保护的时候没有任何意义。而我们已经知道，国家知识产权局在审查专利的时候，又要求所有的功能性限定都需要实施例的支持，一旦存在不支持的时候，就很有可能因此不授予专利权或者宣告专利权无效。由此我们可以看出，不合理、不合适的功能性限定和上位简直就是"两头不讨好"：在审查过程中，执行的是必须严格支持；在司法过程中，主要关注的是具体实施例。当然，笔者的意思不是说所有的权利要求都不需要上位、概括和功能性限定，而是说不能为了追求上位和概括去争取一个不合理的范围，否则不仅在获权的时候存在更多的障碍，在司法的过程中也无法得到有利的结果。

想要做好功能性限定，需要准备好两件事情：（1）说明书中给出足够的实施例支持；（2）权利要求中布局好有层次的退路。只有在满足这两点的情况下，才是好的、有价值的功能限定，才能为申请人真正争取最大化的保护范围。功能性限定是一把双刃剑，滥用功能性限定不仅无法伤敌，还容易自损。

就诺基亚诉华勤侵权案思考权利要求的保护范围

宋丽梅*   冉建国*

【摘　要】

通信领域中有关功能性限定的权利要求的保护范围的问题一直是一个热点问题。法院在司法程序中对权利要求解释的规定与行政审查程序存在不同，那么，应如何理解权利要求的保护范围呢？

【关键词】

保护范围的解释　功能性限定　司法程序　行政审查程序　美国功能性限定

一、问题的提出

诺基亚诉华勤的专利侵权案件，是通信领域的一个热点案件，其涉及在侵权判断中如何确定权利要求的保护范围。通常情况下，产品权利要求在撰写上包含产品的结构特征或者组成成分的技术特征，而方法权利要求在撰写上则包含具体的操作步骤。如果一项权利要求没有采用结构特征或者方法步骤特征来限定发明，而是采用某一部件或者步骤在发明中的作用、功能或者产生的效果

---

* 作者单位：国家知识产权局专利局专利审查协作北京中心。

来限定发明，则这样的特征为我们常说的功能性特征。对于包含功能性特征的权利要求的保护范围，应如何确定其保护范围？在侵权诉讼、行政审查中如何解释这种权利要求？

《最高人民法院关于审理侵犯专利权纠纷案件应用法律若干问题的解释》（法释〔2009〕21号）（以下简称《专利司法解释》）第4条规定："对于权利要求中以功能或者效果表述的技术特征，人民法院应当结合说明书和附图描述的该功能或者效果的具体实施方式及其等同的实施方式，确定该技术特征的内容。"

《专利审查指南2010》第二部分第二章第3.2.1节中规定：通常，对产品权利要求来说，应当尽量避免使用功能或者效果特征来限定发明；对于权利要求中所包含的功能性限定的技术特征，应当理解为覆盖了所有能够实现所述功能的实施方式。

司法程序中在解释功能性权利要求的保护范围时，采用限制解释的方式，将功能性的特征限定于说明书的具体方式；而行政审查程序中，则根据字面解释，将功能性特征解释为能够实现其功能的所有方式。上述两种在实践中的做法明显不一致，到底应如何理解功能性限定的权利要求呢？下面通过一个典型的热点案例来阐述笔者的观点。

二、典型案例

1. 涉案专利基本情况

专利权人：诺基亚；侵权人：华勤。

申请号为200480001590.4的专利申请的权利要求6、权利要求7的内容如下：

权利要求6："一种终端设备，被配置为基于从用户接收的输入来确定待传送的消息，所述终端设备还被配置为……以及所述终端设备被配置为：……其特征在于：所述特性信息……接收方标识符的类型。"

权利要求7："如权利要求6所述的终端设备，其特征在于：所述终端设备被配置为：将所述数据传送方法选择应用于用于输入消息的消息编辑器；所述终端设备被配置为：……以及所述终端设备被配置为：……电信网络。"

2. 行政诉讼程序中北京市高级人民法院的认定

关于权利要求6、权利要求7能否得到说明书的支持，北京市高级人民法院认为❶：基于本领域技术人员判断，产品权利要求6中的"被配置为"的功

---

❶ 参见：北京市高级人民法院（2013）高行终字第890号行政判决书。

能，涵盖了通过软件，硬件和软硬结合的三种方式，尽管说明书仅仅记载了软件的方式，但本领域技术人员通过硬件、软件或者软硬结合方式来实现其功能是不需要付出创造性的劳动，因此，权利要求能够得到说明书的支持。

该行政诉讼程序中给出的判决结论与专利复审委员会第 18676 号无效宣告请求审查决定❶中的结论保持一致，都认为权利要求 6 和权利要求 7 得到说明书的支持。

3. 侵权程序中上海高级人民法院的认定

上海市高级人民法院（2013）沪高民三（知）终字第 96 号民事判决内容主要涉及如下：首先，明确功能性技术特征的定义和判断方式，即功能性技术特征是指对于产品的结构、部件、组分或其之间的关系或者方法的步骤、条件或其之间的关系等，通过其在发明创造中所起的作用、功能或者效果进行限定的技术特征，但本领域技术人员通过阅读权利要求书、说明书和附图可以直接、明确地确定技术内容的技术特征除外。其次，就本案而言，权利要求在撰写上采用"被配置为"其含义就是使"终端设备"能够实现一定的功能，而且在适用上海市高级人民法院给出的判断方式上，诺基亚主张，本案中"消息编辑器"是其与现有技术的主要区别所在，对该技术特征的理解与本领域技术人员的理解不一致。但是本领域技术人员并不知晓实现该特征的惯常手段。由此，当前的权利要求 7 仅仅表述了该特征实现的功能，本领域技术人员根据权利要求书、说明书和附图也不能直接、明确地确定该技术特征的内容。因此，权利要求 7 包含的上述特征为功能性技术特征。最后，说明书、附图没有关于如何将上述方法步骤应用至终端设备或消息编辑器的具体技术手段的描述，缺少具体实施方式，从而依据《专利司法解释》第 4 条规定，无法确定权利要求 7 的保护范围。

从上述判决的内容可见，法院认为，说明书记载的实现上述功能的软件方式不能作为实现功能的一种具体实施手段。

三、美国关于功能性限定以及方法限定产品的权利要求的规定

提起美国的功能性限定，大家熟悉的往往是 35U. S. C. 112（f）。《美国专利审查指南》（*Manual of Patent Examining Procedure*，MPEP）2173. 05（g）规

---

❶ 国家知识产权局专利复审委员会第 18676 号无效宣告请求审查决定见 http：//app. sipo－reex-am. gov. cn/reexam_ out/searchdoc/search. jsp。

定，如果权利要求描述的特征是"它做了什么而不是它是由什么构成"（what is does rather than by what it is），则该特征属于功能性特征。该内容对功能性特征进行了总体定义，35U. S. C. 112（f）则属于功能性限定中的一种特定情形。而对于功能性特征有两种解释方式，一种对于满足 35U. S. C. 112（f），即"对于针对一种组合的权利要求来说，其特征可以采用'用于实现某种特定功能的机构或步骤'的方式来撰写，而不必写出实现这种功能的具体结构、材料或方法步骤。以这种方式撰写的权利要求应当被解释为覆盖了说明书中记载的相应结构、材料、步骤以及其等同物"。

美国的 MPEP §2181 对满足 35U. S. C. 112（f）情形，有如下的三点规定：❶

（A）权利要求在限定上采用了词语"means"或者"step"，或者类似的替代"means"的词语，该词语没有结构上的含义，仅仅是一个通用的占位符（generic placeholder），用于执行声称的功能；

（B）词语"means"或者"step"或者通用的占位符与关联词语"for"，"configured to"或者"so that"联用；

（C）词语"means"或者"step"或者通用的占位符不能由详细的结构、材料或者动作来限定以执行声称的功能。

对权利要求的解释采用根据说明书记载的相应内容进行解释，属于限制解释，除了满足 35U. S. C. 112（f）这种特定形式外，对于权利要求中包含的其他形式的功能性特征应当和其他特征一样，在解释上普遍适用最宽合理解释（Broadest Reasonable Interpretation，BRI）［见 MPEP 2111.01（V）］。

我们知道美国的审查程序和司法程序对于 35U. S. C. 112（f）这种特定形式的权利要求采用的解释方式并不是自始都是一致的。在 1994 年 In re Donaldson 案之前，美国的审查程序一直将这种权利要求理解为覆盖了所有能够实现所述功能的实施方式，而司法程序上，则采用将权利要求中的功能性限定解释为说明书记载的相应内容。1994 年美国联邦巡回上诉法院（CAFC）对 In re Donaldson 案作出判决后，美国审查程序和司法程序对满足 35U. S. C. 112（f）的权利要求的解释达成一致，即采用限制解释的方式来理解权利要求中的功能性描述。

---

❶ MPEP §2181 Identifying and Interpreting a 35 U. S. C. 112（f）.

四、案例分析

对于本案，其说明书仅仅记载了如下的内容："中央处理器单元中执行的计算机程序代码可允许移动台 MS 实施涉及数据传送方法选择的创新手段，计算机程序可以存储在 MS 的存储器中。还可以采用硬件解决方案或者软件硬件结合的解决方案来实施该创新手段。"从中可以看出，在实现权利要求中所述的功能的具体手段上，说明书仅仅记载了软件一种具体方式，而硬件或者软件与硬件结合的具体手段在说明书中没有记载，仅仅是概括性的描述。

关于计算机程序实现的发明，《审查指南 2006》第二部分第九章对全部以计算机程序流程为依据实现的发明作了规范，内容如下：

"如果全部以计算机程序流程为依据，按照与该计算机程序流程的各步骤完全对应一致的方式，或者按照与反映该计算机程序流程的方法权利要求完全对应一致的方式，撰写装置权利要求，即这种装置权利要求中的各组成部分与该计算机程序流程的各个步骤或者该方法权利要求中的各个步骤完全对应一致，则这种装置权利要求中的各组成部分应当理解为实现该程序流程各步骤或该方法各步骤所必须建立的功能模块，由这样一组功能模块限定的装置权利要求应当理解为主要通过说明书记载的计算机程序实现该解决方案的功能模块构架，而不应当理解为主要通过硬件方式实现该解决方案的实体装置。"

《专利审查指南 2010》保留了上述内容。其规定了撰写形式，以及对这种撰写方式的权利要求的解释。

基于这样的规定，我们知道，对于计算机程序实现的发明，对于装置权利要求，允许撰写成"用于……的装置"，按照这种方式撰写的权利要求是清楚的，得到说明书支持，对于这种权利要求的理解，属于功能模块架构，不理解为主要通过硬件方式实现该解决方案的实体装置。

具体到涉案申请 200480001590.4，其中权利要求 6 的主题名称是"终端设备"，特征部分采用的撰写方式是"所述终端被配置为……"，权利要求 7 中的附加技术特征仍采用"所述终端被配置为……"，上述"被配置为"实现的功能与相应的方法步骤实现的功能相同。上述权利要求 6、权利要求 7 的撰写方式与美国 35 U. S. C 112（f）的相关规定很相似。美国对于这类权利要求，无论司法程序，还是行政审查程序，都采用了限制解释的方式，即将权利要求书解释为说明书中的具体实施方式。

根据北京市高级人民法院（2013）高行终字第 890 号行政判决书可以看

出，我国的行政诉讼程序阶段将这种权利要求理解为一般的功能性权利要求，并认为基于本领域技术人员判断，产品权利要求 6 中的"被配置为"的功能，涵盖了通过软件、硬件和软硬件结合三种方式，尽管说明书仅仅记载了软件的方式，但本领域技术人员通过硬件、软件或者软硬件结合方式来实现其功能是不需要付出创造性劳动的，因此，权利要求能够得到说明书的支持。而侵权程序中上海高级人民法院作出的（2013）沪高民三（知）终字第 96 号民事判决认为，这种权利要求为功能性权利要求，但根据《专利司法解释》第 4 条，采用根据说明书记载的实现该功能的具体结构实施方式来进行限制解释，而说明书仅仅记载了计算机程序实现该功能，并认为程序不属于实现终端功能的一种具体实施方式，从而得出权利要求的保护范围不清楚的结论。

上述司法程序和行政审查程序的截然不统一，会给公众带来困惑：到底这种通过计算机程序实现的发明应如何保护？保护形式是什么样的？

我们知道，技术的发展日新月异，而这些技术的进步往往不是硬件结构上的进步，而是软件技术的进步，从而很多发明相对于现有技术的进步体现在软件上的创新，即在硬件结构上与以往通用的机器设备相同，但由于采用处理器加载程序软件的方式，该机器设备呈现出区别于以往机器设备新的性能、新特征。由此，对于通过计算机程序实现的发明的权利要求的保护形式是什么？方式又是怎样的呢？

具体到本案的行政审查程序中，在实质审查阶段，将权利要求 6、权利要求 7 理解为一般功能性限定的权利要求，并认为这种功能性权利要求覆盖了实现上述功能的所有方式——软件、软硬件结合、硬件方式，尽管说明书仅仅记载了软件方式。对于这类权利要求给予准许的情况下，意味着这种功能性限定不仅涵盖了授权时实现该功能的具体方式，也涵盖了授权后实现该功能的任意其他方式。试想如果日后硬件技术有了迅猛发展，则这种专利权的保护范围是否会严重阻碍技术的进步和创新。我们知道，专利制度的基石是申请人通过公开其发明创造的技术内容来获取一段时间对发明创造专利权的垄断性控制，因此，申请人的技术贡献应当与赋予其的权利相平衡，从而既保护创新，鼓励发明创造，促进科学技术进步，又保护公众的合法权利。因此，笔者认为将权利要求 6、权利要求 7 理解为一般功能性权利要求是不妥的。

尽管本案权利要求在撰写形式上与《审查指南 2006》的规定不相符合，但从实质上来讲，笔者认为权利要求 6、权利要求 7 可以理解为功能模块架构形式的装置权利要求。因为说明书中仅仅记载了通过软件的方式来实现其功能，权利要求在撰写上仅仅是"被配置为"与"用于……的装置"在表述形式上的不同，其实质上都是反映了该发明是通过软件实现的。对于本案的司法程序中的认定方式笔者也不赞同。笔者认为，法院应该考虑到，对于计算机软件实现的发明，由于其对现有技术的贡献仅仅在于软件功能上的创新，只要在说明书中具体描述了软件实现功能的流程方法、步骤，对于装置权利要求来说，可以将软件这种方式理解为实现装置功能的具体实施手段，即包含了软件功能的装置在结构上呈现出与以往装置结构上的不同。如果这样理解，那么按照《专利司法解释》，这种类型的权利要求的保护范围应该是清楚的。

五、修改建议

（1）规范权利要求的撰写。①可以参照美国 35 U.S.C.112（f）的做法，在目前的审查指南规范的全部以计算机程序流程为依据，按照与该计算机程序流程的各步骤完全对应一致的方式撰写装置权利要求的基础上，在用词上明确可以采用"用于……的装置；装置，……被配置为……终端，……被配置为……"，其中上述"装置、终端"本身并不含有结构上的内容，仅仅起到通用的占位符的作用，并明确这类权利要求属于功能限定的权利要求中的一种特殊形式；②允许采用软件与硬件相结合的方式来撰写装置权利要求，对于这种权利要求可以采用明显的表示软件的词语进行标识，例如用词可以考虑"程序""软件""指令""代码"等类似词语。

对于①在解释上，可解释为主要通过说明书记载的计算机程序实现该解决方案的功能模块构架，而不应当理解为主要通过硬件方式实现该解决方案的实体装置。

对于②在解释上，应明确软件方式属于实现相应功能的一种具体实施手段。

（2）对于通过计算机程序实现的发明，司法程序和行政审查程序在解释上保持一致。

对于上述两条建议，在审查层面的优势：在《专利审查指南2010》第二部分第九章规范计算机程序实现的发明的基础上，基于通信领域的产品功能上的创新大量来源于软件上的创新这一基本事实，规范软件实现发明的产品权利要求的多种撰写形式，即普遍的软件与硬件结合的方式。在满足了权利要求清楚需要的基础上，不管发明全部还是部分以计算机程序流程为依据，申请人期望对发明专利申请作一个全面的保护。权利要求书不仅仅包括方法权利要求，还包括产品权利要求。对于产品权利要求，在撰写上采用"程序""软件""指令""代码"

等类似词语标识后，审查员从权利要求的撰写上就清楚产品的哪部分限定是由程序实现，哪部分采用硬件结构进行限定，从而使权利要求从整体上来看是清楚的。此外，采用"程序""软件""指令""代码"等类似词语标识后，强化了申请人在说明书中公开其为解决技术问题而采用的不同技术手段的意识，为审查员判断权利要求能否得到说明书支持提供了法律上的判断依据。当前，申请人在涉及计算机程序的发明上，普遍采用"用于……的装置""终端，被配置为……"的撰写方式，但说明书中普遍采用"本领域技术人员能够明白除了软件方式实现上述功能外，还可以采用硬件或者软件与硬件结合的方式"这种描述。于是，很多审查员往往认为在这样的情况下，权利要求采用了一般的功能性限定，可以得到说明书的支持，但显然这种审查尺度的把握是不准确的。

司法层面的优势：权利要求的一个重要功能是起到对公众的"安民告示"❶ 作用，它使公众能够知道什么样的实施行为将构成侵权行为，从而能够自觉约束自己的行为，避免侵犯他人的专利权，这正是专利制度所谋求实现的正常运行机制。在侵权程序中，法官通常通过文意解释的方法来探询书面材料的真意，进而作出尽可能接近直至达到真相的事实认定和判决，可见正确地理解权利要求的保护范围至关重要。通过采用在权利要求中文字标识的方式，法官首先从文字表述上就能够清楚地分辨出产品权利要求中哪些模块属于硬件实体装置，哪些属于软件程序，有利于辅助法官确定权利要求表述的真实含义，界定出权利要求的保护范围。

六、结束语

我们知道，涉及计算机程序的功能性特征在计算机和通信领域使用非常广泛，对于这类发明创造的保护，既要避免局部改进就垄断一大片的现象，也要对创新给予保护。司法审查程序和行政专利审查程序是发明创造产生价值的两个重要环节。两者是密切关联的。两个程序中判断标准的统一，有利于这类领域的发明创造的保护，有利于更好地实施技术创新。

参考文献

[1] 尹新天. 专利权的保护 [M]. 2 版. 北京：知识产权出版社，2005：257.

---

❶ MPEP § 2181 Identifying and Interpreting a 35 U. S. C. 112（f）.

浅谈功能性限定权利要求的审查

樊 星* 张 媛*

【摘 要】

功能性限定的权利要求在各个国家的申请中使用比较频繁，而对于其保护范围的确定标准却不尽相同。在我国，专利审查阶段和专利审判阶段对于功能性限定权利要求保护范围的确定采取截然不同的规则。本文从功能性限定的适用条件和权利要求保护范围的确定两个方面，分析借鉴美国和欧洲的相关规定和经验，对功能性限定权利要求的审查提出意见和建议。

【关键词】

功能性限定 适用条件 权利要求的保护范围

目前，在电学、通信、化学等领域，大量的申请使用功能性限定的方式来撰写权利要求，随之而来的关于功能性限定的权利要求的争议也日益增多。2009 年 12 月 28 日最高人民法院公布了《最高人民法院关于审理侵犯专利权纠纷案件应用法律若干问题的解释》（法释〔2009〕21 号），其与现行的国家知识产权局颁布的《专利审查指南 2010》就功能性限定权利要求的保护范围

* 作者单位：国家知识产权局专利局专利审查协作天津中心。

的确定采取了截然不同的确定规则，给社会公众的理解造成了困扰，在理论界和实务界引起了广泛的讨论和争议。不仅我国在该问题上存在矛盾冲突之处，其他知识产权制度发达的国家和地区也对功能性限定的法律问题存在争议和讨论。本文试图通过结合国内外在该问题上的经验，对现行的针对功能性限定权利要求的专利审查工作的完善提出意见和建议。

一、功能性限定的适用条件

美国专利商标局在 1952 年制定的专利法中增加了第 112 条第 6 款：组成式权利要求中的元素可以通过用于实现某种特定功能的装置或者步骤表示，而无须详述支持该功能的结构、材料或动作，如此限定的权利要求应当被解释为覆盖了说明书中记载的相应结构、材料或者动作以及其等同物。❶ 美国联邦巡回上诉法院于 1994 年在 In re Donaldson 案的判决中，认定美国专利法第 112 条第 6 款所规定的功能性限定的解释应是限制性的而非扩充性的，即美国允许在权利要求中采用功能性限定特征，但是同时强调说明书中必须写明实现权利要求中所述功能的具体实施方式。❷ 而具体撰写时，美国专利商标局要求该类权利要求使用特定的撰写表征。可见美国对功能性限定的具体适用条件并没有实质性的限制，因而美国的专利申请中通常会大量使用功能性限定的特征。

欧洲专利局的审查指南规定只有在无法使用其他更为恰当的方式来准确定义且合理限制权利要求的保护范围时，才可以使用功能性限定的描述方法。对于所述功能，只要确实存在其他替代实施例，就允许专利申请人对实施例进行概括从而划定其所要的保护范围；如果所述功能就是实施例或只能以实施例的方式实现，则不被允许；即使记载了替代方式，但如果本领域技术人员不能明了，则同样不被允许。欧洲专利局将功能性特征的使用限定在了非发明点上。审查员在判断其合法性时，需要从技术方案的整体所解决的技术问题出发，如果该功能是一种从未明确提出的技术问题，就不允许使用功能来限定权利要求。可以看出，欧洲专利局对于功能性限定的权利要求的适用条件相比美国更为严格，但是也给了审查员较大的自由裁量权。

我国的《专利审查指南 2010》第二部分第二章中规定：只有在某一技术

---

❶ 李凤云. 论产品权利要求中的功能性限定［D］. 北京：中国政法大学，2008.
❷ 尹新天. 中国专利法详解［M］. 缩编版. 北京：知识产权出版社，2012：459.

特征无法用结构特征来限定或者技术特征用结构特征限定不如用功能或效果特征来限定更为恰当，而且该功能或者效果能通过说明书中规定的实验或者操作或者所属技术领域的惯用手段直接和肯定地验证的情况下，使用功能或者效果特征来限定发明才可能是允许的。其实质上仅仅限定了在结构特征无法准确描述权利要求的方案时可以使用功能性限定，而专利申请中经常为了获得更大的保护范围或者方便撰写而使用功能性限定。尽管《专利审查指南2010》中对功能性限定的特征进行了扩张性解释，审查员可以从新颖性、创造性、说明书不支持等多方面对功能性限定特征进行限制，但是还是存在案情复杂情况时较难对功能性限定权利要求的保护范围进行合理的限定。同时，过多地使用功能性限在当前专利审查和专利审判对其保护范围认定方式不同的情况下，权利人对自己获得的保护范围并不清楚，公众也不能清楚地判断自己是否侵犯了别人专利权的保护范围，对申请人和公众的利益无益。

因此，笔者建议对功能性限定的适用范围进行适当的缩小，功能性限定应当适用于排除具体结构的纯功能性描述。有学者指出应当将功能性限定的适用范围缩小为当技术方案的发明点在于技术问题的提出或者功能性模块的架构时使用功能性限定的撰写方式。❶ 笔者认为，如此的适用范围可能过小而导致申请人的利益受损，而且审查员的裁量权相对较小，其普适性有待考量。笔者建议借鉴欧洲审查的经验，综合考虑技术方案整体所解决的技术问题以及发明点，来判断是否仅能使用功能性限定的撰写方式，从而衡量功能性限定的合法性。

二、功能性限定权利要求的保护范围

对于功能性限定的权利要求的保护范围，美国和欧洲都作出了大量的探索和实践。美国专利法对权利要求的保护范围采用周边限定原则，无论在专利申请的审查过程中，还是在专利侵权诉讼中，权利要求中记载的功能性限定特征都应当被解释为仅仅覆盖了说明书中记载的实现该功能的具体实现方式及其等同方式，对于权利人和公众来说保护范围的界定都比较清晰明确。欧洲专利局认为功能性限定的特征并没有覆盖所有可能实现所述功能的方式，而是包括了普通技术人员能够理解的其他实现方式，近似于采用折中原则。

如前文所述，我国在对功能性限定的权利要求的保护范围的认定上，专利

❶ 苏菲. 功能性限定权利要求相关问题探讨［D］. 北京：中国社会科学院研究生院，2013：14.

审批和专利审判时的标准有所不同。审查指南中对功能性限定的特征进行了扩张性解释,认为权利要求中所包含的功能性限定的技术特征,应当理解为覆盖了所有能够实现所述功能的实施方式,而《最高人民法院关于审理侵犯专利权纠纷案件应用法律若干问题的解释》中,规定其保护范围限定为应当结合说明书和附图描述的该功能性限定的技术特征的具体实施方式及其等同方式来确定,相当于缩小了审查中确定的权利要求的保护范围。有学者认为,这样的分歧会导致申请人和社会公众无法明确界定权利要求的保护范围,进而影响自身利益,应当统一条款;也有学者认为,审查指南和《最高人民法院关于审理侵犯专利权纠纷案件应用法律若干问题的解释》基于各自的性质和法律地位,并不具有相统一的法理基础,如果以前者为准,则审判依据会太过烦琐、缺乏可操作性,并且以如今的司法现状而言也不能保证最终划定的范围是合理的;以后者为准,在审查阶段可能会造成保护范围小于技术贡献的问题,而在审判阶段会造成"二次等同"的问题。❶ 笔者认为,专利制度既要保护专利权人从自己的发明创造中获得利益,又要保证公众能够合理地使用已经公开的专利技术。由此出发,在专利审查阶段扩大功能性限定权利要求的保护范围,有助于审查员为授权的权利要求确定清晰恰当的保护范围;而在专利审判阶段,为了避免将申请人权利的二次扩大,平衡申请人和公众之间的利益,将其保护范围进行合理的限制也是无可厚非的。

但是,笔者认为,专利审查和专利审判阶段应当在依据各自不同的原则下,建立认识上的统一,确保实质法律结果的统一,提高法律的公正性和严肃性。在专利审查方面,不能简单地用宽泛解释的原则来解读权利要求的保护范围,而应通过对新颖性、创造性、是否得到说明书的支持、是否缺少必要的技术特征等方面对其进行严格的审查,引导申请人通过修改缩小功能性限定权利要求的保护范围或者通过意见陈述的方式解释该功能性限定特征,从而尽可能明确功能性限定特征涉及的范围,减少后续确权时的麻烦。通过严格的专利审查,尽可能达到审查和审判时的法律结果一致,达到申请人和公众之间的利益平衡。

以申请号为 200810081261.5 的专利申请案件为例,审查员在"一通"中评述了权利要求的创造性,申请人通过修改克服了创造性的问题。修改后的权利要求 1 如下:

---

❶ 吴摇娜. 含功能性特征权利要求的保护范围研究 [D]. 上海:华东政法大学,2015:36.

1. 一种图像处理装置，用于从拍摄图像识别对应于预先登记的登记图像的物体，该图像处理装置包括：

图像拍摄器，被配置来拍摄被摄体的图像以获得所述被摄体的所述拍摄图像；

识别器，被配置来从所述拍摄图像识别对应于所述登记图像的物体；

第一指定区域跟踪器，被配置来执行第一指定区域跟踪处理，用于跟踪所述拍摄图像中、根据由所述识别器的识别的结果指定的第一跟踪区域；以及

第二指定区域跟踪器，被配置来执行第二指定区域跟踪处理，用于跟踪根据所述第一指定区域跟踪处理的结果指定的第二指定区域。

审查员在"二通"中指出上述权利要求中的"跟踪处理"和对区域的跟踪并未清楚说明具体是什么操作、如何由装置实现，因此将其理解为任何可以称之为"跟踪处理"功能的、具有任何组成结构的装置都可以认为其是如该权利要求技术方案中描述的"第一/第二指定区域跟踪器"，而说明书中明确记载了区域跟踪器的具体结构，所属技术领域的技术人员难以预见该功能性限定所概括的除说明书中所述的具体组成结构之外的其他结构的装置也能解决其技术问题并达到相同的技术效果，因此，采用该功能性限定使得该权利要求得不到说明书的支持。申请人在"二通"后将描述区域跟踪器的具体结构的特征加入权利要求1，最终获得授权。

笔者认为，审查员在权利要求具备创造性的情况下，仍然指出"跟踪处理"功能得不到说明书的支持，从而进一步缩小了权利要求的保护范围，也就明确了功能性限定特征的保护范围，对于申请人和公众利益都是有利的。

浅谈专利申请修改超范围的问题

孔 丹* 刘 琳* 李慧芳*

【摘 要】

在专利授权程序中，为了克服审查意见通知书中指出的缺陷，通常要对申请文件进行修改，而由于修改不当容易造成修改超范围的问题。本文从申请人和审查员的角度分析《专利法》第33条的立法宗旨，并从立法宗旨出发，结合经典判例分析审查员对修改超范围的判断原则，以及申请人在撰写和修改申请文件时应注意的问题。

【关键词】

修改超范围 立法宗旨 判断原则

一、引 言

发明专利的实质审查过程中，绝大多数申请文件都进行了修改，以确定合理的保护范围。通常发明专利实质审查员（以下简称"审查员"）在收到申请人的修改文件后，首先要判断申请人的修改是否符合《专利法》第33条的规

---

* 作者单位：国家知识产权局专利局专利审查协作天津中心。

定，即判断修改是否超出了原说明书和权利要求书记载的范围。在《专利审查指南2010》中规定了原说明书和权利要求书记载的范围包括原说明书和权利要求书文字记载的内容，根据原说明书和权利要求书文字记载的内容以及说明书附图能直接地、毫无疑义地确定的内容。

如何在上述法条规定允许的框架内修改申请文件以克服存在的缺陷，是专利授权程序中的重要环节。本文分别从申请人和审查员的角度分析《专利法》第33条的立法宗旨，并从立法宗旨出发，结合经典判例分析审查员对修改超范围的判断原则，以及申请人在撰写和修改申请文件时应注意的问题。

二、立法宗旨

为了更好地理解《专利法》第33条的含义，以下分别从申请人和审查员的角度探究立法宗旨。

（1）专利申请提出后，申请人可以主动对申请文件进行修改。之所以规定可以对申请文件进行修改，是因为在撰写申请文件时难免存在措辞不严谨、表述不准确、保护范围过宽或者说明书与权利要求书不一致等缺陷，如果不克服这些缺陷，就会导致申请人无法获得专利权。因此，为了保障申请人的利益，《专利法》第33条规定，允许申请人对申请文件进行适度修改。

（2）专利申请提出后，申请人也可以应审查员的要求对申请文件进行修改，在符合驳回时机的条件下，审查员也可依据《专利法》第33条驳回专利申请。审查员代表国家知识产权局依法授予专利权，应站在公平公正的角度，进行专利的受理和审查，以促进科学技术进步和经济社会发展。首先，我国专利制度采用先申请原则，如果允许申请人对申请文件的修改超出原始提交的说明书和权利要求书记载的范围，申请人就可能将在原说明书和权利要求书中没有记载的发明创造纳入专利的保护范围中，就会违背先申请原则，造成对其他申请人不公平的后果；其次，审查员在专利授权的过程中，应当规范文本，确保专利保护范围的确定性，方便公众对专利信息的利用；最后，可以试想，如果申请人可以在申请文件修改过程中再纳入新的技术内容，将会给审查员带来巨大的工作量，影响审查员的审批效率。因此，《专利法》第33条规定，对申请文件的修改，应当限制在一定的条件和范围内，不能任意修改。

那么，从立法宗旨出发，审查员在实质审查过程中，应如何把握修改超范围的判断原则，申请人又应该如何更好地维护自身利益，对申请文件进行修改呢？

三、审查员对修改超范围的判断原则

本部分通过分析最高人民法院近年来关于修改超范围问题的判例，分析审查员在修改超范围审查中的判断原则，并给出审查员在专利审查时的几点建议。

（一）从实质出发判断修改超范围

【案例 1】

案号：最高人民法院（2010）知行字第 53 号（"墨盒 I"案）

案情介绍：原说明书中包括技术特征"打印设备必须带到厂家，并且记录控制数据的存储数据必须更换"，原权利要求书中记载为"半导体存储装置"，修改后的权利要求书中未明确"存储装置"，另外，申请人未对说明书进行修改。

对此，专利复审委员会认定为修改超范围。然而，最高人民法院认为对于"原说明书和权利要求书记载的范围"，应该从所属领域普通技术人员角度出发，以原说明书和权利要求所公开的技术内容来确定。原说明书和权利要求书记载的范围应该包括如下内容，一是原说明书及其附图和权利要求书以文字或者图形等明确表达的内容，二是所属领域普通技术人员通过综合原说明书及其附图和权利要求书可以直接、明确推导出的内容。只要所推导出的内容对于所属领域普通技术人员是显而易见的，就可以认定该内容属于原说明书和权利要求书记载的范围，通过综合该原始专利申请公开说明书、权利要求书和附图，很容易联想到可以用其他存储装置替换半导体存储装置，并推导出该技术方案同样可以应用于使用半导体存储装置的墨盒。因此，修改不超范围。❶

【分析与建议】

在本案中，专利复审委员会认为"存储装置"是用于保存数据信息的装置，除半导体存储装置外，还包括其他多种类型的存储装置，而原说明书和权利要求书中记载的是半导体存储装置，本领域技术人员也不能直接地、毫无疑义地得出墨盒装置有其他类型的存储装置；而最高人民法院认为该专利

---

❶ 朱理. 专利文件修改范围的判断标准及救济方案：以最高人民法院的判例为研究基础[J].
专利代理，2016（2）.

中，背景技术部分已明确"存储装置"所指为"半导体存储装置"，通过综合原始专利申请的说明书、权利要求书和附图，本领域技术人员很容易联想到可以用其他存储装置替换半导体装置，并推导该技术方案同样可以使用半导体存储装置的磨合，因此，最高人民法院认为这样的修改是符合《专利法》第 33 条的。

因此，笔者认为对专利文件修改超范围的判断不是形式判断，而应当从技术方案的实质出发判断修改超范围。审查员应当站在本领域技术人员的角度，准确判断对比文件中隐含公开的内容，判断从附图中直接地、毫无疑义地确定的信息，以及不同方案的技术特征重新组合后的技术方案的实质是否相同，而不能以组合后的技术特征均在说明书中有文字记载而判断不超范围，也不能以修改后的技术特征在申请文件中无文字记载而判断超范围，更不能简单地以保护范围的扩大或缩小就得出超范围的结论。对专利文件的修改不仅包括删除、合并和技术方案的删除三种修改方式，也并不排除其他修改方式。例如，申请人对实施例内容进行概括，在权利要求书中纳入概括后的能够根据说明书或权利要求书直接地、毫无疑义地确定的技术特征，也是允许的。

（二）站位本领域技术人员判断修改超范围

【案例 2】

案号：最高人民法院（2011）知行字第 27 号（"曾关生"案）

案情介绍：原权利要求书中记载技术特征为"一种矿物类中药，配方为水银八两、明矾八两、牙硝十两、硼砂五分"，修改后的权利要求书为"水银 240g、明矾 240g、牙硝 300～330g、硼砂 1.5g"，同时，申请人也对说明书作了适应性修改。

对此，专利复审委员会认定为修改超范围。然而，最高人民法院认为，在传统中药配方尤其是古方技术领域中，在进行"两"与"克"的换算时均遵循"一斤＝十六两"的旧制。在旧制的基础上选择不同的尾数省略方式，均属于本领域技术人员能够直接地、毫无疑义地确定的内容，并不会引入新的技术内容，损耗社会公众的利益。因此，修改不超范围。

【分析与建议】

本案涉及对换算单位的变换和尾数的省略方式，专利复审委员会认为，无法确定申请人原配方中记载的计量单位"两"是采用新制（1 斤＝10 两）还是旧制（一斤＝十六两），即使采用旧制，尾数的省略也不能直接地、毫无疑义地确定，因此，认为这样的修改超出了原申请记载的内容。然而，最高人民法院却作出了相反的裁定，因为在中药配方领域，站位本领域技术人员，结合本申请的技术背景、发明内容以及本领域的常识，认为在该案中，计量单位的换算可采用旧制，并可根据中药配方领域的特点对尾数进行省略。

在本案中审查员应站位本领域技术人员，如若符合相关领域的换算关系，并且根据相关领域的特点采用相应的尾数省略方式，案件的修改不会导致原申请文件的技术方案发生实质上的改变，则这种修改就是不超范围的。因此，笔者认为审查员应当站在本领域技术人员的角度，结合申请文件所应用的技术领域，通过本领域技术人员的逻辑分析和推理，从技术方案的整体出发，合理地确定本申请的发明意图，明晰"原权利要求书和说明书记载的范围"，确定申请文件的修改是否超范围。

（三）对涉及"发明点"内容判断修改超范围

【案例3】

案号：最高人民法院（2013）行提字第21号（"后换挡器支架"案）

案情介绍：原说明书中记载的内容包括"第一连接结构和第二连接结构取基本上圆的螺栓孔的形状""支架8上的螺栓孔8a和8b可以用其他各种形式的结构代替。例如，支架8可以有通至端部的开口孔，或者连接固定于其上的螺栓的开口孔""支架8上的凸台8c可以通过例如对支架8的背面进行模压使形成支架8的板的一部分凸起而制成"，原权利要求书中记载为"所述的第一连接结构和第二连接结构为基本上圆的螺栓"。申请人将权利要求1中"圆的螺栓孔"改为"圆形孔"，并增加了新的权利要求2，其区别技术特征为"所述定位结构8c是通过压制形成的"。权利要求3引用权利要求1；权利要求6引用权利要求1，其区别特征为"所述大致圆形孔8b设置成使一连接螺栓16穿过所述圆形孔而放置"。

对此，专利复审委员会认定修改超范围。最高人民法院认为"圆形孔"和"圆的螺栓孔"具有不同的技术含义，上述修改不属于从原申请文件中能够确定的内容，因此，权利要求1、权利要求3的修改超出了原说明书和权利要求书记载的范围；权利要求6对权利要求1进行进一步的限定，将8b从"圆形孔"改回到"圆的螺栓孔"，修改不超范围；"压制"属于"模压"的上位概念，两者具有不同的技术含义，因此，权利要求2的修改超范围。

【分析与建议】

【案例3】中存在超范围的部分，但是案件判决的救济建议中指出，如果仅仅因为专利申请文件中"非发明点"的修改超出了原说明书和权利要求记载的范围而无视整个发明创造对现有技术作出的贡献，使得发明难以获得专利权，专利申请人获得的利益与对社会作出的贡献不相称，有悖于《专利法》第33条的立法宗旨。建议专利行政机关在专利授权确权审查过程中设置相应的回复程序，允许申请人和专利权人放弃超范围的部分，将专利申请或授权文本再修改回到申请日提交的原始文本状态。

虽然本案的判决中给出的设置相应的回复程序可能实现难度较大，但是，笔者认为，通过本案，审查员可以进一步体会《专利法》第33条的立法宗旨，在授权程序中，对申请人的修改可能增加不当利益的内容要严格限制，对于有技术贡献的专利申请，不涉及发明内容的部分，应当进行善意审查，及时提醒申请人进行修改，克服超范围的缺陷。即在"直接地、毫无疑义地确定"的前提下，对"发明点"的内容采取相对严格的判断尺度，对于"非发明点"的内容，只要权利要求书的修改获得了原说明书的支持，则可采用相对"宽松"的支持标准。审查员可以判断技术特征之间的关系，如果删除的是非必要技术特征，且不存在与其他特征之间的协同作用，则允许修改。

四、申请人应注意的问题

通过以上判例的分析可知，为了保障申请人的利益，避免因为修改超范围被驳回，申请人要尽量避免修改超范围。在现实状况中，审查员存在理解发明不到位的可能，习惯性地从原始申请文件中寻找文字支持，从而质疑申请人修改超范围。对此，笔者给申请人提出以下建议以供参考。

（1）在撰写申请文件时，应采用规范的表达。在申请文件中存在自造词、缩略语时，应在原始申请文件中明确记载上述术语的含义；在申请文件中包含公式时，应当全面地解释公式中参数的定义；尽量充分公开技术方案，原申请文件的说明书和附图均是申请修改的依据，应当充分地记载技术方案的技术细节，为后续的修改打下基础。

（2）在修改申请文件时，要有据可依，并仔细阅读和核对修改的方案。在修改时，尽量采用原说明书的文字记载来修改，避免没用充足的实施例佐证的情况下对说明书的概括。

（3）在撰写意见陈述书时，应当充分说明修改理由，可对本申请的技术方案进行详细解读，对技术方案"直接地、毫无疑义地"确定进行分析，并指明修改依据，以消除审查员的疑虑，加快审查进度。

五、结　　语

综上所述，作为审查员，应当把握案件实质，站位本领域技术人员把握专利申请是否修改超范围。作为申请人，应当在专利申请的各个环节，尽量减少或避免因为修改超范围而导致申请被驳回的风险。双方都应从立法宗旨出发，以使得有价值的专利获得授权，维护申请人和公众的利益。

浅析专利授权、确权及侵权程序中"等同特征"对于"功能性特征"的适用情况

安 杰* 刘 琳* 杜灵君*

【摘 要】

2016 年公布的《最高人民法院关于审理侵犯专利权纠纷案件应用法律若干问题的解释（二）》（法释〔2016〕1 号）对"等同特征"适用于"功能性特征"在"侵权"司法审判中作了明确规定。明晰"功能性特征"在专利"授权、确权及侵权"不同程序阶段的保护范围的解读情况，有助于专利申请文件撰写质量的整体提高和审查意见的有效沟通，从而获得一个合理、稳定的专利权。

【关键词】

等同特征 等同原则 功能性特征 功能性限定 保护范围 侵权 授权 确权

---

* 作者单位：国家知识产权局专利局专利审查协作天津中心。

一、引　　言

开宗明义，本文讨论的专利"授权、确权和侵权"的程序，狭义上将"授权和确权"划分为国务院专利行政部门对专利申请的审查、专利复审委员会对申请专利进行的行政复审及司法机关对不服专利复审委员会维持驳回申请复审、不服专利复审委员会专利权无效宣告请求决定案件的司法审查三个阶段，"侵权"程序为司法机关对侵犯专利权纠纷中的司法审查。无论是授权、确权还是侵权程序中的哪一阶段，能够正确合理地解读出权利要求的保护范围对专利权都至关重要。我国《专利法》第七章"专利权的保护"第59条第1款规定："发明或者实用新型专利权的保护范围以其权利要求的内容为准，说明书及附图可以用于解释权利要求的内容。"该条款明确确定了专利权保护范围界定的基本原则，即确定权利要求书本身的主导作用及说明书的解释作用。虽然业界普遍认为我国现行专利法这一权利要求保护范围确定的原则为"折中原则"，❶ 但是该条款并没有明确说明书及其附图如何、在什么程度上解释权利要求。❷ 因此通过权利要求书确定出一份保护范围清晰、合理、稳定的专利权，以实现专利权人与社会公众利益的平衡，做到既保护权利人的正当权利，鼓励发明创造，又应避免不适当地扩张权利要求的保护范围，将超出申请人对现有技术作出贡献的发明创造纳入其保护范围，压缩创新空间从而损害公共利益、他人合法权益，❸ 因此无论是专利程序中的哪一阶段，这都是一大难点。尤其是如何准确合理地界定出权利要求中包含有"功能性特征"的权利要求的保护范围，更是成为近几年在授权、确权及侵权程序中的一大争议焦点。

二、"等同特征"适用于"功能性限定"在司法体系上的建立

早在20世纪80年代后期，我国法院和管理专利工作的部门在审理或者处理专利侵权纠纷案件时就已经开始适用等同特征，❹2001年颁布的《最高人民法院关于审理专利纠纷案件适用法律问题的若干规定》（法释〔2001〕21号）（以下简称《规定》）第17条明确规定：

---

❶❹　国家知识产权局学术委员会. 从司法审判的角度审视专利审查标准执行的研究［R］. 2013.
❷　　李晓明. 等同原则的最新发展及对专利审查的影响［J］. 审查业务通讯, 2009, 15（11）.
❸　　尹新天. 中国专利法详解［M］. 北京：知识产权出版社, 2011：265.

专利法第五十六条❶第一款所称的"发明或者实用新型专利权的保护范围以其权利要求的内容为准，说明书及附图可以用于解释权利要求的内容"，是指专利权的保护范围应当以权利要求记载的全部技术特征所确定的范围为准，也包括与该技术特征相等同的特征所确定的范围。

等同特征，是指与所记载的技术特征以基本相同的手段，实现基本相同的功能，达到基本相同的效果，并且本领域普通技术人员无须经过创造性劳动就能够联想到的特征。

上述规定为我国司法体系中第一次正式地引入等同特征的概念，用于解释权利要求的保护范围，并且以"基本相同的手段""基本相同的功能""基本相同的效果"三个必需的前提条件加之以"本领域普通技术人员无须经过创造性劳动就能够联想到"的进一步限定，最终定义出了我国司法体系中"等同特征"这一基本概念。

之后于2009年公布的《最高人民法院关于审理侵犯专利权纠纷案件应用法律若干问题的解释》（法释〔2009〕21号）（以下简称《司法解释（一）》）第4条规定：

对于权利要求中以功能或者效果表述的技术特征，人民法院应当结合说明书和附图描述的该功能或者效果的具体实施方式及其等同的实施方式，确定该技术特征的内容。

以上规定表明：司法审查进一步将《规定》中以"等同特征"解释权利要求保护范围中的规定细化至"权利要求中以功能或者效果表述的技术特征"时的适用情况，也就是说明界定了功能性特征的权利要求保护范围应当结合说明书和附图描述的具体实施方式以及等同的实施方式，并不是将功能性特征进行"最宽泛"的解释，将功能性特征解读为"应当理解为覆盖了所有能够实现所述功能的实施方式"，而是采用了"合理、宽泛"的解释，合理地限定功能性特征的保护范围至结合说明书和附图描述的该功能或者效果的具体实施方式，并宽泛地扩大至等同的实施方式。

2013年最高人民法院公布《最高人民法院关于修改〈最高人民法院关于审理专利纠纷案件适用法律问题的若干规定〉的决定》，对《规定》进行第一

❶ 2015年1月19日通过、2015年2月1日起施行的《最高人民法院关于修改〈最高人民法院关于审理专利纠纷案件适用法律问题的若干规定〉的决定》（法释〔2015〕4号）已将此条改为"第五十九条"。

次修改时，并未修正《规定》中的第 17 条。2015 年最高人民法院公布有关《最高人民法院关于修改〈最高人民法院关于审理专利纠纷案件适用法律问题的若干规定〉的决定》（法释〔2015〕4 号）对《规定》进行了第二次修改（以下简称《规定的第二次修改》），其中第 4 条如下：

将第十七条修改为："专利法第五十九条第一款所称的'发明或者实用新型专利权的保护范围以其权利要求的内容为准，说明书及附图可以用于解释权利要求的内容'，是指专利权的保护范围应当以权利要求记载的全部技术特征所确定的范围为准，也包括与该技术特征相等同的特征所确定的范围。

等同特征，是指与所记载的技术特征以基本相同的手段，实现基本相同的功能，达到基本相同的效果，并且本领域普通技术人员在被诉侵权行为发生时无须经过创造性劳动就能够联想到的特征。"

上述修正"等同特征"加之以"被诉侵权行为发生时"的联想时间界限，完善了司法审查中侵权纠纷时"等同特征"这一概念，符合专利制度中要有明确的时间界限的要义，以方便侵权发生时统一"等同技术特征"的判定标准。另外，对于司法审查是否有意将"等同特征"这一解读专利权保护范围强调仅应用于"侵权"程序中，笔者并未找到明确的证据。

2016 年最高人民法院公布的《最高人民法院关于审理侵犯专利权纠纷案件应用法律若干问题的解释（二）》（以下简称《司法解释（二）》）第 8 条规定：

功能性特征，是指对于结构、组分、步骤、条件或其之间的关系等，通过其在发明创造中所起的功能或者效果进行限定的技术特征，但本领域普通技术人员仅通过阅读权利要求即可直接、明确地确定实现上述功能或者效果的具体实施方式的除外。

与说明书及附图记载的实现前款所称功能或者效果不可缺少的技术特征相比，被诉侵权技术方案的相应技术特征是以基本相同的手段，实现相同的功能，达到相同的效果，且本领域普通技术人员在被诉侵权行为发生时无须经过创造性劳动就能够联想到的，人民法院应当认定该相应技术特征与功能性特征相同或者等同。

上述规定延续《司法解释（一）》中具体明确"侵权"程序中，"等同特征"对于"功能性特征"的适用情况，而且首次定义了"功能性特征"，并将权利要中"功能性特征"保护的范围解释为涵盖说明书及附图记载实现权利要求书中功能或者效果不可缺少的技术特征及《规定的第二次修改》中新定义的

"等同特征"。至此，经公布《规定》及两次修正和两次司法解释，随着"等同特征"在司法体系中的建立，其在"功能性特征"中的适用情况也已经渐渐明晰。并且依据《司法解释（二）》，笔者认为在"侵权诉讼"司法审查程序中，"功能性特征"解读并不是《专利审查指南2010》第二部分第二章第3.2.1节记载的"权利要求中所包含的功能性限定的技术特征，应当理解为覆盖了所有能够实现所述功能的实施方式"这一最宽泛的解释，而是解释为涵盖有说明书及附图中实现该功能或者效果的不可缺少的技术特征，并将其适当扩大至"等同特征"。可以说这一解释在尊重技术事实、尊重授权的基础上适用"等同特征"，从而为含功能性特征的权利要求划定了一个较清晰的边界，给予专利权人与其对现有技术作出贡献相适当的保护范围的一个独占权，并且对功能性特征不作最宽泛式解释，保证了专利制度中平衡专利权人及社会公共利益的立法本意。

三、案例分析

那么司法审查的"确权"程序中，也就是狭义上的"不服专利复审委员会专利权无效宣告请求决定"及"不服专利复审委员会维持驳回申请复审决定"的司法审判中以及专利行政审查中是否也执行相同的标准？笔者认为北京市高级人民法院在以下案例审判中给出了有益的启示。

【案情介绍】北京市高级人民法院（2012）高行终字第1153号

涉及A公司的"一种豆浆机"的实用新型（以下简称"本专利"）的专利权无效纠纷案件，涉案专利号为200920238566.2，授权公告日为2010年11月24日，B公司于2011年3月9日向专利复审委员会提出无效宣告请求。在B公司提供多份对比文件的基础上，专利复审委员会在A公司于2011年4月25日提交的权利要求第1～10项的基础上，作出第16931号无效宣告请求审查决定（以下简称"第16931号决定"）宣告本专利权利要求1、权利要求2、权利要求9无效，维持权利要求3～8、权利要求10有效。

本案的争议焦点为本专利权利要求1中有关"过渡支架"是否被对比文件4公开。专利复审委员会认为："过渡支架"是"能实现连接的任何过渡结构"，因此，本专利的"过渡支架"并不局限于某种具体的结构方式，而应当理解为涵盖了所有位于机头上下盖之间、能起到过渡支承作用并用于连接固定的结构方式；对比文件4中公开主体的下部即属于本专利的"过渡支架"的一种具体结构方式，因而，对比文件4公开了"过渡支架"这一技术特征。A公司不服第16931号决定。向北京市第一中级人民法院提起诉讼，请求撤销第

16931 号决定，在庭审中 A 公司明确表示"过渡支架"属于功能性特征限定，至此"过渡支架"为"功能性限定"已然明确，北京市第一中级人民法院认可专利复审委员会的审查及对"过渡支架"的公开认定，判决维持专利复审委员会作出的第 16931 号决定。A 公司不服原审判决，上诉至北京市高级人民法院。

北京市高级人民法院就其中的"过渡支架"这一"功能性特征"认为：本专利中的过渡支架，属于功能性限定的技术特征，对于权利要求中所包含的功能性限定的技术特征，在专利授权确权过程中，应当理解为覆盖了所有能够实现所述功能的实施方式。在本案口头审理中，A 公司明确表示本专利中的过渡支架"只要能起到过渡和支架两个作用就可以"。而对比文件 4 中的主体下部则能够在主体上部和底盘罩之间起到过渡和支架的作用。因此，专利复审委员会认定对比文件 4 中的主体下部相当于本专利中的过渡支架，并无不当，最终判决驳回上诉，维持原判。

【案例评析】

首先，本案参与各方——专利权人、专利复审委员会、北京市第一中级人民法院、北京市高级人民法院都将"过渡支架"实质性的认定为"功能性特征"，各方并无异议。在对于"过渡支架"这一"功能性特征"进行解读时，专利复审委员会、北京市第一中级人民法院和北京市高级人民法院都以最宽泛的方式解释其权利要求的保护范围"并不局限于某种具体的结构方式，而应当理解为涵盖了所有位于机头上下盖之间、能起到过渡支承作用并用于连接固定的结构方式"，因此基于这一解读，对比文件 4 相应特征公开了"过渡支架"之一"功能性特征"。最高人民法院解释"本专利中的过渡支架，属于功能性限定的技术特征，对于权利要求中所包含的功能性限定的技术特征，在专利授权确权过程中，应当理解为覆盖了所有能够实现所述功能的实施方式"。这一对"功能性特征"的解读与《专利审查指南 2010》第二部分第二章第 3.2.1 节"以说明书为依据"一节中规定的"对于权利要求中所包含的功能性限定的技术特征，应当理解为覆盖了所有能够实现所述功能的实施方式"，笔者认为同宗同源。❶ 目前实质审查的"授权"程序也在实践这一对"功能特征"的最宽泛解释，源于《专利审查指南 2010》中规定的"通常，对产品权利要求来说，

---

❶ 姜妍，马天旗. 司法解释和审查指南对功能性限定特征解释的一致性分析［J］. 审查业务通讯，2011，17（6）.

应当尽量避免使用功能或者效果特征来限定发明"。因此，在"授权"程序中，"功能性特征"是不被提倡的。也就是说，"功能性特征"在"授权和确权"程序中并不是如同最高人民法院解释的在"侵权"程序中对适用"等同特征"作出的合理、宽泛的解释。

四、求同存异

关于"功能性特征"解读权利要求范围的论述，在北京市第一中级人民法院作出的涉及"一种用于制造塑料袋的装置"的专利权无效行政纠纷一案的判决书❶中有一段论述认为：在授权确权纠纷案件中将功能性特征理解为覆盖了所有能够实现该功能或者效果的实施方式，而在侵权纠纷案件中理解为说明书和附图描述的该功能或者效果的具体实施方式及其等同的实施方式，有利于鼓励申请人在采用功能性特征的撰写方式时，尽可能多地披露具体实施方式，从而一方面使得专利申请的权利要求能够满足概括恰当的要求，使其能够得到说明书的支持，另一方面可以使授权专利能够获得与其说明书公开内容范围相匹配的保护，同时避免授权专利获得不恰当的宽泛保护，从而阻碍后续的创新。因此笔者认为，对"功能性特征"权利要求保护范围的解读在专利行政审查及司法审查中并不存在歧义，两方已形成基本共识，所不同的是双方一致的共识中专利授权、确权、侵权不同的程序阶段对"功能性特征"的权利要求保护范围的界限划定。

另外，笔者认为，"等同特征"在专利授权、确权、侵权不同的程序阶段对"功能性特征"的适用情况出现不同，会在我国专利制度中存在一定时间。当然如果能找到一个可以平衡好专利权人与社会公众的利益，体现我国专利法鼓励发明创造这一立法本意的统一标准，将有利于整体上推动我国专利制度的进步，减少因选择不同的解释方法而造成无论是行政还是司法上资源的内耗。然而，面对我国现行的专利制度结合我们目前的国情，比如发明专利和实用新型专利制度同时共存，专利撰写、申请、审查、司法审判等还没有达到美欧专利制度等同水平等，基于我国各界专利人长期的探索，大体狭义地划定以上解读规则，笔者认为对于目前我国专利制度的发展情况来说是折中的选择。如果生搬硬套他国在专利制度上"等同特征"和"功能性特征"中的有关规则，很有可能不仅达不到预期的效果，反而成为东施效颦，并使得我国专利制度上

---

❶ 参见：北京市第一中级人民法院（2011）一中行初字第2307号行政判决书。

受制于美欧等发达国家，也必将影响我国独立发展的专利制度。

五、总　　结

笔者认为在实际审查实践中，审查员在审查含"功能性特征"的权利要求时应依据《专利法》《专利法实施细则》和专利审查指南中的相关规定，公正合理地质询其有效性，严格审查，尤其坚决杜绝"纯功能性限定"，帮助申请人确定出一个合理、稳定的权利要求的保护范围，其实质也是对专利权人和社会公众的一种责任担当的表现；而申请人应尽可能地避免使用功能性特征，以合理的方式概括出权利要求，并尽可能多地在说明书中披露出具体的结构、功能和效果的相应实施例，为后续的"授权和确权"程序中提供修改的充足空间，其实质也是对自己发明创造负责任的表现。

浅议审查员评述及代理人答辩中的逻辑
——从发明专利授权程序中的文件修改案例角度

谢海燕*

【摘 要】

本文针对授权过程中审查员评述及代理人答辩之逻辑进行初步探讨，在逻辑的内涵即形式逻辑基本规律（同一律、不矛盾律、排中律和充足理由律）的前提下，介绍了逻辑的外延（不同层次的逻辑），即文书整体逻辑、对法律问题的阐述说理逻辑、对事实的论证逻辑、专利法逻辑、技术逻辑。并且，从修改超范围案件详细阐释如何才能使事实论证的杜明模型、超范围相关的专利法逻辑、相关技术逻辑等得以综合运用，来确保发明专利有效性更准确、更有说服力。

【关键词】

文章逻辑 说理逻辑 法律论证逻辑 审查员判断思路 代理人答辩策略

---

* 作者单位：中科专利商标代理有限责任公司。

　　信息技术的快速发展推动了大数据时代的到来，也促进了经济全球化进程的加快和知识经济的深入发展。如此一来，知识产权在国际经济、科技和综合实力竞争中的地位和作用日益突出，已经成为影响经济社会发展的战略性资源和国际竞争力的核心要素，❶尤其在当今的创新社会和互联网时代，知识产权已经取代有形资产成为企业最重要的资产。❷随着《国家知识产权战略纲要》《国家创新驱动发展战略纲要》等的颁布实施，在国家发展战略中的创新型经济格局形成上科技进步贡献率会提高到60%以上。❸也就是说，作为科技进步贡献的科技创新，在我国也会成为经济社会进步的第一动力。同时，知识产权实务（专利申请、保护与运用等）是科技创新在产业运用与市场交换中实现价值的重要途径，是激发科技人员热情与吸引投入的有效手段，也是最终使得科技成果能够顺利转化的重要保障。❹并且，知识产权实务中专利撰写的实质是通过法律规范和语言技巧将技术创新的结果转化成法律保护的文书，❺而在该专利申请文书所界定的保护范围要确实地受到法律保护前，其实质审查及答辩陈述在目前不可避免。尽管代理人通常会弄清审查员的审查思路而进行相应答辩，但无论是审查员的审查评述还是代理人的答辩陈述，大多均以文字表达形式进行，并非能像口头表达形式下以手势、眼神、语气、语速等辅助因素加以补足充实。而作为体现审查思路的意见通知书本身如何才能达到如审查指南所要求的那样理由充分完整、说理透彻、逻辑严密、措辞恰当的程度，又如何才能促使该文字表达形式所体现的审查思路能够被容易理解捕获，且代理人在正确理解审查思路下又如何才能达成与审查员的有效沟通之答辩陈述等，是值得作为专利实务的主要主体的审查员及代理人关注和思考的。

　　笔者在实务中不断学习研讨后发现，要解答上述疑惑，都会牵连到"逻辑"的应用。例如，"审查热点专家谈"系列活动中，资深审查员在《论法律思维及其在专利审查中的应用》❻一文中，在法律思维的正确运用会成为检验和评价专利审查能力的方面，关注到思维逻辑等可能会导致完全不同的审查结

---

❶ 穆魁亮，韩晓春．专利行政纠纷代理：专利代理人执业培训系列教材［M］．北京：知识产权出版社，2010.

❷❺ 林华．知识产权的逻辑和知识产权人的未来［J］．中国知识产权，2015（104）．

❸ 国家创新驱动战略纲要发布2050年建成世界科技创新强国［EB/OL］．（2016 – 05 – 1 9）．http：//finance. sina. com. cn/china/gncj/2016 – 05 – 19/doc – ifxsktp9007253. shtml.

❹ ［EB/OL］．http：//www. powernation. cn/nlist. asp？ncid =38&c =31.

❻ 李新芝．论法律思维在专利审查中的应用［EB/OL］．（2016 – 03 – 02）．http：//www. sipo - reexam. gov. cn/alzx/scrdzjt/19928. htm.

果。在笔者所在单位的实务研讨会上，资深律师在"专利法律意见"的讲解中，强调代理人的"正确的判断来自于良好的逻辑……对法条内涵的深理解……对相关技术的熟悉"的业务能力；在笔者所在单位的学习会上，资深代理人在"有效的沟通及有力度的争辩"的讲解中，也着重提到了"缜密的逻辑"的业务技能；在 2015 年中国法院十大知识产权案件的知识产权行政案件的最高人民法院（2014）行提字第 8 号行政判决书中，法官的评述中也多次提到涉及"逻辑"的关键点，例如"……定对应于……的逻辑……""……逻辑常理……""……判断逻辑……""……内在逻辑……""……逻辑顺序……""……合乎逻辑的理论分析……""……逻辑关系……"等；在《人民法院报》的实务周刊中关于法院裁判文书质量运用大数据技术手段进行分析的报告❶中，审判法官感慨道："……从裁判说理到法律适用，都应该在逻辑方面更好地加深和改进……"为此，针对这样的无论法官、审查员还是律师、代理人都有深刻体会的"逻辑"，本文在借鉴前辈们及专家学子们的相关探索实践的基础上，探讨性阐述"逻辑"的内涵（形式逻辑基本规律）和外延（不同层次的逻辑），以及它们在审查员评述和代理人答辩中的运用。

一、"逻辑"的内涵和外延

在现代汉语里，"逻辑"的内涵涵盖该词在不同的场合下所具有的不同的含义，即有时指的是客观事物的规律性，有时指的是思维的规律性，有时指的是研究思维的科学。文书撰写要讲逻辑，指的就是思维的科学，而主要的是指形式逻辑。❷❸❹ 而且，形式逻辑中的四条基本规律，即同一律、不矛盾律、排中律和充足理由律，是形式逻辑这门科学的总纲，而思维形式中的各种规则的规定都是这些规律要求的具体体现。掌握了这四条规律，也就掌握了衡量一篇文书是否具有逻辑性的"标尺"，❺ 也就掌握了确保一篇文书准确性的重要客观依据。

在文书的准确性得以确保的前提下，更有说服力也是知识产权实务中对文书的一个重要要求。要满足该重要要求，至少以下五个逻辑层次需要关注：第

❶ 张玉卓. 当裁判文书邂逅大数据评估 [N]. 人民法院报（实务周刊），2016 – 07 – 28.

❷ 中国社会科学院语言研究所词典编辑室. 现代汉语词典 [M]. 5 版. 北京：商务印书馆，2005.

❸❹ 王聘兴，赵总宽，苏越，等. 文章与逻辑 [M]. 北京：北京出版社，1982.

❺ 徐立. 法律条文的语言表述要注重逻辑性 [N]. 人民法院报（海外版），2010 – 07 – 20.

一，文书的整体要首尾一贯而使其开头、中间、结尾具有一种内部联系，这就要遵守上述的形式逻辑基本规律，这也就要涉及文书的样式、格式标准；第二，文书对某法律问题（如修改超范围）的阐述说理（reasoning），大体上具有类归纳法及类演绎法，其中，类归纳法会列举具体事例、情况进行分析而得出结论以说明主题（即先分析后结论），类演绎法针对主题先给出结论而后再展开相应解释辨析（即先结论后分析）；第三，说理中对某个事实的论证（argument），例如有相似性论证、反向论证、当然论证、归谬论证、解释性论证等方式，❶ 其中基于杜明模型（Toulmin Model）❷ 结构的论证力（Argument Construction）在日本法学界作为法务逻辑力之一而被推崇；❸❹ 第四，专利法的规则、规定，作为特定的专利法逻辑在说理论证中必不可缺；第五，专利的技术内容，作为另一特定层次的逻辑即技术逻辑，能敲打攻击或坚守捍卫说理、论证环节，以使相应评述及答辩更有力度。❺

通常，用于达成文书整体首尾呼应而结构清楚的文书样式、格式标准，不仅可以从业务指导性书籍❻❼中获得，也可以从互联网公开的文书样本❽中得到，还可以由任职单位的指导老师或前辈们赐给传承。这些文书样式格式一般被认为是固定的，常常就是指这些文书样式、格式整体框架（整体逻辑性：文章逻辑）基本不变，而文书的细微调整会随着具体案件而有所实施，以便在保证基本标准前提下重点更突出而说服力更强。

法律问题的阐述说理中，无论是类归纳法还是类演绎法，因它们的分析和结论的内容均确实地存在，故作为主要主体的审查员及代理人也均能够把握其分析及结论的相互关联，但由于类归纳法是先分析后结论，而类演绎法是先结

❶ 克卢格. 法律逻辑［M］. 雷磊，译. 北京：法律出版社，2016.

❷ RYHOLD G. 英语辩论教程：DEBATING IN ENGLISH［M］. 北京：外语教学与研究出版社，2010.

❸ 伊藤真. 第4回法の思考力と連動して伸びる3つのスキル［EB/OL］.（2013–03–18）. bizacademy. nikkei. co. jp/business_ skill/.

❹《論理力–主張、根拠事実、事実からの推論》、平成25年1月20日神坪浩喜，http：//www. ayame–law. jp/.

❺ 谢海燕. 浅谈在发明完成过程及发明创造性判断过程中的技术问题［G］//中华全国专利代理人协会.《专利法》第22条和第23条的适用：2015年专利代理学术研讨会优秀论文集. 北京：知识产权出版社，2016.

❻ 吴观乐. 专利代理实务［M］. 3版. 北京：知识产权出版社，2015.

❼ 穆魁良，韩晓春. 专利行政纠纷代理［M］. 北京：知识产权出版社，2010.

❽ 中国裁判文书网（http：//www. court. gov. cn/zgcpwsw）。

论后分析，即它们的分析和结论所出现的先后顺序不同，会在实际上造成略有不同的作用效果。具体地，基于以下会使说服力提升的原因，推荐采用类演绎法。

原因1：由于先说结论，故可以让接收者从一开始就知道传递者的最终结论，以及想要传达的信息是什么。这样，接收者便可以安心地读取、听取细节的说明。当对方可以安心地接收信息，那么自己的说服力自然大幅提升。

原因2：大多情况下，接收者都期待能了解传递者说话的内容，故只要一开始将结论传达给对方，对方自然就会运用其思考能力，想办法将后续的说明连结到结论上，这样接收者帮助传递者说服他自己，也就间接地提升了传递者的说服力。❶

特别是在论证中，作为法务逻辑力之一所推崇的杜明模型论证结构，其包括三部分，即主张（claim：结论）、事实依据（data：根据）、事实推论（warrant：命题）。❷一般而言，主张是对所关注的议题所作的陈述，事实依据是用来支持主张的证据，事实推论提供了在主张和事实依据之间的关联度，如同胶水能将主张和事实依据这两项连在一起。

不仅如此，当一个论证是健全的话，通常杜明模型的三部分也就会以相关联的、符合逻辑的方式共同作用；而一旦该论证不健全，则会在该杜明模型的至少一部分存在错误思维。例如，当考量"因北京有超过500家麦当劳餐厅，故空气污染对人类健康有害"的论证，则其中的事实依据（data：北京有超过500家麦当劳餐厅）及主张（claim：空气污染对人类健康有害）均应该无误，其事实推论也应该是被暗示了的，但在事实推论（warrant）级别在空气污染的危害及麦当劳餐厅之间却没有明显的关系，即没有明显的关系能够将主张和事实依据这两项连在一起，也即主张和事实依据之间存在飞跃，也就是事实推论级别没有正确性。正是这一项的错误，导致了整个论证的不健全，而使正确的论证不再存在，当然也使得相应逻辑的正确性消失。

更详细而言，影响逻辑正确性的因素，在论证层面上是指上述三部分各自都会存在的相异的、细微的特有缺陷维度。以主张所涉及的缺陷来看，主要有不稳定性及多义性等：该不稳定性包括在所表述的句子结构中的逻辑模糊性，

---

❶ 高杉尚孝. 麦肯锡教我的写作武器：从逻辑思考到文案写作 [M]. 郑舜珑，译. 北京：北京联合出版公司，2013.

❷ RYHOLD G. 英语辩论教程：DEBATING IN ENGLISH [M]. 北京：外语教学与研究出版社，2010.

像错误的语法或不恰当的标点符号；该多义性会出现在主张以不一贯的方式使用了相同的词语的情况，即一词多义的情况。与事实依据有关的缺陷，有证据缺失不完整、仅基于主张的声称性证据、与主张本无关联的伪证据、事实的误理解，等等。就事实推论所涉及的缺陷，有误类推、因果关系的错误原因、原因的误相关，等等。❶ 这些缺陷维度中，一旦有缺陷被指出，就会成为论证的有力武器。也就是说，在专利评述和答辩的实务中，一旦论证中有上述的缺陷之一存在，都会成为评述和答辩的逻辑性的软肋，会招致对方的有力反击，其既是守方要避免之处，也是攻方须发力之处。

二、具体案例分析

案由：涉案发明涉及利用衍射进行光的引入的取光板，权利要求书包括 1 项独立权利要求和 8 项从属权利要求。在第一次审查意见通知书（以下简称"一通"）中，审查员引用了 4 篇对比文件来评述该发明的新颖性及创造性。为此，申请人针对该通知书将从属权利要求 4 的附加技术特征进一步限定及语言整合后增加到权利要求 1 中，且删除了该权利要求 4，并阐述了新权利要求 1 相对于对比文件 1 具备新颖性、相对于现有技术具备创造性的理由。修改后的权利要求书包括 1 项独立权利要求和 7 项从属权利要求。

针对申请人的"一通"答复的意见陈述书和修改文件，审查员发出了第二次审查意见通知书，其中仅指出涉及修改超范围的缺陷，且相应评述为：

独立权利要求 1 修改超范围，不符合《专利法》第 33 条的规定。具体地，权利要求 1 中增加的技术特征"所述多个光耦合构造之内任意的所述光耦合构造所含有的所述第一透光层及所述第二透光层，分别和在与所述第一和第二主面平行的面上且与该任意的所述光耦合构造接近的其他的所述光耦合构造所含有的所述第一透光层及所述第二透光层，经由所述透光板而彼此隔离"，其中限定的技术特征"经由所述透光板而彼此隔离"不能从原始说明书和权利要求书中直接地、毫无疑义地确定。在权利要求 1 前述记载中，"透光板"具有第一和第二主面，光耦合构造设置在透光板内部，而上述增加的技术特征中，又进一步限定了两个光耦合构造的第一透光层和第二透光层经由"透光板"隔离，这显然是错误的，因此导致权利要求 1 修改超范围。

---

❶ RYHOLD G. 英语辩论教程：DEBATING IN ENGLISH [M]. 北京：外语教学与研究出版社，2010.

从上述评述可见审查员的判断思路是，从所指出的技术特征中，截取出上位概念"透光板"、下位概念"光耦合构造"及其具体特征"第一及第二透光层"，且以该截取的结果作为前提，来厘清事实依据（data：透光板的内部所设置的光耦合构造具有第一及第二透光层，即下位概念的具体特征）、主张（claim：两个光耦合构造的第一及第二透光层经由透光板隔离是错误的，即特定下位概念的具体特征由其上位概念限定是错误的）和事实推论（warrant）中的"上位概念的圈划范围比下位概念宽，而圈划范围窄的下位概念的具体特征本应该由更窄的特征限定"的暗示，这些判断的细节从表观上似乎环环相扣、无懈可击，但上述三部分的前提是否真的毫无瑕疵（换言之，该前提下的事实依据是否有误理解）？所指出的技术特征的技术实质含义与上述主张（或上述事实依据）之间会不会存在遗漏、矛盾、飞跃的情形呢？

对此，代理人对所指出的技术特征的技术实质含义、相关的说明书原始文字记载及图示内容进行了仔细研究，且确定了不加修改而仅进行反驳的答辩方案。并且，在反驳方案得到申请人的同意下答辩如下：

权利要求1的技术方案均明确记载于原说明书，符合《专利法》第33条的规定。❶

权利要求1所要求保护的取光板，具有以下技术特征：

（A）具有第一和第二主面的透光板；

（B）在透光板内的、从第一和第二主面分别隔开了第一和第二距离以上的内部所配置的多个光耦合构造；

（C）多个光耦合构造各自含有：第一透光层、第二透光层和其间所夹设的第三透光层；

……

（G）多个光耦合构造之内任意的光耦合构造所含有的第一透光层及第二透光层，分别和在与第一和第二主面平行的面上且与该任意的光耦合构造接近的其他的光耦合构造所含有的第一透光层及第二透光层，经由透光板而彼此隔离。❷

申请人不同意审查员针对上述技术特征（G）的修改超范围的评述，具体理由如下：

---

❶　先结论后分析的类演绎法。

❷　尽管缺陷仅涉及技术特征（G），但为了能对权利要求1的方案有整体理解，故详细记载技术特征（G）的相关联的其他特征。

第一，在本申请的 PCT 文本说明书段落［0055］中，明确记载了"……将光耦合构造 3 在与……主面……平行的面上排列多个……第一透光层……第二透光层……在邻接的光耦合构造 3 间彼此隔离……"❶；

第二，在上述明确记载及相应图示内容的基础上，本领域技术人员清楚知晓，多个排列的光耦合构造中的……主面……平行的面上……第一透光层……第二透光层……彼此隔离的位置，位于邻接的光耦合构造间❷；

第三，相应图示中，在邻接的光耦合构造 3 间，存在着透光板 2（图中第三区域 2c 中的光耦合构造 3 以外的部分）。即在第三区域 2c 中，包括彼此隔离的由黑色小矩形表示的多个光耦合构造 3，以及在彼此隔离的多个光耦合构造 3 间存在的空白部分即透光板 2 本身❸。

也就是说，由黑色小矩形表示的多个光耦合构造 3 彼此隔离，且在彼此隔离的多个光耦合构造 3 间存在着透光板 2 本身，这样的技术内容（即技术逻辑）是本领域技术人员由原说明书及权利要求书直接且毫无疑义地确定的。❹即，"所述多个光耦合构造之内任意的所述光耦合构造所含有的所述第一透光层及所述第二透光层，分别和在与所述第一和第二主面平行的面上且与该任意的所述光耦合构造接近的其他的所述光耦合构造所含有的所述第一透光层及所述第二透光层，通过（光耦合构造间存在的）透光板 2 本身的方式彼此隔离"，也即"所述多个光耦合构造之内任意的所述光耦合构造所含有的所述第一透光层及所述第二透光层，分别和在与所述第一和第二主面平行的面上且与该任意的所述光耦合构造接近的其他的所述光耦合构造所含有的所述第一透光层及所述第二透光层，经由所述透光板而彼此隔离"（即技术特征（G））❺，是本领域技术人员由原说明书及权利要求书直接且毫无疑义地确定的。

也就是，技术特征（G）中的"经由所述透光板而彼此隔离"之前的特征即"所述多个光耦合构造之内任意的所述光耦合构造所含有的所述第一透光层及所述第二透光层，分别和在与所述第一和第二主面平行的面上且与该任意的所述光耦合构造接近的其他的所述光耦合构造所含有的所述第一透光层及所述第二透光层……"中，对本领域技术人员而言显然涵盖了"……光耦

---

❶ 隔离状态的主体的特定关联的明确记载。
❷ 该主体的隔离状态的位置的特定化。
❸ 在隔离状态的特定位置存在透光板本身。
❹ 基于说明书的相关技术逻辑。
❺ 该技术逻辑明确体现在技术特征（G）中。

合构造间……"的含义❶。

另外，审查员对于是否"超范围"的评述认定仅仅局限于权利要求书中的文字记载，而没有将说明书纳入判断的依据。这样的评述认定显然有悖于《专利法》中关于保护范围确定的规定，即"发明专利权的保护范围以其权利要求的内容为准，说明书及附图可以用于解释权利要求的内容"的规定。而根据该解释的规定，在保护范围确定时，理应将权利要求宽泛字面语义所包含的、不能实现发明目的的技术方案排除在保护范围之外❷❸❹（专利实践中对权利要求的解释运用，即专利法逻辑）。即理应将权利要求宽泛字面语义所包含的经由"透光板"整体而隔离的技术方案排除在保护范围之外。换言之，审查员指出的显然错误的技术方案本不应当包括在保护范围之内。为此，这样显然错误的技术方案不在本申请的保护范围内，也就不会引起由显然错误的技术方案所导致的修改超范围的缺陷。❺ 由此，权利要求 1 的技术方案是明确记载在原说明书及其附图中的，即权利要求 1 是能够由原说明书及权利要求书记载的内容直接且毫无疑义地确定的，符合《专利法》第 33 条的规定。

不难了解，代理人的答辩策略为，关注审查员评述中的隔离状态及其关联的主体（即主张涉及的关键点的审核），且确认该隔离状态及其主体在说明书中的明确记载（即技术逻辑的确认），并核实该技术逻辑明确体现在权利要求 1 的技术特征（G）中（即技术特征文字记载中的技术逻辑体现的核实），并且回应审查员辩解而适用对权利要求的解释规定中的排除特例（即专利法逻辑的适用），从而获得技术逻辑及专利法逻辑的双重适用下的权利要求 1 的适当保护范围是明确记载在原说明书中的结论。其论证中，事实依据为"权利要求 1 的隔离状态所涉及的技术特征的文字记载在技术逻辑的约束下的技术实质内容"（即 data 为特征文字记载＋技术逻辑的组合），事实推论为"上述技术实质内容与原说明书的记载实质相同而一致"（即 warrant 为技术实质内容与原说明书记载一致），主张为"上述技术实质内容被记载于说明书（即权利要求 1 属于原说明书记载的范围）"。反观审查员的评述，由于在作为前提的截取中，使隔离状态所

---

❶ 技术逻辑的明确体现的进一步阐释。
❷ 陈文煊. 专利权的边界：权利要求的文义解释与保护范围的政策调整［M］. 北京. 知识产权出版社，2014.
❸ 吴云. 浅议权利要求解释在保护客体审查中的作用［J］. 专利代理，2015（3）.
❹ 石必胜. 专利权有效性司法判断［M］. 北京：知识产权出版社，2016.
❺ 回应审查员评述的辩解。

涉及的相应主体被去掉了限定，因此本应该被特定化的与相应主体关联的上位概念失去了特定化而从原来本该窄化的范围扩充至无特定化约束的空间而使范围变宽，才出现了上述审查员指出的显然错误的技术方案。

三、结　　论

在针对修改超范围的审查意见通知书进行反驳答辩时，除文书样式格式标准及类演绎法的采用外更需要关注的点是：首先，必然需要针对所指出缺陷之处涉及的技术特征❶，在说明书及附图对权利要求内容的解释作用下，进行整体理解，以得到其技术实质内容（特征文字记载＋技术逻辑的组合），即确保正确的事实依据的获得；其次，在将正确的事实依据与"修改不超范围"的主张连在一起的事实推论中，遵循通常的"事实依据的技术实质内容应该与原说明书的记载实质一致"的命题，明确地阐述出所涉及的技术特征的技术实质内容是与原说明书的记载一致或实质一致的观点，以使杜明模型的三部分以相关联的方式共同作用，同时回应审查员的辩解且回应中又常常适用相关专利法逻辑以使评述的错误根由更明确化来使反驳答辩更有力度。由此，在上述逻辑的内涵及外延的适用下确保专利有效性更准确、说理论证的逻辑适用更富有说服力，以使知识产权实务更精细化。

---

❶　技术特征是指在权利要求所限定的技术方案中，能够相对独立地执行一定的技术功能、并能产生相对独立的技术效果的最小技术单元或者单元组合，例如本案中，技术特征（G）整体。

功能性限定特征权利要求书的规定及撰写

余小飞 *

【摘　要】

　　随着技术的发展，尤其是在电子或者机械领域，有些技术特征难以单纯地用结构或方法来表述，为了更好地对所要保护的技术方案进行保护，通常会将权利要求书撰写成"功能性限定特征"。本文从功能性限定特征权利要求的定义及规定出发，对比了在专利审查及最高人民法院审理侵权案件中对功能性限定特征权利要求的不同规定，并探讨了在申请文件中如何提高功能性限定特征权利要求的撰写。

【关键词】

　　功能性限定特征　权利要求书　保护范围

一、引　　言

　　专利的申请、审查以及侵权审判的核心是专利权保护范围的确定，专利申请文件中，专利的保护范围是由权利要求书所确定的，说明书用来对权利要求书进行解释和说明，并起到支持权利要求书的作用。权利要求书的撰写是一份

---

　*　作者单位：成都九鼎天元知识产权代理有限公司。

专利申请中最重要的核心部分，其保护范围过大会和现有技术相冲突，加大专利授权的难度；其保护范围过小又不利于实现对技术的保护。所以，对权利要求书的撰写以及保护范围的确定是专利法领域最重要的研究课题之一❶。

随着科学技术的发展，对同一技术问题有越来越多的技术手段可以用来解决该问题。例如，同样是将两个物件连接起来，可以使用焊接、铆接、黏接等多种技术手段。为了避免因撰写的原因而导致权利要求保护范围过窄，使专利权得不到应有的保护，越来越多的申请人在撰写权利要求时采用了功能性限定特征作为技术特征来限定发明的技术方案。功能性限定特征的优点在于能够使得权利要求更加简明，并且在某些情况下功能性限定特征比具体结构组成或操作步骤特征能更清楚地限定所要求保护的技术方案。但是，如何确定含有功能性限定特征的权利要求保护范围一直是一个难点。❷ 同时，由于功能性特征常常会导致审查员在确定权利要求的保护范围时难以界定具体的范围，尤其是无法界定涵盖了哪些能够实现该功能的结构、参数等技术特征，因此功能性限定特征通常也是审查中的难点，是被争相讨论的重点。

二、功能性限定特征的定义及相关规定

一般来说，一项产品权利要求应当由反映该产品结构或者组成的技术特征组成，一项方法权利要求应由反映实施该方法的具体步骤和操作方式的技术特征组成。如果在一项权利要求中不是采用结构特征或者方法步骤特征来限定发明，而是采用零部件或者步骤在发明中所起的作用、功能或者所产生的效果来限定发明，则称为功能性限定特征❸。

《专利法》第 59 条第 1 款规定："发明或实用新型专利权的保护范围以其权利要求的内容为准，说明书及附图用于解释权利要求的内容。"

《专利审查指南 2010》第二部分第二章第 3.2.1 节中规定："通常，对产品权利要求来说，应当尽量避免使用功能或者效果特征来限定发明。只有在某一技术特征无法用结构特征来限定，或者技术特征用结构特征限定不如用功能或效果特征来限定更为恰当，而且该功能或者效果能通过说明书中规定的实验或者操作或者所属技术领域的惯用手段直接和肯定地验证的情况下，使用功能

---

❶ 苏斐. 功能性限定权利要求相关问题探讨［D］. 北京：中国社会科学院研究生院，2013.
❷ 戴妮. 功能性限定特征的权利要求保护范围研究［D］. 北京：中国政法大学，2010.
❸ 杨玲. 论功能性特征限定的权利要求保护范围的确定［D］. 北京：中国政法大学，2008.

或者效果特征来限定发明才可能是允许的。"同时,《专利审查指南 2010》中还规定:"对于权利要求中所包含的功能性限定的技术特征,应当理解为覆盖了所有能够实现所述功能的实施方式。"

但是,关于功能性限定特征,最高人民法院在处理侵权案件时却有不同的规定,最高人民法院于 2009 年 12 月 28 日发布了《最高人民法院关于审理侵犯专利权纠纷案件应用法律若干问题的解释》(法释〔2009〕21 号),其中第 4 条规定:"对于权利要求中以功能或者效果表述的技术特征,人民法院应当结合说明书和附图描述的该功能或者效果的具体实施方式及其等同的实施方式,确定该技术特征的内容。"

从以上可以看出,《最高人民法院关于审理侵犯专利权纠纷案件应用法律若干问题的解释》与《专利审查指南 2010》对于功能性限定的规定及解释存在不一致的问题。在专利确权中将功能性限定解释为覆盖了所有能够实现所述功能的实施方式,而专利侵权中将其解释为说明书和附图描述的实现该功能的具体实施方式。而不同的规定导致了功能性限定特征在不同程序下的结果不一致。

按照《专利审查指南 2010》中规定的解释方式,在专利审批过程中对申请人要求比较严格,只要现有技术中存在可以实现该功能的具体实施方式,无论该方式与本申请说明书中的具体实施方式是否相同或等同,该功能性限定特征都已经被现有技术公开,不满足专利法规定的新颖性和创造性,不利于申请人对专利权的获得;但是一旦该功能性限定特征的权利要求被授权,申请人所获得的权利就覆盖了所有能够实现所述功能的实施方式,其权利就比其在说明书中公开的内容大很多,这点在侵权判定时对专利权人比较有利。

按照《最高人民法院关于审理侵犯专利权纠纷案件应用法律若干问题的解释》中规定的解释方式,对功能性限定特征权利要求的保护范围限定为说明书和附图描述的实现该功能的具体实施方式,限定了功能性特征权利要求的保护范围。这样虽然有利于专利的审查和授权,权衡了专利权人和公众之间的利益,但缩小了专利权人的保护范围,不利于专利权人对专利的保护。

三、功能性限定特征权利要求书的撰写

《专利法》第 26 条第 4 款规定:"权利要求书应当以说明书为依据,清楚、简要地限定要求专利保护的范围。"《专利审查指南 2010》第二部分第二章第 3.2.1 节中进一步给出了诠释:"权利要求书应当以说明书为依据,是指

权利要求应当得到说明书的支持。"说明书是对发明或者实用新型内容的详细介绍，权利要求是在说明书记载内容的基础上，用构成发明或者实用新型技术方案的技术特征来限定专利申请或者专利权的保护范围。申请人为了获得尽可能宽的保护范围，其撰写的权利要求一般是对说明书记载的一种或几种具体实施方式的提炼和概括，而不是照搬说明书中记载的实施例。但是这种提炼和概括应当适当，应当与申请人作出的技术贡献相适应，使得权利要求书中的每一项权利要求所要求保护的技术方案应当是所属技术领域的技术人员能够从说明书充分公开的内容中得到或概括得出的技术方案，并且不得超出说明书公开的范围❶。

产品或方法权利要求都是对具体的产品结构或方法所作出的具体描述或上位概括，一般都能够体现在具体实施方式中，得到说明书的支持。但功能性限定特征大多是对能够实现其某种性能的概括，即除了说明书具体实施方式中所列举出的可以实现其性能的具体方式，还包括说明书以外能够实现其功能的其他方式，会扩大权利要求书的保护范围，存在权利要求书不能得到说明书支持的风险，不符合《专利法》第 26 条第 4 款的规定。❷ 专利审查时，申请人需要满足功能性限定特征得到说明书支持这个条件，即不只是需要在说明书中列举一定数量的具体实施方式，还需满足更高的条件，即所属技术领域的技术人员是否可以明了该功能也可以采用未在说明书中提到的其他替代方法来实现。❸

为了更好地避免功能性限定特征权利要求的保护范围过大，降低审查过程中得不到说明书支持的风险，应该尽量在说明书中罗列出所有能够实现其功能的实施例，并且将实施例中的具体实施方式作为从属权利要求对功能性限定特征的独立权利要求的进一步限定。这样既有利于授权过程中缩小功能性限定特征的保护范围，又能防止在无效过程中不允许将说明书的内容加入到权利要求对其进行修改，有利于专利的稳定性。

同时，确定权利要求保护范围、分析功能性限定时，首先应当结合说明书和现有技术分析权利要求的技术方案为什么具有该功能，在此基础上，还应当进一步分析功能性限定在权利要求的技术方案中发挥的作用，判定这个功能性

---

❶ 葛向兵，何雨馨．权利要求不支持关于"上位概括"和"功能性限定"的讨论 [J]．法制与社会，2015，12（中）．

❷ 谢灵尧．浅析功能性限定权利要求的解释 [J]．法制博览，2016，02（上）．

❸ 马宁．论权利要求中的功能性限定 [D]．上海：上海交通大学，2012．

限定给权利要求范围造成的影响。

　　虽然功能性限定的权利要求在授权后可以使其保护范围最大化，但由于检索手段的限制，很难保证授权后的权利要求绝对具备新颖性、创造性，而在无效程序中不允许将说明书中的内容加入到权利要求中对其进行修改，因此在撰写以及修改申请文件的过程中合理限定权利要求的保护范围使其得到说明书的支持至关重要，一个保护范围合理、稳定的权利要求更有利于申请人的长远利益。

浅析删除某一技术效果是否
修改超范围的判断

宋春雷*

【摘　要】

本文结合实际案例分析和探讨了修改超范围需要考量的因素。删除某一技术效果是否会导致修改超范围，应当结合专利法立法本意，考虑申请人和社会公众利益的平衡，站在本领域技术人员的角度来进行判断。在阅读原申请文件之后，结合现有技术来判断原申请文件每一技术方案所能达到的技术效果。如果将说明书中的某一技术效果删除后，剩余技术效果的集合依然属于原申请文件中某一技术方案所能达到的技术效果，那么这种修改就应当是允许的。

【关键词】

专利申请　修改　超范围　技术效果

一、引　言

由于对现有技术认识的不全面性，以及语言文字描述本身存在天然的局限性或者片面性，申请人在申请日提交的专利申请文件很难尽善尽美地描述其真

---

* 作者单位：国家知识产权局专利局专利审查协作河南中心。

实的意思表示。为了准确地限定出权利要求的保护范围，向公众传递专利价值，便于专利权人行使权利以及公众对授权专利的实施应用，需要赋予申请人可以对其专利申请文件进行修改的权利。然而，根据我国《专利法》第9条第2款规定的先申请原则，为了防止申请人将申请日之后的发明创造引入申请文件中，导致对其他申请人不公平的后果，还需要将申请人修改的权限限定在原始公开的范围之内。基于上述原因，为了平衡申请人和社会公众的利益，我国《专利法》第33条规定：申请人可以对其专利申请文件进行修改，但是，对发明和实用新型专利申请文件的修改不得超出原说明书和权利要求书记载的范围，对外观设计专利申请文件的修改不得超出原图片或者照片表示的范围。《专利审查指南2010》（以下简称《指南》）第二部分第八章第5.2.1.1节明确规定：原说明书和权利要求书记载的范围包括原说明书和权利要求书文字记载的内容和根据原说明书和权利要求书文字记载的内容以及说明书附图能直接地、毫无疑义地确定的内容。

对于修改后的内容，本领域技术人员看到的信息是否与原申请记载的信息相同容易理解和判断，但是否能够从原申请记载的信息中"直接地、毫无疑义地确定"难以判定。尽管在《指南》中有一些判断方法和案例介绍，但是审查员在实践中还是难以把握合适的尺度。实审阶段的审查员出于谨慎的考虑，往往会指出修改属于超范围并据此驳回申请。而在后续的复审程序以及行政诉讼中，对修改超范围的问题更多地会从立法本意上综合考虑，然后对申请文件记载的整体内容和信息加以分析，从而可能得出与实审阶段不同的审查结论。

在审查工作中，申请人往往通过修改权利要求来获得授权，而对于说明书中技术效果的修改往往被申请人所忽视。判断修改说明书中的技术效果是否导致说明书修改超范围更是难以确定的。基于提高专利审查工作的社会满意度，减少授权前后程序，提高专利权的稳定性，本文通过一件案例来探讨删除某一技术效果是否超范围的判断方法。

二、案例介绍

本案例涉及一种切开鸡腿的方法和装置，说明书中明确记载了发明目的："提供一种已知方法和装置的更简单的替代方案，所述替代方案仍然提供对家禽腿的可靠切割操作，其中避免了骨裂开的发生，并且允许对沿着所述加工装置快速移动的加工线上供应的所述家禽腿进行高速自动加工。"说明书还记载："在刺入步骤中，刀在与鸡腿骨相邻的位置处刺入鸡腿的肉中，这有效地避免了骨裂开的发生。这能够通过在切割过程中使刀的刀刃定位在鸡腿骨的远侧来进一步改进。"

审查员在审查意见通知书中指出，根据说明书的撰写方式可知，"避免了骨裂开的发生"是本申请所必须达到的目的之一，权利要求1中切割鸡腿的方法中并没有限定具体的刺入方式，现有技术中的一些刺入方式直接将鸡腿骨刺穿，因此权利要求1没有以说明书为依据。

为了克服权利要求没有以说明书为依据的缺陷，申请人将说明书发明目的中的"避免了骨裂开的发生"删除，其他未作任何实质性修改。

对于上述情况，对于申请人将发明目的中的一个技术效果删除之后，本领域技术人员看到的信息是否能够从原申请记载的信息中直接地、毫无疑义地确定，产生了两种观点。

第一种观点认为修改超范围。根据本申请所记载的内容可以理解为，本申请所要解决的技术问题为同时达到操作可靠（以下简称"A效果"）、避免了骨裂开（以下简称"B效果"）和高速自动加工（以下简称"C效果"）三个技术效果，删除了"避免了骨裂开的发生"之后，本申请所要解决的技术问题变成了仅仅同时达到A、C两个技术效果。这致使本领域技术人员看到的这一信息与原申请公开的信息不同，并且仅仅同时达到A、C两个技术效果这一信息没有记载在原申请中，也不能直接地、毫无疑义地导出。

另外，对专利申请文件的修改是否允许，还应考虑修改是否打破了申请人与社会公众之间在申请日即成的利益平衡。专利文件是严格的法律文件，有些由于专利申请人在提交专利申请时考虑不周造成的缺陷，其后果应当由专利权人自己承担。❶ 社会公众在看到该申请时，应当能够根据该申请所要解决的技术问题和该申请说明书公开的技术方案对该申请最终的授权范围作出相应的预期。对于本案而言，根据申请人对于发明所要解决的技术问题的撰写方式，社会公众应当能够预期到授权的权利要求至少能够达到B效果，从而确定出本申请可能授权的权利要求中至少包括"在刺入步骤中，刀在与鸡腿骨相邻的位置处刺入鸡腿的肉中"或"在切割过程中使刀的刀刃定位在鸡腿骨的远侧"这一技术特征。然而删除了B效果之后，该申请授权的保护范围就会超出社会

---

❶ 于萍，从《专利法》第33条探析"修改超范围"审查中的两个问题 [J]. 知识产权，2013 (12)：81-85，91.

公众的原始预期，即打破了申请人与社会公众之间在申请日即成的利益平衡。因此删除了 B 效果，会使本申请引入新的保护范围，导致修改超范围。

第二种观点认为修改不超范围。由于本申请仅仅删除了说明书中的一个技术效果，并不涉及技术方案的改变。另外，修改超范围应该站在本领域技术人员的角度来判断。本领域技术人员在阅读权利要求 1 之后，能够确定出该权利要求只能够达到 A、C 两个技术效果。也就是说，仅仅能够同时达到 A、B 两个技术效果是本领域技术人员能够根据该申请的撰写方式直接地、毫无疑义地确定得出的，因此修改不超范围。

综合考虑两种观点，笔者认为第二种更加合理。具体理由如下，对于修改是否超范围可以按照以下四个步骤进行判断。

首先，确定修改超范围的立法本意。根据《专利法》第 9 条第 2 款规定的先申请原则，修改超范围的立法宗旨主要是不能在申请日后引入新的主题或新的信息，防止对一项没有适当公开、有可能在申请日尚未完成的发明创造授予专利权。

其次，确定修改超范围的判断主体。关于《专利法》第 33 条的判断主体，虽然《指南》没有明确规定为本领域技术人员，但根据《指南》第二部分第八章第 5.2.3 节的规定：如果申请的内容通过增加、改变和/或删除其中的一部分，致使所属技术领域的技术人员看到的信息与原申请记载的信息不同，而且又不能从原申请记载的信息中直接地、毫无疑义地确定，那么，这种修改就是不允许的。由此可以比较明确地确定本领域技术人员是判断修改超范围的主体。另外，纵观整个专利审查，特别是有关实体性条款的审查，其判断主体均是本领域普通技术人员，因此将本领域技术人员作为修改超范围的判断主体是合适的。

再次，确定修改超范围的比较对象。根据《指南》第二部分第八章第 5.2.3 节的规定，可以看出判断修改超范围的比较对象是"信息"，然而其中却没有给出"信息"的具体定义。但对于说明书的修改，可以参考权利要求的修改，将说明书的相关内容当作一个权利要求来看待，然后从本领域技术人员的角度出发，判断修改是否超范围。❶另外，由《专利法》第 33 条的规定可以看出，修改不得超出原申请所记载的范围，其中记载的范围包括两方面的

❶ 孙平．专利申请修改超范围判断标准的法理学探讨［J］，知识产权法研究，2013，12（1）：294–307.

内容，其一是明确文字记载的内容，其二是根据从原申请记载的信息直接地、毫无疑义地确定的内容。可以看出在确定修改超范围时，所比较的对象应当是原申请文件中所记载的技术方案。

最后，确定是否修改超范围。根据立法本意，同时本领域技术人员结合现有技术确定原申请文件具体公开了何种技术方案，修改后的技术方案限定的范围如何，比较修改后技术方案与原申请技术方案之间的差异，只要修改后的技术方案仍然属于原申请文件中所记载的技术方案之一，修改就应当是允许的。

对于本案而言，原权利要求 1 记载了切割鸡腿的方法所包含的技术特征，这些技术特征已经构成了一个完整的技术方案。本领域技术人员在看到原权利要求 1 所记载的技术方案时，结合对现有技术的掌握，能够确定出该技术方案并不能达到 B 效果，仅仅能够同时达到 A 效果和 C 效果。也就是说，仅仅能够同时达到 A 效果和 C 效果是原始申请文件所隐含公开的内容，将 B 效果删除相对于原申请而言并没有增加新的内容，应当符合社会公众对本申请的原始预期，同时申请人也未从这一修改的过程中不当得利。因此，这样的修改方式并未超出原申请的记载范围，应当是允许的。

三、结论与建议

作为民法中的单行法，专利法主要调整因发明创造的开发、实施以及保护等发生的各种社会关系，因此适用民法的基本原则。《专利法》第 21 条所规定的"客观、公正、准确"的要求即体现了上述原则。在专利申请活动中，申请人和社会公众是专利权所涉及的双方当事人，双方是平等的民事主体，而国务院专利行政部门在专利事务的处理中充当裁判员的角色。❶ 在审查过程中，申请人的修改和国务院专利行政部门所作的审查决定都不得违反专利法的相关规定以及民法的基本原则。对专利申请文件的修改是否允许，主要考虑两方面的内容：（1）是否打破了申请人与社会公众之间在申请日即成的利益平衡；（2）是否有悖于先申请原则。

删除说明书中某一技术效果。是否会导致修改超范围，应当站在本领域技术人员的角度来进行判断。阅读原申请文件之后，结合现有技术来判断原申请

---

❶ 李建忠. 修改超范围的判断应符合民法的基本原则［C］//中华全国专利代理人协会. 实施国家知识产权战备　提升专利代理服务能力：2011 年中华全国专利代理人协会年会第二届知识产权论坛论文集. 北京：知识产权出版社，2011：638－643.

文件每一技术方案所能达到的技术效果。如果将说明书中的某一技术效果删除后，剩余技术效果的集合依然属于原申请文件中某一技术方案所能达到的技术效果，那么这种修改就应当是允许的。

专利法的立法宗旨之一即在于鼓励申请人尽量详细地描述发明，以有利于促进先进技术的普及。若申请人详尽地公开了发明所能达到的技术效果，反而限制了申请人的保护范围，这不符合申请人的真实意愿，也违背了专利法的立法宗旨。然而作为具有严格法律效力的申请文本，申请人也应当对其中的缺陷承担不利责任。因此，为了获得更大的保护范围，建议申请人在申请文件撰写过程中注意行文方式，可以将所要达到的技术效果撰写为 A、B、C 效果之一，而非同时达到 A、B、C 三个效果，以避免陷入修改是否会超范围的争议。

授权后专利文件的修改

——中美程序差异浅析

钱亚卓 *

【摘　要】

　　中国授权后程序的设置相对单一，专利权人可以利用无效程序来主动对专利文件进行修改。但是，无效程序中的修改方式和修改余地都非常有限。美国专利法为专利权人提供了多种修正权利要求的方式，例如再颁程序可以扩大专利保护范围，再颁和再审程序可以增加新的权利要求等。多样化的授权后程序充分保护了发明人的权利。但是这种修正又是有限制的，例如再颁程序中对于扩大专利保护范围的修改提出的时间以及效力作了具体的规定，限制专利权人滥用授权后程序对专利文件进行修改，从而保护了公众的利益。如何参考美国授权后程序，给发明人提供更多的授权后修改的机会，更大程度地保护发明人的利益，同时注意平衡公众的利益，这是值得进一步深入研究的课题。

【关键词】

　　无效　再颁　单方再审

＊ 作者单位：中国国际贸易促进委员会专利商标事务所。

专利授权后，专利的保护范围以授权的权利要求的内容为准，说明书和附图可以用于解释权利要求的内容。但是，对于专利权人来说，经过审查后授权的专利文件并不一定是最合适的。例如，专利文件还可能存在一些错误；或者，在授权之后新发现的现有技术有可能会影响专利的有效性；又或者，在专利权行使过程中，发现专利范围不必要的过窄导致潜在侵权产品很容易规避，等等。基于这些情况，是否应当给专利权人提供合适的机会，允许专利权人对专利文件尤其是权利要求进行修改？另外，对于公众来说，授权文件已经提供了确定的专利范围，如果给予专利权人授权后修改的机会，那么会不会导致专利范围的不确定，损害了公众的利益？因此，对授权后专利文件提供怎样的修改机会，如何平衡专利权人和公众的利益，是一个值得探讨的问题。本文结合中美就授权后专利文件修改程序的差异，对上述问题进行简单的探讨。

一、中国授权后程序

中国专利授权后，专利权人主动修改的余地很小，一般仅限于一些明显的形式错误或打印错误。如果想进行更多的修改，唯一有效的途径是专利权人主动提出无效宣告请求。

《专利法》第45条规定："自国务院专利行政部门公告授予专利权之日起，任何单位或者个人认为该专利权的授予不符合本法有关规定的，可以请求专利复审委员会宣告专利权无效。"因此，专利权人也可以请求宣告专利无效，并且利用专利无效程序来对专利进行修改。当然，针对第三方对专利提出的无效请求，专利权人也可以对专利进行修改。

《专利审查指南2010》第四部分第三章第3.2节对以专利权人为请求人的专利无效请求加以限制：

请求人属于下列情形之一的，其无效宣告请求不予受理：

......

（3）专利权人针对其专利权提出无效宣告请求且请求宣告专利权全部无效、所提交的证据不是公开出版物或者请求人不是共有专利权的所有专利权人的。

换句话说，在以专利权人为申请人的专利无效宣告请求中，专利权人不得请求专利权全部无效；专利权人仅可提交公开出版物作为证据；对于共有专利权，请求人必须为所有专利权人。

另外，《专利法实施细则》第69条对无效过程中的修改进行了非常严格的限制，即修改仅限于权利要求书，而且不得扩大原专利的保护范围。

关于无效宣告程序中专利文件的具体修改原则和修改方式，《专利审查指南2010》第四部分第三章第4.6节作了进一步具体的规定。

具体修改原则包括：

（1）不得改变原权利要求的主题名称；

（2）与授权的权利要求相比，不得扩大原专利的保护范围；

（3）不得超出原说明书和权利要求书记载的范围；

（4）一般不得增加未包含在授权的权利要求书中的技术特征。

在满足上述修改原则的前提下，修改权利要求书的具体方式一般限于：

（1）权利要求的删除；

（2）权利要求的合并；

（3）技术方案的删除。

权利要求的删除是指从权利要求书中去掉某项或者某些项权利要求，例如独立权利要求或者从属权利要求。

权利要求的合并是指两项或者两项以上相互无从属关系但在授权公告文本中从属于同一独立权利要求的权利要求的合并。在此情况下，所合并的从属权利要求的技术特征组合在一起形成新的权利要求。该新的权利要求应当包含被合并的从属权利要求中的全部技术特征。在独立权利要求未作修改的情况下，不允许对其从属权利要求进行合并式修改。

技术方案的删除是指从同一权利要求中并列的两种以上技术方案中删除一种或者一种以上技术方案。

由此可见，即便是在专利无效程序中，专利权人所能作的修改也是很有限的。首先，不得扩大原专利的保护范围。另外，记载在说明书中但是没有包含在权利要求中的特征是不能增加到权利要求中的。

这种对授权后修改的严格限制更加倾向于公众的利益，因为授权专利文件的范围相对稳定。但是对于专利权人来说，在授权后很难再对专利范围进行调整，有可能导致原本有价值的发明却不能合适地行使权利。

二、美国授权后程序

美国授权后专利文件的修改方式比较多样灵活，专利权人可以根据不同的需求加以选择。

1. 修正证书（Certificate of Correction）

专利权人可以利用修正证书来修正授权文件中明显的形式错误。

2. 再颁（Reissue）申请中专利文件的修改

再颁程序给专利权人提供了改正专利中错误的机会，专利中的错误包括专利保护范围太宽或太窄等。

在再颁程序中，专利权人修改方式比较宽松，有如下特点：

（1）既可以修改权利要求，也可以修改说明书；

（2）可以扩大专利保护范围，但是再颁申请应当在原专利授权日的 2 年之内提出；

（3）可以缩小专利保护范围，可以在专利有效期间的任何时候提出；

（4）可以增加或删除权利要求；

（5）修改不能引入新的内容。

但是对于再颁程序中的修改也有一些限制，即不能引入在原专利审查过程中放弃的内容。举例来说，如果在原专利审查过程中，专利权人曾经基于审查员所提出的单一性（restriction）意见而删除了一些权利要求，那么这些权利要求属于专利权人在原专利审查过程中有意放弃的，不能通过再颁申请加入。另外，如果在原专利审查过程中，专利权人曾经基于审查员所提出的显而易见性（obviousness）驳回而在权利要求中增加了特征，那么这些特征不能通过再颁申请而删除。

再颁申请最宽松的修改方式是允许扩大专利保护范围，这是授权后程序中唯一允许扩大专利保护范围的方式。但是考虑到可能会影响到公众的利益，对于扩大保护范围的再颁申请，必须在原专利授权日的 2 年之内提出。

另外，考虑到再颁专利的范围与原专利的范围发生了变化，尤其是对于扩大保护范围的再颁专利，范围的扩大可能会导致原本不侵权的产品变成了侵权产品，这样对于公众利益来说是不公平的。因此，对于再颁专利的效力进行了严格的限定。首先，在再颁专利被授权的同时原专利被视为放弃。其次，对于范围发生变化的再颁专利，专利权人只能从再颁日起主张权利。而且，公众继续实施和从事再颁前已进行的合法行为，不会被视为侵权，这样就不会因为再颁专利范围的变化而损害公众的利益。

3. 单方再审（Ex Parties Reexamination）程序中文件的修改

再审程序分为单方再审程序和双方再审程序。因为双方再审程序于 2012 年 9 月 16 日起失效，在此仅讨论单方再审程序。

单方再审程序可以由任何人（包括专利权人）提出，只要针对新颖性（novelty）或显而易见性存在与专利性有关的实质性新问题（substantial new question of patentability），但是现有技术仅限于专利或打印公开。

在单方再审程序中，专利权人修改方式有如下特点：

（1）既可以修改权利要求，也可以修改说明书；

（2）不能扩大专利保护范围；

（3）可以缩小专利保护范围；

（4）可以增加或删除权利要求；

（5）修改不能引入新的内容。

再审程序给专利权人提供了主动修改授权后文件的机会，但是不能扩大专利保护的范围。但是由于再审审查是全面审查，而非仅仅针对请求人提出的证据和理由，因此如果专利权人基于修改授权后文件的动机来提出再审请求，也会面临专利文件被最终拒绝的风险。

4. 核准后复审（Post Grant Review，PGR）和多方复审（Inter Partes Review，IPR）

美国专利法修正后，新增加了具有诉讼性质的 PGR 和 IPR。PGR 及 IPR 程序都是由第三方（非专利权人）对专利有效性提出的复审申请。PGR 在专利授权后 9 个月内提起，IPR 在专利授权后 9 个月之后或者 PGR 程序终止后提起。在立案之后，专利权人可以提出修改动议（motion），但修改有如下限制：

（1）必须针对包含在审理（trial）中的非专利性理由；

（2）不能扩大专利保护范围；

（3）不能引入新的内容。

另外，修改动议可以删除被挑战的权利要求或者提出合理数量的替代权利要求。一般假定每个被挑战的权利要求只需要一个替代权利要求，但是可以通过证明需求来辩驳。

因此，PGR 及 IPR 程序中专利权人提出的修改动议是针对审理中的非专利性理由进行的被动式修改，属于防御性质的修改。PGR 及 IPR 程序中专利权人的修改限制较之再颁程序和再审程序更加严格。

5. 补充审查（Supplemental Examination）

为了避免在诉讼过程中被控不公平行为（inequitable conduct），在专利授权后，专利权人可以提出补充审查请求。但是在这个补充审查过程中，专利权人不能修改专利文献。

　　从美国授权后程序的设置可以看出，美国专利法为专利权人提供了多种修正权利要求的方式，例如再颁程序可以扩大专利保护范围，再颁和再审程序可以增加新的权利要求等。多样化的授权后程序充分保护了发明人的权利。但是这种修正又是有限制的，例如再颁程序中对于扩大专利保护范围的修改提出的时间以及效力作了具体的规定，再审程序实行的是全面审查制度，限制了专利权人滥用授权后程序对专利文件进行修改，从而保护了公众的利益。

　　中国授权后程序的设置相对单一，专利权人通常是在应对第三方的无效宣告请求时对专利进行被动修改，很少会利用无效程序来主动对专利文件进行修改。而且无效程序中的修改方式和修改余地都非常有限。因此，通常不会认为无效程序给专利权人提供了修改机会。如何参考美国授权后程序，给发明人提供更多的授权后修改的机会，更大程度地保护发明人的利益，同时注意平衡公众的利益，这是值得进一步深入研究的课题。

外观设计中功能性相关概念辨析及判断方法

牛泽慧*　卞永军*

【摘　要】

在我国的《专利法》《专利法实施细则》和《专利审查指南 2010》中，没有对"功能性"进行明确的解释，在司法实践中常常出现"功能性"相关概念，但其判断方法并不完全统一。本文通过研究 TRIPS 及各国的相关规定以明确相关概念的含义，并通过相关案例梳理出一定的判断方法。文章最后以最高人民法院"手持淋浴喷头"案❶中关于"跑道状推钮"是否属于功能性外观设计特征进行论证。

【关键词】

外观设计　功能性　概念辨析　判断方法

我国《专利法》第 2 条第 4 款规定："外观设计，是指对产品的形状、图案或者其结合以及色彩与形状、图案的结合所作出的富有美感并适于工业应用的新设计。"在《专利审查指南 2010》中规定：富有美感，是指在判断是否属

---

　*　作者单位：国家知识产权局专利局外观设计审查部。

　❶　高仪股份公司与浙江健龙卫浴有限公司侵害外观设计专利权纠纷再审案［最高人民法院（2015）民提字第 23 号］。

于外观设计专利权的保护客体时，关注的是产品的外观给人的视觉感受，而不是产品的功能特性或者技术效果。

在《专利审查指南2010》第四部分第五章第6.1节"与相同或者相近种类产品现有设计对比"中规定："由产品的功能唯一限定的特定形状对整体视觉效果通常不具有显著的影响。例如，凸轮曲面形状是由所需要的特定运动行程唯一限定的，其区别对整体视觉效果通常不具有显著影响；汽车轮胎的圆形形状是由功能唯一限定的，其胎面上的花纹对整体视觉效果更具有显著影响。"

从以上规定可以看出，我国的相关规定中并没有出现类似"功能性外观""功能性设计特征"等概念，也没有对如何判断功能性进行明确。而在司法实践中，经常使用"功能性外观""纯功能性外观""功能性设计特征"等用语，但其概念并不明晰，判断方法并不完全统一。本文旨在通过研究TRIPS及各国的相关规定以明确相关概念的含义，并通过相关案例梳理出一定的判断方法。

一、TRIPS 及各国关于外观设计功能性的相关规定

TPIPS 中有关外观设计的第25条排除了"主要按技术上或功能上考虑而作的设计"。

美国专利法第171条第1款规定：任何人对一种工业产品作出了一项新的、独创的和装饰性的设计，只要符合本篇规定的条件和要求，即可获得专利。在美国外观设计专利审查指南1504.01（c）"缺乏装饰性"中规定：装饰性特征或设计被定义为"以装饰为目的而创造的"，而不是基于功能或机械方面考虑的结果或"仅仅是其副产品"。外观设计要满足美国专利法第171条所述之装饰性的要求，必须是"为装饰性目的而创造的"。

日本意匠法第5条规定：下列外观设计，尽管有第3条的规定，也不能取得外观设计注册：……（三）仅由为确保物品功能而不可欠缺的形状构成的外观设计。

韩国外观设计法第6条规定：下列外观设计，尽管有第5条的规定，也不能取得外观设计注册：……（四）仅由实质上是为实现产品功能而不可缺少的形状组成的外观设计。

欧盟共同体外观设计保护条例第8条规定：（1）产品的外观特征由技术功能唯一限定的，不给予欧共体外观设计保护；（2）产品的外观特征必须以准确的形状、尺寸重复生产，以使采用该外观设计或与该外观设计结合的产品能够被机械地连接、放置、包围或倚靠到另一产品从而使产品实现其各自的功

能，不给予欧共体外观设计保护。

从上述规定可以看出，各国或地区的专利法中，均涉及"功能"的相关规定。尽管表述不尽一致，但是其共同点在于：均表达了仅为实现产品功能而形成的设计不予以保护的思想。其设立上述规定的原理在于：不能以外观设计专利垄断功能。

二、功能性相关概念辨析

（一）"功能性"和"纯功能性"的辨析

在文章和司法判例中，"功能性"和"纯功能性"的概念往往是一致的，并不是指具有功能的，而是指仅仅由特定功能所决定的。原因在于一件优秀的外观设计产品往往是功能性与装饰性完美结合的产物，文章及司法判例中无论是否包含"纯"字，其想要探讨的内容本身是基本相同的。

（二）"功能性外观"和"功能性设计特征"的辨析

"功能性设计""功能性外观"既包含整体的外观设计，也包括外观设计特征。由于整体上均属于功能性设计的情况非常少见，近年来，在最高人民法院的判决中一般使用"功能性外观设计特征"的概念。最高人民法院在"逻辑编程开关（SR14）"案❶及"便携式音箱（ak－m－yx006）"案❷中均对"功能性设计特征"进行了论述。

（1）"便携式音箱（ak－m－yx006）"案例中，最高人民法院给出的概念为："功能性设计特征是指那些在该外观设计产品的一般消费者看来，该设计特征的选择仅仅考虑到了特定功能的实现而不考虑美学因素的设计特征。"

（2）在判断时对整体视觉效果的影响为："设计特征可以分为功能性设计特征、装饰性设计特征以及功能性与装饰性兼具的设计特征。功能性设计特征对于整体视觉效果通常不具有显著影响；装饰性设计特征对于整体视觉效果一般具有影响；功能性与装饰性兼具的设计特征对整体视觉效果的影响则需要考虑其装饰性的强弱，其装饰性越强，对于对整体视觉效果的影响可能相对较大一些，反之则相对较小。"

---

❶ 国家知识产权局专利复审委员会与张迪军、慈溪市鑫隆电子有限公司外观设计专利权无效行政纠纷再审行政判决书［最高人民法院（2012）行提字第14号］。

❷ 深圳市亚冠电子有限公司与深圳市战音科技有限公司侵犯专利权纠纷审判监督民事判决书［最高人民法院（2014）民提字第34号］。

（3）判断原则："功能性设计特征与该设计特征的可选择性存在一定的关联性。如果某种设计特征是由某种特定功能所决定的唯一设计，则该设计特征不存在考虑美学因素的空间，显然属于功能性设计特征。如果某种设计特征是实现某种特定功能的有限的设计方式之一，则这一事实是证明该设计特征属于功能性特征的有力证据。不过，即使某种设计特征仅仅是实现某种特定功能的多种设计方式之一，只要该设计特征仅仅由所要实现的特定功能所决定而与美学因素的考虑无关，仍可认定其属于功能性设计特征。"

（三）"唯一限定标准"的局限性

如果把功能性设计特征仅仅理解为实现某种功能的唯一设计，会过分限制功能性设计特征的范围，把虽然具有两种或者两种以上替代设计但仍然有限的设计特征排除在外，进而使得外观设计专利申请人可以通过对有限的替代设计分别申请外观设计专利的方式实现对特定功能的垄断，不符合外观设计保护具有美感的创新性设计方案的目的，对于主要由技术功能决定的设计特征可以通过实用新型或者发明专利实现保护。从这个角度而言，功能性设计特征的判断标准并不在于该设计特征是否因功能或技术条件的限制而不具有可选择性，而在于在一般消费者看来，该设计特征是否仅仅由特定功能所决定，从而不需要考虑该设计特征是否具有美感。❶

（四）功能性设计特征和常见设计特征辨析

功能性设计特征和常见设计特征具有相似的特点，即一般而言，两者对于外观设计的整体视觉不具有显著影响。两者的不同点在于：（1）常见设计一定是现有设计，而功能性设计特征不一定是现有设计。即使专利申请日之前不存在某一设计特征，如果该设计特征主要是由技术功能决定的设计特征，在外观设计相同或者相近似的判断中也应当不予考虑。（2）常见设计必须是常见的，而功能性设计特征并不需要证明是常见的。

三、功能性设计特征的判断方法

外观设计产品几乎均具有功能性，那么，如何判断功能性设计特征呢？下面从上述判断原则出发，结合国内外的司法判例，对功能性特征的判断方

---

❶ 深圳市亚冠电子有限公司与深圳市战音科技有限公司侵犯专利权纠纷审判监督民事判决书［最高人民法院（2014）民提字第 34 号］。

法进行归纳。

（一）功能唯一限定

我国审查指南中列举了典型的例子。轮胎的功能均是起到滚动前进的作用，而圆形是其功能唯一限定的形状。事实上，对于功能完全一致的两件产品，我们在判断时并不存在障碍，因为其形状相同，自然不需要进行考虑。

还有一种情况，两件设计的具体功能存在差异，对比时虽然两件设计的形状是存在差异的，但由于其区别是由于功能唯一限定的特定形状，则该区别对整体视觉效果通常不具有显著影响。例如专利复审委员会的"胶筒"案❶，两件设计的区别点之一在于：两者外观设计中的大小圆柱筒的直径比例不同（参见图1）。

(a)涉案专利设计　　　　　　　　　　　　(b)对比设计

图1　"胶筒"案涉案专利设计与对比设计

上述区别点应当怎样判断呢？专利复审委员会所作无效宣告请求审查决定中的论述为：上述两件专利的胶筒产品均是用大小两个圆柱筒分别盛装两种不同的物质，而在实际使用时同时挤压出两种物质在桌形连接件处混合并由导出管喷出。两个圆柱筒等高，故两种物质的配比由两个圆柱筒的直径比确定，而两种物质的配比决定了所喷出物质的性质，因此两个圆柱筒直径大小的设计取决于所要喷出物质的性质，即是由产品的功能唯一限定的特定形状，因此上述区别对整体视觉效果通常不具有显著影响。

（二）存在行业标准或有限的几种实现方式

我国最高人民法院关于"插座（接地故障断路器GFCI）"的案例❷中，涉案专利号为02351583.X（以下简称"涉案专利"）。对比设计是"5510760"号美国专利。

---

❶　国家知识产权局专利复审委员会第11814号无效宣告请求审查决定。

❷　通领科技集团有限公司与立维腾电子（东莞）有限公司、一审被告、二审被上诉人国家知识产权局专利复审委员会外观设计专利权无效行政纠纷再审行政判决书［最高人民法院（2011）行提字第2号］。

将涉案专利与对比设计（参见图2）相比较，二者的面板插孔均呈"品"字形排列。主要区别点之一在于：涉案专利"品"字形排列的插孔中，有一个"T"形插孔、一个"一"形插孔和一个拱门形插孔；而对比设计是由两个"一"形插孔和一个拱门形插孔组成。

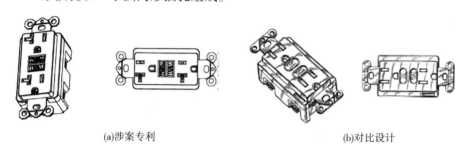

(a)涉案专利   (b)对比设计

图2　"插座（接地故障断路器）"案涉案专利设计与对比设计

关于上述区别点，立维腾公司提交了《布线设备—尺寸技术规范》（以下简称《规范》），该《规范》系编号为"ANSI/NEMA WD 6－1997"的美国电器制造者协会标准出版物，由美国国家标准协会于1997年9月22日批准。《规范》第24页、第25页分别记载了对比文件中的"一"形插孔与涉案专利中的"T"形插孔，以及分别与上述两种插孔配合的插头。

针对该点，最高人民法院的判决中认定：无论是对比设计1中的"一"形插孔，还是涉案专利产品中的"T"形插孔，都是根据产品使用地通行的规范或者标准加以确定，以满足产品的标准化和兼容性，确保产品的紧密配合，方能安全使用。二者的区别，实质上是源于与其配合的插头形状有所不同。对于面板上的插孔形状，设计者或者制造商必然会依照通行的标准或者规范进行设计，其中并不存在进行视觉效果变化或者改进的空间，否则必然会影响此类产品与其他电器设备的兼容使用。因此，涉案专利中的"T"形插孔属于功能性设计。

（三）其设计的目的明确是为实现功能性

1. 设计者的陈述

美国联邦巡回上诉法院于1986年11月作出的"包装电旋减光开关的蛤壳形塑料外包装"案涉及"281580"号美国外观设计专利（参见图3）。该专利发明者Stevens的证言表明：（1）该包装是透明的便于消费者观察，并且纸片式插入卡可以由该塑料进行包装保护并能识读；（2）正面和背面的凹陷设计紧贴环绕着旋转调光开关并使包装盒平衡；（3）圆弧倒角、边缘和有角度的表面是生产模具所必需的；（4）包装盒的周边的框是为了使包装锁在一起；（5）其上的孔是为了悬挂包装盒的钉子，从背面延伸使其在成型和组装时无须精确对准。

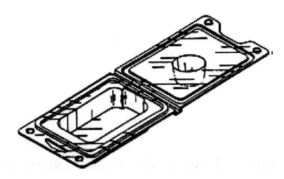

图3　美国"包装电旋减光开关的蛤壳形塑料外包装"案涉案专利

　　法院判决认为，在判断一个外观设计是不是主要为功能性时，该设计的特定部件的目的必须予以考虑，由于 Wickersham 的书面意见已足以证明该专利是功能性的，这足以使人确认该专利是功能性的。从而判断该专利主要是功能的而非装饰性的，因而该专利无效。

　　2. 发明或实用新型说明书中的说明

　　最高人民法院的"便携式音箱（ak－m－yx006）"案❶中，涉案专利（参见图4）与被诉侵权产品的相同点之一体现为中间部分均具有可伸缩、边缘呈折线状的共鸣腔。那么在判断时，怎样判断该设计特征对整体视觉效果的影响呢？

　　被诉侵权的战音公司提供了实用新型的若干证据（参见图5）。

　　上述实用新型的说明书中对"可伸缩、边缘呈折线状的共鸣腔"的设计特征的记载为"采用这种结构的音箱可以在弹性共鸣箱体伸出的时候，大幅度地增加音箱共鸣腔体的体积，显著改善音箱的音质"，从而证明该设计特征主要是功能性设计特征。

---

　　❶　深圳市亚冠电子有限公司与深圳市战音科技有限公司侵犯专利权纠纷审判监督民事判决书［最高人民法院（2014）民提字第34号］。

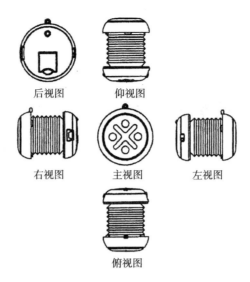

后视图 　　　仰视图

右视图　　　主视图　　　左视图

俯视图

图4　"便携式音箱"（ak－m－yx006）"案涉案专利

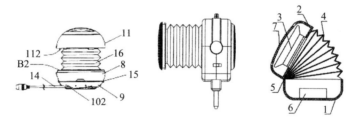

图5　"便携式音箱"（ak－m－yx006）"案战音公司提供的实用新型中的相关证据

最高人民法院基于上述证据，对该设计特征的判定为：由于该设计特征主要是由技术功能决定的设计特征，在外观设计相同或者相近似的判断中也应当不予考虑。

（四）其设计目的是为了和相关部件相配合的设计

最高人民法院的"逻辑编程开关（SR14）"案❶中，涉案专利与对比设计的主要不同点之一为：二者下部的引脚位置不同（参见图6）。

---

❶ 国家知识产权局专利复审委员会与张迪军、慈溪市鑫隆电子有限公司外观设计专利权无效行政纠纷再审行政判决书［最高人民法院（2012）行提字第14号］。

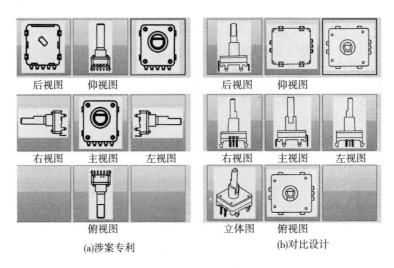

图6 "逻辑编程开关（SR14）"案涉案专利与对比设计

本案各方当事人均确认，该专利产品涉及的编码开关的引脚数量是特定的，其分布需要与电路板节点相适配。可见，引脚的数量与位置分布是由与之相配合的电路板所决定的，以便实现与不同电路板上节点相适配。在该专利产品的一般消费者看来，无论引脚的位置是分布在底座的一个侧面上，还是分布在两个相对的侧面上，都是基于与之相配合的电路板布局的需要，以便实现两者的适配与连接，其中并不涉及对美学因素的考虑。因此，上述区别特征是功能性设计特征，二者引脚位置的差别属于由连接功能所限定的局部位置变化，对二者的整体外观设计不具有显著影响。

四、2015 年最高人民法院"手持淋浴喷头"案

涉案专利与被控侵权产品的主要区别点之一在于：涉案授权外观设计的手柄上设置有一类跑道状推钮，而被诉侵权产品无该设计（参见图7）。对于该区别点，二审判决认为属于主要基于功能性的设计。而最高人民法院认为不属于功能性设计特征，在判断时应当予以考虑。

根据上文的概念，该跑道状推钮具有功能性，但是具有功能性作用本身并不能说明该设计特征属于"功能性设计特征"，该设计特征也可能是"功能性与装饰性兼具的设计特征"。对功能性设计特征的论证需要基于证据的基础上进行判断。首先，该设计特征不属于功能唯一限定的设计特征，另外也没有相

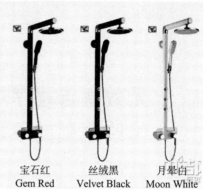

宝石红
Gem Red　丝绒黑
Velvet Black　月晕白
Moon White

(a)涉案专利　　　　　　　(b)被控侵权产品

图7　"手持淋浴喷头"案涉案专利与被诉侵权产品

关证据表明该设计特征是实现该功能的有限的几种实现方式之一及该设计特征的目的仅在于实现功能，因此，该设计特征不属于"功能性设计特征"。

参考文献

[1] 杨凤云，官墨蓝. 功能性外观设计特征的判定原则管窥［J］. 科技与法律，2012（2）：70－74.

[2] 王鹏，谢冬慧，马越飞. 功能性外观应排除在外观设计专利保护范围之外［J］. 人民司法·案例，2009（16）：98－100.

无效宣告程序中实用新型专利
修改规则的不足及完善

覃韦斯[*]

【摘　要】

　　针对当前无效宣告程序中实用新型专利修改规则是否合理的疑问，本文通过对实用新型修改规则有关规定进行梳理和解读，指出现有规定所带来的问题，并通过向外参考、借鉴发达国家的制度成果，向内总结提炼我国的司法实践经验，反思、探讨了现有修改规则的原理和成因，以期为修改规则的进一步完善建言献策。

【关键词】

　　实用新型　无效宣告程序　修改规则　比较研究　基本原理

一、引　　言

　　专利申请本质上是一个发明创造权利化的过程。由于技术方案的抽象性以及语言文字的局限性，专利申请文件在国家知识产权局的审批过程中通常需要进行修改。即使在专利申请文件获得授权转变为专利文件之后，专利权人仍然有可能需要在无效宣告程序中对专利文件进行修改。

---

　　* 作者单位：华诚律师事务所。

　　修改的必要性决定了设置合理的修改规则的重要性。在法理上，专利修改规则应该与专利审批模式相对应，不同专利审批模式下的修改规则应当有所不同。我国《专利法》第 2 条规定了发明和实用新型这两种不同类型的专利。在授权审查阶段，发明采用实质审查，而实用新型只进行初步审查。初步审查主要涉及申请文件形式方面的问题，不审查申请文件的技术内容，与实质审查中对新颖性、创造性等专利授权的实质性条件进行严格审查的方式明显不同。在专利实务中，实用新型通常只需要通过修改克服"多项引用多项""缺乏引用基础"等形式缺陷即可获得授权，而发明则可能需要进行多次修改才能克服审查员对于"缺乏创造性"等实质性授权条件的质疑。然而，实用新型虽然具有易于授权的优点，却也存在权利不稳定的风险。如果在授权后被申请无效，实用新型专利则需要重新进行实质审查，但此时修改的自由度与发明在授权审查阶段相比已受到极大的约束。这使得实用新型专利陷入了"审批阶段可以修改却很少修改，无效宣告阶段需要修改却难以修改"的困境。

　　那么，根据现行的法律法规，无效宣告程序中实用新型专利文件修改规则是否合理呢？针对该问题，本文通过对实用新型修改规则的有关规定进行梳理和解读，指出其存在的问题，并通过向外参考、借鉴发达国家的制度成果，向内总结提炼我国的司法实践经验，反思探讨了现有修改规则的原理和成因，以期为修改规则的进一步完善建言献策。

二、实用新型修改规则的有关规定及解读

　　虽然实用新型与发明的审查模式在授权审查阶段存在明显不同，但是在无效宣告程序中实用新型专利的修改规则并没有另行单独设置，而是与发明专利相同。具体而言，《专利法》《专利法实施细则》《专利审查指南 2010》分别从三个层面进行了逐级细化的规定。

　　《专利法》第 33 条规定，申请人可以对其专利申请文件进行修改，但是，对发明和实用新型专利申请文件的修改不得超出原说明书和权利要求书记载的范围。《专利法实施细则》第 69 条第 1 款规定，在无效宣告请求的审查过程中，发明或者实用新型专利的专利权人可以修改其权利要求书，但是不得扩大原专利的保护范围。《专利审查指南 2010》从修改原则和修改方式两方面进行了规定。关于修改原则的规定为：发明或者实用新型专利文件的修改仅限于权利要求书；其原则是：（1）不得改变原权利要求的主题名称；（2）与授权的权利要求相比，不得扩大原专利的保护范围；（3）不得超出原说明书和权利

要求书记载的范围；（4）一般不得增加未包含在授权的权利要求书中的技术特征。关于修改方式的规定为：在满足上述修改原则的前提下，修改权利要求书的具体方式一般限于权利要求的删除、合并和技术方案的删除。

首先，《专利法》第33条作为约束一切修改行为的总括条款，提出了"修改不得超范围"的基本原则。无论是授权前的审批阶段，还是授权后的无效宣告阶段的修改都必须满足这一基本原则。❶ 其次，《专利法实施细则》第69条第1款针对授权后的无效宣告阶段进一步提出了"修改对象只能是权利要求书且不得扩大保护范围"的要求。最后，作为部门规章的《专利审查指南2010》则将无效宣告程序中权利要求书的修改方式直接限定为权利要求的删除、合并和技术方案的删除这三种方式。在专利审查实践中，专利复审委员会基本上不允许三种方式之外的修改方式。其中，权利要求的删除和技术方案的删除只涉及技术方案的减少，不涉及技术方案的修改；权利要求的合并也不涉及单个技术特征的修改，只涉及技术方案的修改。因此，《专利审查指南2010》实质上是将权利要求修改的最小单元限定为技术方案，即虽然可以修改技术方案，但不能修改其中的单个技术特征。❷ 由此可见，与专利审批阶段的修改相比，无效宣告阶段的修改受限程度最大，专利权人可作修改的空间非常狭小。那么，如此苛刻的修改限制会带来什么样的问题呢？

三、现行修改规定带来的问题

首先，从制度设计的角度而言，现行规定不利于实用新型制度的自我完善。长期以来，实用新型专利背负着"垃圾专利"的恶名，有观点甚至认为应该取消实用新型制度。实际上，高质量的专利文件是"修改"出来的。由于实用新型在审查阶段只进行形式上的初步审查，无法得到审查员关于实质性授权条件的评价意见，因此无法通过有针对性的、实质性的修改来提升专利申请文件的质量。在无效宣告阶段，实用新型专利才获得了实质审查的机会，但是现行规定严格限制了专利权人利用无效宣告程序完善其专利文件的最后机会，不利于实用新型专利质量的提高。

其次，从比较分析的视角而言，实用新型缺少发明在实质审查阶段"讨

---

❶ 刘旺贵，梁丽超. 关于申请文件的修改规定的探讨 [G] //中华全国专利代理人协会. 加强专利代理行业建设　有效服务国家发展大局：2013年中华全国专利代理人协会年会第四届知识产权论坛优秀论文集. 北京：知识产权出版社，2013：104.

❷ 石必胜. 论无效程序中权利要求书修改的最小单元 [J]. 知识产权，2015（1）：38–39.

价还价"的过程从而难以获得适当的保护范围。专利制度的基本原理在于"公开换保护",其中保护范围的大小由权利要求书界定。对于发明专利而言,申请人只有在实质审查阶段收到审查意见通知书之后,才有了修改权利要求的依据,而在这之前,申请人是难以判断应该要求多大的保护范围。因此,发明的实质审查过程实际上是申请人与审查员围绕着权利要求的范围大小进行"议价"的过程。如果在这个阶段审查意见涉及权利要求的实质性问题,那么对权利要求进行修改所受到的限制就很小,甚至允许变更权利要求的主题类型、主题名称及相应的技术特征,以克服权利要求缺乏新颖性或创造性等缺陷,只要变更后的权利要求所述的技术方案已清楚地记载在原说明书中。❶ 相较之下,实用新型在无效宣告阶段对权利要求保护范围进行修改调整的空间非常有限,很可能导致对现有技术真正作出创造性贡献的实用新型专利却因为授权保护范围过宽而被宣告无效。

最后,从利益平衡的角度来看,目前的规定过度强调了对社会公众利益的保护而对专利权人修改权的行使进行了过严的限制,从而破坏了社会公众与专利权人之间的利益平衡。利益平衡也称利益均衡,是指在一定的利益格局和体系下出现的利益体系相对和平共处、相对均势的状态。❷ 现有规定将无效宣告阶段权利要求修改的最小单元限定为技术方案,不能修改其中的单个技术特征,那么,如果技术特征中包含"坏点",则技术方案整体上就面临无法修改而被宣告无效的风险。这使得专利权人向社会公众公开了其全部发明创造,却因为权利要求修改方式的限制而无法得到对等的回报和保护,这对专利权人是不公平的,社会公众甚至有"不当得利"的嫌疑,其破坏了专利权人与社会公众之间的利益平衡。

综上可知,现行规定确实存在诸多问题。那么,世界上其他国家又是如何规定的? 我国的做法与其相比是相吻合还是相抵触呢?

四、与欧、美、日的比较研究

欧洲专利局在专利授权后的异议程序与我国无效宣告程序类似。欧洲异议程序的特别之处在于,其在异议期间给予了专利权人修改专利文件的较大空间,修改原则主要限于《欧洲专利公约》第123条第2项规定的"修改之后

❶ 陶凤波. 专利申请文件的修改规则探讨 [J]. 电子知识产权, 2004 (12): 26.
❷ 冯晓青. 知识产权法利益平衡理论 [M]. 北京:中国政法大学出版社, 2006: 11.

的欧洲专利申请或欧洲专利的主题内容，不应包括超出相应申请提出之时的主题内容"以及第 3 项规定的"修改之后的欧洲专利不得超出其授权之时的保护范围"。也就是说，在修改授权后的权利要求书时，可以删除❶、换位❷、增加❸权利要求中的技术特征，并不受到授权后权利要求书中具体技术特征的限定，只要修改后的权利要求书符合上述修改原则。因此，欧洲异议程序是有条件地允许专利权人修改权利要求的单个技术特征。

美国专利制度设置了三种对已授权专利进行修改的方法：更正证书（certification of correction）、再颁（reissue）以及再审查（reexamination）。其中，专利中存在的微小错误，例如拼写错误等可以通过更正证书的方式进行更正；再颁是一种挽救有效性的机制，在发生善意错误时可以采用，再颁申请中不允许加入新内容，专利权人可以通过再颁申请缩小或扩大其权利要求的保护范围；再审查类似于欧洲的异议程序及我国的无效宣告程序，与再颁不同的是，再审查不允许扩大权利要求的保护范围，只能是对保护范围进行限缩。❹

日本特许厅下设的审判部相当于我国国家知识产权局下设的专利复审委员会，其复审类型就包括对已授权专利提出的无效复审以及订正复审、撤销复审和判定等。❺ 在日本的无效程序中，专利权人可以对权利要求书保护范围进行限定式缩小，对笔误或误译订正，对不清楚的记载以解释为目的，对说明书、权利要求书、附图进行订正。

综上可知，欧、美、日可以通过多种途径对授权后的专利文件进行修改完善，在无效宣告阶段中专利文件修改与我国相比也更为宽松，共同点是：（1）修改不得扩大专利的保护范围，不得增加新的客体；（2）修改的对象没有仅限于权利要求书，也可以修改说明书和附图；（3）允许专利权利进行勘误性的修改。需要注意的是，美国专利商标局和欧洲专利局并不授予实用新型专利，但是参考其发明专利可知，在实质审查阶段已给予发明专利充分修改权的情况下，在无效宣告阶段仍然给予了发明专利极大的修改空间。这与我国实

❶ 参见 T1052/01，其中，欧洲专利局认为，删除授权权利要求 1 中用于一般特征的示例，不能扩大保护范围，因此这些示例包括在决定所赋予的保护范围的一般特征中。

❷ 参见 T96/89，其中，欧洲专利局允许将权利要求前序中的特征换位到权利要求的特征部分。

❸ 参见 T325/95，其中，欧洲专利局允许专利权人引用说明书披露的限制特征对已授权的权利要求进行修改。

❹ J. M. 穆勒. 专利法［M］. 3 版. 沈超，等译. 北京：知识产权出版社，2013：277 - 296.

❺ 李新芝，谭红. 专利无效宣告程序中专利文件的修改［J］. 法律适用，2012（8）：89 - 91.

用新型在初步审查阶段难以充分行使修改权，在无效宣告阶段需要行使修改权却又受到严格限制形成了鲜明对比。

五、对专利文件修改限制基本原理的反思

无效宣告程序中专利文件的修改应该遵循什么样的具体规则，实际上取决于修改所依据的基本原理。修改规则本质上是基本原理的具体化。本文认为，我国专利文件修改限制的基本原理在于：防止不正当利益与维护公众信赖利益。

我国专利制度采用先申请原则。❶ 以申请日提交的专利申请文件为准确定发明创造的内容，以申请日在先作为两个申请人分别就同样的发明创造申请专利时的冲突解决标准，并以申请日为准界定现有技术。如果允许申请人在申请日后通过修改增加关于发明的新信息，那么其必然会对该随后增加的新信息享有在先的申请日利益，包括先申请利益和以申请日界定的现有技术利益。但是，这些新信息可能是发明人在提出专利申请时根本没有想到的改进技术方案。这显然违反了公平原则，是一种不正当利益。❷ 因此，《专利法》第 33 条规定的"修改不得超出原记载范围"实际上是"防止申请人通过修改增加新信息获得不当利益"的基本原理的规则化。

对公众信赖利益的维护是对专利文件修改进行限定的另一基本原理。专利文件获得授权公开后，就具有了公信力。公众可以根据授权专利的内容，明确专利权利人的保护范围，从而规划自己的选择和行为空间。公众相信，在权利要求保护范围之外的领域即是自己可以自由活动的空间。因此，为了落实对公众信赖利益的保护，《专利法实施细则》第 69 条第 1 款规定："在无效宣告请求的审查过程中，发明或者实用新型专利的专利权人可以修改其权利要求书，但是不得扩大原专利的保护范围。"

综上可知，我国专利文件修改限制之所以如此严格，根源在于基本原理中缺乏对专利权人利益的重视和保护，以至于只是单向地强调要严格限制专利权人的修改权以防止其对社会公众利益造成侵害。《专利审查指南 2010》将无效宣告程序中权利要求书的修改方式直接限定为只有三种方式便是在上述基本原理指引下的极端表现。在司法实践中，国家知识产权局严格限制修改的做法受

---

❶ 尹新天. 新专利法详解 ［M］. 北京：知识产权出版社，2001：228.
❷ 朱理. 专利文件修改基本问题研究：原理、标准与规则 ［J］. 中国专利与商标，2015（2）：11.

到了广泛的质疑。2011 年，最高人民法院在"氨氯地平、厄贝沙坦复方制剂"发明专利无效行政纠纷案中认为，授权公告权利要求书中的数值范围 1：10 ~ 30 虽然并不对应并列技术方案，但仍然可以修改为 1：30。❶ 2014 年，北京市高级人民法院在"氟化烃的恒沸组合物"发明专利权无效行政纠纷案中明确表示，无效宣告程序中权利要求的修改并不仅限于权利要求的删除、合并和技术方案的删除这三种方式。❷ 因此，对现行修改规则进行调整已是大势所趋。

要修正完善现行的修改规则，则需要新的基本原理作为依据。本文认为，利益平衡原则是专利制度的基石，在专利文件的修改中也应该体现这一基本原则，即修改的真正目的应该在于通过修改使专利权人所获得的权利保护范围与其技术贡献相匹配。与防止不正当利益和维护公众信赖利益相比，技术贡献匹配论更适合作为专利文件修改限制的基本原理。实际上，在《最高人民法院关于充分发挥审判职能作用为深化科技体制改革和加快国家创新体系建设提供司法保障的意见》（法发〔2012〕15 号）中已经隐含了对上述观点的支持。最高人民法院表示："充分考虑专利文件撰写的客观局限，在专利申请文件公开的范围内，尽可能保证确有创造性的发明创造取得专利权，实现专利申请人所获得的权利与其技术贡献相匹配，最大限度地提升科技支撑引领经济社会发展的能力。"该意见可以解读为，对于确有技术贡献的发明创造，应适度容忍其撰写上的瑕疵。❸ 对于专利文件中存在的瑕疵，应该允许专利权人通过适当的修改方式予以克服，最终达到专利权人所获得的权利与其技术贡献相匹配的理想状态。

六、修改规则的重塑

本文认为，无效宣告程序中实用新型专利文件修改规则应该根据"技术贡献与所获权利相匹配"的基本原理进行重塑，此外，还需要充分考虑到实用新型专利的特殊性。具体而言，首先，实用新型与发明在授权前的审查阶段采用了不同的审批模式，在实质审查中，发明获得了充分的修改专利申请文件的机会，这是实用新型在初步审查中所不具备的。因此，在授权后的无效宣告程序中，实用新型专利文件的修改应该获得比发明更大的自由度以弥补其在审

---

❶ 参见：最高人民法院（2011）知行字第 17 号行政裁定书。

❷ 参见：北京市高级人民法院（2012）高行终字第 1909 号行政判决书。

❸ 石必胜. 论无效程序中权利要求书修改的最小单元 [J]. 知识产权，2015（1）：42 – 43.

查阶段的不足，实用新型应该另行设置修改规则，而不是与发明采用相同的修改规则。其次，应该以修改是否具有技术贡献为标准，针对不同类型的修改进行区分判断，其中，对于具有技术贡献的修改限定应该较为严格，对于不具有技术贡献的修改应该较为宽松，使得专利权人的技术贡献与所获权利相匹配，避免过于机械僵化的处理。下面，将从修改类型的角度对无效程序中实用新型专利修改规则进行具体说明。

（一）对权利要求中明显笔误的修改

明显的笔误是指错别字，以及在本领域技术人员看来毫无疑义的错误。对于这种情况应该允许专利权人进行修改。美国的更正证书❶，以及日本的订正审判❷，都在制度层面上为专利权人提供了修改笔误的渠道。但是，目前在我国无效宣告程序中对明确认定的权利要求的笔误却难以进行修改。例如，某涉案权利要求"滤网位于胶质出口下方"中"下方"属于笔误，应该是"上方"，但是专利权利人却无法在无效宣告程序中提交修改文本，更正这一笔误。❸ 这种过于苛刻的限制纯粹成了对专利权人权利要求撰写不当的惩罚。

（二）增加技术特征的修改

首先，如果增加的技术特征来源于原权利要求书，那么这种修改应该允许。原因在于增加的技术特征本来就记载在原申请文件中，没有引入新信息，因此不会使专利权人获得不当利益；同时，增加技术特征只会使权利要求的保护范围变小，不会因扩大保护范围而损害公众的信赖利益。其次，如果增加的技术特征来源于原说明书，则要区分该技术特征是否属于具有技术贡献的特征。如果是，则不宜允许加入权利要求中。原因在于，根据捐献原则，这些具有技术贡献的特征应视为已经被专利权人捐献给社会，进入了公共领域，专利权人不应该再反悔拿回，否则就会损害公众的信赖利益。但如果不是具有技术贡献的特征，例如为现有技术、公知常识等，原则上可以网开一面，允许专利权人增加这类技术特征以克服缺乏必要技术特征等问题。

（三）"具体排除式"修改

"具体排除式"修改是指对权利要求引入否定性技术特征，从而将部分获

---

❶ J. M. 穆勒. 专利法[M]. 沈超，等译. 3版. 北京：知识产权出版社，2013：277 - 280.
❷ 青山紘一. 日本专利法概论［M］. 聂宁乐，译. 北京：知识产权出版社，2014：206 - 207.
❸ 参见：专利复审委员会第12720号无效宣告请求审查决定。

得保护的内容从原权利要求保护范围中排除。无效宣告程序中，请求人可能检索到审查员没有发现的更接近的对比文件，从而使得权利要求所保护的部分内容失去了新颖性或者创造性。此时应该允许专利权利人通过否定的方式对这部分内容进行排除。原因在于，专利权人放弃的是对发明所要解决的技术问题并未作出任何技术贡献的特征，专利人权人不会因此获得不当利益。此外，由于排除这种修改方式缩小了原权利要求保护的范围，不会对公众的信赖利益构成损害。通过"具体排除式"修改，使专利权人的技术贡献与所获权利重新回归到相互匹配的状态。

（四）删除技术特征的修改

在当前的审查实践中，审查员几乎不接受对权利要求进行任何形式的删除。虽然并非所有的删除都是超出原始申请记载的范围，但从"技术特征越少，保护范围越大"的基本逻辑看来，任何删除似乎都是扩大了保护范围，从而损害了公众的信赖利益，因此被严格禁止。本文认为，如果删除的特征明显为不具有技术贡献的非必要技术特征，虽然从表面上看删除扩大了保护范围，但从实施本技术方案的角度来看，保护范围实质上并没有扩大，也没有超出原始申请文件记载的范围，因为不具有技术贡献的非必要技术特征的存在与否并没有给该技术方案带来实质性的变化，没有影响技术问题的解决以及目的的实现。在T802/92案中，专利权人删除了"包含第一和第二欧姆接触"的技术特征。欧洲专利局技术上诉委员会允许了这一修改，并在裁决中指出，该发明的目的在于使得光电池具有某种特定的能力，这一目的是通过使用至少四种不同元素制成的三种不同半导体板层现实，而欧姆接触的存在对所主张的发明内容未提供任何技术贡献。因此，欧姆接触的存在与否并不影响发明的实现。虽然删除对所主张的发明没有任何技术贡献的技术特征扩大了专利保护范围，但这种修改不违反《欧洲专利公约》的规定。❶

七、结　语

无效宣告程序设立的意义在于：一方面，为公众提供维护自己的合法权益不受非法专利侵害的机会；另一方面，为专利权利人提供了通过合法途径合理限定专利保护范围的机会。❷ 对于实用新型专利而言，在无效宣告程序中设置

---

❶　朱理. 专利文件修改基本问题研究：原理、标准与规则［J］. 中国专利与商标，2015（2）：13.

❷　文希凯. 专利法教程［M］. 3 版. 北京：知识产权出版社，2013：229－230.

适当的修改规则对实用新型制度的自身完善以及对专利权人与公众之间的利益平衡都具有举足轻重的意义。本文提出并论证了应该根据"技术贡献与所获权利相匹配"的基本原理来重塑无效宣告程序中实用新型专利的修改规则，以尽可能使专利权人能够得到的权利保护与其对社会的贡献相当。"让上帝的归上帝，恺撒的归恺撒。"公知技术属于全人类，但请把与技术贡献相匹配的专利权留给专利权人。

修改超范围判断中本领域
技术人员的能力水平

程连贞 *

【摘　要】

　　本文首先探讨了在《专利法》第33条修改超范围的判断中不应忽视以本领域技术人员作为判断主体，其次讨论了本领域技术人员的能力水平以及在超范围判断中与创造性判断和支持的判断中本领域技术人员能力水平的差异，最后结合实际案例说明如何基于本领域技术人员能力水平答复超范围问题。

【关键词】

　　修改超范围　判断主体　本领域技术人员　能力水平

一、引　　言

《专利审查指南2010》中关于修改超范围有如下规定：原说明书和权利要求书记载的范围包括原说明书和权利要求书文字记载的内容和根据原说明书和权利要求书文字记载的内容以及说明书附图能够直接地、毫无疑义地确定的内容。

　　* 作者单位：中国国际贸易促进委员会专利商标事务所。

根据该规定，"原说明书和权利要求书记载的范围"的含义应当被理解为包括以下两个层次：一是在原说明书和权利要求书中有明确的文字记载；二是本领域技术人员通过原说明书和权利要求书以及说明书附图能够直接地、毫无疑义地确定的内容。❶ 对于第二个层次，判断的主体应当是本领域技术人员，也就是说应当站在本领域技术人员的角度来考虑原说明书和权利要求书记载的范围，以本领域技术人员的能力水平来判断修改是否超出了该范围。

然而，笔者遗憾地发现，在专利审查实践中，"本领域技术人员"的概念在判断创造性和支持等问题时能够较多地被考虑，而在判断超范围问题（具体为第二个层次）时却容易被忽视，判断者这时往往错误地直接将自己代入作为判断的主体进行主观判断，而忽略了此时判断的主体应当是虚拟的本领域技术人员，应当结合本领域技术人员的能力水平来进行客观的判断，导致在很多修改超范围的审查意见中，不曾出现判断主体，而只是泛泛地声称"不能直接地、毫无疑义地确定"。

二、本领域技术人员及其能力水平

关于本领域技术人员，在《专利审查指南2010》第二部分第四章第2.4节中有如下规定："所属技术领域的技术人员，也可称为本领域的技术人员，是指一种假设的'人'，假定他知晓申请日或者优先权日之前发明所属技术领域所有的普通技术知识，能够获知该领域中所有的现有技术，并且具有应用该日期之前常规实验手段的能力，但他不具有创造能力。如果所要解决的技术问题能够促使本领域的技术人员在其他技术领域寻找技术手段，他也应具有从其他技术领域获知该申请日或者优先权日之前的相关现有技术、普通技术知识和常规实验手段的能力。"

笔者认为，根据《专利审查指南2010》的上述规定，本领域技术人员应当具有以下四个层次的能力水平（这四个层次的能力水平都基于申请日或者优先权日之前的技术知识）：

（1）具有各领域通用的常规技术知识。这里的"各领域通用的常规技术知识"可以为稍微具有理工科背景的技术人员都知晓的一般技术常识，例如中学教科书上的知识。

（2）具有相关领域的普通技术知识。这里的"相关领域的普通技术知识"

---

❶ 尹新天. 中国专利法详解［M］. 北京：知识产权出版社，2011.

可以指与相关领域结合得比较紧密的普通技术知识，例如大学的专业教科书上的知识。

（3）具有相关领域的现有技术知识。这里的"相关领域的现有技术知识"可以指相关领域中比普通技术知识更前沿的技术知识，例如专业文章、专利文献等。

（4）应用常规实验手段的能力。例如，会想到并且会使用常规实验手段或常规分析方法等。

三、创造性、支持、超范围判断中本领域技术人员能力水平的差异

限于篇幅，本文仅以较为典型的创造性、支持问题的判断为例与超范围问题的判断进行对比，来简要分析本领域技术人员能力水平的差异。

根据《专利审查指南 2010》的上述规定，在判断权利要求的创造性时，本领域技术人员应当具有上述全部四个层次的能力水平。另外，在支持的判断中，本领域技术人员的能力水平与创造性判断中应该相当。❶

而对于修改超范围的判断中本领域技术人员的能力水平，是一个颇具争议的话题。首先，可以明确的是，对于《专利法》第 33 条 "原说明书和权利要求书记载的范围" 的含义的第二个层次 "本领域技术人员通过原说明书和权利要求书以及说明书附图能够直接地、毫无疑义地确定的内容"，由于一份专利申请文件中只能以有限的篇幅描述与发明紧密相关的内容，无法将所涉及的所有技术内容和细节事无巨细地全盘描述出来，因此，在站位虚拟的本领域技术人员来判断能否从原说明书和权利要求书以及说明书附图直接地、毫无疑义地确定一项内容时，通常需要自然而然地补充一些原申请文件中无须明确描述的额外技术知识。也就是说，在判断修改是否超范围时往往需要作为判断主体的本领域技术人员借助额外的技术知识来结合原说明书和权利要求书以及说明书附图的内容作出判断。

其次，对于修改超范围，最高人民法院在 "墨盒" 再审案的裁定书中明确表明《专利法》第 33 条的立法目的："实现专利申请人与社会公众利益之

---

❶ 毛立群 . 试论 "是否得到说明书支持" 与 "修改是否超范围" 的关系［C］//中华全国专利代理人协会 .《专利法》第 26 条第 4 款理论与实践——2012 年专利审查与专利代理高端学术研讨会论文选编（上）. 北京：知识产权出版社，2013.

间的平衡，一方面使申请人拥有修改和补正专利申请文件的机会，尽可能保护真正有创造性的发明创造能够取得授权和获得保护；另一方面又防止申请人对其在申请日时未公开的发明内容获得不正当利益，损害社会公众对原专利申请文件的信赖。"❶ 鉴于此立法目的，对于《专利法》第 33 条中规定的"原说明书和权利要求书记载的范围"，最高人民法院在《专利审查指南 2010》规定的两个层次的基础上在该裁定书中进一步指出："一是原说明书及其附图和权利要求书以文字或者图像等明确表达的内容；二是所属技术领域普通技术人员通过综合原说明书及其附图和权利要求书可以直接、明确推导出的内容。只要推导出的内容对于本领域普通技术人员是显而易见的，就可以认定该内容属于原说明书和权利要求书记载的范围。与上述内容相比，如果修改后的专利申请文件并未引入新的技术内容，则可以认定对该专利申请文件的修改未超出原说明书和权利要求书记载的范围。"❷

由此可见，最高人民法院在上述裁定书中扩展了《专利审查指南 2010》中规定的"原说明书和权利要求书记载的范围"，使得修改超范围的判断标准更趋于合理，即只要结合原说明书及其附图和权利要求书记载的内容可以直接、明确推导出的内容对于本领域普通技术人员是显而易见的，就可以认定该内容属于原说明书和权利要求书记载的范围，可以认为这在某种程度上规定了超范围判断中本领域技术人员应当具有的能力水平（见图1）。

本领域技术人员具有不同的能力水平，所得到的"原说明书和权利要求书记载的范围"（本文也称为"原申请记载的范围"）自然不同。最宽的"原说明书和权利要求书记载的范围"是由具有上述全部四种能力水平的本领域技术人员从原申请文件（原说明书、权利要求书和说明书附图）结合上述四个层次中必要的知识而明确推导出的内容（图 1 中最大的虚线圆），此时超范围判断中本领域技术人员的能力水平相当于创造性、支持的判断中本领域技术人员的能力水平。最窄的"原说明书和权利要求书记载的范围"是具有各领域通用的常规技术知识的本领域技术人员从原申请文件结合必要的通用常规技术知识而明确推导出的内容（图 1 中最小的虚线圆），此时的本领域技术人员处于四个层次中最低层次的能力水平。由此可见，在结合了本领域技术人员的能力水平之后，所得到的范围都大于"仅仅从原说明书、权利要求书以及附图直接地毫无疑义地确定的内容"，即上图 1 中

❶❷ 最高人民法院行政裁定书（2010）知行字第 53 号。

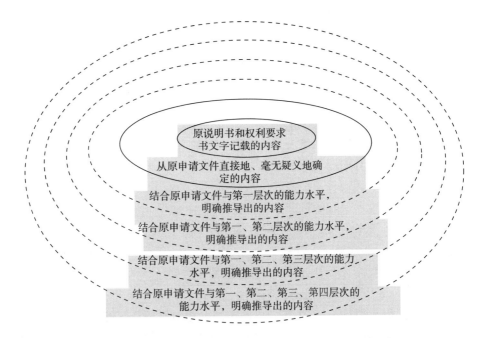

图1 基于不同层次的能力水平得到的原申请记载的范围

较大的实线圆所示出的范围。由此也可以看出，在争辩修改不超范围时，站位本领域技术人员，可以比不提判断主体而仅争辩"能够直接地、毫无疑义地得出"获得更好的效果。

关于在修改超范围的判断中本领域技术人员应具有上述四个层次中哪几个层次的能力水平，笔者认为，这与发明的技术方案本身和说明书中具体描述的内容有关，可以灵活掌握，不必生硬地局限于哪个层次。对于发明点有关的内容，由于申请人有义务对其作出完整、详细的描述，因此修改超范围的判断可以从严把握，而对于非发明点有关的内容，由于往往对其在原申请文件中进行简略或概要描述以避免模糊发明点相关内容，因此修改超范围的判断可以从宽把握。也就是说，对于发明点有关的内容，作为判断主体的本领域技术人员可以处于上述四个层次中的第一、第二、第三层，而对于非发明点相关的内容，作为判断主体的本领域技术人员可以处于上述四个层次中的第四层。

四、结合案例说明超范围判断中本领域技术人员的能力水平

（一）案例一

对于权利要求 1 中的特征"大块确定步骤，用于确定在第一块集合中是否包含满足第一条件的大块"，在第一次审查意见通知书中，审查员认为原说明书和权利要求书中都记载了第一条件至少包括以下四个条件：（1）大块是原始块；（2）大块的较短边的长度大于第三阈值；（3）大块的宽度是最大的；以及（4）当有多个宽度最大的块时，大块的高度是最大的，因此，不清楚"第一条件"是什么条件。对于该审查意见，考虑到如果将条件（3）、（4）加入到独立权利要求 1 中会使得其保护范围过窄，因此在答复时将前两个条件（1）和（2）加入到权利要求 1 中，并结合发明解决的技术问题进行以下陈述：对于条件（3），本领域技术人员可知，"在材料片材上先放宽度最大的大块"仅是一个优选的实施方式，这对于解决该发明的技术问题"先用小块填充空隙，导致大块造成的空隙在后期很难得到填补"而言并不是必要的，例如，先放宽度略微小于最大宽度的大块也能解决该发明的技术问题，并且，实际上，先放宽度大于一个阈值（其可以是动态的或预先设定的）的大块就是一个解决该发明技术问题的可接受方案；对于条件（4），更加是一个更优选的实施方式。

于是，审查员发出了第二次审查意见通知书，指出权利要求 1 中新增的条件（1）和（2）的特征不能由原说明书和权利要求书直接地毫无疑义地得到，因为原申请文件记载的是四个条件项，因此修改超范围。虽然将条件（3）、（4）加入到独立权利要求 1 中会加快授权，可是过窄的保护范围有损申请人利益，于是，在答复时未作修改，仅进行了陈述：虽然原始的申请文件记载了第一条件的四个条件项，但是本领域普通技术人员根据申请文件中的相关描述能够理解，后两项对于解决技术问题并不是真正必需的，本领域普通技术人员根据自己的本领域技术知识和该申请文件中的记载能够得知，无须第一条件的后两个条件项便可解决该发明的技术问题，实现该发明的发明目的并获得相应的技术效果。答复后不久，该申请便被授权。

可以看出，在上面的修改超范围的争辩中，在原申请文件的撰写不当的情况下，强调本领域技术人员的能力水平——具有本领域技术知识的本领域技术人员作为修改超范围的判断主体，可以有效地增强说服力。在此笔者也想说明，此案的审查过程充分体现了《专利法》第 33 条的立法目的：实现专利申

请人与社会公众利益之间的平衡，使申请人拥有修改和补正专利申请文件的机会，尽可能保护真正有创造性的发明创造能够取得授权和获得保护。

对照图1可以看出，在本案中，作为修改超范围的判断主体的本领域技术人员具有前两个层次的能力水平：具有各领域通用的常规技术知识，具有相关领域的普通技术知识。

（二）案例二

此案涉及开关电源（switching power supply），其修改超范围问题是由于答复创造性问题时对于英文术语"switching"的中文翻译"切换"与原申请文件中记载的"开关"不同而导致的，被认为修改超范围的特征为"切换输入到一次绕组的电压的切换元件"，在原申请文件中记载的是"连接至变压器的一次绕组的开关元件"，其中，"切换"为"开关"的上位概念。

在答复时未对该特征进行修改，而是进行了如下陈述：根据说明书中的描述，例如对于"开关元件104"的描述，本领域技术人员能够明白，"开关元件"只是一个具体实例，该发明并不仅仅局限于"开关元件"的实施方式；再进一步地，本领域技术人员根据说明书中的描述和附图能够明白，该发明不仅可以通过"接通/关断"电压而实施，而且能够通过"从一个电压切换到另一个电压"而实施；因此，本领域技术人员能够直接地、毫无疑义地确定，该发明不仅可以通过说明书中举例说明的"开关元件104"来实施，而且还能够通过任何"切换元件"实施；也就是说，对于本领域技术人员而言，其在阅读了该申请的说明书之后会明白，任何切换元件，其连接至变压器的一次绕组并被配置为切换输入到一次绕组的电压，都能够解决该发明的技术问题，实现该发明的技术效果。

这里，笔者想说明，由于中英文的转换导致的术语问题可能有历史原因，比如"switching power supply"是否本就应该译为"切换电源"而不是本领域中一直通用的中文术语"开关电源"？稍有本领域普通技术知识的本领域技术人员均能明白这一点。因此，在上面的争辩中，充分发挥作为判断主体的本领域技术人员的能力水平，有效增强说服力。另外，此案的审查过程也充分体现了《专利法》第33条的上述立法目的。

对照图1可以看出，在本案中，作为修改超范围的判断主体的本领域技术人员也至少具有前两个层次的能力水平。

实际上，依笔者的经验，如果争辩一般的修改超范围的问题，以具有前两个层次的能力水平的本领域技术人员作为判断主体进行争辩应该足够。当然，具体问题可灵活对待。对于较为复杂和疑难的修改超范围的问题，可以尝试以具有全部四个层次的能力水平的本领域技术人员作为判断主体进行争辩，此时对于作为第三个层次的现有技术和作为第四个层次的常规实验手段/分析方法的应用最好提供实例和/或证据，充分展开，详细论证，将更有说服力。

五、结束语

以上主要针对作为超范围判断中的判断主体的本领域技术人员的能力水平进行了阐述，以期厘清超范围判断中本领域技术人员的能力水平与创造性判断和支持的判断中本领域技术人员能力水平的差异，并且结合实际案例探讨了如何基于本领域技术人员的能力水平来争辩修改不超范围，以此希望对于实际工作中经常出现的超范围问题的答复思路和策略有一定的启发和引导作用。

隐含公开在修改超范围判断中的应用

刘　津* 李翠霞* 刘　琳*

【摘　要】

　　审查员在判断修改超范围时，常常将修改后的专利申请文件与原申请文件进行比对，因此如何确定原说明书和权利要求书记载的范围显得尤为重要。针对上述问题，本文结合一个具体案例进行了初步的思考和分析。

【关键词】

　　增加　技术特征　隐含公开　修改超范围

一、引　言

　　我国专利申请实行的是"先申请制"，为了避免发生申请人为了抢占申请日而抢先申请不完善的发明并希望通过随后的修改过程对该发明进行完善的情况发生，《专利法》以及《专利审查指南 2010》针对申请人对申请文件的修改内容和修改范围都做了规定。其中，《专利法》第 33 条规定：申请人可以对其专利申请进行修改，但是，对发明和实用新型专利申请文件的修改不得超出

---

　　* 作者单位：国家知识产权局专利局专利审查协作天津中心。

原说明书和权利要求书记载的范围，对外观设计专利申请文件的修改不得超出原图片或者照片表示的范围。《专利审查指南 2010》第二部分第八章第 5.2.1 节进一步规定，原说明书和权利要求书记载的范围包括原说明书和权利要求书文字记载的内容和根据原说明书和权利要求书文字记载的内容以及说明书附图能直接地、毫无疑义地确定的内容。申请人在申请日提交的原说明书和权利要求书记载的范围，是审查上述修改是否符合《专利法》第 33 条规定的依据。《专利审查指南 2010》第二部分第八章第 5.2.3.1 节关于"不允许的增加"的部分中，规定了下列几种不允许修改的情况，也就是说，《专利审查指南 2010》中只是规定了不允许增加的几种情况，而没有给出对于以增加方式进行修改的一个比较明确的判断方法，且其中一些情况在判断上仍难于把握。综上所述，我国的《专利审查指南 2010》只是给出了判断超范围的总原则，而没有具体的操作方法，导致在实际的操作中经常会有不同的观点。

然而，在专利审查过程中，向专利申请文件中增加内容是申请人对原始申请文件进行修改的一种常见形式，❶ 具体又可以分为多种不同的增加方式，例如：增加新的权利要求，向某项原权利要求中增加新的技术特征，向说明书中增加新的内容等。其中，向某项原权利要求中增加新的技术特征是最为常见的修改，所以下面结合向权利要求中增加新的技术特征的具体案例，对修改是否符合《专利法》第 33 条进行思考与分析。

二、案例介绍

1. 案情简介

本案例涉及计算机图形学、实时真实感绘制、植物行为仿真相结合的领域，具体涉及一种植物病斑颜色模拟方法及装置，其解决的技术问题：首先植物叶片的表观会在病虫害因素下产生显著的变化，在叶片表面会出现颜色的变化或者空洞；其次叶片表观真实感绘制过程是一个动态的过程，这些表观的特点都是现有方法难以模拟的。综上，现有的处理病斑颜色的方法均存在如下问题：设定合适的老化颜色较困难，同时通过叶片颜色与老化颜色进行插值很难准确地表现出病斑变化过程的真实颜色。

采用的技术方案：首先使用病斑图像预处理模块，用于提取病斑的内蕴漫

---

❶ 田芳，李翔，董凤强，丁德宝. 关于修改超范围的思考［J］. 中国发明与专利，2012（8）：92–98.

反射率并保存病斑内蕴只含漫反射率信息的图像；然后使用漫反射率分类模块，对已保存的病斑内蕴图像中的漫反射率进行分类并记录分类的个数；其次使用漫反射率排序模块，用于确定已分类的各个漫反射率在病斑发生过程中出现的顺序，并对各个漫反射率排序；然后使用病斑漫反射率纹理生成模块，对排序后的各个漫反射率生成病斑漫反射率纹理；最后使用叶片各点漫反射率确定模块，用于确定叶片各个点的漫反射率。

达到的技术效果：采用以上方案，提高了病斑颜色变化过程与真实中的病斑颜色变化过程的相似度，能够准确模拟病斑颜色变化过程。

权利要求：一种植物病斑颜色模拟方法，其特征在于，该方法包含以下步骤：1）病斑图像预处理，提取病斑的内蕴漫反射率，保存病斑内蕴只含漫反射率信息的图像；2）对已保存的病斑内蕴图像中的漫反射率进行分类，记录分类的个数；3）确定已分类的各个漫反射率在病斑发生过程中出现的顺序，并对各个漫反射率排序；4）对排序后的各个漫反射率生成病斑漫反射率纹理；5）确定叶片各个点的漫反射率。

2. 修改后的权利要求

一种植物病斑颜色模拟方法，其特征在于，该方法包含以下步骤：1）病斑图像预处理，提取病斑的内蕴漫反射率，保存病斑内蕴只含漫反射率信息的图像；2）对已保存的病斑内蕴图像中的漫反射率进行分类，记录分类的个数，其中，所述的分类方法为，获取每组漫反射率集合的平均值，得到的各个组平均值为病斑不同发生阶段的漫反射率特征值；3）确定已分类的各个漫反射率特征值在病斑发生过程中出现的顺序，并对各个漫反射率特征值排序；4）对排序后的各个漫反射率特征值生成病斑漫反射率纹理；5）确定叶片各个点的漫反射率。

3. 修改的内容

申请人在原权利要求1中的步骤2）中加入了"其中，所述的分类方法为，获取每组漫反射率集合的平均值，得到的各个组平均值为病斑不同发生阶段的漫反射率特征值"；将原权利要求1中的步骤3）"确定已分类的各个漫反射率在病斑发生过程中出现的顺序，并对各个漫反射率排序"修改为"确定已分类的各个漫反射率特征值在病斑发生过程中出现的顺序，并对各个漫反射率特征值排序"；将原权利要求1中的步骤4）"对排序后的各个漫反射率生成病斑漫反射率纹理"修改为"对排序后的各个漫反射率特征值生成病斑漫反射率纹理"。

三、本案例存在的问题

申请人从原始技术方案中增加了技术特征，形成了一个不同于原始技术方案的另外的技术方案；其中权利要求1中步骤2）中加入的内容"所述的分类方法为，获取每组漫反射率集合的平均值，得到的各个组平均值为病斑不同发生阶段的漫反射率特征值"明显属于原说明书和权利要求书文字记载的内容，对权利要求1中步骤3）的修改"确定已分类的各个漫反射率特征值在病斑发生过程中出现的顺序，并对各个漫反射率特征值排序"以及对权利要求1中步骤4）"对排序后的各个漫反射率特征值生成病斑漫反射率纹理"明显不属于原说明书和权利要求书文字记载的内容，那么，对权利要求1中步骤3）和步骤4）的修改是否属于"根据原说明书和权利要求书文字记载的内容以及说明书附图能直接地、毫无疑义地确定的内容"呢？也就是说，对权利要求1中步骤3）和步骤4）的修改是否超出原始公开的范围呢？有以下两种观点：

观点1：修改超范围。

理由：说明书中仅记载了"其次使用漫反射率排序模块，用于确定已分类的各个漫反射率在病斑发生过程中出现的顺序，并对各个漫反射率排序"，没有明确说是对漫反射率特征值进行排序，并且漫反射率可以由多个参数表征，无法确定是对漫反射率特征值进行排序，对权利要求1中步骤3）和步骤4）的修改不属于根据原始公开内容能直接地、毫无疑义地确定的内容。

观点2：修改不超范围。

理由：虽然说明书中没有明确记载"对各个漫反射率特征值排序"以及"对排序后的各个漫反射率特征值生成病斑漫反射率纹理"，但是说明书中公开了"获取每组漫反射率集合的平均值，得到的各个组平均值为病斑不同发生阶段的漫反射率特征值"，即说明书中明确提到了需要获得漫反射率特征值，因此应当认为是对漫反射率特征值进行排序，对权利要求1中步骤3）和步骤4）的修改由该申请的原始记载能够直接地、毫无疑义地确定。

四、问题分析

先前关于专利申请文件修改超范围的研究给出了几种可借鉴的判断方法，结合上述案例，笔者拟采用以下步骤完成修改超范围的判断：（1）将修改后的申请文件与原始申请文件比较，找出所有增加的内容；（2）研究每一项增加的内容，并与其替换的段落相比，找出新特征或者新信息；（3）核对原始申请，看其中是否直接或者隐含公开了这些新特征或者新信息。如果是，则修改是允许的；如果不是，则修改是不允许的。

通过对原始申请文件与修改后的申请文件比较，我们发现：步骤（1），修改后的申请文件与原始申请文件比较，权利要求1步骤2）中增加"其中，所述的分类方法为，获取每组漫反射率集合的平均值，得到的各个组平均值为病斑不同发生阶段的漫反射率特征值"，权利要求1步骤3）中增加"确定已分类的各个漫反射率特征值在病斑发生过程中出现的顺序，并对各个漫反射率特征值排序"，权利要求1步骤4）中增加"对排序后的各个漫反射率特征值生成病斑漫反射率纹理"；步骤（2），权利要求1步骤2）、步骤3）和步骤4）中新增加的内容构成了新特征；步骤（3），经过与原申请核对，权利要求1步骤2）中增加的内容属于原申请中直接公开的技术内容；权利要求1步骤3）和步骤4）中增加的内容不属于原申请中直接公开的技术内容，但是在对图像中的漫反射率进行分类时，说明书中记载了"获取每组漫反射率集合的平均值，得到的各个组平均值为病斑不同发生阶段的漫反射率特征值"，也就是说分类步骤明确说明了分类步骤中的处理对象是漫反射率特征值，因此分类步骤之后的排序步骤的处理对象必然是基于漫反射率特征值进行的。也就是说排序步骤中的处理对象为漫反射率特征值，属于说明书隐含公开的内容。原申请文件公开的技术内容不仅包括明确记载在对比文件中的内容，而且包括对于所属技术领域的技术人员来说，隐含的且可直接地、毫无疑义地确定的技术内容。综上所述，对权利要求1步骤3）和步骤4）的修改均没有超出原申请公开技术方案的保护范围，符合《专利法》第33条的规定。

并且，根据本领域技术人员的专业知识，在图像处理领域，对图像处理后，提取特征并进行排序是常规做法，并且本案例说明书中明确提到了需要获得漫反射率特征值，据此可知，这是一个完整的技术方案，但是权利要求并未提到特征值排序的问题，因而审查员有理由质疑不进行特征排序是否能够解决同样的技术问题，权利要求1存在不支持的问题。申请人为克服不支持的问题，将"确定已分类的各个漫反射率特征值在病斑发生过程中出现的顺序，并对各个漫反射率特征值排序"的特征加入到权利要求1中，该方案可以根据说明书的内容直接地、毫无疑义地确定，所以针对权利要求1的修改符合《专利法》第33条的规定，没有超范围。

五、小　　结

在日常审查中，审查员应当避免过于机械、过于严格地考虑特征是否属于从原说明书和权利要求书文字记载的内容以及说明书附图能直接地、毫无疑义地确定的内容，同时注意本领域专业知识的积累与学习，从本领域技术人员应具备的知识水平、本领域技术人员对技术术语和特征的特定语境的理解等角度出发，对修改超范围问题进行更加严谨、客观的把握。

专利申请阶段以及无效宣告程序中对专利申请文件的修改

胡瑞娟* 张美菊* 刘彩凤* 徐书芳*

【摘 要】

在专利申请的实质审查阶段以及专利无效宣告程序中，申请人或专利权人均可以对其专利申请文件进行修改，那么，在专利申请的实质审查阶段和无效宣告程序中的修改是否秉持同样的修改原则引起了笔者的关注。笔者拟就上述问题浅谈自己的看法，以期引发业内人士进一步的思考与讨论。

【关键词】

实质审查 无效宣告程序 修改原则

一、引 言

《专利法》第 33 条规定："申请人可以对其专利申请文件进行修改，但是，对发明和实用新型专利申请文件的修改不得超出原说明书和权利要求书记载的范围，对外观设计专利申请文件的修改不得超出原图片或者照片表示的范围。"由上述规定可以看出，对专利申请文件的修改包含两层含义：首先，允

---

* 作者单位：国家知识产权局专利局专利审查协作天津中心。

许申请人对其专利申请文件进行修改；其次，对其"修改"施加了一定的限制。下面就这两层含义谈谈自己的观点。

1. 为什么允许修改？

发明人通过研发与创新，逐步形成了头脑中的技术方案，然而，一旦付诸文字表达，就不可避免地产生"词不达意"的问题，特别是，专利申请文件不同于发表的论文，其除了承载技术方案，还兼具法律效力，因此，专利申请文件的用词和格式有特有的规定，而这对于大多数的申请人来说是不熟悉的，因此，申请人在撰写专利申请文件的过程中，受限于自身语言表达能力以及对专利知识的欠缺，并不能够一次就撰写出完美的专利申请文件。此外，在专利申请文件的审查过程中，结合审查员检索的对比文件以及提出的审查意见，申请人或专利权人对于自己专利申请的保护范围有了更加清晰的认识，通过修改可以将其限定在更加合理的范围之内，以确保获得稳定的权利。

2. 为什么对"修改"施加了一定的限制？

既然允许对专利申请文件进行修改，那为什么又对"修改"进行了限制呢？我国专利制度采用的是先申请原则，之所以规定修改不得超出原说明书和权利要求书记载的范围，第一是因为如果不对修改施加一定的限制，就无法防止申请人以未完成的发明创造申请专利，并在申请日以后通过修改专利申请文件来完成发明创造，以求较早的专利保护，从而获得不正当的利益；第二是防止申请人不重视专利申请文件的撰写，使得公众不能清楚准确地理解发明。专利制度设计的初衷，就是以"公开换保护"，公开的目的是让对社会有贡献的技术方案，能够及时告知社会公众并得到迅速推广应用，以推动科技的进步，这体现的是发明人的利益与公众利益的平衡。如果专利申请文件不能被公众理解，却给申请人授予了相应的权利，显然是违背这一原则的。

由以上可知，《专利法》第33条的立法本意，是由所属技术领域的技术人员来确立专利申请文件在申请日所公开的内容，从而作为落实先申请原则的基准，以调整、平衡申请人与第三方的利益关系。

二、专利申请阶段以及无效宣告程序中对专利申请文件的修改原则

《专利审查指南2010》中对于专利申请文件的修改给出了明确的规定，概括来说，专利申请文件修改的情形，根据修改时机可以区分主动修改与被动修改；根据修改内容区分澄清性修改与调整性修改。也就是说，在主动修改时机内申请人主动进行的修改，称为主动修改；针对审查意见通知书的要求进行的

修改，称为被动修改；只是针对审查意见对原始申请文件的内容进一步澄清而进行的修改，称为澄清性修改；为了获得授权而针对审查意见调整专利权保护范围而进行的修改，称为调整性修改❶。

此外，对于专利申请文件的修改，既可能发生在专利申请的实质审查阶段，也可能发生在专利无效宣告程序中。在这两个过程中，具体的修改原则如下。

1. 实质审查程序中专利申请文件的修改

在实质审查程序即专利的申请阶段，专利申请文件的修改需要遵循以下原则：

（1）符合《专利法》第33条对修改的内容与范围的规定；

（2）符合《专利法实施细则》第51条第1款对修改时机的规定：发明专利申请人在提出实质审查请求时以及在收到国家知识产权局发出的发明专利申请进入实质审查阶段通知书之日内起的3个月内；

（3）符合《专利法实施细则》第51条第3款对修改方式的规定：申请人在收到国家知识产权局发出的审查意见通知书后修改专利申请文件，应当针对通知书指出的缺陷进行修改。在《专利审查指南2010》第二部分第八章第5.2.1.3节中，还具体给出了不符合《专利法实施细则》第51条第3款的一些实例。

然而，在实际的审查过程中，本着善意审查的原则，在有些情况下，虽然修改的方式不符合《专利法》第51条第1款或第3款的规定，但其内容与范围符合《专利法》第33条要求的修改，且这样的修改能够消除原申请文件存在的缺陷，有利于节约审查程序，我们可以酌情考虑接受，可见，对这两个法条的审查并不总是这么严格。在这一阶段的审查中，对于修改的规定，我们秉承的最重要的一个原则就是判断对说明书（及其附图）和权利要求的修改是否符合《专利法》第33条的规定。

此外，我们还可以看出，在实质审查阶段，既可能涉及澄清式修改，也可能涉及改变权利要求保护范围的调整式修改，这一修改一方面可能是根据审查意见通知书作出的修改，另一方面也不排除申请人想要获得一个更为有利的保护范围而有意进行的修改。

---

❶ 崔峥，张鹏.《专利法》第33条的立法本意与法律适用探析：以先申请原则和禁止反悔原则为支点［J］. 知识产权，2011（4）：27－32.

2. 无效宣告程序中专利文件的修改

在无效宣告程序中，发明或者实用新型专利文件的修改仅限于权利要求书，其原则是：

（1）不得改变原权利要求的主题名称；

（2）与授权的权利要求相比，不得扩大原专利的保护范围；

（3）不得超出原说明书和权利要求书记载的范围；

（4）不得增加未包含在授权的权利要求书中的技术特征。

外观设计专利的专利权人不得修改其专利文件。

可以看出，在无效宣告程序中，除了修改内容和范围要遵循《专利法》第33条的规定外，还作出了更为严格的限制，修改对象仅限于权利要求书，不得扩大原专利的保护范围，修改方式一般仅限于权利要求的删除、合并和技术方案的删除，以合并方式修改权利要求又仅限于规定的三种情形的答复期内。相对而言，《专利法》对实质审查阶段的修改的限制相对宽松得多，可修改的对象包括说明书和权利要求书，只要不超出原说明书和权利要求书记载的范围，允许的修改方式也很多。

由此可见，在专利申请的授权阶段和无效宣告程序中的修改秉持的是不完全一致的修改原则，具体地，在无效宣告程序中，对于修改原则从修改对象、权利要求保护范围、修改方式方面给出了更为严格的规定。之所以存在这种"差异性对待"，是由无效宣告制度设立的目的决定的。无效宣告程序制度设立的目的❶在于对已授权的专利权在公众的辅助下进行再次审查，其主要目的是审查已经授权的专利权是否缺乏专利性，或者是明显授权不当，以防止专利权人获得不当利益。对于已获得授权的专利权人，要防止专利权人在既得权利范围内，通过修改专利文件以将保护范围扩大，从而损害公众利益，因而，对其修改也给出了更为严格的限制。所以，允许对专利申请文件进行修改，是专利制度赋予申请人或专利权人的权利，申请人或专利权人应该慎重对待，特别是，由于授权阶段的修改会决定最终授权文件权利要求保护范围的大小，而在无效宣告程序中又对修改进行了严格的限制，因而更应该重视每次的修改，一方面要对专利申请文件进行合理的修改以保障自己获得同贡献相当的利益，另一方面要使修改遵循相应的修改原则，而不能盲目求得更大的范围而给自己权

---

❶ 焦彦.《专利法》第33条关于修改超范围问题的理解与适用：精工爱普生株式会社"墨盒"专利无效行政纠纷案法律问题探讨 [J]. 中国专利与商标，2010（2）：67－76.

利造成不稳定因素。

三、在授权和确权中对修改的把握应当宽严相济

而站在审查员的角度，判定申请人或专利权人进行的修改是否符合规定，包括授权程序中的审查标准、确权程序中的审查标准以及授权与确权程序之间的审查标准，那么，这三个审查标准的执行尺度是否应该保持一致呢？

笔者认为，结合《专利法》第33条的立法本意以及本文第二部分中实质审查阶段和无效宣告程序中修改原则来看，在无效宣告程序的审查过程中，在修改对象是否符合规定、权利要求保护范围是否扩大、修改方式是否符合规定的判断上，应该遵循无效宣告程序的修改原则，要严格于在实质审查阶段对修改的把握，这样才可以有效发挥无效宣告程序的效力，并防止专利权人不当得利。而对于修改是否超范围的判断，由于无论是确权还是授权程序中，对超范围的认定均是基于《专利法》第33条，因而，无论是在独立的实质审查阶段还是在无效宣告程序中，都应该秉持同样的审查标准。

而对于授权与授权程序之间尺度的把握，即站在确权程序看待授权程序中关于修改的认定，我们结合"墨盒"案对该问题给出进一步的探讨。

1. 基本案情

精工爱普生株式会社（以下简称"精工爱普生"）是名称为"黑盒"的00121800.4号发明专利的专利权人。在实质审查阶段，审查员指出了"存储装置"和"记忆装置"修改超范围的问题，对此，申请人陈述"存储装置"是指说明书附图中所示的"半导体存储装置"，"记忆装置"是记载的电路板及设置在其上的"半导体存储装置"，审查员接受意见，公告授权。针对该专利，郑某于2007年6月15日向国家知识产权局专利复审委员会以该专利不符合《专利法》第33条的规定提出了无效宣告请求。

2008年4月15日，专利复审委员会认定原说明书和权利要求书中并没有"存储装置"和"记忆装置"的文字记载，认定修改超范围，据此，宣告该专利全部无效。精工爱普生不服该决定，向一审法院提起诉讼，一审法院以"存储装置"并非确定无疑就是原说明书和权利要求书中记载的"半导体存储装置"为由，维持专利复审委员会的决定。精工爱普生随后向二审法院提起诉讼，二审法院认为，"存储装置"修改不超范围，最终撤销了一审判决及专利复审委员会的无效决定。

2."墨盒"案例分析

在本案中，在实质审查阶段，审查员接受了申请人在答复审查意见书中对"存储装置"的解释，即认为申请人对"存储装置"的修改没有超范围，并基于此授予了专利权。但是在无效宣告程序中，专利复审委员会却以该"存储装置"在原说明书和权利要求书中没有记载为由宣告该专利无效。显然，对于同样一个在实质审查阶段的修改超范围问题，专利复审委员没有考虑申请人意见陈述书中的内容，其审查标准与严厉程度都比授权时高。基于上文的分析，笔者认为，专利复审委员会的做法值得商榷。本案中的"墨盒"经过申请人的修改已被授权，很可能该专利已经过多年的实施并产生了可观的经济效益，而被专利复审委员会宣告无效，这会给专利权人带来巨大的损失，显然这样是有悖于专利制度要保护专利权人合法利益的初衷的。尽管在无效宣告程序中，对专利申请文件的修改从修改对象、权利要求保护范围、修改方式上的认定应该本着更为严格的尺度，但对于修改是否超范围的判断上，应该保持与实质审查阶段同样的执行标准。特别是，在授权阶段已被实质审查部门认可的修改，除非修改明显超出原申请所记载的范围，一般不应该宣告其无效，否则，对于同样的修改，同属国家专利行政部门的审查员和专利复审委员会却有着不同的意见，会有损国家专利行政部门的权威以及专利权人和公众对于专利文件的信赖。因此，从保持专利权的稳定性、维护交易安全以及公众利用专利文件信息的安全性角度考虑，在专利无效宣告程序中，对于实质审查阶段中修改超范围的认定，应当十分谨慎。之所以会出现这种修改超范围认定的审查标准不一致的问题，是由于修改的内容既可以明确记载在原申请文件中，还可以是根据原申请文字记载及附图直接地、毫无疑义地得到的内容。而关于后者的判断，现行的《专利法》《专利法实施细则》以及《专利审查指南2010》中均未给出明确、清晰的理论依据，因此在实际实施中，专利复审委员会与审查员可能就会有不同的考量。为了避免这种审查标准不一致，笔者认为，在具体审查中，我们需要准确把握《专利法》第33条的立法宗旨，在判断时，要将客观情况（技术领域内的推理）和主观判断（是否遵从法律的规定）两方面结合起来，而不应该机械地去理解以及应用这一法条。结合本案来看，专利原始文本中同时记载有"存储装置"和"半导体存储装置"，如"打印设备必须带到厂家，并且记录控制数据的存储装置必须更换"，而说明书的其他部分多采用"半导体存储装置"。本领域技术人员可以获知，该专利申请人是在"半导体存储装置"意义上使用"存储装置"这一概念的，仅仅是名称的改变，并未形成新的技术方案，"存储装置"在描述过程中是作为"半导体存储装置"的简称，因而，该修改并未超范围。

当然，进一步讲，本案还暴露出另外一个问题。审查员基于申请人在答复审查意见书中对"存储装置"的限制性解释而授予专利权的做法也很值得商榷，有审查标准过于宽松的嫌疑。在授权程序中，专利申请人将"半导体存储装置"主动修改为"存储装置"，是否表明申请人认为"半导体存储装置"和"存储装置"二者具有不同的含义？否则，申请人没有必要对此进行主动修改，完全可以采取"半导体存储装置"的表达，尽管申请人在意见陈述中认为二者表示同样的含义，但仍然不能明确其当初进行主动修改的动机，因此，为了保证授权文件权利的稳定性，审查员应当要求申请人根据其审查意见修改为"半导体存储装置"，而不是以"半导体存储装置"为基础授予含"存储装置"的权利要求专利权，这不仅增加了专利权保护的不稳定因素，还给无效宣告程序中的请求人、专利复审委员会和专利侵权诉讼中的被告、法院带来了完全可以避免的麻烦。正是由于实质审查阶段的意见会影响到后续无效宣告程序中的判定，审查员在实质审查阶段应该作出更为谨慎的决定。在本文第二部分中，我们知道，不排除申请人为了获得更为有利的保护范围而有意进行修改，因此，对于《专利法》第33条的适用，在实质审查阶段，对修改是否超范围的认定，一定要站位本领域技术人员，调整、平衡申请人与第三方的利益关系，既不限制申请人获取利益，也要避免申请人的不当得利而使公众利益受损。

综上，笔者认为，对于审查员，允许对专利申请文件进行修改并对修改加以限制要求本领域技术人员能正确看待申请人对社会所做的技术贡献（技术方案的公开程度）与其从社会获取的利益（权利要求的保护范围）之间的相当性。在实质审查阶段，对专利申请文件"修改不得超范围"的审查标准不宜过于宽松，因为在授权过程中，对于修改是否合适的认定标准过于宽松，短期来看能够使申请人更容易获得权利，但从长期来看，无形中给申请人埋下了隐患，一旦在过于宽松的标准下被授权的案件不被专利复审委员会和法院接受，专利权人将承担专利被宣告无效的风险。同时，也会由于赋予了专利权人更大的专利权，而损害了公众的利益。而站在无效宣告程序中，审视实质审查阶段对于修改的认定，其审查标准与严厉程度应当与实质审查阶段对上述修改的审查相适应，尤其要注意不得提高审查标准与严厉程度，出现实质审查部门与专利复审委执行标准不一致的问题。简而言之，在授权和确权中对修改的把握应当宽严相济。

四、对于修改原则的进一步思考

一件专利申请从提交原始申请文件开始，经历了实质审查阶段后，被授予专利权，后续还可能经历无效宣告程序，而该申请或专利的稳定性很大程度上取决于其权利要求的保护范围是否处于一个合理的"圈子"内。而通过前述分析我们可知，专利申请提交后，除非在符合《专利法实施细则》第 51 条第1 款规定的时机内进行的主动修改，否则，权利要求保护范围是不能肆意扩大的。例如，《专利审查指南 2010》第二部分第八章第 5.2.1.3 节，明确规定了不允许主动删除或改变独立权利要求中的技术特征，而导致扩大请求保护的范围。在无效宣告程序的修改原则中，也明确规定了与授权的权利要求相比，不得扩大原专利的保护范围。严格来讲，专利申请文件提交时的权利要求，很大程度上决定了最终授权专利保护范围的大小。然而，无论是在实质审查阶段还是在无效宣告程序中，对于这种影响保护范围的修改均作出了严格的限制，尽管这种严格限制一方面可以有效地避免申请人或专利权人有意扩大保护范围而获得不当得利，但从另一方面讲，对于个别由于专利知识欠缺而对专利申请文件撰写不当的申请人来说，由于缺乏有效的可修改时机，其最终获得的权利范围可能要小于其实际作出的贡献，对这些申请人来说，就会有失公平。如何在授权和确权阶段提供有效机制，以保障这类申请人的合法利益值得我们进一步思考和探讨。

答复审查意见时对权利要求修改的实务探讨

邓世燕[*]

【摘　要】

　　在答复审查意见时专利代理人应首先仔细研究专利申请文件、对比文件及审查意见，对审查意见有个全面且准确的判断，然后根据判断结果作出相应的应对或答复：在审查意见完全在理且有授权前景的情况下才对专利申请文件进行相应的修改；在审查意见完全在理且无授权前景的情况下该放弃就放弃，以避免浪费审查和代理资源；若审查意见中存在缺陷、漏洞和错误时，专利代理人应紧紧抓住机会，充分利用专利申请文件、对比文件和《专利审查指南2010》的规定进行有理有据的争辩，力求说服审查员改变审查意见和不当的观点，为申请人争得最大化的利益。

【关键词】

　　审查意见　意见陈述　《专利审查指南2010》　权利要求的修改

---

* 作者单位：成都九鼎天元知识产权代理有限公司。

一、引　　言

《专利审查指南2010》第二部分第八章第5.2.2.1节"对权利要求书的修改"中明确指出：专利审查程序中对权利要求的修改是为了克服审查员指出的权利要求得不到说明书的支持、无新颖性或创造性、缺少必要技术特征、未以说明书为依据或未清楚地限定要求专利保护的范围等缺陷的修改；同时审查员内部在审查时通常会把握一个原则，即如果申请人对专利申请文件有所修改时（不管该修改能否克服审查员指出的缺陷），审查员通常会针对申请人的修改再发一次审查意见通知书，以再给申请人一次意见陈述的机会，于是在专利代理实务中，有的专利代理人往往会利用这一审查原则，多次不停地对专利申请文件进行各种修改，以期从中寻找契机，争得专利的授权机会。而在这样的修改过程中，往往会流于形式而忽略了对发明内容和对比文件的审慎比对、对审查意见的仔细研究和"审查"，没有去抓住审查员对技术内容的理解偏差、对《专利审查指南2010》的误用等，这样除了徒增审查时间、浪费审查资源，甚至还会损害申请人的实质利益（比如：因为盲目修改而缩小了权利要求的保护范围、修改不被接受时造成的驳回风险等）。

本文根据笔者的专利代理实践和经验，力图说明在答复审查意见时专利代理人应首先仔细研究专利申请文件、对比文件及审查意见，对审查意见有个全面且准确的判断，然后根据判断结果作出相应的应对或答复：若审查意见完全在理，比如检索到的对比文件精准到位、技术方案的比对完全正确、分析说理也有理有据，这种情况下，专利代理人就应说服申请人接受审查员的意见，在有授权前景的情况下该对专利申请文件进行相应的修改就修改，在无授权前景的情况下该放弃就放弃，这样会节约审查员、专利代理人、发明人和申请人的时间，避免浪费审查和代理资源。

除上述审查意见完全在理的情况外，专利代理人就应紧紧抓住机会，针对找出的审查意见中存在的缺陷、漏洞，利用专利申请文件、对比文件和《专利审查指南2010》的规定进行有理有据的争辩，力求说服审查员改变审查意见和不当的观点，为申请人争得最大的权利要求。

以下笔者通过一则经过四次答复审查意见最终获得授权的案例进行详细的评析。

二、审查意见、答复及解析

1. 第一次审查意见及答复

在申请号为 201210540293.3 的发明专利的第一次审查意见中，审查员检索到两份对比文件：对比文件 1（CN1964439A）和对比文件 2（CN101742136A），因此认为该申请的全部权利要求与对比文件和公知常识的结合相比均不具备创造性。

专利代理人经过全面分析、仔细研究和比对，觉得审查意见并不在理，于是在没对专利申请文件进行修改的情况下针对第一次审查意见进行了如下争辩：

申请人认为权利要求 1 具有创造性，理由如下：

一、权利要求 1 与对比文件 1 相比，存在如下区别技术特征：

"步骤一、分别对浏览器图层、附加图层数据和字幕数据进行缓冲：

1）浏览器图层缓冲：将浏览器原始数据缓存到浏览器图层缓冲区；

2）附加图层数据缓冲：将附加图层数据缓存到附加图层缓冲区；

3）字幕数据缓冲：将字幕数据缓存到字幕图层缓冲区；

步骤二、用混合的算法 BLIT 到混合缓存做混合，然后把混合结果 BLIT 到帧缓存。"

基于上述区别技术特征，权利要求 1 实际所要解决的技术问题为："传统机顶盒上简单的图层叠加方式在显示速度上不能满足要求，会造成显示滞后、页面刷新慢的问题"（详见本申请说明书第［0002］段）。

而对比文件 1 实际要解决的技术问题是："减小系统的硬件面积，并降低系统的整体成本"（详见对比文件 1 说明书发明内容的第一段之发明目的）。

二、审查员认为本申请中提到的 BLIT 是一种混合算法，这种理解是错误的，本申请中提到的 BLIT 是"位块传输"的意思（详见本申请说明书第［0005］段的如下记载"把对应矩形区的图形用混合的算法 BLIT（位块传输）到混合缓存做混合，然后把混合结果 BLIT 到帧缓存"），是一个动词，而不是一种混合算法。

2. 对第一次答复的评析

专利代理人通过第一次意见陈述，有理有据地阐明了原权利要求 1 具备创造性的观点；同时指出了审查员在第一次审查意见通知书中存在的理解错误。

3. 第二次审查意见及答复

针对申请人的第一次意见陈述，审查员发出了第二次审查意见通知书，虽然审查员坚持了第一次审查意见通知书中的观点，但审查员针对申请人的意见陈述作出了如下解释：

审查员认为：对比文件 1 的图层混合方式客观的具有显示快速、页面刷新快的效果。

审查员认为：审查员同意申请人关于 BLIT 的解释，但仍然认为对比文件 2 给出了机顶盒中 BLIT 图像数据到缓存的启示。

从第二次审查意见通知书中可以看出，审查员已经部分接受了申请人的观点，且对原来的观点虽然还是坚持，但已不再那么有底气了。于是申请人对第二次审查意见通知书进行了如下有针对性修改后的答复：

申请人对原权利要求 1 进行了修改，修改后的权利要求 1 如下：

"一种机顶盒图形显示的控制方法，其特征在于：包括如下步骤：

步骤一、分别对浏览器图层、附加图层数据和字幕数据进行缓冲：

1）浏览器图层缓冲：将浏览器原始数据缓存到浏览器图层缓冲区；

2）附加图层数据缓冲：将附加图层数据缓存到附加图层缓冲区；

3）字幕数据缓冲：将字幕数据缓存到字幕图层缓冲区；

步骤二、用混合的算法位块传输到混合缓存做混合，然后把混合结果位块传输到帧缓存：

对不可见的图层，不位块传输到混合缓存；对可见的图层，判断图层的矩形区和更新矩形区是否存在交集：如交集不为空，则位块传输交集；如果交集为空，则不位块传输；如果没有一个附加图层需要位块传输，则跳过混合缓存，把浏览器缓存直接位块传输到帧缓存。"

上述修改所增加的内容来自原说明书第［0005］段和第［0011］段的记载，因此上述修改符合专利法第三十三条的规定。

申请人认为修改后的权利要求 1 具有创造性，理由如下：

一、修改后的权利要求 1 与对比文件 1 相比，存在如下区别技术特征：

"步骤二、用混合的算法位块传输到混合缓存做混合，然后把混合结果位块传输到帧缓存：

对不可见的图层，不位块传输到混合缓存；对可见的图层，判断图层的矩形区和更新矩形区是否存在交集：如交集不为空，则位块传输交集；如果交集为空，则不位块传输；如果没有一个附加图层需要位块传输，则跳过混合缓存，把浏览器缓存直接位块传输到帧缓存。"

基于上述区别技术特征，权利要求1实际所要解决的技术问题为："本发明使得网络图形和本地图标能够单独显示或者同时显示，并且不互相冲突。在页面变化频繁、本地播放字幕较多时，更显现出其优势"（详见本申请说明书第［0012］段）。

……

4. 对第二次答复的评析

由于审查员在第二次审查意见通知书中的坚持已经明显底气不足，且不但没有直接指出申请人的第一次意见陈述不具备说服力，反而明确表达了认同"申请人关于BLIT的解释"的观点，同时亦未提出对申请人的第一次意见陈述的反驳意见。因此申请人在第二次意见陈述中对权利要求1进行了有针对性修改，并详细阐明了修改后的权利要求1具备创造性的理由。

5. 第三次审查意见及答复

针对申请人的第二次意见陈述及权利要求的修改，审查员发出了第三次审查意见通知书，继续坚持了前两次审查意见通知书中的观点，但审查员针对申请人的第二次意见陈述作出了如下解释：

审查员认为：在对比文件1公开了图层混合以及对比文件2公开了位块传输数据的基础上，对于不可见的图层、不存在共同显示区域的不传输、存在共同显示区域的传输、无附加图层不混合缓存是本领域的技术人员容易想到的，属于公知常识。

审查员的上述第三次审查意见通知书中只是用到了"本领域的技术人员容易想到的""属于公知常识"这些公式化的语言，并没有对申请人的意见陈述进行任何有力的反驳，因此第三次审查意见通知书更显底气不足，于是申请人对第三次审查意见继续进行了如下强有力的争辩：

申请人仍然坚持二通修改后的权利要求具有创造性，理由已在第二次意见陈述中进行了充分的论述，在此不再累述。

针对审查员在第三次审查意见通知书中不止一次地重复提及的如下观点："在对比文件1公开了图层混合以及对比文件2公开了位块传输数据的基础上，对于不可见的图层、不存在共同显示区域的不传输、存在共同显示区域的传输、无附加图层不混合缓存是本领域的技术人员容易想到的，属于公知常识"，申请人存在如下疑惑，希望审查员能不吝赐教：

（1）请审查员明确告知对比文件2在何处明确或者隐含公开了"位块传

输数据"这样的内容?

（2）对于区别技术特征"用混合的算法位块传输到混合缓存做混合，然后把混合结果位块传输到帧缓存：对不可见的图层，不位块传输到混合缓存；对可见的图层，判断图层的矩形区和更新矩形区是否存在交集：如交集不为空，则位块传输交集；如果交集为空，则不位块传输；如果没有一个附加图层需要位块传输，则跳过混合缓存，把浏览器缓存直接位块传输到帧缓存"，审查员凭什么就想当然地断定这是本领域技术人员容易想到的、这属于公知常识?!

审查员不能在找不到与上述区别技术特征相同或相近似的现有技术的情况下，就一概用"是本领域技术人员容易想到的"、"属于公知常识"等公式化的语言来武断地得出本申请的权利要求不具备专利法第22条第3款规定的创造性的错误结论。这属于专利审查指南第二部分第四章第6.2节特别强调的"事后诸葛亮"的错误。

6. 对第三次答复的评析

由于申请人已在前两次意见陈述中对该案的技术方案进行了详细的阐述，所以没有必要再在第三次意见陈述中重复。申请人只是指出了审查员在第三次审查意见通知书中的错误、违背《专利审查指南2010》的地方，不是从技术方案上，而是从争辩技巧和程序上对审查员的错误观点进行反击。

7. 第四次审查意见及答复

针对申请人的第三次意见陈述，审查员发出了第四次审查意见通知书，继续坚持了前三次审查意见通知书中的观点，但审查员针对申请人的第三次意见陈述作出了如下解释：

审查员认为：根据wiki百科中关于bit BLIT的介绍，bit BLIT可用于传输可见的、覆盖的图层，因此……这些内容都是本领域技术人员根据掌握的技术常识不需要付出创造性劳动就可以想到并做出的，……

审查员在上述第四次审查意见中直接用"根据wiki百科中关于bit BLIT的介绍"这样的证据来评述创造性，显然已经明显违背了《专利审查指南2010》的规定，于是申请人对第四次审查意见通知书继续进行了简单而直中要害的如下争辩：

审查员在第四次审查意见通知书中强调"审查员认为：根据wiki百科中关于bit BLIT的介绍，bit BLIT可用于传输可见的、覆盖的图层，因此……这些内容都是本领域技术人员根据掌握的技术常识不需要付出创造性劳动就可以想到并做出的……"因此，申请人希望审查员给出该段关于"bit BLIT"内容的明确的出处及其令人信服的、有据可查的、明确的公开时间！

8. 对第四次答复的评析

由于审查员在第四次审查意见通知书中犯了明显的低级错误，因此专利代理人轻松地利用这一点进行了有力的反驳，并至此终结了实质审查程序，使得审查员不得不接受专利代理人的观点，在"四通"之后授予了发明专利权。

三、结束语

从该案的四次审查意见通知书及答复的过程中，我们可以看出只有经过全面认真的分析，才能更充分地利用专利申请文件、对比文件和《专利审查指南2010》对审查意见进行有理有据的争辩，该进则进（对审查员的错误进行有力地还击）、该退则退（对专利申请文件进行相应地修改），而不是无条件地进行"听话式地修改"（为了尽快结案和授权而完全按审查员的意见进行修改），或者纯粹为了拖延时间而进行盲目修改。

专利审查和专利申请中的
功能性限定

*李俊峰**

【摘　要】

　　本文基于一个案例，从专利审查和专利申请两个角度对功能性限定进行分析，专利审查要做到专利申请的保护范围与对现有技术的实际贡献相匹配，专利申请要最大化申请人利益。

【关键词】

　　功能性限定　专利审查　专利申请

　　在专利文件中，权利要求是重中之重，因为权利要求限定要求专利保护的范围。在权利要求中，功能性限定是可采用的方式之一，尤其是某些领域，无法用结构特征来限定，或者技术特征用结构特征限定不如用功能或效果特征来限定更为恰当时，通常在权利要求中采用功能性限定。

一、功能性限定的理解和使用

　　《专利审查指南 2010》在对《专利法》第 26 条第 4 款的说明中，其第二部分第二章第 3.2.1 节记载有：

---

* 作者单位：国家知识产权局专利局专利审查协作天津中心。

"通常，对产品权利要求来说，应当尽量避免使用功能或者效果特征来限定发明。只有在某一技术特征无法用结构特征来限定，或者技术特征用结构特征限定不如用功能或效果特征来限定更为恰当，而且该功能或者效果能通过说明书中规定的实验或者操作或者所属技术领域的惯用手段直接和肯定地验证的情况下，使用功能或者效果特征来限定发明才可能是允许的。

对于权利要求中所包含的功能性限定的技术特征，应当理解为覆盖了所有能够实现所述功能的实施方式。对于含有功能性限定的特征的权利要求，应当审查该功能性限定是否得到说明书的支持。如果权利要求中限定的功能是以说明书实施例中记载的特定方式完成的，并且所属技术领域的技术人员不能明了此功能还可以采用说明书中未提到的其他替代方式来完成，或者所属技术领域的技术人员有理由怀疑该所包含的一种或几种方式不能解决发明或者实用新型所要解决的技术问题，并达到相同的技术效果，则权利要求中不得采用覆盖了上述其他替代方式或者不能解决发明或实用新型技术问题的方式的功能性限定。

此外，如果说明书中仅以含糊的方式描述了其他替代方式也可能适用，但对所属技术领域的技术人员来说，并不清楚这些替代方式是什么或者怎样应用这些替代方式，则权利要求中的功能性限定也是不允许的。另外，纯功能性的权利要求得不到说明书的支持，因而也是不允许的。"

从上述描述可以看出，《专利审查指南2010》给出了功能性限定使用的条件，特别是对于产品权利要求："只有在某一技术特征无法用结构特征来限定，或者技术特征用结构特征限定不如用功能或效果特征来限定更为恰当，而且该功能或者效果能通过说明书中规定的实验或者操作或者所属技术领域的惯用手段直接和肯定地验证的情况下。"

并且给出了审查时功能性限定的权利要求的解读："对于权利要求中所包含的功能性限定的技术特征，应当理解为覆盖了所有能够实现所述功能的实施方式。"在专利授权程序中，审查员面对的是未授权的专利申请，其任务是对专利申请人提交的专利申请文件进行审查，以确保授予的专利权保护范围清晰、权利稳定性尽可能好，尽量避免授予有瑕疵的专利权。因此，在授权程序中，审查员的审查重点是权利要求书，应当遵循最大合理解释原则来界定权利要求的含义。因为一方面，只有通过这种方式，才能让专利申请人在授权阶段对该特征作出澄清或者修改，从而避免后续程序中就此问题再生争议；另一方面，在授权程序中，只要不超出原始申请文件记载的范围，专利申请人几乎可以任何方式修改权利要求来克服审查员指出的缺陷，通过修改权利要求，可以使得专利申请人真正对社会作出贡献的那些技术方案被记载在权利要求书中，这有利于维护授权权利要求的公示作用❶。

二、案例分析

从一个案例出发，从专利审查和专利申请两个角度对功能性限定进行分析。

案例是申请号为201210305245.6，发明名称为"液晶显示装置"的发明专利申请。权利要求书中的独立权利要求为：

1. 一种液晶显示装置，其特征在于，包括：

一背光模块，提供一光线群；

一液晶面板，设置于该背光模块之上，部分该光线群穿透该液晶面板，该液晶面板包括一第一基板、一相对的第二基板、及一设置于该第一基板与该第二基板之间的液晶层；以及

一第一光学膜，置于该液晶面板之上，用以使通过该第一光学膜的部分该光线群被绕射式扩散，被扩散的部分该光线群包括一第一绕射光，该第一绕射光具有一绕射角 α_1 介于 40 度至 90 度之间；

其中，该背光模块的该光线群具有一第一强度 $U(\theta)$ 与一第二强度 $U(\theta + \alpha_1)$，$\dfrac{U(\theta + \alpha_1)}{U(\theta)}$ 的比值小于或等于 10% 并大于 0，且 θ 为 0 度以上并小于 50 度。

在上述独立权利要求的撰写中，申请人对第一光学膜和背光模块都采用了功能性限定。具体地讲，分别对经过第一光学膜的光线群和背光模块提供的光线群的光学参数进行了限定，从而从光线群所具有的功能效果上来对产品组成部件进行了限定，并没有对产生上述光线群的光学部件的结构进行描述。

关于第一光学膜和背光模块的结构特征，该申请的说明书中都有进一步的描述，尤其是背光模块部分。在该申请的说明书第 0031～0032 段中，申请人详细描述了背光模块所提供的光线群所对应的结构特征：

"该液晶显示装置 100 可进一步包含一聚光层 140 于该背光模块 110 之上。

❶ 任晓兰. 授权、确权和侵权程序中权利要求解释规则的异同［J］. 审查业务通讯，2016（7）：22－30.

聚光层 140 包括具有多个条彼此平行长条形棱镜的增亮膜，其具有聚光的功效，可借以调整该背光模块 110 的发光光型。请参考图 4A 及图 4B，在本实施例中，该聚光层 140 可包含第一棱镜片 141 及第二棱镜片 142，该第二棱镜片 142 位于该第一棱镜片 141 之上，且该第一棱镜片 141 与该第二棱镜片 142 的长条形棱镜的长轴（或长条形棱镜之延伸方向）彼此垂直（交叉式）。借此，该背光模块 110 可提供 Colliwide 技术所需的光源。

参考附图 4A 及附图 4B 及附图 5 所示，本实施例的下视角方向的光强度分布曲线 310，320 及 330，其中 θ 表示以上述法线方向定义的出光方向角，曲线 310 是该第一棱镜片 141 的第一长轴方向角 $\varphi11$ 介于 130 度至 140 度之间（或 $\varphi11$ 介于 40 度至 50 度之间）而该第二棱镜片 142 的第二长轴方向角 $\varphi12$ 介于 40 度至 50 度之间（或 $\varphi12$ 介于 130 度至 140 度之间）的情况，其光强度随着出光方向角 θ 的增大而逐渐递减，无反转情况产生；曲线 320 是该第一棱镜片 141 的第一长轴方向角 $\varphi11$ 介于 −5 度至 5 度之间，而该第二棱镜片 142 的第二长轴方向角 $\varphi12$ 介于 85 度至 95 度之间的情况，其光强度在 θ 介于 35 度至 50 度之间发生亮度曲线反转情况；曲线 330 是第一棱镜片的第一长轴方向角 $\varphi11$ 介于 −5 至 5 度之间，而第二棱镜片的第二长轴方向角 $\varphi12$ 介于 85 度至 95 度之间的情况，其光强度在 θ 约 50 度之后发生曲线尾部上扬或称为拖尾的现象，曲线 320 及曲线 330 皆可能对液晶显示器的光学影像显示特性造成不良影响。然而，倘若以目前近准直背光源以强度分布半高宽角来定义其发光光型，则曲线 310，320 及 330 的半高宽角皆为 θ 约 20 度而无法区别，导致曲线反转或拖尾的不良特性影响最后该液晶显示装置 100 的光学表现。因此，本实施例对于背光源发光光型的规格设定为：背光模块 110 发出的光线群强度曲线上包括第一光强度 $U(\theta)$ 及第二光强度 $U(\theta + \alpha_1)$，则 $\dfrac{U(\theta + \alpha_1)}{U(\theta)}$ 小于或等于 10% 并大于 0，也就是得以获得类似上述曲线 310 光强度随着天顶角 θ 的增大而逐渐递减的结果，无强度反转的情况；其中，θ 为 0 度以上并小于 50 度，是指 $\theta + \alpha_1$ 必须为 0 度以上但小于 90 度的天顶角限制。但本发明并不对此比例 $\dfrac{U(\theta + \alpha_1)}{U(\theta)}$ 的值加以限制，端视实际对显示器的光学影像显示特性要求而定。"

图 1 为案例中的说明书附图 5。

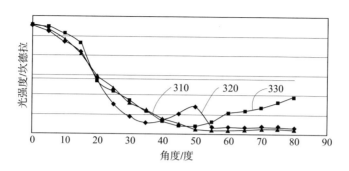

图1 说明书附图5

从上述说明书的内容可看出，权利要求书中的"该背光模块的该光线群具有一第一强度 $U(\theta)$ 与一第二强度 $U(\theta + \alpha_1)$，$\dfrac{U(\theta + \alpha_1)}{U(\theta)}$ 的比值小于或等于10%并大于0，且 θ 为0度以上并小于50度"所反映的就是光强度分布曲线310。而光强度分布曲线310所对应的光学结构为两个交叠放置的棱镜片，其中第一棱镜片141的第一长轴方向角 $\varphi11$ 介于130度至140度之间（或 $\varphi11$ 介于40度至50度之间），第二棱镜片142的第二长轴方向角 $\varphi12$ 介于40度至50度之间（或 $\varphi12$ 介于130度至140度之间）。

在本案例的审查过程中，审查员在第一次审查意见通知书中指出该权利要求不具备创造性，其中关于背光模块所提供的光线群的技术特征，审查员引用的是申请号为20068000449.9的对比文件。在该对比文件中，附图4e中的曲线413反映的是辐射强度分布，其对应的结构为两个具有楔形的光学特征的光学膜，且该两个光学膜正交交叠位于背光模块之上。曲线413符合本案例权利要求中对光线群的强度分布的限定。虽然对比文件中曲线413所对应的结构也是正交交叠的两个棱镜片，但是曲线413的产生是由两个不同折射率棱镜片的相互配合得来的。而本案例中光强度曲线310产生是由两个特定角度范围的长轴方向角的棱镜片的相互配合得来的。由于本案例的权利要求中并没有结构特征的限定，而采用功能性限定的撰写方式包含了对比文件中的实施方案，从而本案例的权利要求不具备创造性。随后，申请人将从属权利要求中关于结构特征的技术特征"一聚光层，其设置于该背光模块之上；该聚光层包含一第一棱镜片及一第二棱镜片，该第二棱镜片位于该第一棱镜片之上，该第一棱镜片与该第二棱镜片具有多个平行排列的长条形棱镜，且该第一棱镜片与该第二棱镜片的长条形棱镜的长轴方向彼此垂直；该第一棱镜片的长条形棱镜的长轴方向具有一第一长轴方向角，该第一长轴方向角介于 40 度至 50 度之间"加入独立权利要求中，从而获得授权。图 2 为对比文件中的附图 4e。

辐射强度

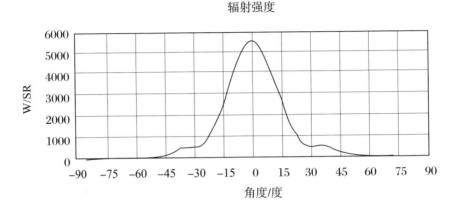

图 2　对比文件中的附图 4e

关于本案例，笔者从专利审查和专利申请两方面进一步分析。

从专利审查方面，专利审查应该给予申请人一个确权清楚、稳定性好的保护范围，且此保护范围与申请人对现有技术的实际贡献点相匹配。具体到本案例，本案例是要解决灰阶反转问题，虽然功能性限定中的强度比值关系能够直观体现光线群不存在角度增大后的亮度反转的现象，即不存在灰阶反转问题，但是，从所摘录的说明书部分可以明确看出，曲线 310、320、330 都是用相互交叠的两个棱镜片，不同的是三者所对应的棱镜的长轴方向角的数值不同，因此，在该申请的技术方案中，棱镜片的长轴方向角的数值是关键。因此，在后续修改中，将结构特征的技术特征加入权利要求中，才更好地体现了申请人对现有技术的贡献。

从专利申请方面，申请人追求利益最大化。由于功能性限定扩大了现有技术的范围，因此专利丧失新颖性和创造性的风险也会增大。因此，兼顾专利申请利益最大化，申请人可采用如下方式来撰写权利要求：除了撰写一组功能性权利要求外，需另外撰写一组与功能性权利要求相对应的采用结构特征描述的独立权利要求（及其从属权利要求），不建议将其撰写为功能性权利要求的从属权利要求。❶ 因为，一是在《专利审查指南2010》中关于功能性限定的记载，对于产品权利要求的撰写，优先使用结构特征来限定。只有在某一技术特征无法用结构特征来限定，或者技术特征用结构特征限定不如用功能或效果特征来限定更为恰当的情况下，才考虑使用功能性限定；二是从结构限定和功能限定两角度撰写，能够最大化申请人的保护范围，同时，在实质审查程序中，也具有更大的修改空间。

三、结　语

对于功能性限定，从专利审查角度考虑，要合理对其进行解读，并做到专利申请的保护范围与对现有技术的实际贡献相匹配；从专利申请角度考虑，除功能性限定外，还应考虑撰写一组并列的结构限定的权利要求，从而最大化申请人利益。

---

❶ 孙方涛，李文娟，王健. 浅谈涉及功能性特征的专利申请文件的撰写［J］. 中国发明与专利，2013（9）：61 - 63.

从本领域技术人员的视角看《专利法》第33条的适用

李 腾[*]

【摘 要】

《专利法》第33条规定了"修改不得超出原说明书和权利要求书记载的范围",但是如何理解和适用该法条却存在争议。本文从一个实际案例出发探讨了本领域技术人员和修改超范围的含义,从本领域技术人员对专利申请文件的理解以及原说明书和权利要求书记载的范围两个方面对案例进行了剖析,并给出了修改是否超范围的判断。

【关键词】

《专利法》第33条 本领域技术人员 修改超范围 墨盒

一、引 言

《专利法》第33条规定:"申请人可以对其专利申请文件进行修改,但是,对发明和实用新型专利申请文件的修改不得超出原说明书和权利要求书记载的范围,……"根据这一规定,申请人或专利权人可以修改专利申请文件,但是修改必须受到一定的限制,只能在原申请文件范围内进行。《专利法》第

---

* 作者单位:国家知识产权局专利局专利审查协作天津中心。

33 条一方面赋予了申请人或专利权人修改专利申请文件的权利，另一方面又对这一权利加以限制，以平衡申请人或专利权人和社会公众之间的利益。修改是否超范围的判断主体是本领域技术人员，然而，在实际适用过程中脱离本领域技术人员判断主体去判定修改超范围的案件越来越多。《专利法》第 33 条原本赋予申请人或专利权人修改的权利的规定，在脱离本领域技术人员这一判断主体的情况下逐渐变成限制申请人修改权的规定。笔者结合一个实际案例，就如何确定修改是否超范围谈谈自己的看法，以期引发业内人士的进一步思考和讨论。

二、案例解析

1. 案情介绍

精工爱普生株式会社是名称为"墨盒"的发明专利申请人，申请号为00131800.4，申请日为 1999 年 5 月 18 日，最早的优先权日为 1998 年 5 月 18 日。2002 年 11 月，国家知识产权局发出第一次审查意见通知书，指出"存储装置"修改超范围，对此申请人的解释是："权利要求 23 涉及附图 6 和附图 7，其中'存储装置'是指图 7（b）所示的'半导体存储装置 61'。"审查员接受了申请人的意见，随后该申请公告授权。针对该专利权，郑某于 2007 年6 月向国家知识产权局专利复审委员会提出了无效宣告请求，理由是该专利不符合《专利法》第 33 条的规定❶。

对于"存储装置"的修改是否超出原申请文件记载的范围，有两种针锋相对的观点，一种认为超范围，另一种则认为不超范围。观点一，认为本领域技术人员并不能从原说明书和权利要求书记载的"半导体存储装置"直接且毫无疑义地确定出"存储装置"；观点二，认为"存储装置"虽然有其普遍的含义，不仅包括半导体存储装置，还包括磁泡存储装置、铁电存储装置等多种不同类型，但在该专利所属特定的打印机墨盒领域，在背景技术中已经明确其所指为"半导体存储装置"的前提下，本领域技术人员不会将其理解为作为上位概念的"存储装置"。

观点一：原说明书和权利要求书中并没有"存储装置"的文字记载，而仅有"半导体存储装置"的文字记载。因此，判断该专利在实质审查阶段所进行的上述修改是否超范围的关键在于："存储装置"是否属于可根据原说明

---

❶ 最高人民法院行政裁定书（2010）知行字第 53 – 1 号。

书和权利要求书中记载的"半导体存储装置"直接且毫无疑义地确定的内容。"存储装置"是用于保存信息数据的装置，除半导体存储装置外，其还包括磁泡存储装置、铁电存储装置等多种不同的类型。根据原说明书第1页第29～32行的记载，该发明专利是为了解决拆装墨盒时由于托架与墨盒之间存在间隙使半导体存储装置接触不好，信号可能在不适当的时候充电或施加，数据无法读出或丢失的问题。因此，包括实施例在内的整个说明书都始终在围绕上述问题描述发明，即包括实施例在内的整个说明书都始终是针对半导体存储装置来描述发明的。同样，原权利要求书要求保护的技术方案中亦针对的是半导体存储装置，原说明书和权利要求书中均不涉及其他类型的存储装置，也不能直接且毫无疑义地得出墨盒装有其他类型的存储装置。因此，"存储装置"并非确定无疑就是原说明书和权利要求书中记载的"半导体存储装置"，本领域技术人员并不能从原说明书和权利要求书记载的"半导体存储装置"直接且毫无疑义地确定出"存储装置"。

观点二：技术术语及特征的理解应当以本领域技术人员的角度，考虑该技术术语或特征所使用的特定语境。本案例中，该专利权利要求1、40中"存储装置"。该专利原始公开文本中相关权利要求记载有"半导体存储装置"及"存储装置"的内容。该专利原说明书已经载明该专利所解决的技术问题在于"打印设备必需带到厂家，并且记录控制数据的存储装置必须更换"，而且背景技术也记载了"其中在一个墨盒上设置了半导体存储装置和连接到存储装置的一个电极"。此外，原说明书其他部分均使用"半导体存储装置"。本领域技术人员通过阅读原权利要求书及说明书是可以毫无疑义地确定该专利申请人在说明书中是在"半导体存储装置"意义上使用"存储装置"的。另外，无论是修改前还是修改后的技术方案，"存储装置"实际上是在"半导体存储装置"意义上使用，并未形成新的技术方案，该领域技术人员也不会将其理解为新的技术方案。该专利权利人在实质审查阶段答复通知书的意见陈述书中对"存储装置"作出明确限定，即对于"存储装置"，意见陈述书记载"申请人解释，'存储装置'指附图7（b）所示的'半导体存储装置61'"，且原说明书第1页倒数第2段记载"其中在一个墨盒上设置了半导体存储装置和连接到存储装置的一个电板"，表明"存储装置"为"半导体存储装置"的简称。判断修改是否超范围的主体是本领域技术人员，他应当是具备专业知识背景的普通技术人员，能够理解所属技术领域的技术内容。"存储装置"虽然有其普遍的含义，不仅包括半导体存储装置，还包括磁泡存储装置、铁电存储装置等多种不同类型，但在该专利所属特定的打印机墨盒领域，在背景技术中已经明确其所指的为"半导体存储装置"的前提下，本领域技术人员不会将其理解为作为上位概念的"存储装置"。"存储装置"的修改符合《专利法》第33条。

2. 引申出的问题

持有观点一和观点二的双方均声称站在本领域技术人员的角度，一方称本领域技术人员并不能从原说明书和权利要求书记载的"半导体存储装置"直接且毫无疑义地确定出"存储装置"；另一方称在背景技术中已经明确其所指的为"半导体存储装置"的前提下，本领域技术人员不会将其理解为作为上位概念的"存储装置"。令人诧异的是，同样是本领域技术人员为何得出的结论却大相径庭，究竟谁才是本领域技术人员，本领域技术人员在面临上述问题时究竟会作何判断？

为了解决这个问题首先需要明确的是本领域技术人员的含义和修改超范围的含义。

三、本领域技术人员的含义

我国《专利审查指南2010》对本领域技术人员作了规定，设定这一概念的目的在于统一审查标准，尽量避免审查员主观因素的影响。他是指一种假设的"人"，假定他知晓申请日或者优先权日之前发明所属技术领域所有的普通技术知识，能够获知该领域中所有的现有技术，并且具有应用该日期之前常规实验手段的能力，但他不具有创造能力。如果所要解决的技术问题能够促使本领域的技术人员在其他技术领域寻找技术手段，他也应具有从该其他技术领域中获知该申请日或优先权日之前的相关现有技术、普通技术知识和常规实验手段的能力。

欧洲专利局审查指南也专门界定了本领域技术人员。根据欧洲专利局上诉委员会的案例法，本领域技术人员应当被假定为在相关日期前知晓本领域公知常识的普通技术人员，被认为是一个"平均的技术人员"。他被假定为能够获得现有技术的任何知识和技能，尤其是检索报告中的文献，能够熟练地使用各种工具并且有能力进行常规的工作和实验。❶

在美国，本领域技术人员也被认定为是一个假设的人，被假定知晓发明作

---

❶ 石必胜. 本领域技术人员的比较研究［J］. 电子知识产权，2012（3）：70－75.

出时的相关技术。美国审查指南规定，应当客观地认定本领域技术人员的水平。在 KSR 案中，美国联邦最高法院对本领域技术人员的定义重新解释：本领域技术人员是指具有普通创造力的人，而不是一台机器，许多情况下，普通技术人员能够将多份专利的教导像智力拼图一样拼在一起。

虽然各国对本领域技术人员的定义不同，具有的能力也不尽相同，但在本领域技术人员对本领域的现有技术的掌握上是相同的，都规定了本领域技术人员知晓申请日或者优先权日或相关日期或发明作出之前发明所属技术领域所有的普通技术知识、本领域公知常识和相关技术，能够获得该领域的所有现有技术以及现有技术的任何知识和技能。由此可见，对本领域技术人员而言，他能够阅读包括期刊、专利申请文件在内的所属技术领域的所有技术文献，并且能够懂得所阅读文献所要解决的问题、为解决此问题所采取的手段以及为何要采取此手段；同时，他能够而且应当能够知晓某一技术术语在特定语境和上下文环境下的实际所要代表的意义，能够明晰在不同语境和上下文环境下不同的技术术语所代表的含义是不同的。所有关于本领域技术人员的讨论都不会否认本领域技术人员具有这种能力，因为如果连某一领域的技术文献和技术术语都不能阅读的话，那么称其为本领域技术人员显然是不合适的。

四、修改超范围的含义

《专利审查指南 2010》中记载：原说明书和权利要求书记载的范围包括原说明书和权利要求书文字记载的内容和根据原说明书和权利要求书以及说明书附图能直接地、毫无疑义地确定的内容。这部分内容实际上是将"原说明书和权利要求书记载的范围"分为两个层次：一是"原说明书和权利要求书文字记载的内容"；二是"根据原说明书和权利要求书以及说明书附图能直接地、毫无意义地确定的内容"。第一个层次主要看修改后的内容有没有在原说明书和权利要求书中有明确的文字记载；第二个层次主要看修改后的内容是否能够由本领域技术人员根据原说明书和权利要求书以及说明书附图直接毫无疑义地确定，需要引入本领域技术人员结合说明书、权利要求书以及说明书附图对上下文的理解进行判断。

最高人民法院在（2010）知行字第 53 - 1 号行政裁定书中关于修改超范围给出了以下观点："原说明书和权利要求书记载的范围"应该从所属技术领域普通技术人员角度出发，以原说明书和权利要求书所公开的技术内容来确定。凡是原说明书和权利要求书已经披露的技术内容，都应理解为属于原说明书和权利要求书记载的范围。既要防止对记载的范围作过宽解释，乃至涵盖了申请人在原说明书和权利要求书中未公开的技术内容，又要防止对记载的范围作过窄解释，对申请人在原说明书和权利要求书中已披露的技术内容置之不顾。从这一角度出发，原说明书和权利要求书记载的范围应该包括如下内容：一是原说明书及其附图和权利要求书以文字或者图形等明确表达的内容；二是所属技术领域普通技术人员通过综合原说明书及其附图和权利要求书可以直接、明确推导出的内容。与上述内容相比，如果修改后的专利申请文件未引入新的技术内容，则可认定对该专利申请文件的修改未超出原说明书和权利要求书记载的范围。

由此可见，在修改超范围的理解上《专利审查指南 2010》与最高人民法院给出了两种观点，两者的共同点是都认可"原说明书及其附图和权利要求书以文字或者图形等明确表达的内容"属于"记载的范围"；不同点在于前者认为本领域技术人员"根据原说明书和权利要求书文字记载的内容以及说明书附图直接地、毫无疑义地确定的内容"才属于"记载的范围"，而后者则认为本领域技术人员"通过综合原说明书及其附图和权利要求书可以直接、明确推导出的内容"也属于"记载的范围"。一个说法是"直接地、毫无疑义地确定"，另一个说法是"直接、明确推导出"，两者之间的分歧很大。

要解决两者之间的分歧必须要以本领域技术人员的视角来看究竟什么是《专利法》第 33 条规定的"原说明书和权利要求书记载的范围"。对于"原说明书及其附图和权利要求书以文字或者图形等明确表达的内容"，由于其在原申请文件中有明确的文字或图形记载，因而属于"原说明书和权利要求书记载的范围"，这一点毋庸置疑。问题的焦点在于，对于原说明书及其附图和权利要求书没有以文字或者图形等明确表达的内容是否属于"原说明书和权利要求书记载的范围"。对本领域技术人员而言，在阅读完原申请文件后，他能够获得的内容除"原说明书及其附图和权利要求书以文字或者图形等明确表达的内容"外还应包括原申请文件给出的教导和启示。虽然本领域技术人员不具有创造能力，但是他能够通过对所属技术领域的普通技术知识的掌握分析出原申请所要解决的问题、采取的手段以及为何要采取此手段，能够分析出某一手段在原申请方案中的功能和作用，基于此推导出现有技术中是否可以有类似手段完成相同功能达到相同作用。我们可以从这样一个角度考虑原申请文件记载的范围，即假如没有原申请文件，本领域技术人员对所属技术领域普通技术知识的掌握会有怎样的影响。如果没有原申请文件，本领域技术人员不可能获得"原说明书及其附图和权利要求书以文字或者图形等明确表达的内容"以及原申请文件给出的教导和启示。因此，将上述内容认定为原申请文件记载的内容并不会对公众的利益造成损害，因为这原本就是申请人给公众带来的利益。

基于这一认识，笔者认为"直接地、毫无疑义地确定"在一定程度上忽视了原申请文件对本领域技术人员给出的教导和启示，限制了原申请文件记载的范围。相比之下，最高人民法院给出的观点能够更加接近本领域技术人员对于《专利法》第33条规定的"原说明书和权利要求书记载的范围"的理解。判断对专利申请文件的修改是否超出原说明书和权利要求书记载的范围，不应仅考虑原说明书及其附图和权利要求书文字或者图形表达的内容，还应考虑所属技术领域普通技术人员综合上述内容过后显而易见的内容。在这个过程中不能仅仅注重前者，对修改前后的文字进行字面对比即轻易得出结论；也不能对后者作机械理解，将所属技术领域普通技术人员可直接、明确推导出的内容理解为数理逻辑上唯一确定的内容。

五、笔者观点

在明确了本领域技术人员以及修改超范围的含义后我们回过头来看上文中的案例。

针对原申请文件中是否记载了存储装置，该申请原说明书第1页第19行至第2页第3行记载：

"……改善打印头的驱动方法时，就可以提高打印设备的打印质量。……但……这个成果应用到已经从厂家运输的打印设备上实际是不可能的。这是因为，打印设备必须带到厂家，并且记录控制数据的存储装置必须更换。

为了处理这个问题，……提出一种打印设备,在一个墨盒上设置了半导体存储装置和连接到存储装置的一个电极……读出半导体存储装置中的数据，并且按照这些数据控制记录操作。

然而，存在的问题是，因为用户装、拆墨盒的粗糙操作……经常使半导体存储装置的接触不好……经常发生禁止数据读出……数据丢失并且禁止记录操作。

鉴于这样一个问题提出本发明，……提供一种喷墨打印设备,可防止存储在半导体存储装置中的数据丢失，而与装、拆墨盒的不适当操作无关。"

除原说明书背景技术部分记载了"存储装置"外其他部分和权利要求均使用"半导体存储装置"。

　　通过阅读原说明书，本领域技术人员可以了解到通过改善打印头驱动的方法能够改善打印质量，但是有应用成本高的局限性，存在使用这种方法需要将已出厂的打印设备运回厂家更换记录控制数据的存储装置的问题（以下简称"问题一"）；现有技术中提出了在墨盒上设置半导体存储装置和电极使得无须将打印设备运回厂家即可更换半导体存储装置的方案，但是这种方案存在装、拆操作粗糙使得半导体存储装置接触不好的问题（以下简称"问题二"）；为了解决这个问题申请人提出了该申请。申请人在对现有技术存在的问题的描述采用了递进式的方式，首先提出了存在需要将打印设备运回厂家以更换存储装置的问题，随后给出了采用设置半导体存储装置和电极的方式可以解决这个问题，但是带来了新的问题：装、拆导致半导体存储装置接触不良；最后，为了解决装、拆导致半导体存储装置接触不良的问题提出该申请。申请人通过对现有技术中存在的技术问题进行描述，逐渐细分到该申请所要解决的问题，从存储装置递进到半导体存储装置，从存储装置的不可装拆到半导体存储装置的可装拆再到提高半导体存储装置的可装拆性。

　　本领域技术人员知晓，"存储装置"是用于保存信息数据的装置，除半导体存储装置外，其还包括磁泡存储装置、铁电存储装置等多种不同的类型。问题一中所称的"存储装置"并非仅是"半导体存储装置"，而是包括磁泡存储装置、铁电存储装置、半导体存储装置在内的能够实现信息数据保存的所有装置。随着问题的推进，问题二中的"存储装置"已经由上位概念具体化为"半导体存储装置"这一下位概念。在问题一层面，本领域技术人员知晓"存储装置"是在其原有的意义上使用的，在问题二层面上，"半导体存储装置"与"存储装置"的含义并没有混淆，该申请方案的提出均是在解决问题二，因此除原说明书背景技术外均使用"半导体存储装置"。由此可知，本领域技术人员在阅读原说明书和权利要求书后对于"存储装置"的理解并非观点二中所称的"在'半导体存储装置'意义上使用'存储装置'的"，而是有所区分的。

　　通过阅读原申请文件后，本领域技术人员能够确定为了解决问题二，申请人采取的技术手段是：设置多个壁，使供墨针沿垂直于托架往复移动方向的一个方向定位在一侧附近，电路板安装在位于形成墨盒的供墨口的这一侧附近的壁上，在电路板的外露表面上形成连接到外部控制装置的多个触电，并且从外部控制装置经过这些触点可访问半导体存储装置，使电路板定位于供墨口一侧，并且可沿针移动用于固定电路板的表面。可见，申请人所采取的手段主要体现在对墨盒结构的改进，这种改进能够应用到其他类型的存储装置的墨盒中，而并非必须是半导体存储装置。即原申请文件给出教导，可以将这种墨盒应用于其他存储装置的墨盒中，并且这种应用不会引入新的技术内容。

申请人将"存储装置"补入权利要求中，对于这一修改，本领域技术人员在确定该申请主要在对墨盒结构的改进，而对存储装置的类型没有特别需要外，本领域技术人员能够而且应当能够知晓所补入的"存储装置"是通常意义上的存储装置，而并非仅限于"半导体存储装置"这种类型。此时，本领域技术人员能够意识到如果申请人想将其限定为"半导体存储装置"就会使用具体的下位概念，而非使用"存储装置"这一上位概念；既然申请人使用了"存储装置"这一上位概念，那么引入"存储装置"的权利要求就包含了所有能够用于保存信息数据的装置。

通过分析，原申请文件给出了可以将这种墨盒应用于其他存储装置的墨盒中，修改后的"存储装置"虽然不是原说明书及其附图和权利要求书以文字或者图形等明确表达的内容，却是所属技术领域普通技术人员通过综合原说明书及其附图和权利要求书可以直接、明确推导出的内容，并且修改后的专利申请文件没有引入新的技术内容，因此该申请中关于"存储装置"的修改未超出原说明书和权利要求书记载的范围。

虽然笔者的最终结论和观点二一致，但是观点二的结论是建立在"无论是修改前还是修改后的技术方案，'存储装置'实际上是在'半导体存储装置'意义上使用，并未形成新的技术方案，本领域技术人员也不会将其理解为新的技术方案"基础上的。而笔者认为本领域技术人员在阅读原说明书和权利要求书后对于"存储装置"的理解并非观点二中所称的"在'半导体存储装置'意义上使用'存储装置'的"，而是有所区分的。

六、结　　语

《专利法》第 33 条的目的在于给申请人或专利权人修改的权利，同时为了避免申请人或专利权人滥用这项权利而加以限制。《专利法》第 33 条不是用来禁止申请人或专利权人对专利文件的修改，而是为了限制申请人或专利权人滥用修改的权利，避免给社会公众带来利益上的损失。在判断专利申请文件的修改是否超出原说明书和权利要求书记载的范围时，我们应当以本领域技术人员的视角客观地分析原申请文件文字和图形等明确表达的内容以及综合原说明书及其附图和权利要求书可以直接、明确推导出的内容，不能因为修改后的内容没有文字记载或者不是数理逻辑上唯一确定的内容而作出修改超范围的判断。

从技术方案整体考虑修改超范围

熊　洁*（第一作者）　　涂小龙*（等同第一作者）
付　强*（等同第一作者）

【摘　要】

《专利法》第 33 条规定对发明和实用新型专利申请文件的修改不得超出原说明书和权利要求书记载的范围，但实际审查过程中修改超范围的判断一直是难点。本文从实际案例出发，针对增加、删除和修改三种修改方式，对权利要求的修改超范围判断进行了分析，认为修改超范围的判断对象是技术方案而不是技术特征，即判断修改后的技术方案是否在原说明书和权利要求书中有记载或是由原说明书和权利要求书中记载的内容可以直接地、毫无疑义地确定。

【关键词】

超范围　增加　删除　改变　技术方案

一、引　言

《专利法》第 33 条既规定了申请人可以对专利申请文件进行修改，具有

---

* 作者单位：国家知识产权局专利局专利审查协作湖北中心。

修改的权利；同时又对这种权利进行了限制，确定了哪些修改被允许，哪些修改不被允许。追本溯源，通过从本源出发分析《专利法》第33条的法理基础确立了三大立法宗旨："允许修改原则""修改限原则之公众利益安全原则"以及"修改限制原则之先申请原则"。在此基础上，我们对修改超范围的具体判断方法进行了思考。《专利审查指南2010》中给出了修改的三种方式，即增加、删除和改变，并举例说明了这三种修改方式允许的和不允许的情况。但实际审查过程中修改的情形千差万别，并且审查员与申请人对原说明书和权利要求书记载的内容的理解有所差别，修改超范围的判断始终是专利审查中的难点。

《专利审查指南2010》第二部分第八章第5.2.3节规定，如果申请的内容通过增加、改变和/或删除其中的一部分，致使所属技术领域的技术人员看到的信息与原申请记载的信息不同，而且又不能从原申请记载的信息中直接地、毫无疑义地确定，那么，这种修改就是不允许的。

在实际审查中，如何判断一项权利要求修改超范围，必须把握其内涵要点，以本领域技术人员的视角，在专利申请文件整体内容的基础上，从整体技术方案切入去判断修改后的权利要求是否在原说明书和权利要求书中有记载或是由原说明书和权利要求书中记载的内容可以直接地、毫无疑义地确定。具体地，如何判断新的技术方案整体是否修改超范围：针对增加技术特征，需要考虑增加的技术特征是否与原技术方案中其他技术特征相矛盾；针对删除技术特征，需要考虑删除的特征是否为必要技术特征；改变技术特征后的技术方案如果是本领域技术人员可以从原说明书和权利要求书中直接地、毫无疑义地确定的则不会导致超范围。

二、案例分析

权利要求书是最常见的修改部分，下面通过实际案例从增加、删除和改变三种修改方式对权利要求的修改超范围的判断进行探讨。

（一）增加技术特征

针对增加技术特征，需要考虑增加的技术特征是否与原技术方案中其他技术特征相矛盾，矛盾的技术方案必然导致修改超范围。

复审请求：申请号为201210119244.2，名称为"用于生产交替成形糖果产品的方法和设备"的发明专利申请。

复审请求人提交修改后的权利要求1如下：

1. 一种用于形成糖果产品的方法，包括如下步骤：

预成型糖果物质块，包括：使所述糖果物质块通过预成型机的配对的预成型辊子对，并在多处沿着与所述糖果物质块的行进方向基本平行的线刻划所述糖果物质块，从而（Ⅰ）至少部分地建立由所述糖果物质块形成的多个糖果产品的最终形状的至少一个尺寸，所述多个糖果产品之间具有幅材（48），和（Ⅱ）当使所述糖果物质块通过配对的产品成型辊子对时，所述糖果物质块不会沿任何方向扩张，该配对的产品成型辊子对至少基本地最终使多个糖果产品成形；使预成型的所述糖果物质块通过所述配对的产品成型辊子对，和通过在所述辊子上提供形状限定凹处，促使所述物质块以所述物质块的段与所述辊子之间减小的粘附的方式从所述辊子离开，所述形状限定凹处具有至少一个稍大于所述产品形状的相应尺寸的尺寸，其中，所述预成型机能够沿着与送入方向成横向或倾斜的方向压缩所述多个糖果产品。

相较于驳回决定所针对的权利要求书，权利要求1增加了划线部分的特征。根据该申请中记载了两个具体实施例，对应的整体技术方案，分别在原始权利要求18和权利要求22中体现。原始权利要求18记载了"一种用于形成糖果产品的方法，包括步骤：预成型糖果物质块从而（Ⅰ）由所述物质块形成的多个糖果产品的最终形状的至少一个尺寸至少部分地建立和（Ⅱ）当使所述物质块通过所述配对产品成型辊子对时，所述物质块不会沿任何方向扩张，该配对产品成型辊子对至少基本地最终使多个糖果产品成形；和使所述预成型物质块通过所述配对产品成型辊子对"，原始权利要求22记载了"一种用于将糖果产品形成外形的方法，包括步骤：使糖果物质块通过配对辊子对；通过在所述辊子上提供形状限定凹处，这些形状限定凹处具有至少一个稍大于所述产品形状的相应尺寸的尺寸，促使所述物质块以所述段与所述辊子之间减小的粘附的方式从所述辊子离开；和机械地撞击已经离开所述辊子的所述糖果产品以使由于稍大的尺寸所导致的额外的糖果材料平滑"，可见，修改后的权利要求1是在原独立权利要求18记载的技术方案的基础上，增加了原独立权利要求22中另一技术方案的部分特征。那么不同技术方案中的特征进行了重新组合，构成的新技术方案是否会导致超范围。

原始说明书和权利要求书记载了产品成型辊子对上的形状限定凹处包括空气室的技术方案，其中，糖果物质块通过辊子对时不会沿任何方向扩张是由于空气室截留并保持了被稍微加压的空气所致，空气的存在保证了产品不会扩充进空气室且在辊子与产品剥离时起到从凹处推开产品的功能。因此，具有空气室结构的形状限定凹处是使得糖果物质块在通过产品成型辊子对时不会沿任何方向扩张的条件。同时原始说明书和权利要求书记载了辊子对上的形状限定凹处具有至少一个稍大于所述产品形状的相应尺寸的尺寸的另一技术方案，其中该稍大于所述产品形状的相应尺寸的尺寸导致糖果产品产生了额外的糖果材料，即糖果物质块在通过产品成型辊子时发生了扩张，因此，要使得糖果产品最终成形，在糖果物质块通过配对辊子对的处理后还需要"机械地撞击已经离开所述辊子的所述糖果产品，以使由于稍大的尺寸所导致的额外的糖果材料平滑"。权利要求 1 明确限定了"（Ⅱ）当使所述糖果物质块通过配对的产品成型辊子对时，所述糖果物质块不会沿任何方向扩张，该配对的产品成型辊子对至少基本地最终使多个糖果产品成形"，但由上述分析可知，在增加"所述形状限定凹处具有至少一个稍大于所述产品形状的相应尺寸的尺寸"这一特征限定后，形状限定凹处的尺寸稍大于产品形状的相应尺寸会使得糖果物质块在通过产品成型辊子对时发生扩张，因而该增加的技术特征与原有的技术特征（Ⅱ）之间出现了矛盾。

修改后的权利要求 1 是从上述两个不同的技术方案中分别提取了部分技术特征进行了重新组合构成的新的技术方案，从本领域技术人员的视角，虽然修改后的权利要求中的技术特征都记载在原申请文件中，但是新的技术方案本身存在相互矛盾的特征，所以将不同技术方案的部分特征重组后构成的新技术方案是无法直接地、毫无疑义地从原说明书和权利要求书中确定出来的。综上所述，权利要求 1 的修改超出了原申请记载的范围，不符合《专利法》第 33 条的规定。

在《专利法》第 33 条判定体系中，判定对象的基本单元不是技术特征而是技术方案，即使技术特征在原说明书和权利要求书中有记载，修改后的技术方案仍可能超范围。特别是，如果在原技术方案中加入其他技术方案中的技术特征，而该新加入的技术特征与原技术方案中其他技术特征相矛盾，则往往会导致超范围。因此，在修改超范围的判断时必须从技术方案整体考虑，考虑修改后的技术方案整体在原说明书和权利要求书中是否有记载或由原说明书和权利要求书记载的内容可以直接地、毫无疑义地确定，而不能仅考虑技术特征是否记载从而进行判断。

（二）删除技术特征

针对删除特征的修改，我们常用的一个判断方式是，确定删除的特征是否是必要技术特征，删除必要技术特征会导致权利要求中出现原说明书和权利要求书中没有记载的新的技术方案，导致修改超范围。

复审请求：申请号为200580038583.6，名称为"具有水平和垂直方向上的烹饪部件的旋转式烤箱"的PCT国际申请。

2007年5月11日申请进入国家阶段时提交的原权利要求1如下：

1. 一种烹饪系统，包括：

限定了内腔的壳体装置，所述的壳体装置包括适于接收食品进入内腔的开口；

适于选择性地封闭所述的开口的门装置；

所述的壳体装置进一步限定了适于匹配地接受活动加热元件进出的开孔；以及

控制箱，包括：控制箱壳体，狭长的固定于所述的控制箱壳体的电阻加热元件，使得所述的电阻加热元件从所述的控制箱壳体的外部向外延伸，适于选择性地将所述的控制箱壳体固定于所述的壳体装置外部的装置，使得所述的加热元件通过所述的开孔进行接收，以便延伸进入相对接近所选择的所述的壳体装置的内部位置的内腔，电机，可操作地结合于电机的机械连接装置，所述的机械连接装置的定位使得适于与设置在所述的内腔内的相关联的部件提供机械连接，以及适于选择性地接收电能进入加热元件和电机至少其中之一的装置。

复审请求审查决定认定的审查文本的权利要求1与原权利要求1相比，有如下的修改：（1）将原权利要求1中的"所述壳体装置进一步限定了适于匹配地接受活动加热元件进出的开孔""使得所述加热元件通过所述的开孔进行接收，以便延伸进入相对接近所选择的所述的壳体装置的内部位置的内腔"，修改为"所述壳体装置还包括设置为穿过右侧壁的开孔""（使得所述电阻加热元件……）穿过所述开孔，并进入相对接近所选择的所述壳体装置的内部的内腔"；（2）将原权利要求1中的"可操作地结合于电机的机械连接装置"修改为"连接至电机的机械连接装置"；（3）删除了原权利要求1中的"所述的机械连接装置的定位使得适于与设置在所述的内腔内的相关联的部件提供机械连接"。

原始说明书和权利要求书记载了烹饪系统，能够围绕水平轴或垂直轴旋转烹饪食品，使其更具通用性，烹饪系统还包括：适于在典型的厨房洗涤池中进行清洗的尺寸，采用活动电子元件和单层烤箱壁结构，允许采用冲洗和/或浸入的方式对机壳进行清洗的技术方案，解决的技术问题是：方便烤箱清洗。

对于上述修改（1），修改实质上删除了具体的限定内容"匹配地""延伸"，并将开孔的位置具体限定为"右侧壁"；权利要求 1 请求保护的整体技术方案实际解决的技术问题是方便烤箱清洗，为此，技术方案中的必要技术特征包括将电子元件设置为活动形式，拆除了活动电子元件后，使得对机壳的清洗变得容易（参见该申请的说明书第 2 页第 6 ~ 7 行），删除的技术特征在整体的技术方案中仅仅涉及的是开孔或加热元件的具体特征，不是必要技术特征；站位所属技术领域技术人员从技术方案整体出发，可以从原申请的附图 1 ~ 3 看出，壳体装置的右壁 56 上具有供加热元件 32 进出的开孔；因此，上述修改没有超出原说明书和权利要求书的范围；

对于上述修改（2），修改仅限于用词的改变，非实质内容的改变，因此，上述修改没有超出原说明书和权利要求书记载的范围；

对于上述修改（3），同理也考虑整体技术方案，删除的技术特征涉及的是电机与内腔内的相关联部件之间的机械连接装置，不是必要技术特征，因此，上述修改没有超出原说明书和权利要求书记载的范围。

可以看出，技术特征的删除，也必须考虑到删除的技术特征在整体技术方案中的作用，站位所属技术领域技术人员从技术方案整体出发，从实际解决的技术问题考虑删除的技术特征是否是必要技术特征，从而判断修改是否超范围。

（三）改变技术特征

改变技术特征后的技术方案如果是本领域技术人员可以从原说明书和权利要求书中直接地、毫无疑义地确定的则不会导致超范围。

复审请求：申请号为 200810009301.5、发明名称为"建筑机械，尤其是筑路机械"的发明专利申请。

国家知识产权局实质审查部门以该申请权利要求 1 不符合《专利法》第 33 条的规定为由作出驳回决定，驳回决定所针对的权利要求 1 如下：

1. 一种筑路机械，所述筑路机械是磨铣机械，具有

行走装置（2）和装有作业单元（4）的底盘（1），所述作业单元（4）具有一个或多个工具，其中，所述工具之一是磨铣装置（5），

用于控制作业单元实施的可编程的逻辑控制装置（16），以及

用于以符号或图像的形式显示操作变量或操作状态的装置（15），该装置（15）用于显示在中央数据处理装置（17）中生成和处理的符号或图像，

其特征在于，

除了可编程的逻辑控制装置（16）之外，所述筑路机械还具有中央数据

处理装置（17），其具体以这样方式设置，即操作变量或操作状态作为符号或图像被显示在用于显示操作变量或操作状态的装置（15）上，所述可编程的逻辑控制装置（16）执行对所述磨铣机械的实时控制，其中

设置至少一个第一面向事件的数据总线（18A，18B，18C，18D）用于在可编程的逻辑控制装置与中央数据处理装置之间进行数据交换，所述数据总线（18A，18B，18C，18D）根据第一数据传送方法进行操作，以及

设置至少一个第二连续的数据总线（20A，20B）用于在中央数据处理装置与用于显示操作变量或操作状态的装置之间进行数据交换，所述第二连续的数据总线（20A，20B）根据与第一面向事件的数据总线（18A，18B，18C，18D）进行操作所依据的第一数据传送方法不同的第二数据传送方法进行操作；

其中，至少一个第一面向事件的数据总线（18A，18B，18C，18D）是CAN（控制器区域网络）总线，至少一个第二连续的数据总线（20A，20B）是LVDS（低压差分信号）总线；

在控制装置（16）和显示装置（15）用于显示操作参数或操作状态的显示器之间没有直接通信，其中，中央数据处理装置（17）具有用于执行计算操作的主处理机（17A）和图形单元（17B），图形单元（17B）对以符号或图像形式显示操作变量或操作状态的装置（15）符号或图像显示进行控制。

复审请求人修改了权利要求1，将特征"所述作业单元（4）具有一个或多个工具，其中，所述工具之一是磨铣装置"修改为"所述作业单元（4）具有一个或多个用于实施各个作业步骤的工具，其中，所述工具之一是磨铣装置"。

在原始申请文件中的具体实施例记载了根据原始申请文件的记载一个上位的筑路机械的作业单元具有一个或多个工具；说明书（第6页第5行）记载了一个具体下位的所述筑路机械是磨铣机械，磨铣机械的底盘1装有作业单元4，其具有多个工具，磨铣机械的工具中的一个是布置在底盘下方的磨铣装置5，另一工具是布置在机械前侧的输送装置6的技术方案，该技术方案中磨铣机械的工具中的一个是布置在底盘下方的磨铣装置5，另一工具是布置在机械前侧的输送装置6。但是原始申请文件中记载的技术方案并不仅仅是说明书中具体的实施例。原始申请文件中原始提交的权利要求1记载了"所述作业单元（4）具有一个或多个工具"，同时在说明书背景技术部分也已经记载（参见说明书第0002段）："为了修筑路面，采用特征在于具有底盘和行走装置的自驱

动筑路机械。底盘装有包括一个或多个工具的作业单元。在该案中，作业单元被理解为可以实施筑路所需作业的装置。为此，作业单元具有一个或多个工具，利用所述工具可以实施筑路所需的各个作业步骤"，通过上述具体技术特征，站位本领域技术人员可以明确确定原始申请文件记载的技术方案中记载了"所述作业单元具有一个或多个用于实施各个作业步骤的工具"的特征。同时，原说明书还记载了"筑路机械例如是经济地消除对路面覆盖物的破坏的路面磨铣机械"（参见说明书第 0003 段），即说明书记载了具有一个或多个作业工具的筑路机械可以是磨铣机械。对于磨铣机械来说，要实现其磨铣功能的必不可少的部件是磨铣装置，同时也可以有相配套的完成其他功能的工具。因此，从该申请说明书中记载的内容可以直接地、毫无疑义地确定其包括了具有一个磨铣装置的磨铣机械的方案，也包括具有一个磨铣装置和其他工具的磨铣机械的方案，从而包括上述特征"所述作业单元（4）具有一个或多个用于实施各个作业步骤的工具，其中，所述工具之一是磨铣装置"的方案根据原说明书记载的内容可以直接地、毫无疑义地确定，上述修改不超范围。另外，虽然原说明书背景技术部分记载"为此路面磨铣机械具有磨铣装置，例如具有铣刀的磨铣辊，以及用于运送磨铣掉的路面覆盖物的输送装置"。以及在说明书具体实施方式部分记载"磨铣机械的底盘 1 装有作业单元 4（仅以示意图示出），其具有多个工具。磨铣机械的工具中的一个是布置在底盘下方的磨铣装置 5，另一工具是布置在机械前侧的输送装置 6"，但上述记载只是说明书具体实施方式中列举的两个具体实施方案，但是本领域技术人员知晓磨铣装置与输送装置并不是必然联系的特征，而通过原始申请文件记载或者直接地、毫无疑义地确定的内容，删除对"输送装置"的限定并不会引入一个全新的技术方案，因此不会导致修改超范围。

改变技术特征的修改方式相对于增加和删除技术特征更复杂，但其超范围判断与增加和删除技术特征一样，也必须从技术方案整体考虑，站位本领域技术人员充分解读理解原说明书和权利要求书记载的所有技术方案，体会申请人通过文字记载所表达的本意，判断修改后的技术方案在原说明书和权利要求书中是否有记载或由原说明书和权利要求书的记载可以直接地、毫无疑义地确定。

三、结　　语

以上通过增加、删除和改变技术特征三种修改方式对权利要求的修改超范围判断进行了分析，修改的具体体现是技术特征的变化，但修改超范围的判断基础是技术方案的变化。无论采用增加、删除和改变的哪种方式修改，需要注意的是，修改超范围的判断对象是技术方案，因此在解读理解修改前后的技术方案时必须要求站位本领域技术人员，对技术方案的实质内容作出准确判断，而不能脱离本领域的普通技术知识，仅从文字表面含义进行解读理解。总之，《专利法》第 33 条修改超范围的判断，必须牢牢把握立法本意，站位本领域技术人员，充分理解修改前后的技术方案，从技术方案整体上进行考虑。

参考文献

[1] 尹新天. 中国专利法详解 [M]. 北京：知识产权出版社，2011.

功能性限定特征的解释及其与相关法条的关系

王 蕾[*]

【摘 要】

审查阶段和司法程序对功能性限定特征采取了不同的解释原则，其目的都是对过于宽泛的表述加以限制。不当的功能性限定会面临不清楚、得不到说明书的支持等问题，在审查阶段新提出的功能性概括也会面临修改超范围的审查。本文通过审查和诉讼中的实际案例来阐明功能性限定与不清楚、不支持、超范围之间的关系，通过选取的正反实例来对合理的功能性限定作一探讨。

【关键词】

功能性限定　概括　审查　司法　不清楚　不支持

一、引　言

权利要求作为专利申请文件最重要的组成部分之一，其主要意义在于为专利权人的独占权划定边界，向公众公示专利权范围，并作为判定是否侵权的主要依据。对权利要求的解读直接关系到专利权人和社会公众的利益。

---

* 作者单位：国家知识产权局专利局专利审查协作湖北中心。

《专利法》和司法解释都采用折中原则来解释权利要求的保护范围。《专利法》第59条第1款规定："发明或者实用新型专利权的保护范围以其权利要求的内容为准，说明书及附图可以用于解释权利要求的内容。"《最高人民法院关于审理侵犯专利权纠纷案件应用法律若干问题的解释》（法释〔2009〕21号）第2条规定："人民法院应当根据权利要求的记载，结合本领域普通技术人员阅读说明书及附图后对权利要求的理解，确定专利法第五十九条第一款规定的权利要求的内容。"

该司法解释体现强化权利要求公示性的导向，旨在增强专利权保护范围的确定性，为社会公众提供明确的法律预期。无论在专利审查、专利权无效还是在侵权判定阶段都应该对专利权利要求的保护范围采取一致的解释立场，才能使专利权人和公众对专利权的保护范围有相同的预期，充分体现权利要求的公示作用。但在实质审查程序中权利要求可以修改，在司法审判阶段权利要求已无修改余地。审查和诉讼处于不同阶段，各自发展出符合自身阶段特点的、自成体系的判断方法和解释原则。只要不同阶段的解释原则是明确的、且能够被公众所得知，即使存在差异，也不会影响权利要求的公示作用。

二、功能性限定的解释原则

功能性限定特征是指权利要求中对产品的部件、部件之间的配合关系或对方法的步骤采用其在发明创造中所起的作用、功能或产生的效果来限定的技术特征。实现某种功能或效果的手段多种多样，从字面上来说功能性特征包含能实现该功能的所有实施方式，包括：现有技术、发明提出的具体手段，还包括未来可能出现的、当前不甚明了的实施方式。以功能性特征限定的权利要求外延过宽，极有可能给予权利人过大的保护，导致权利与贡献不匹配。因此立法者需要对此进行防范，通过对权利要求范围的解释来对功能性限定的权利要求的保护范围加以限制。

《专利审查指南2010》规定，对于权利要求中所包含的功能性限定的技术特征，应当理解为覆盖了所有能够实现所述功能的实施方式。而《最高人民法院关于审理侵犯专利权纠纷案件应用法律若干问题的解释》第4条规定："对于权利要求中以功能或者效果表述的技术特征，人民法院应当结合说明书和附图描述的该功能或者效果的具体实施方式及其等同的实施方式，确定该技术特征的内容。"

对功能性限定而言，在实质审查中采取了最宽合理解释原则，凡是能够实现所述功能的本领域技术人员使用的所有实施方式都可以用来破坏权利要求的新颖性或创造性。司法解释中采用限制性解释原则将功能性特征限定为说明书中的具体实施方式及其等同方式。二者的解释看似矛盾，但无论究其初衷还是结果都是对专利权的限制，使专利权人得到与其发明贡献相匹配的权利，避免权利要求过于宽泛，阻碍技术进步。

三　功能性限定与不支持

申请人在撰写权利要求时采用功能性限定是希望获得比具体实施方式更大的保护范围。在实质审查阶段，由于功能性限定的技术特征理解为覆盖了所有能够实现所述功能的实施方式，采用这种撰写方式将面临两个风险：检索到潜在的新颖性、创造性的对比文件的概率更大；更容易出现得不到说明书支持的问题。在遇到功能性概括的权利要求时，审查员往往需要检索本领域所有该功能性特征的具体表现形式，即使专利申请文件未提及，也可用来破坏权利要求的新颖性、创造性。同时审查员还会考察权利要求中限定的功能是否是以说明书实施例中记载的特定方式完成的，所属技术领域的技术人员能否明了此功能还可以采用说明书中未提到的其他替代方式完成来判断该功能性特征能否得到说明书的支持。

在化学、医药、生物领域，存在有些物质结构不明晰、提取物成分不明确的情况。权利要求中多出现以功能、效果、机理或通式来限定的技术特征，且这些类型的限定在权利要求中往往交叉出现，使得权利要求更为复杂，容易出现权利要求的范围过大得不到说明书支持的情况。

名称为"靶向多聚泛蛋白的方法和组合物"的发明专利请求保护"一种与赖氨酸 -48 连接的多聚泛蛋白特异性结合的分离的抗体，其中该抗体不与单泛蛋白特异性结合，且其中该抗体以高亲和力与赖氨酸 -48 连接的多聚泛蛋白特异性结合但以实质上减少的亲和力与赖氨酸 -63 连接的多聚泛蛋白结合或不与赖氨酸 -63 连接的多聚泛蛋白特异性结合"。说明书中提供证据表明抗体 apu01 - 15 和 apu2. 01 - 2. 10 是与赖氨酸 -48 连接的多聚泛蛋白特异性结合的抗体。该权利要求对所述抗体以与蛋白的结合性来表征，没有记载所述抗体的序列结构特征，是一种功能性的撰写方式，概括了数目众多的具有不同序列结构的、专利申请文件未说明的抗体。说明书中提供的抗体 apu01 - 15 和 apu2. 01 - 2. 10 不足以代表所有具有权利要求限定功能的抗体，本领域技术人员获得满足权利要求所限定功能的其他抗体需要付出巨大的、创造性的劳动，使得该权利要求不恰当地概括了过宽的保护范围，得不到说明书的支持。申请人修改时并没有直接保护说明书中提到的两个抗体实施例，而是将这两个抗体的共性结构特征包含的 6 条高变区序列补入权利要求，来克服不支持的缺陷。

在这些领域，结构与功能之间、技术方案与有益效果之间的可预见性弱，必须借助一定的实验结果才能对解决的技术问题加以验证。对具体实施例的数目虽然没有明确要求，但应当满足能够理解发明如何实施，足以判断在权利要求所限定的范围内都可以实施并取得所述的效果。实施例宜尽量覆盖常见的典型类型，在说明书中尽可能地阐明特定物质、结构与功能之间的对应关系以及运作机理，注意提炼实施例的共性特征，在实质审查阶段有助于审查员充分了解案情，为权利要求得到支持提供依据，在确权阶段有助于法官了解等同的实施方式避免将权利要求范围局限于特定实施例。

在电学、通信、计算机领域，存在大量已知的结构元件，仅罗列繁杂的结构元件及位置连接往往难以清楚地限定出发明的具体方案。若发明专利的贡献在于特殊的流程或功能模块的交互组合，并不涉及硬件方面物理实体结构的改进，则权利要求撰写时通常将共同实现某种功能的结构元件作为一个整体单元，以功能模块为单位描述各模块的位置连接、操作运行以及信息传输路径等。由于在这些领域实现常规功能的具体结构元件及它们之间的连接方式一般是已知的，通常情况下，权利要求未详细限定具体元件结构并不会带来不支持的缺陷。

如复审案例"用于确定多媒体序列的帧尺寸的方法"的发明专利，其权利要求"一种电子设备，该电子设备包括多媒体播放单元和处理器，所述处理器接收多媒体序列的具体方式为：从所接收的多媒体序列中获取第一帧报头的第一比特率；通过公式来预测包括第一帧报头的第一帧的第一长度，所述公式使用的参数至少包括第一比特率以及第二长度与第二帧报头的第二比特率的比，该第二帧报头在所述第一帧报头之前"采用了功能步骤来限定处理器，而说明书中仅仅公开了使用计算机流程来实现所述方法的特定方式。复审认为发明实质在于帧长度预测方法，只要处理器具备实现帧长度预测方法的各个步骤的功能，就可以解决该申请的技术问题。基于本领域技术人员的技术水平以及结合通信领域中常见的处理器实现方式可以合理预测：除了该申请中公开的使用计算机程序流程来实现所述方法的方式外，可以使用目前常规处理器编程的所有等同替代或明显变型方式来实现，例如 FPGA 和 DSP 等，权利要求能够得到说明书的支持，最后撤销了前审以不支持为理由的驳回决定。

（一）功能性限定与不清楚

诺基亚诉华勤侵权案涉案专利"选择数据传送方法"的权利要求 7 请求保护一种装置，在方法权利要求的每一个步骤前加上"被配置为"而组成。在说明书中未记载装置本身如何"被配置为"的具体实施方式。上海市高级人民法院认为"被配置为"应当被理解为使该设备、部件能够实现或达到其所限定的执行某一步骤的功能或效果，需要考察本领域普通技术人员能否无须付出创造性劳动就可明了每一个"被配置为"的特征的装置具体如何实现。诺基亚同时主张涉案专利权利要求 7 中限定的"消息编辑器"是其与现有技术的主要区别所在，即"消息编辑器"与本领域普通技术人员的通常理解不一致，不存在能够实现该技术特征所体现的功能或者效果的惯常技术手段。权利要求 7 仅表述了"消息编辑器"所要实现的功能，本领域普通技术人员通过阅读权利要求书、说明书和附图不能直接、明确地确定该技术特征的技术内容，权利要求的保护范围不清楚，不能判定被控侵权物上有侵权行为发生。❶

通常，对所属技术领域的公知部件采用功能性的描述语言不会出现权利要求不清楚和说明书不支持的情况。例如，散热装置、放大器、滤波器等已成为所属技术领域普通技术人员普遍知晓的技术名词，虽然以功能或效果性语言表述，但具有能达成共识的、特定的结构组成，一般不将其认定为功能性限定。当发明的改进不涉及部件实体而在于部件与其他部件之间的特定连接关系或特定工作流程时，利用功能性描述能够清楚地反映这种特定关联性，使得本领域技术人员依据公知常识就足以得知实现该功能的具体技术手段，也是没有问题的。但当体现发明构思，发明与现有技术相区别的关键特征在于部件本身的结构、组成时，那么这种新的部件对本领域技术人员来说是陌生的，该部件与其他部件之间的关联性也不属于公知的范围，这种情况下权利要求采用功能性限定方式撰写就会面临风险。若说明书记载了实现该功能的具体实施方式，在实质审查阶段会被告知权利要求得不到说明书的支持，在侵权判定阶段，则权利要求的保护范围会被限定在说明书中记载的实现该功能的特定方式。若说明书中没有记载实现权利要求中该功能的具体方式，则在审查阶段会被告知权利要求不清楚，在侵权判定阶段也会由于权利要求

---

❶ 郭刚，等. 诺基亚与上海华勤专利权纠纷案解析及启示 [J]. 电信网技术，2016 (1)：30 - 34.

的保护范围不清楚而无法判定侵权行为。

（二）功能性概括与超范围

《专利审查指南 2010》规定：通常，对产品权利要求来说，应当尽量避免使用功能或者效果特征来限定发明。有些发明的主要改进在于提供了某种功能而非具体的机械连接形式。如果给定目标功能，本领域技术人员可运用多种本领域的常规部件及连接形式实现目标功能。比起只描述机械连接结构，功能性概括能够更好地体现发明构思，也更容易将发明解释清楚。

发明"辊式磨机"因"磨盘的磨面与磨辊之间存在可调节的间隙而构成间隙式磨合面"的修改超出了原始申请文件的范围被提起无效请求。专利复审委员会、北京市第一中级人民法院和北京市高级人民法院都认为不超范围相继驳回了该请求。该案提出一种磨盘、磨辊之间的间隙可调的磨机，并记载了三种提供间隙的具体机械结构：通过位于上、下机壳之间的弹性机构所产生的弹性力而使下机壳下移并偏转而发生相对移动产生间隙；或者通过位于磨辊与支架之间的弹性装置所产生的弹性力使磨辊在一定范围内摆动产生间隙；或者通过装在支架和磨辊之间的主轴上的弹性机构所产生的弹性力迫使磨辊下移来被动调节磨盘的磨面与磨辊之间的间隙。修改将三种具体结构的磨机概括为能提供间隙磨合面功能的磨机。虽然在原申请文件中并未通过文字明确记载"磨盘的磨面与磨辊之间存在可调节的间隙而构成间隙式磨合面"，但是本领域技术人员在阅读专利申请文件之后，能够直接地、毫无疑义地理解到"磨盘的磨面与磨辊之间存在可调节的间隙而构成间隙式磨合面"的技术信息，可以选择传动链的任意位置加装弹性机构来提供随动间隙。

可见将说明书中的众多实施方式概括为具有某种功能的或产生某种效果的功能性的描述并不是一定不行的。但要保证实施方式足够支持功能性概括，功能性概括并没有包含不能解决相同技术问题、不能达到相同技术效果的其他实施方式；并且该功能和实现该功能的手段之间的关联性是所属技术领域技术人员所熟知的，所属技术领域技术人员明了可采用的其他替代方式。否则概括不当的功能性限定一样会面临修改超范围的风险。

四、结　语

功能性限定特征在审查和司法实践中存在颇多争议，但功能性限定特征有其合理化的一面，因此权利要求并没有禁止使用，而是对其设置了诸多限制。文字表达本身具有一定的局限性，权利要求对专利技术方案的概括难以做到全面、精准。在强调权利要求公示性这一基本导向的同时，权利要求的解释也要避免唯文字论，理解权利要求的技术方案要充分参考说明书及附图，在全面考量发明的领域特点和发展水平、发明贡献和公知技术、解决问题和取得效果的基础上确定权利要求的保护范围，使真正有技术贡献的专利能获得比较周延的保护。

功能性限定特征的权利要求保护范围解析

薛　杰*　　王艳臣*　　牛力敏*

【摘　要】

　　功能性限定是专利申请文件中常用的表述方式。笔者将通过实际案例分析阐述功能性限定权利要求保护范围在《专利审查指南2010》和法院中的不同理解以及如何看待它们之间的异同，对申请人、审查员及社会人士具有一定参考价值。

【关键词】

　　功能性限定　　权利要求保护范围

一、引　　言

　　在我国，已有相当一部分比例的专利申请文件采用功能性限定的方式撰写权利要求书，然而，在《专利审查指南2010》和法院中对功能性限定方式却采用不同的规定，其中：

　　《专利审查指南2010》第二部分第二章第3.2.1节中规定："通常，对产品权利要求来说，应当尽量避免使用功能或者效果特征来限定发明。只有

---

　　*　作者单位：国家知识产权局专利局专利审查协作天津中心。

在某一技术特征无法用结构特征来限定，或者技术特征用结构特征限定不如用功能或效果特征来限定更为恰当，而且该功能或者效果能通过说明书中规定的实验或者操作或者所属技术领域的惯用手段直接和肯定地验证的情况下，使用功能或者效果特征来限定发明才可能是允许的。对于权利要求中所包含的功能性限定的技术特征，应当理解为覆盖了所有能够实现所述功能的实施方式。对于含有功能性限定的特征的权利要求，应当审查该功能性限定是否得到说明书的支持。如果权利要求中限定的功能是以说明书实施例中记载的特定方式完成的，并且所属技术领域的技术人员不能明了此功能还可以采用说明书中未提到的其他替代方式来完成，或者所属技术领域的技术人员有理由怀疑该功能性限定所包含的一种或几种方式不能解决发明或者实用新型所要解决的技术问题，并达到相同的技术效果，则权利要求中不得采用覆盖了上述其他替代方式或者不能解决发明或实用新型技术问题的方式的功能性限定。"

《最高人民法院关于审理侵犯专利权纠纷案件应用法律若干问题的解释》（法释〔2009〕21 号）第 4 条规定："对于权利要求中以功能或者效果表述的技术特征，人民法院应当结合说明书和附图描述的该功能或者效果的具体实施方式及其等同的实施方式，确定该技术特征的内容。"

从上面两种不同规定可以看出，对含有功能性限定权利要求保护范围在不同阶段具有不同的界定。下面，笔者将结合具体的案例来深入探讨功能性限定权利要求保护范围以及如何看待上述两种规定不一致的焦点问题。❶

二、无效宣告请求及其诉讼案例

2010 年 6 月 8 日，无效宣告请求人山东新华医疗器械股份有限公司针对专利号为 200520015885.9、发明名称为"用于制造塑料袋的装置"的实用新型专利提出无效宣告请求，认为该专利不符合《专利法》第 26 条第 4 款、《专利法实施细则》第 21 条第 2 款以及《专利法》第 22 条第 3 款的规定。针对本文主题，在这里仅叙述关于权利要求 1 功能性限定部分的保护范围，以下是各方对此的评述。

权利要求 1：一种用于制造塑料袋（330）的装置（350），具有一个组合式焊接/切割模具（90），用以分离并连接一层或多层塑料薄膜（120、130），

---

❶ 吴摇娜. 含功能性特征的权利要求保护范围研究［D］. 上海：华东政法大学，2015.

其中，该装置包括一个传送系统（155），其特征在于：该传送系统（155）

（i）能沿着闭合的组合式焊接/切割模具（90）经过；

（ii）能将该一层或多层塑料薄膜（120、130）拉入开启的焊接/切割模具（90）中。

1. 无效宣告请求人的意见

该专利不符合《专利法》第26条第4款关于权利要求书应当以说明书为依据的规定，具体理由如下：权利要求1使用功能性限定的方式限定了传送系统，而说明书中关于传送系统只公开了一种实施方式，即由夹持器组成，当薄膜被拉入开启的焊接/切割模具中后，夹持器需要从模具中抽出，再移动到模具的起始端；而权利要求1将夹持器从模具中抽出再移动回原位概括为"能够沿着闭合的组合式焊接/切割模具经过"，其概括了较大的保护范围，因而得不到说明书的支持；相应地，其从属权利要求2~9也得不到说明书的支持。

2. 专利权人的答辩

本专利符合《专利法》第26条第4款的规定，具体理由如下：说明书第2页第18~19行描述了该传送系统也可以通过真空抽吸器或辊子来实现，因此本说明书提供了传送系统的多个实施方式，权利要求1对说明书实施方式的概括是恰当的。

3. 专利复审委员会的无效宣告请求审查决定

2010年10月12日，专利复审委员会进行了口头审理。而后，专利复审委员会合议组于2010年12月3日作出第15770号无效宣告请求审查决定，依据《专利法》第26条第4款的规定，宣告该专利的权利要求1~9无效。相关理由摘录如下：

独立权利要求1涉及一种用于制造塑料袋的装置，其包括功能性限定技术特征"该装置包括一个传送系统（155），其特征在于：该传送系统（155）（i）能沿着闭合的组合式焊接/切割模具（90）经过"（简称——"沿着闭合模具经过"）。虽然本专利说明书第2页第8段提到了"该传送系统也可以通过真空抽吸器或辊子来实现"，但说明书关于传送系统155的实现方式（参见说明书第7页第2段至第8页第2段），仅仅公开了"夹持器"一种实现方式——关闭的模具对塑料袋焊接切割完毕后，夹持器从模具中抽取再移动回原位；夹持器再将一个新的薄膜拉入重新开启的模具。而在现有技术中，传送系统虽然可以有例如夹持器、辊子、真空抽吸器等多种方式，但是不同的传送系统，其自身的传送运动方式是不同的。例如，辊子是固定在轴承上作自转运动，其不能实现权利要求 1 中的"沿着闭合模具经过"；又例如，真空抽吸器是贯穿于开启的焊接/切割模具，其也不能实现权利要求 1 中的"沿着闭合模具经过"（参见本专利说明书第 1 页最后一段）。因此除了本专利说明书中的特定方式"夹持器"，本领域技术人员并不清楚其替代方式，例如辊子、真空抽吸器应当怎样应用才能作为"传送系统"实现沿着闭合模具经过，因此权利要求 1 的上述功能性限定的概括是不恰当的。

4. 北京市第一中级人民法院的判决

专利权人对专利复审委员会第 15770 号无效宣告请求审查决定不服，向北京市第一中级人民法院提起行政诉讼。北京市第一中级人民法院于 2011 年 7 月 4 日受理该案，于 2011 年 10 月 18 日、2012 年 1 月 5 日公开开庭进行审理，并于 2012 年 1 月 18 日作出第 2307 号行政判决书。其中，北京市第一中级人民法院的相关意见摘录如下：

（1）关于本专利权利要求 1 的保护范围的确定

在本案庭审过程中，各方当事人均主张对于本专利权利要求 1 的功能性特征应当理解为覆盖了所有能够实现该功能的实施方式。对此本院认为，对于专利权权利要求保护范围的确定，应当由人民法院依职权进行，不应受当事人主张的限制。2001 年《专利法》第五十六条第一款规定："发明或者实用新型专利权的保护范围以其权利要求的内容为准，说明书及附图可以用于解释权利要求。"对于功能性特征的解释方法，《审查指南》及《最高人民法院关于审理侵犯专利权纠纷案件应用法律若干问题的解释》分别就专利授权确权纠纷案件及侵犯专利权纠纷案件的适用作出了相应规定。最高人民法院司法解释及《审查指南》的上述规定反映了我国平衡专利权人与社会公众利益的立法本意。专利制度的基本原则之一，在于一项所能获得法律保护的专利权的保护范围，应当与其对现有技术的贡献相适应。功能性特征作为"一网打尽"的撰写方式，相对于结构特征的撰写方式而言，其字面保护范围更为宽泛，对社会公众自由的限制更多，在某些特定的情况下，可能会不恰当地限缩了在后创新的空间。在授权确权纠纷案件中将功能性特征理解为覆盖了所有能够实现该功能或者效果的实施方式，而在侵权纠纷案件中理解为说明书和附图描述的该功能或者效果的具体实施方式及其等同的实施方式，有利于鼓励申请人在采用功能性特征的撰写方式时，尽可能多地披露具体实施方式，从而一方面使得专利申请的权利要求能够满足概括恰当的要求，使其能够得到说明书的支持，另一方面，可以使授权专利能够获得与其说明书公开内容范围相匹配的保护，同时避免授权专利获得不恰当的宽泛保护，从而阻碍后续的创新。综上所述，在授权确权纠纷案件中，应当将功能性特征解释为覆盖了能够实现该功能或者效果的所有实施方式。

本案中，本专利权利要求1对传送系统的描述为"该传送系统（i）能沿着闭合的组合式焊接/切割模具（90）经过；（ii）能将该一层或多层塑料薄膜（120，130）拉入开启的焊接/切割模具（90）中"，上述对传送系统的特征限定均属于以功能或者效果定义的技术特征，为功能性特征，其应当理解为包括了本领域技术人员基于现有技术所能够想到的能够实现该功能的所有实施方式。

（2）关于权利要求1是否符合2001年《专利法》第二十六条第四款的规定

就权利要求1而言，在现有技术中，传送系统至少可采用夹持器、真空抽吸器、辊子等实施方式，但本专利说明书仅公开了以夹持器往复运动的方式实现传送系统"能沿着闭合的组合式焊接/切割模具（90）经过"的功能的具体实施方式。虽然本专利说明书第2页第7自然段记载了"该传送系统也可通过真空抽吸器或辊子来实现"，并且普鲁玛公司认为真空抽吸器和辊子在其工作模式类似于具体实施方式中描述的"夹持器"的情况下都可以实现"沿着闭合模具经过"的功能，但是，普鲁玛公司所描述的能够实现"沿着闭合模具经过"功能的真空抽吸器及辊子，其工作原理不同于本领域技术人员基于现有技术的内容所理解的真空抽吸器及辊子，换言之，在不对现有技术中的真空抽吸器及辊子付出创造性劳动进行改造的情况下，本领域技术人员并不清楚现有技术中的真空抽吸器及辊子如何实现传送系统"沿着闭合模具经过"的功能，说明书仅以含糊的方式提及真空抽吸器及辊子也能实现本专利要求保护的"传送系统"的功能，不足以使本领域技术人员获得足够的技术信息。此外，本专利说明书没有提及的步进运动、持续前进运动，与本专利说明书实施例所公开的往复运动存在重大差别，本领域技术人员在不付出创造性劳动的情况下，亦不清楚采用这些运动方式的多种传送系统，如何既能实现将该一层或多层塑料薄膜拉入开启的焊接/切割模具中、又能实现沿着闭合的组合式焊接/切割模具经过的功能。综上，权利要求1请求保护的技术方案没有以说明书为依据，不符合2001年《专利法》第二十六条第四款的规定。

三、分析确定功能性限定保护范围

在上述授权案件的无效宣告程序中，参照法院的判决可以清晰明确得知功能性限定权利要求在授权、确权及侵权纠纷案件中具有不同界定的保护范围，对此进行一定的理解与剖析：

（1）对于授权确权纠纷案件：将功能性特征理解为覆盖了所有能够实现该功能或者效果的实施方式。这无疑概括了一个"宽范围"。在授权审查阶段，采用功能性限定会给审查过程带来风险，审查员可以查询到更多评价该申请新颖性或创造性的对比文件，该种撰写方式最初看似保护范围很大，但最终呈现效果是对申请人不利。需要强调的一点是，在具有功能性限定特征时，参考法院评审，在开始审查阶段，审查员就应该充分考虑该权利要求请求保护的技术方案是否以说明书为依据，能够得到说明书的支持，这无形中避免了很多无效、侵权的案子发生。

在确权程序中，借助无效申请人提出的证据和理由，专利复审委员会对已经授权公告的专利重新审视其授权是够恰当，对授权错误的专利进行纠正。因为专利确权程序审查的是授权决定是否正确，在理论上，其应该遵循与授权程序相同的解释权利要求的规则。因此，该类案件在很大程度上容易被无效。其中，有一点差别的是，专利权人在确权阶段修改权利要求的尺度明显小于授权阶段，不能从说明书中提取特征补入到权利要求中，权利要求的修改方式仅限于权利要求的删除、合并或技术方案的删除，这就决定了有些缺陷难以克服，在功能性限定权利要求被无效后，即使说明书中公开了具体实施方式，但从属权利要求并未涉及具体实施方式，那么有价值的实施方式也是无效的。

（2）对于侵权纠纷案件：将功能性特征理解为说明书和附图描述的该功能或者效果的具体实施方式及其等同的实施方式。综观《最高人民法院关于审理侵犯专利权纠纷案件应用法律若干问题的解释》，其实是在向社会人士传递一个信号，即在侵权判定阶段作出严格的"窄范围"理解，督促申请人在申请之初严格把控，注意自身权利的界定，鼓励申请人在采用功能性特征的撰写方式时，尽可能多地披露具体实施方式，保障了专利制度的高效有序运行，同时该限定更有益于公众利益，降低了侵权门槛，鼓励其他申请人的发明创新，促进科技进步。

如果按照上述"宽范围"理解，其包括了无穷种可能的实施方式，然而它会将一些并不属于专利权人创造的实施方式也囊括之中，如果这些实施方式与专利权人的实施方式有本质的不同，按照上述解释将会被"一网打尽"，如此对于被控侵权人来说显失公平，也不利于社会公众对新的实施方式作出任何尝试，阻碍了技术的进步。

对于上述两种规定不一致的焦点问题，笔者认为这种不一致是可接受的。在文字层面来说，两种规定确实存在差异，但在最终实质认定的结果上是相同的。在审查阶段，对于含有功能性限定特征的权利要求，需审查该功能性限定是否得到说明书的支持，该审查判断过程与侵权判定过程中以说明书中描述的具体实施方式为基础，判断是否存在或有何种等同方式其实是一致的。因此，如果审查员接受该功能性限定特征，那么该功能性限定特征含义不仅包括说明书中具体实施方式，又包括能够实现该功能的其他替代方式；如果审查员不接受该功能性限定特征，那么必然会告知申请人将其缩减到说明书中具体实施方式及能够实现该功能的其他替代方式，这无疑与侵权判定结果完全一致。

四、结　语

在目前状况下，申请人在采用功能性特征的撰写方式时，应该严格把控，注意自身权利的界定，尽可能多地披露具体实施方式；审查员对功能性限定特征应进行严格审查，把控授权关，如果不能明了此功能，还可采用说明书中未提到的其他替代方式来完成或者有理由怀疑功能性限定所包含的一种或几种方式不能解决发明要解决的技术问题，并达到相同的技术效果，则应当坚决地提出质询意见，不要放宽审查要求，以便从源头上制止将"不合格"的功能性限定特征带入权利要求当中，保障专利审查质量。

合理解读含功能性限定权利要求的保护范围，提升专利审查质量

滕　冲* 杨　祺* 刘素兵* 赵翠翠*

【摘　要】

现阶段，我国专利申请中已经涌现大量以功能性限定的方式撰写的权利要求，此类权利要求由于其撰写的特殊性而造成权利要求的保护范围难以把握，给审查工作增加难度。对于涉及含有功能性限定的权利要求的保护范围如何认定、如何处理，笔者通过对相关法律规定进行浅析，并结合实际案例，针对常见的几种情形给出了建议处理方式。

【关键词】

功能性限定　保护范围　理解发明　本领域技术人员　审查质量

一、引　言

一般而言，一项产品权利要求应由反映该产品结构或组成的技术特征组成，一项方法权利要求应由反映实施该方法的具体步骤和操作方式的技术特征组成。随着电子科技和计算机技术突飞猛进的发展，相应的产品和方法日新月

---

* 作者单位：国家知识产权局专利局专利审查协作天津中心。

异、纷繁复杂，若期许从实体上翔实记载产品各组成部分以及各组成部分之间的位置排列、连接方式或传送方式或方法，着实难以描述，致使专利申请人在撰写相关领域权利要求时面临巨大的困难，继而功能性特征的撰写方式应运而生，尤其在电学、通信领域屡见不鲜，常见的功能性特征撰写方式大致分为以下两种。

（1）纯功能性限定：即功能性模块性质的权利要求，仅记载部件的术语名称，然后用功能性或效果性语言加以描述，如权利要求为：一种茶杯，其特征在于能够保温；再如，一种图像处理装置，包括输入装置，用于输入图像数据。这样的限定仅仅从所要实现的功能或技术效果上对权利要求进行了限定，并未记载采用何种技术手段加以实现，此类属于纯功能性限定的权利要求。

（2）"手段" + 功能限定：权利要求描述在对结构特征或步骤特征后，再加以相应功能或效果性的描述对权利要求作进一步限定，如权利要求："利用 Gabor 滤波器对原始输入图像进行多方向、多尺度的 Gabor 滤波，得到原始输入图像的一组响应，用于模拟视皮层简单细胞感受野的局部特性与方向敏感特性。"

采用功能性限定的方式撰写权利要求，更加便于专利申请人的撰写，但会导致审查员在确定权利要求的保护范围时难以界定具体的保护范围，尤其是无法界定权利要求涵盖了能够实现该功能的结构、方法、参数等技术特征，成为审查中的难点。

二、相关法律浅析

对于功能性限定的权利要求的保护范围的解释，国内目前存在以下两种观点。

（一）《专利法》和《专利审查指南 2010》对功能性限定权利要求的法律解释

《专利法》第 59 条第 1 款规定："发明或者实用新型专利权的保护范围以其权利要求的内容为准，说明书及附图可以用于解释权利要求的内容。"此条款规定权利要求的内容是判断权利要求保护范围的基准，在此基础上，说明书及附图在行政审批阶段仅仅是用于帮助理解和解释权利要求的内容。

《专利审查指南 2010》第二部分第二章第 3.2.1 节中指出："对于权利要求中所包含的功能性限定的技术特征，应当理解为覆盖了所有能够实现所述功能的实施方式。"

毫无疑问，一方面，功能性限定的撰写方式能够给专利权更加灵活的保护，同时有助于申请人在撰写权利要求时不必绞尽脑汁穷举所有可以实现该功能的具体技术特征；另一方面，根据《专利审查指南 2010》中的记载，对于功能性限定的权利要求的保护范围应当理解为能实现其功能的所有的实施方式，这样的规定，对于在申请日之前的"等同"方式会影响该权利要求的新颖性和创造性，但是对于申请日之后的功能性限定的权利要求能够实现的实施方式却也在在先申请的权利要求的保护范围中。如此一来，功能性限定的权利要求的保护范围被过分扩张，损害了公众的利益，抑制了公众对新的实施方式作出尝试和改进的动力，阻碍技术的进步，违背《专利法》的立法宗旨。此外，《专利审查指南 2010》中这样的解释理解起来非常清楚，但行政审批中的难点在于，审查员不可能对所有实现所述功能的实施方式均进行检索和审查。由此，为避免权利要求的保护范围与发明的实际"贡献"不相匹配以及申请人有意扩大保护范围的撰写，《专利审查指南 2010》中进一步规定一般情况下应避免使用功能或效果限定发明。具体在《专利审查指南 2010》第二部分第二章第 3 节中记载："通常，对于产品权利要求来说，应当尽量避免使用功能或者效果特征来限定发明。只有在某一技术特征无法用结构特征来限定，或者技术特征用结构特征不如用功能或效果特征来限定更为恰当，而且该功能或者效果能通过说明书中规定的实验或者操作或者所属技术领域的惯用手段直接和肯定地验证的情况下，使用功能或者效果特征来限定发明才可能是允许的。""对于主题名称中含有用途限定的产品权利要求，其中的用途在确定该产品权利要求的保护范围时应当以考虑，但其实际的限定作用取决于对所要求保护的产品本身带来何种影响。"

（二）侵权诉讼中对于功能性限定权利要求保护范围的相关规定

然而，与《专利审查指南 2010》中的规定不同的是，《最高人民法院关于审理侵犯专利权纠纷案件应用法律若干问题的解释》第 4 条规定："对于权利要求中以功能或者效果表述的技术特征，人民法院应当结合说明书和附图描述的该功能或者效果的具体实施方式及其等同的实施方式，确定该技术特征的内容。"即在侵权判定中强调了对于功能性限定的权利要求应以说明书和附图中的具体实施方式及其等同方式确定其技术特征的内容，这样的规定显然与《专利法》第 59 条的以权利要求保护的内容为准有出入，同时公众容易采取与说明书不相同也不等同的方式代替功能性限定的特征而造成专利权人的利益得不到保护，并且对于"等同"一致性在专利授权、确权侵权之间难以保证，无形增加了后续程序的负担。

综上分析，对于功能性限定的解释，在行政审查、侵权诉讼阶段执行的标准并非统一，放眼发达国家或地区对于功能性限定的解释，美国与我国在侵权诉讼阶段的解释基本一致，即以说明书及附图描述的为准，而欧洲则与我国《专利审查指南2010》中规定的涵盖实现该功能的所有实施方式为准，日本专利法中并未明确对功能性限定的解释规定，而日本法院则将其解释为以本领域技术人员通过阅读说明书等专利文件能够实施的范围为基准。

三、审查实践分析

虽然目前不同阶段对功能性限定的解释侧重点不尽相同，但均有其合理之处，两种解释相辅相成，根本宗旨均是确保授权专利的保护范围清晰适当，在平衡公众与专利权人的利益的同时鼓励发明创造，以"公开换保护"促进科学进步。对于专利审查员来说，《专利法》及《专利审查指南2010》仍是审查阶段唯一需要依据的法律和部门规章，对含有功能性限定权利要求的审查和其保护范围的解释和确定，应当且必须以《专利法》和《专利审查指南2010》的相关规定和解释作为准绳，而其他阶段及他国的做法可作为参考而非作为标准执行。

下面，将以一个侵权典型案例浅谈如何提高实质审查阶段含功能性限定的权利要求的审查质量。

原告曾展翅享有名称为"除臭吸汗鞋垫"的实用新型专利，❶ 权利要求1的内容如下：

1. 一种除臭吸汗鞋垫，其特征是它是由两层防滑层于相对的内面各附设一单向渗透层，其间再叠置粘结吸汗层、透气层、除臭层组成，吸汗层与透气层相邻。

在说明书中，专利权人对"单向渗透层"仅举出了一个具体实施方式，即一种具有漏斗状空隙的布面。被告河北珍誉工贸有限公司也生产销售了一种除臭吸汗鞋垫，该鞋垫也具有防滑层、单向渗透层、吸汗层、透气层和除臭层，其与曾展翅的专利产品一致，但唯一区别为，珍誉工贸有限公司的产品中的单向渗透层是通过一层非织造布和吸汗层两层结构实现单向渗透功能，而非专利中的具有漏斗状空隙的布面。一审法院将根据《专利审查指南2010》中

---

❶ 参见：北京市第二中级人民法院（2005）二中民初字第11450号民事判决书。

的解释，认为能够实现"单向渗透层"的所有实施方式均在该专利权的保护范围内，因此珍誉工贸有限公司构成侵权，而二审法院认为被控侵权产品没有落入涉案专利的保护范围，理由是基于最高人民法院的解释，对于功能性限定的权利要求，不应当仅按照其字面的意思解释为涵盖所有实现方式，而应当受到说明书和附图的具体实施方式的限制。

结合上述典型案例，假设该案件为发明专利，笔者对实质审查阶段对含有功能性限定的权利要求的保护范围的确定和审查进行了思考，建议主要从以下几个方面重点把握，以提高该类案件的审查质量，为后续确权、侵权诉讼等阶段"减负"。

（一）理解发明，把握发明实质

依据《专利审查指南 2010》中有关实质审查的规定，功能性限定的技术特征的保护范围应当理解为所有能够实现的实施方式，《专利法》指出应当以权利要求保护的内容为准，说明书和附图可以用以解释权利要求，因此，《专利法》和《专利审查指南 2010》已经给审查员比较明确的审查标准，即为了更好地理解一项发明，不单单局限于权利要求文字的描述，尤其在使用功能性限定的权利要求可能造成权利要求不清楚的情况下，应当结合对说明书的理解，把握发明的实质，初步判断该功能性限定是否具有"智慧贡献"，是否是发明点，继而结合说明书明确申请人是采用何种具体的实施方式实现所述的功能性限定内容以及公开了一种还是多种实施方式加以实现，并初步判断说明书记载的具体实施方式是否为发明点。对于该案功能性限定"单向渗透层"是采用"上位"的方式概括的较宽的保护范围，但申请人说明书中仅公开了一种具体的实施方式，即"具有漏斗状空隙的布面"实现该功能。因此，通过理解发明可以知晓申请人是采用说明的具体的实施方式以达到其权利要求中所预期的功能和效果，而申请人采用的功能性限定的方式撰写的权利要求的保护范围显然大于其实际的贡献，如何使申请人的权利要求与其贡献相匹配，这就体现审查员的职责所在。

（二）通过检索，站位本领域技术人员

通过第一步理解发明，审查员已经初步明确申请人想要保护什么，接下来，审查员需要审查这样的功能性限定的权利要求的保护范围是否合适。针对这一步，《专利审查指南 2010》第二部分第二章第 3.2.1 节中给出了判断的方法："如果权利要求中限定的功能是以说明书实施例中记载的特定方式完成

的，并且所述技术领域的技术人员不能明了此功能还可以采用说明书中未提到的其他替代方式来完成，或者所述技术领域的技术人员有理由怀疑该功能性限定所包含的一种或几种方式不能解决发明或者实用新型所要解决的技术问题，并达到相同的技术效果，则权利要求中不得采用覆盖了上述其他方式或者不能解决发明或实用新型技术问题的方式的功能性限定。"上述内容分为两种情况：一种是本领域技术人员不明了除了说明书记载的特定方式以外是否还有其他方式可以实现所述功能；另一种是本领域技术人员对于所述功能性限定中包含的实施方式给出反例已提出质疑。这两种情况为功能性限定不被允许的情形，且这两种情况的判断均是以本领域技术人员为基准。因此，只有通过检索，站位本领域技术人员，才能知晓是否有其他实施方式或者给出合理的怀疑，以给出申请人的功能性限定的权利要求是否合适。

（三）合理运用实质性条款

1. 以"三性"评判为主线，证据优先

由《专利审查指南2010》的解释可知，功能性限定的权利要求以"上位"的方式概括了较宽的保护范围，为了使权利要求与申请人的"贡献"相适应，审查员负有更大的检索义务，如果能检索到现有技术中的某一个或多个实施方式以实现该功能，则基于《专利法》第22条的规定，以"三性"的评判为主线、证据优先的原则，以使申请人所要求保护的范围更加适当、合理。对于无授权前景的申请，通过检索现有技术，提供有力证据告知申请人其缘由，以鼓励其在现有技术的基础上进一步地改进以具备新颖性和创造性，鼓励其进一步发明创造；对于有授权前景的申请，通过检索对比文件，使其在允许修改的条件下，将其专利的保护范围进行规范，保证其授权的专利权清晰、适当、稳定，与其实际的"贡献"相匹配。如上述案例中"单向渗透层"，若审查员在实质审查阶段能够检索到现有技术中任一种能够实现单向渗透功能的层结构，申请人就其说明书中仅有的"具有漏斗状空隙的布面"的实施方式体现在权利要求1中，便可将本案的权利要求与现有技术进行清楚的划界，继而或可避免后续的侵权诉讼等程序，从而平衡了专利权人和公众的利益，也保证的其授权专利的稳定，节约了各方的审查资源。

2. 其他法条的合理使用

显然，《专利审查指南2010》中的规定无疑对审查员的检索质量和效率提出了较高的要求。然而，若确无该申请的有效对比文件，审查员也应从其他法条进一步保证其功能性限定的权利要求是否合理。对此，《专利法》《专利法实施细则》和《专利审查指南 2010》中也分别给出了相应的判断方法。《专利法》第 26 条第 4 款规定："权利要求应当以说明书为依据,清楚、简要地限定要求专利保护的范围。"《专利法实施细则》第 19 条第 1 款规定:"权利要求书应当记载发明或实用新型的技术特征。"《专利审查指南 2010》第二部分第二章第 3.2.1 节中指出:"对于含有功能性限定的特征的权利要求,应当审查该功能性限定是否得到说明书的支持。""如果说明书中仅以含糊的方式描述了其他替代方式也可能适用,但对所属技术领域的技术人员来说,并不清楚这些替代方式是什么或者怎样应用这些替代方式,则权利要求中的功能性限定也不允许。另外,纯功能性限定得不到说明书的支持,因而也不允许"。

由上述相关规定可以明确,对于纯功能性限定的权利要求已经给出了明确不符合《专利法》第 26 条第 4 款的规定,对于非纯功能性限定的权利要求,除《专利法》第 22 条的审查之外,《专利审查指南 2010》和《专利法》给出可以考虑是否符合《专利法》第 26 条第 4 款的规定以规范其权利要求的保护范围。如含有功能性限定的权利要求,说明书中仅仅给出一种具体的实现方式,或者说明书给出了其他的替代方式,但这些替代方式的适用方式在说明书中描述得含糊不清,导致本领域技术人员不清楚如何应用以实现所述功能。此时,在没有有效对比文件的前提下,可考虑适用《专利法》第 26 条第 4 款,权利要求得不到说明书的支持,以规范保护范围、节约审查程序。如申请号为02821552.4❶ 的专利申请中,复审阶段给出"通过沿所述导向部件的至少基本上无摩擦的运动进行定位"这一功能性限定得不到说明书的支持,不符合《专利法》第 26 条第 4 款,得不到说明书的支持,申请人随后修改了权利要求,将说明书中对应的通过固定部分和导向部件的形状和固定方式加入权利要求中,不仅符合《专利法》第 26 条第 4 款,保证权利要求保护范围清楚和支持,同时,也克服了在实质审查阶段不具备创造性的缺陷,使其专利申请在合理的范围得以授权。从该案件的处理方式得到的启发是,在对比文件并非十分有效的情况下,合理运用《专利法》第 26 条第 4 款可能达到事半功倍的效果。但这里需注意,《专利审查指南 2010》中给出了提醒:"在判断权利要求是否得到说明书的支持时,应当考虑说明书的全部内容,而不是仅限于具体实施方式部分的内容",在此审查员在运用《专利法》第 26 条第 4 款时需要从说明书整体出发,站位本领域技术人员,现有技术中除申请记载的具体实施方式之

---

❶ 参见:专利复审委员会第 21288 号复审请求审查决定。

外，是否有相关的等同替代方式或者是利用公知的技术手段加以实现的实施方式，此时应当认为权利要求得到说明书的支持，由此也印证了前文中提到的两点内容的重要性。

此外，对于权利要求中含有功能性限定的部分，在说明书中也采用同样的功能性限定的方式描述，而并未给出具体的实施方式，此时同样优先通过证据进行审查，若检索后并未找到相应的实现手段，则可优先考虑以《专利法》第 26 条第 3 款 "说明书公开不充分" 的审查意见。

四、总　　结

笔者通过对《专利法》《专利法实施细则》以及《专利审查指南 2010》中对于功能性限定权利要求的相关规定作了归纳和分析，并结合实际案例，对于常见申请的不同情形给出了建议的处理方式。但基于现存的两种不统一的解释方式以及功能性限定撰写方式的特殊性，一方面，对专利权人而言，虽提供了一种便捷的撰写方式，但通过上文的分析，如果撰写不恰当，势必会因不符合相关规定而需重新撰写，势必延长了审查时间，严重情况下还会造成本可以授权的权利要求不能够得到专利的保护，或因权利要求保护范围过大或说明书公开不充分而损害公众的利益，因此，对专利权人提供便捷的同时也要求提高对权利要求的撰写能力。另一方面，对审查员而言，需要通过正确理解发明、站位本领域技术人员，对含有功能性限定的权利要求的保护范围进行准确、合理的认定，同时需要具备较高的检索能力，优先从证据中寻找现有技术以对含有功能性限定的权利要求的新创性作出合理的评判，确保对于专利申请的驳回要客观、公正。此外，针对不同领域的不同案件的特点，考虑以《专利法》第 26 条第 3 款、第 4 款等非 "三性" 法条进行审查，以确保授权的权利要求的保护范围清晰、适当。

论功能性特征限定在授权确权程序中以及侵权判定中对权利要求保护范围的影响

何　杨[*]

【摘　要】

　　在权利要求书中经常有功能性特征来对权利要求进行限定，但是，在授权和确权程序中以及在侵权判定中，功能性特征限定对权利要求保护范围带来的影响并不完全相同。对于功能性特征在不同程序中的不同点，本文进行了简单的阐述。

【关键词】

　　功能性特征　保护范围

一、引　言

　　通常，在撰写产品权利要求时，为了对产品形成绝对保护，最好是利用结构和/或组成的技术特征来对产品权利要求进行限定。不过，在有些情况下，某一技术特征无法用结构特征来限定，或者技术特征用结构特征限定不如用功

---

　　* 作者单位：中国国际贸易促进委员会专利商标事务所。

能或效果特征来限定更为恰当时，就需要用功能性特征来进行限定。

但是，在中国的专利实践中，在授权确权程序中和侵权判定中对于功能性特征的解读并不完全相同，对于功能性特征在不同程序中所带来的不同影响，下面笔者将进行具体阐述。

二、功能性特征的含义

对于要求保护产品的技术方案而言，一般应在权利要求中用结构和/或组成等特征来限定，即在权利要求中限定该产品或装置的各个部件的具体结构、形状、构造等机械构成，以及各部件之间的连接关系、位置关系、配合关系等相互关系。不过，在实际情况中，也存在某一技术特征无法用结构特征来限定，或者技术特征用结构特征限定不如用功能或效果特征来限定更为恰当的情况。此时，申请人往往会用功能性特征来对权利要求进行限定。

对于功能性特征，在《最高人民法院关于审理侵犯专利权纠纷案件应用法律若干问题的解释（二）》（法释〔2016〕1号）第8条中有如下规定："功能性特征，是指对于结构、组分、步骤、条件或其之间的关系等，通过其在发明创造中所起的功能或者效果进行限定的技术特征，但本领域普通技术人员仅通过阅读权利要求即可直接、明确地确定实现上述功能或者效果的具体实施方式的除外。"

三、在授权确权程序中功能性特征限定对权利要求保护范围的影响

在《专利审查指南2010》第二部分第二章第3.2.1节中规定："对于权利要求中所包含的功能性限定的技术特征，应当理解为覆盖了所有能够实现所述功能的实施方式。对于含有功能性限定的特征的权利要求，应当审查该功能性限定是否得到说明书的支持。如果权利要求中限定的功能是以说明书实施例中记载的特定方式完成的，并且所属技术领域的技术人员不能明了此功能还可以采用说明书中未提到的其他替代方式来完成，或者所属技术领域的技术人员有理由怀疑该功能性限定所包含的一种或几种方式不能解决发明或者实用新型所要解决的技术问题，并达到相同的技术效果，则权利要求中不得采用覆盖了上述其他替代方式或者不能解决发明或实用新型技术问题的方式的功能性限定。"

由此可以看出，在授权确权程序中功能性特征被解读为能够实现所述功能的实施方式，即并不局限于说明书中具体实施方式所例举的内容。这种情况

下，很可能由于说明书所给出的技术内容支持不了这么宽泛的范围而导致权利要求得不到说明书的支持。具体以如下案例进行说明。

在申请号为02805240.4、发明名称为"半导体封装件及其制造方法"的案件❶中，驳回决定所针对的权利要求书具体如下：

1. 一种制造带图案的膜的方法，该方法的特征在于以下步骤：

（i）将硅氧烷组合物施用到基底表面以形成膜，其中所述硅氧烷组合物包括：

（1）每分子包含平均至少两个与硅键合的链烯基基团的有机聚硅氧烷，

（2）每分子包含平均至少两个与硅键合的氢原子的有机硅化合物，其浓度足以固化组合物，和

（3）催化量的光活化硅氢化催化剂；

（ii）将一部分膜暴露于波长150至800纳米的辐照下以制备部分曝光的膜，该部分曝光的膜具有覆盖了一部分表面的未曝光区和覆盖了其余表面的曝光区；

（iii）将该部分曝光的膜加热一段时间，如此使得曝光区基本上不溶于显影溶剂，而未曝光区却溶于显影溶剂；

（iv）用显影溶剂除去加热膜的未曝光区从而形成带图案的膜；和

（v）将带图案的膜加热一段时间，该加热时间足以形成固化的硅氧烷层。

该案合议组于2008年11月26日向复审请求人发出复审通知书，指出：该申请权利要求1得不到说明书的支持，不符合《专利法》第26条第4款的规定。具体理由是：该申请权利要求1中的"光活化"属于功能性的限定方式，其表示通过光的照射而具有某种活性的功能，而该申请说明书记载的一系列具体的催化剂只属于某种特定的具体类型的催化剂且复审请求人提交的实验证词中也仅涉及一种具体的具有光活化功能的催化剂，所属技术领域的技术人员不能明了此功能还可采用说明书未记载的其他组合物来完成，因此权利要求1中限定的光活化催化剂包含一个过大的范围，得不到说明书的支持。

修改后的权利要求书具体如下：

1. 一种制造带图案的膜的方法，该方法的特征在于以下步骤：

（i）将硅氧烷组合物施用到基底表面以形成膜，其中所述硅氧烷组合物包括：

---

❶ 参见：专利复审委员会第16159号复审请求审查决定。

（A）每分子包含平均至少两个与硅键合的链烯基基团的有机聚硅氧烷，

（B）每分子包含平均至少两个与硅键合的氢原子的有机硅化合物，其浓度足以固化组合物，和

（C）催化量的光活化硅氢化催化剂，其中所述光活化硅氢化催化剂包含铂族金属，在曝光在波长150至800纳米的辐照下和在随后的加热下能够催化组分（A）与组分（B）的硅氢化反应；

（ii）将一部分膜暴露于波长150至800纳米的辐照下以制备部分曝光的膜，该部分曝光的膜具有覆盖了一部分表面的未曝光区和覆盖了其余表面的曝光区；

（iii）将该部分曝光的膜加热一段时间，如此使得曝光区基本上不溶于显影溶剂，而未曝光区却溶于显影溶剂；

（iv）用显影溶剂除去加热膜的未曝光区从而形成带图案的膜；和

（v）将带图案的膜加热一段时间，该加热时间足以形成固化的硅氧烷层。

合议组认为修改后的权利要求1仍然得不到说明书的支持，其具体理由如下："光活化"催化剂的含义是在光子的激发下使具有催化性质的化学物质，其表示该化学物质通过光的照射而具有某种活性的功能；而"在曝光在波长150至800纳米的辐照下和在随后的加热下能够催化组分（A）与组分（B）"的限定，表示在某个反应条件下可以催化某物质的能力，实际上是对能够实现该反应过程的反应条件进行了限定，上述限定均属于功能性的限定，而对该催化剂本身的组分或结构配体并没有限定。虽然复审请求人在此次修改时将光活化硅氢化催化剂进一步限定为"包含铂族金属"，但经过以上述功能性限定方式限定的包含铂族金属的硅氢化催化剂仍然概括了一个过于宽泛的范围，包含相当多类别的催化性物质，而该申请说明书中（说明书第8页倒数第1段至第9页第1段）记载的一系列具体的催化剂只属于某种特定的具体类型，即铂族金属的一些具体的硅氢化催化剂，该申请说明书中也并未从化学原理上解释上述催化剂的工作原理，仅是给出一系列具体物质，通过将这一系列具体催化剂物质与（A）、（B）中限定的物质放置一起，在一定条件下反应才能实现该发明的带有图案的膜。同时在复审请求人提交的实验证词中也仅涉及一种具体的具有光活化功能的催化剂。因此，该申请权利要求1中限定的包含铂族的光活化催化剂仍包含了一个过大的范围，本领域的一般技术人员仅由说明书记载的一些具体的催化剂，无法判断该范围内的哪些类型的并未记载在该申请中的光活化催化剂可以完成上述功能。因此，权利要求1得不到说明书的支持，不符

合《专利法》第 26 条第 4 款的规定。

由上述案例可以看出，如果在权利要求书中采用了功能性特征进行限定，权利要求的保护范围会被解释为覆盖了所有能够实现所述功能的实施方式。申请人通常希望利用这种限定方式来实现保护范围的最大化，但是，如果说明书中对功能性特征的撰写不够充分的情况下，这种撰写方式往往会导致权利要求保护范围过大而得不到说明书的支持，反而由于"贪大而难以求全"。

那么，假如这种带有功能性特征的权利要求被审查员认为得到了支持的情况下，在侵权判定中，其保护范围是否也能覆盖到所有能够实现所述功能的实施方式呢？这可以由下述案例一窥究竟。

四、在侵权判定中功能性特征限定对权利要求保护范围的影响

《最高人民法院关于审理侵犯专利权纠纷案件应用法律若干问题的解释》（法释〔2009〕21 号）（以下简称《解释》）第 4 条中规定：对于权利要求中以功能或者效果表述的技术特征，人民法院应当结合说明书和附图描述的该功能或者效果的具体实施方式及其等同的实施方式，确定该技术特征的内容。

《解释》第 4 条第一次明确了功能性限定的技术特征的解释方法。在过去的司法实践中，一些法院就功能性限定的技术特征的解释方法与审查指南保持一致，即所有能够实现所述功能的实施方式均构成侵权，但在此次司法解释之后，上述解释方法在司法实践中将不再适用。只有被控侵权物实施了说明书所描述的具体实施方式及其等同的实施方式方构成专利侵权。具体而言，以如下案例为例进行说明。

在最高人民法院（2013）民申字第 366 号民事裁定书中，再审申请人宁波悦祥机械制造有限公司（以下简称"悦祥公司"）因与被申请人上海昶意机械制造有限公司侵害发明专利权纠纷一案，不服上海市高级人民法院作出的（2012）沪高民三（知）终字第 10 号民事判决书，向最高人民法院申请再审。

悦祥公司申请再审称：涉案专利权利要求 1 中的锁定装置作为功能性（效果性）特征，最大限度地体现了该发明的技术贡献，因此，应以实现该功能的所有实施方式来对该特征进行解释。认定涉案专利权利要求 1 的保护范围时，不应忽视锁定装置在权利要求 1 中的技术价值和语义价值，尤其是锁定装置作为涉案专利的发明点时，不应当直接将该功能性（效果性）特征替换为具体实施方式中的相应特征。

上海昶意机械制造有限公司提交书面意见认为：专利权保护的是技术方

案，而不单单是功能和效果。如果认为功能性技术特征覆盖了所有能够实现所述功能的实施方式，那么，专利权的保护范围将会囊括一些与专利权人的实施方式有着本质不同的，并不属于专利权人创造的实施方式。这不利于保护公众利益，会阻碍技术进步。

在该判决书中，最高人民法院给出了如下判定："本案中，双方当事人对涉案专利权利要求中'锁定装置'为功能性限定技术特征不持异议，争议点在于如何对该技术特征进行解释。根据《最高人民法院关于审理侵犯专利权纠纷案件应用法律若干问题的解释》第四条的规定，对于权利要求中以功能或者效果表述的技术特征，人民法院应当结合说明书和附图描述的该功能或者效果的具体实施方式及其等同的实施方式，确定该技术特征的内容。二审法院将'锁定装置'解释为仅涵盖了涉案专利说明书中记载的具体实施方式以及与这些实施方式构成等同的实施方式，并无不当。悦祥公司请求以实现锁定功能的所有实施方式来解释涉案专利权利要求 1 中的'锁定装置'，缺乏法律依据，本院不予支持。"

由上述案例可以看出，在侵权判定中，根据《解释》第 4 条的规定，权利要求中的功能性特征被限缩解释成说明书和附图描述的该功能或者效果的具体实施方式及其等同的实施方式，并不是解释为覆盖到所有能够实现所述功能的实施方式。

五、针对功能性特征的撰写建议

申请人在撰写权利要求书时，有时为了获得更大的保护范围，希望通过利用功能性特征限定，以获得更大的保护范围。但是，由上面的案例可以看出，对于功能性特征的限定，在授权与确权的程序中，审查员将该功能性特征解释为覆盖了所有能够实现所述功能的实施方式，以这种最大范围的方式进行解读，实际上对于该发明增加了如下风险：①由于权利范围大，很可能把现有技术给涵盖进来而否定该发明的新颖性和/或创造性；②由于权利范围大，很可能导致该申请权利要求得不到说明书的支持。也就是说，在授权确权程序中，功能性限定往往会给发明的评价带来风险，使得发明不能获得授权。

另外，即使带有功能性限定的发明获得了授权，但是在行使权利的过程中，该功能性限定往往受到限缩性的解释，即将其解读为仅涵盖了涉案专利说明书中记载的具体实施方式以及与这些实施方式构成等同的实施方式，如果被控侵权产品中实现相应功能部分的技术手段和原理并不相同，则即使功能相同，也很可能并不被判定为侵权。

因此，申请人即使获得了权利，也有可能因为被控侵权产品实现相应功能的技术手段和/或原理不同，而不能够主张受到了侵权。这样来看，功能性限定在授权确权程序和侵权判定程序中的解读并不一样，前者将其范围扩大至所有相应的方式，而后者将其限缩为说明书中具体实施方式及其等同实施方式。这对于申请人而言，在获得授权的过程中经受最严格的检验，但是，在行使权利的过程中，又只能限于发明具体的实施方式及其等同方式。

申请人有时候基于商业目的或技术保密等原因，不愿意在说明书中对发明机理和核心技术作出详细说明，但又想获得最大的保护范围，而有时候寄希望于通过文字上的外延范围获得最大的权益。但是，专利法的本质是公开换保护，对于功能性限定特征而言，这一点更明显。如果申请人在撰写专利申请文件时能够公开足够的实施方式，在授权确权程序中，因得不到支持而被驳回的概率会相应减小，在侵权判定中，由于有足够的实施方式对可能有的变型都作出了说明，在侵权方没有逃离该发明内核的情况下，可以确实地主张自身的权利受到了侵害。

为此，在撰写专利申请文件的过程中，建议尽量用结构和/或组成的技术特征来对权利要求进行限定，如果必须用功能性特征进行限定的情况下，最好对能够实现该功能的实施方式多进行例举，如果不能穷举的话，也最好给出机理性的说明，这样可以在授权确权过程中，更有力地主张得到说明书的支持，在侵权判定时，能够更准确、有力地实施相同原则和等同原则。

浅谈功能性限定特征的限定范围

邱　娟*　石茂顺*　刘宗磊*　杨　雯*

【摘　要】

　　在专利文件的权利要求中，专利撰写人经常采用功能性限定的写法，通过上位形式的功能性限定来扩大保护范围，同时对于不好描述的模块类部件进行概括。目前国内对功能性限定特征的解释尚不统一，导致了相关专利在审查、授权及确权程序中存在诸多困难。本文结合案例对这一现象进行分析，建议国家知识产权局和最高人民法院统一功能性限定特征的解释，功能性限定特征的限定范围应通过说明书和说明书附图所包括的实施例及其等同实施例确定。在实践中，专利撰写人、审查员在处理含有功能性限定特征的专利时，应参照统一后的功能性限定特征的解释进行操作，进而推进中国专利制度的良性发展。

【关键词】

　　功能性限定　权利要求　专利权保护范围

---

*　作者单位：上海易码信息科技有限公司。

一、概　　述

功能性限定特征是指在产品权利要求中或者在方法权利要求中，采用产品的结构或者方法的步骤在技术方案中所起的功能或者所产生的效果来限定其发明创造的描述方式。

对于专利文件中采用功能性限定特征的撰写方式，虽然《专利审查指南2010》中并不提倡使用功能性限定特征的描述，但为了使得技术方案描述得更加清晰，某些专利文件中仍会采用。例如，电学领域和涉及系统相关领域的专利文件中，较常采用包括功能性限定技术特征的写法。

功能性限定，在机械领域中较多用于限定结构在整体装置或设备中所起的作用，或与其他结构之间的关系；在化学领域多用于限定材料的组分；在电学领域多用于限定电学部件在技术方案的电学系统中所起的作用，或与其他电学部件的关系。例如，申请号为 200710002708.0 的专利中表述有"第一短信息交互子系统，用于接收通信终端发送的短信支付请求，并转发给账户管理子系统……"，该项权利要求中，通过"第一短信息交互子系统"在该技术方案中的作用，来描述该系统。

在专利制度发展过程中，不少国家在功能性限定特征方面存在争议。

（一）国内关于功能性限定特征的解释

功能性限定特征的相关问题，自中国专利制度建立以来，在专利界便逐渐出现并越来越受到关注。目前，对于功能性限定特征的解释，国家知识产权局制定的《专利审查指南2010》和最高人民法院发布的司法解释并不统一。

《专利审查指南2010》第二部分第二章第 3.2.1 节对于功能性限定特征的解释为：对于权利要求中所包含的功能性限定的技术特征，应当理解为覆盖了所有能够实现所述功能的实施方式。

2009 年 12 月 21 日，最高人民法院审判委员会第 1480 次会议通过的《最高人民法院关于审理侵犯专利权纠纷案件应用法律若干问题的解释》（法释〔2009〕21 号）（以下简称《解释一》）第 4 条规定：对于权利要求中以功能或者效果表述的技术特征，人民法院应当结合说明书和附图描述的该功能或者效果的具体实施方式及其等同的实施方式，确定该技术特征的内容。

继《解释一》实施后，2016 年 1 月 25 日，最高人民法院审判委员会第1676 次会议又通过了《最高人民法院关于审理侵犯专利权纠纷案件应用法律若干问题的解释（二）》（以下简称《解释二》），对功能性限定特征所对应的实施方式进一步进行解释和限定。《解释二》第8条规定增加了功能性特征的解释：功能性特征，是指对于结构、组分、步骤、条件或其之间的关系等，通过其在发明创造中所起的功能或者效果进行限定的技术特征，但本领域普通技术人员仅通过阅读权利要求即可直接、明确地确定实现上述功能或者效果的具体实施方式的除外。

由于对功能性限定特征解释的不统一，专利相关人员对确定功能性限定特征对应的保护范围存在很大争议。事实上，许多国家对功能性限定的相关规定也存在或曾经存在较大争议。而美国关于功能性限定特征的法规则在争议及实践中发展并最终实现统一。

（二）美国关于功能性限定的解释

1952年，美国在专利法第112条第6款中明确规定，允许权利要求中采用功能性限定特征：对于针对组合的权利要求来说，其特征可以撰写为"用于实现某种特定功能的机构或者步骤"，而不必写出实现其功能的具体结构、材料或者动作。采用这种方式撰写的权利要求应当被解释为涵盖了说明书中记载的相应结构、材料或者动作及其等同手段。

自1952年美国新的专利法实施以后，无论是美国专利商标局还是对美国专利商标局的决定进行审查的美国海关和专利上诉法院，均认为第112条第6款的规定仅适用于法院办理专利侵权案件；而美国专利商标局在专利审查过程中，对于专利的授权则采取较为宽泛的解释原则，认为功能性限定特征覆盖能够实现该功能的所有方式。这种情况下，只要能够实现相同功能的技术，均会对审查的专利构成授权影响。

然而，1982年成立的美国联邦巡回上诉法院（Court of Appeals for the Federal Circuit，CAFC）则对此持不同的观点，认为第112条第6款的规定也适用于授权程序。

1982~1994年，美国专利商标局和CAFC对此一直存在争议；直至CAFC于1994年2月14日通过In re Donaldson一案，以该法院全体法官参加的大法庭方式作出判决，明确指出美国专利商标局的解释立场有误，并表明其观点后，美国专利商标局才接受了授权程序也应当采用缩小解释的观点。这使得美国对于包含有功能性限定特征的专利在审查及侵权案件过程中的解释标准得到统一，减少了美国专利商标局及CAFC办案过程中不必要的纠纷，提高办案效率，避免了某些专利权人采用功能性限定特征来扩大专利的保护范围。

二、具体案例及分析

由于《专利审查指南 2010》与最高人民法院对功能性限定特征解释的不统一，导致专利授权、确权、复审与侵权、无效等阶段的判断结果存在较大争议。下面结合具体案例进行分析。

案例：曾展翅诉珍誉公司侵犯专利权案

2005 年，曾展翅（北京展翅鸿业商贸有限公司经理）向北京市第二中级人民法院（以下简称"北京二中院"）提起诉讼，称河北珍誉工贸有限公司（以下简称"珍誉公司"）生产和销售的"珍誉"牌袜不湿物料除臭鞋垫，侵犯其所获得专利 ZL01207388.1 的相关技术。

经审查，北京二中院依法作出一审判决。❶ 其判决结果中涉及的权利要求中"单向渗透层"的解释，北京二中院认为：实施例是申请人选择的一种公开充分的表现形式，其效果相当于举例说明，在不违反禁止反悔原则的前提下，实施例不能理解为是对必要技术特征的限定。因此，对单向渗透层的保护范围应确定为能够实现水分单向渗透的层面。

珍誉公司对该一审判决不服，向北京市高级人民法院（以下简称"北京高院"）提出上诉，认为其产品不构成侵权，请求撤销一审判决。

二审中，北京高院认为：曾展翅依法享有的专利权受法律保护。发明或者实用新型专利权的保护范围以其权利要求的内容为准，说明书及附图可以用于解释权利要求。对于采用功能性限定特征的权利要求，不应当按照其字面含义解释为涵盖了能够实现该功能的所有方式，而是应当受到专利说明书中记载的实现该功能的具体方式的限制。具体而言，在侵权判断中应当对功能性限定特征解释为仅仅涵盖了说明书中记载的具体实现方式及其等同方式。从该案专利权利要求 1 的必要技术特征看，均采用功能性限定特征，因此，对该权利要求进行解释时，应当考虑说明书中记载的具体实现方式。涉案专利的说明书中对"单向渗透层"明确指出"为一种具有漏斗状孔隙的布面"，涉案专利被控侵权产品单向渗透层采用的是非织造布，并非是与具有漏斗状的布面相同或相等同的技术特征。因此，被控侵权产品没有落入涉案专利的保护范围。❷

---

❶ 参见：北京市第二中级人民法院（2005）二中民初字第 11450 号民事判决书。
❷ 详见北京市高级人民法院（2006）高民终字第 367 号民事判决书，可参见北京法院网，具体网址链接为：http://bjgy.chinacourt.org/paper/detail/2006/06/id/6527.shtml。

该案一审中，北京二中院对功能性限定特征判定的标准与《专利审查指南 2010》中对功能性限定特征的所涵盖范围的解释一致，即将功能性限定特征"单向渗透层"解释为能够实现该功能的所有实施方式并将所有实施方式均纳入专利权的保护范围内。这对于涉案专利的专利权人来说是有益的，但扩大了其专利权利要求的权利保护范围，难以准确认定功能性限定特征认定的范围。

该案二审中，北京高院对功能性限定特征判定的标准与《解释一》和《解释二》中对功能性限定特征的解释一致；这也与《专利法》第 26 条第 4 款的规定（权利要求书应当以说明书为依据，清楚、简要地限定要求专利保护的范围）及《专利法》第 59 条第 1 款的规定（发明或者实用新型专利权的保护范围以其权利要求的内容为准，说明书及附图可以用于解释权利要求的内容）表述一致。

该案发生在最高人民法院《解释一》和《解释二》发布实施之前，但从一审法院和二审法院对功能性限定特征判定所采取的不同标准来看，当时在理论和实践中人们对功能性限定特征的认定范围的标准就难以达成一致，这无疑是专利审查、授权及确权争议的源头之一。

三、建　　议

对功能性限定特征认定存在的相关问题，笔者给出自己的建议：

（1）国家知识产权局及最高人民法院需统一对功能性限定特征的解释，功能性限定特征的限定范围应通过说明书和说明书附图所包括的实施例及其等同实施例确定。采取该认定标准，使我国在专利行政审批授权、确权过程与司法保护体系中专利侵权判定的不同阶段，法律对功能性权利要求的保护范围的解释保持一致，且更加精准；同时避免因为已有的能够达到相同功能的非等同实施方式，致使具有功能性限定权利要求的专利难以授权，或减少在授权后的确权阶段容易被无效的风险。

（2）审查员对于专利申请文件中功能性限定特征较为难确定其保护范围，或者其等同技术难以确定的，可以优先从专利申请文件记载的技术的新颖性及创造性方面审查。这样对于明显不具备授权条件的专利申请文件，审查员则不必耗费时间确定功能性限定特征对应的范围。对于需要确定功能性限定特征限定的范围的，具体可按照第（1）条建议中的标准进行认定；对于难以确定的范围，也可以要求申请人给出具体实施例对应的具体范围，从而提高专利审查的效率。

（3）专利申请文件撰写人应该严格按照第（1）条所给的建议，将专利申请文件中解决技术问题而采取的技术手段及带来的技术效果撰写清楚，使专利申请文件的技术方案能够如实覆盖其发明所包括的实施例。这有利于避免因撰写充分导致专利申请文件所能保护的范围小于发明人的发明，减少垃圾专利的数量，提高专利申请质量。

笔者认为权利要求中功能性限定特征的限定范围不应当理解为覆盖了所有能够实现所述功能的实施方式，而应通过说明书及其附图所包括的实施例及其等同实施例来确定。结合专利实践，若均采取以上前者功能性限定特征的标准，一旦含有功能性限定特征的专利申请获得了授权，则该功能性限定特征限定的范围较广，这对权利人之外的公民、企业、组织来说是不公平的；其有悖于人类建立专利制度的根本目的——促进整个社会的公共利益，而不是单纯地为专利权人提供保护。保护专利权人的合法利益，也是为了鼓励发明人及早向社会公开其发明创造，从而使整个社会受益。

在专利制度下，不管是作为专利权人，还是作为专利的其他相关利害关系人或社会公众，都应当受到公平、公正的待遇。

参考文献

［1］尹新天. 中国专利法详解［M］. 缩编版. 北京：知识产权出版社，2012：456－462.

［2］韩龙. 功能性限定权利要求的专利权保护范围及侵权判定研究［D］. 北京：中国政法大学，2009.

［3］樊培伟，李文静，王云涛. 浅析专利授权和侵权诉讼中对权利要求中"功能性特征"的解释［J］. 中国发明与专利，2012（11）：74－77.

［4］李春生，杨森. 从两件案例谈功能性权利要求申请文件的撰写［G］//中华全国专利代理人协会. 2014年中华全国专利代理人协会年会第五届知识产权论坛论文（第三部分）. 2014.

［5］党晓林. 功能性限定特征的审查与保护范围之探讨［J］. 知识产权，2011（1）：43－48.

［6］胡昂. 专利功能性限定特征权利要求解释冲突问题研究［D］. 上海：华东政法大学，2014.

浅谈界定制药用途权利要求
保护范围的影响因素

彭晓琦*　　姚　云*

【摘　要】

　　本文基于我国制药用途权利要求的制定宗旨和保护本意，分析了可能影响该类型权利要求保护范围的技术特征，并在此基础上，提出了界定制药用途权利要求保护范围的影响因素和判断思路。

【关键词】

　　制药用途权利要求　　制定宗旨　　技术特征　　保护范围

一、引　　言

　　近期，一起名为"胃肠基质肿瘤的治疗"的发明专利被专利复审委员会以不具备创造性全部无效，在专利界引起了震动，该发明专利是瑞士诺华公司对于其重磅抗癌药"格列卫"的外围保护专利，专利保护的是用于治疗白血病的已知抗癌药格列卫（甲磺酸伊马替尼）用来治疗胃肠基质肿瘤的第二医药用途，权利要求以制药用途权利要求的方式对该医药用途进行保护。在无效宣告决定中，合议组基于对制药用途权利要求中适应症的含义进行解读从而确

　　* 作者单位：国家知识产权局专利局专利审查协作北京中心。

定权利要求具备新颖性，再一次掀开了业界对于制药用途权利要求保护范围的关注和探讨。

制药用途权利要求（瑞士型权利要求）是医药化学领域一类特殊类型的权利要求，其产生之初是基于避开疾病诊断和治疗方法不能给予专利保护而另辟蹊径对于新的药物用途发明给予保护。由于其表现形式重于制备药物而非使用药物，而在权利要求的撰写中又常常不可避免地需要引入其他特征例如给药对象、给药剂量、给药方案、用药禁忌等，因而导致如何判断这些从表面看并不属于制备药物的技术特征是否影响制药用途权利要求的保护范围长期以来成为医药化学领域的一大审查难点。本文将借助于法院相关判例，对于如何界定制药用途权利要求保护范围进行分析，以期与业界人员共同探讨。

二、相关法规和审查实践

在我国建立专利制度之初，即规定了可使用制药用途权利要求来保护物质的医药用途的基本思路。《审查指南1993》第二部分第十章第2.4节指出：物质的医药用途若为疾病的诊断和治疗方法，因属于专利法第25条第1款第3项，不能授予专利权。但若它们用于制造药品，则可依法授予专利权。该思路最初起源于TRIPS第27条中排除给予"医治人或动物的诊断、治疗和手术方法"的规定，并借鉴了当时欧洲专利局的做法，采用瑞士型权利要求对新的医药用途发明给予变通保护，但在《审查指南1993》中并未明确应当如何确定此类权利要求的保护范围。

通过多年的专利审查实践，业界对于制药用途权利要求保护范围确定的困惑和争议越来越多。欧洲专利局同样面临过类似情况，在欧洲的在先判例中已有较多体现，例如欧洲专利局扩大申诉委员会在T 19/86、T 51/93、T 1020/03决定中，分别涉及对瑞士型权利要求中的治疗对象、给药方式、给药方案等给药特征在评价新颖性和创造性时应当如何考虑，其通过上述判例认可了治疗对象、给药方式、给药方案等给药特征对于瑞士型权利要求可能存在实质性限定作用。在我国的审查实践中，《审查指南2006》通过明晰制药用途权利要求新颖性的判断标准间接对影响制药用途权利要求保护范围的技术特征的审查标准作出说明，即在《审查指南2006》第二部分第十章第5.4节指出：对于涉及化学产品的医药用途发明，其新颖性审查应考虑：（1）新用途与原已知用途是否实质上不同。仅仅表述形式不同而实质上属于相同用途的发明不具备新颖性。（2）新用途是否被原已知用途的作用机理、药理作用所直接揭示。与原作用机理或者药理作用直接等同的用途不具备新颖性。（3）新用途是否属于原已知用途的上位概念。已知下位用途可以破坏上位用途的新颖性。（4）给药对象、给药方式、途径、用量及时间间隔等与使用有关的特征是否对制药过程具有限定作用。仅仅体现在用药过程中的区别特征不能使该用途具备新颖性。该规定在《专利审查指南2010》中并未进行修改。

从上述规定可见，我国审查指南中已经明确，在界定制药用途权利要求保护范围时，不能排除考虑给药对象、给药方式、给药途径、使用剂量及时间间隔等与用药有关的技术特征。但是，如何判断这些用药特征是否对制药用途产生了实质性的限定作用，而非仅仅体现在用药过程中，并没有可供操作的具体判断方法。在审查实践中，审查员通常把主题为"化合物X在制备治疗Y病的药物中的用途"的权利要求等同于"治疗Y病的药物的制备方法，其特征在于应用化合物X"进行审查。鉴于药物的使用方法、治疗机理、适应症之间关系错综复杂，审查员往往难以评判其中的关联性，因而在绝大多数情况下，并不会轻易认可制药用途权利要求中的给药对象、给药方案、给药剂量等用药特征对于制药用途权利要求存在实质性限定作用。笔者在专利复审委员会的复审无效系统中以"制药用途权利要求"作为关键词检索决定要点得到45份复审或无效决定，没有一份决定最终认可权利要求中的用药特征对于制药用途权利要求存在限定作用。而专利复审委员会第104654号复审请求决定中的决定要点代表了当前的主流观点，其中指出："对于制药用途发明而言，给药对象、给药方案（包括给药时间、频次、特定给药方法和联合给药方法等）通常属于体现在用药过程中的技术特征，属于医生对治疗方案的选择，在判断所述制药用途权利要求的新颖性和创造性时，对要求保护的制药用途权利要求不具备实质限定作用。"

三、案例分析

随着医药行业的发展，通过给药特征的变化改进原有医药用途的发明越来越多，导致上述判断思路不断地受到挑战，在此过程中，在专利复审委员会和法院的个别决定和判决中，对于用药特征在制药用途权利要求的保护范围中是否存在实质性限定作用的问题上也存在一些观点的变化。

例如，在专利号为ZL94194471.9、发明名称为"用5-α还原酶抑制剂治疗雄激素引起的脱发的方法"的发明专利无效行政纠纷案中，专利权人发现使用该药物低剂量给药时，治疗雄性脱发特别有效，因此请求保护"17β-

（N－叔丁基氨基甲酰基）－4－氮杂－5α－雄甾－1－烯－3－酮在制备适于口服给药用以治疗人的雄激素引起的脱发的药剂中的应用"，并在特征部分使用剂量特征进行限定。然而，在该案的无效审理和后续的司法审判过程中，专利复审委员会、一审法院与二审法院对于其中包含的剂量特征是否对权利要求产生限定作用产生了不同观点。专利复审委员会和一审法院均不认可给药剂量对于制药用途权利要求的限定作用，而二审法院则认为该专利是基于对剂量所作的改进而申请的医药用途发明专利，应当考虑给药剂量特征对于权利要求的限定作用。在判决书中，二审法院认为：医药用途发明本质上是药物的使用方法发明，如何使用药物的技术特征，即使用剂型和剂量等所谓的"给药特征"，应当属于化合物的使用方法的技术特征而纳入其权利要求之中。在实践中还有在使用剂型和剂量等所谓"给药特征"方面进行改进以获得意想不到的技术效果的需要。此外，药品的制备并非活性成分或原料药的制备，应当包括药品出厂包装前的所有工序，当然也包括所谓使用剂型和剂量等"给药特征"。该专利即属于对剂量所作的改进而申请的医药用途发明专利。当专利权人在所使用的剂型和剂量等方面作出改进的情况下，不考虑这些"给药特征"是不利于医药工业的发展及人民群众的健康需要的，也不符合《专利法》的宗旨。❶

　　然而，二审法院的上述观点在业界也被纷纷质疑，原因在于，虽然在对患者进行治疗的过程中，根据个体情况例如体重、体质、病情的不同，可能需要服用不同剂量的药物才能达到治疗疾病的目的，然而，药品生产商制造药品时并不会生产出所有剂量的药物产品。医生在治疗过程中，会参考已有药品中含有的药物活性成分含量和药品说明书的指引，根据不同患者的需要，确定实际的用药量与单位药剂之间的关系，并指导患者进行服用。即便专利权人的技术改进点在于使用剂量特征，但是基于制药用途权利要求的表现形式，该剂量特征并不直接影响药物的制备，因而也不必然对制药用途权利要求产生实质性限定作用。

　　随后，在专利号为 ZL99812498.2、名称为"抗生素的给药方法"的发明专利无效行政纠纷案中，最高人民法院对于如何判断剂量特征是否影响制药用途权利要求的保护范围给出了详细的分析方法。针对"所述治疗的剂量是 3～75mg/kg 的潜霉素"是否影响"潜霉素在制备用于治疗有此需要的患者细菌感

---

❶　参见：专利复审委员会第 9508 号无效宣告审查决定，北京市第一中级人民法院（2007）一中行初字第 854 号行政判决书，北京市高级人民法院（2008）高行终字第 378 号行政判决书。

染而不产生骨骼肌毒性的药剂中的用途", 最高人民法院认为: 由于这类权利要求约束的是制造某一用途药品的制造商的制造行为, 所以, 仍应从方法权利要求的角度来分析其技术特征。通常能直接对其起到限定作用的是原料、制备步骤和工艺条件、药物产品形态或成分以及设备等。对于仅涉及药物使用方法的特征, 例如药物的给药剂量、时间间隔等, 如果这些特征与制药方法之间并不存在直接关联, 其实质上属于在实施制药方法并获得药物后, 将药物施用于人体的具体用药方法, 与制药方法没有直接、必然的关联性。这种仅体现于用药行为中的特征不是制药用途的技术特征, 对权利要求请求保护的制药方法本身不具有限定作用, 即区别用药特征和制药特征。药品作为一种与人体健康、生命直接相关的特殊商品, 其技术创新和研发的投资回报可以通过专利制度获得保障。药品的安全性、有效性和质量可控性是通过严格的行政审批管理制度来规制, 国家对物质的医药用途相关专利制度不同于对药品的行政管理制度, 二者规范的目的、对象以及具体内容都存在实质性的区别, 同时符合上述行政审批管理制度各种规制要求而通过审批的药品不同于专利法意义上的药物。专利法意义上的制药过程通常是指以特定步骤、工艺、条件、原料等制备特定药物本身的行为, 并不包括药品的说明书、标签和包装的撰写等药品出厂包装前的工序。另外, 单位剂量通常是指每一药物单位中所含药物量, 该含量取决于配制药物时加入的药量。给药剂量是指每次或者每日的服药量, 指药物的使用分量, 可由药物的使用者自行决定, 如一天两次或一天三次的给药, 属于对药物的使用方法。在临床实践中, 若单位剂量的药物含量没有达到用药量, 可通过服用多个单位剂量的药物实现, 若药物含量大于用药剂量, 则减量服用。针对患者个体修改服用方式, 选择服用的药物剂量, 从而达到药品的最佳治疗效果是用药过程中使用药物治病的行为, 给药剂量的改变并不必然影响药物的制备过程, 导致药物含量的变化。❶

虽然, 最高人民法院的再审判决未认可权利要求 1 中的治疗剂量对于制药过程具有限定作用。但是, 该判决提出了判断药物剂量特征是否影响制药用途权利要求保护范围的方法, 即一旦认定权利要求中的剂量特征属于"单位剂量", 则应认为该特征对制药用途权利要求的保护范围存在实质性限定作用。

之后, 在专利号为 ZL200510128719.4、发明名称为"低剂量艾替开韦制

---

❶ 参见: 北京市第一中级人民法院 (2009) 一中行初字第 1847 号行政判决书, 北京市高级人民法院 (2010) 高行终字第 547 号行政判决书, 最高人民法院 (2012) 知行字第 75 号。

剂及其应用"的发明专利权无效行政纠纷案中，针对专利权人百时美施贵宝公司一项保护主题为"艾替开韦用于制备口服给药每日一次用于治疗成人患者乙肝病毒感染的片剂或胶囊形式的药物组合物的用途"的权利要求，尽管对于创造性的最终评判结果有所不同，但基于现有技术中的疾病治疗对象分别是美洲旱獭、没有感染乙肝病毒的健康患者，专利复审委员会、一审法院、二审法院、再审法院一致认为"成人患者"构成该权利要求与现有技术之间的区别特征。❶

以上案例作为近年来医药用途发明领域的典型判例，对于医药用途发明的专利授权和确权存在较强的指引作用，在这些判例中，一方面体现了应从制备方法权利要求的角度来审查的基本原则，另一方面则体现了《专利审查指南2010》中所说的"应考虑给药对象、给药方式、途径、用量及时间间隔等与使用有关的特征是否对制药过程具有限定作用"的审理思路和审查理念，即需要判断这些特征是否会对药品的原料、制备步骤和工艺条件、药物产品形态或成分以及设备等制备过程的特征或者适应症产生影响来确定其是否对制药用途权利要求构成实质性限定作用。

四、思考与讨论

从上述案例和分析可见，当前我国对于制药用途权利要求保护范围的确定方式主要是根据制药用途权利要求的表现形式来审查，将影响权利要求保护范围的技术特征仅限于那些对于药物的制备过程产生限定作用的技术特征。这样的审查方式偏重于制药用途权利要求的撰写形式，而忽略了其本质内容。制药用途权利要求来源于对医药用途发明的变通保护方式，因而，尽管其形式上表示为制备药物的方法，但其实质上发明贡献在于药物的新用途，如果完全机械地按照制备药物的方法来审查，显然背离了《专利法》的宗旨和《专利审查指南2010》的本意。因此，既应从化学产品的制备方法形式审查其范围边界，也应同时考虑到发明的技术构思和实际贡献，根据药物实现新医药用途的治疗机理来审查是否应当考虑权利要求中用药特征的限定作用。

一般情况下，制药用途权利要求典型的撰写形式为"化合物 X 在制备治

---

❶ 参见：专利复审委员会第 17946 号无效宣告请求审查决定，北京市第一中级人民法院（2012）一中知行初字第 3590 号行政判决书，北京市高级人民法院（2013）高行终字第 1564 号行政判决书，最高人民法院（2014）知行字第 67 号。

疗 Y 病的药物中的用途"，而与其中的"治疗 Y 病"相关并影响医药用途的技术特征来自三个方面：适应症、给药对象、给药方案。以下分别提出笔者对这三种相关技术特征在制药用途权利要求中如何考虑其限定作用的审查建议。

1. 适应症

单纯从药物的制备过程来看，不同的适应症并不会对药物的制备产生影响，而新的适应症却是医药用途发明的发明点和对社会的贡献所在，也即使用已知药物治疗不同于现有技术中人们已有认知的其他疾病。如果仅仅因为适应症对于制备药物的过程没有产生影响而否定适应症对于制药用途权利要求的限定作用，显然是不可思议的。实际上，尽管业界对于制药用途权利要求的确权问题一直存在争议，但无论是专利审批机构还是司法审判机关，都从未因为不同的适应症仅体现于药物的包装盒或药品标签上而否认适应症对于制药用途权利要求的限定作用，这一点充分体现了专利审批机构和司法审判机关对于制药用途权利要求的审查并非仅机械地进行字面审查，显然考虑了制药用途权利要求的权利本质。因而，对于制药用途权利要求中出现的适应症，审查员需要考虑其实际限定作用并考察其是否与已知适应症实质上不同。

例如，在专利复审委员会第 106156 号复审请求决定中，权利要求 1 要求保护的制药用途权利要求中的适应症为"化疗诱导的骨髓抑制导致的嗜中性白血球减少症"，现有技术中公开的适应症为"与继发性化疗引起的骨髓增生异常综合征相关的嗜中性白血球减少症"，虽然这两种疾病都是由化疗引起的，结果也都导致了嗜中性白血球减少，但骨髓增生异常综合征（MDS）是造血干细胞疾病，继发性 MDS 嗜中性白血球减少症是由髓细胞或其前体中的固有缺陷导致的；继发性 MDS 在化疗或放疗之后继发性 MDS 会发展 2~10 年。而"化疗诱导的骨髓抑制导致的嗜中性白血球减少症"是由化疗剂的细胞毒性对增殖祖细胞的破坏所导致，其特征在于低点的血细胞计数（如嗜中性粒细胞计数）并随后在短时间内恢复至接近正常状态。可见，两种疾病的机理、发生和疾病过程均不同，本领域技术人员可以清楚区分出这是两种不同的疾病。因而该适应症已经构成权利要求 1 与现有技术之间的区别技术特征。

在现实情况下，适应症的表现形式各种各样，审查员需要谨慎分析，例如在上述"抗生素的给药方法"案中，其中的适应症"治疗有此需要的患者细菌感染而不产生骨骼肌毒性"包括了对于副作用的限定，但是，本领域技术人员了解，对药物的评价包括活性和副作用两方面，但是否具有活性以及活性大小本身并不包括对副作用的评价。因而，仅副作用降低，活性不变的治疗用途不能被认为属于新的适应症。

2. 给药对象

考察给药对象对于制药用途权利要求是否具有限定作用，一方面审查员需要通过说明书公开的技术信息，审查给药对象的不同是否导致药物的制备方法与已知制备方法不同；另一方面需要审查给药对象的不同是否使得已知药物产生新的适应症。如果包含给药对象的医药用途的实现导致适应症、组分含量、制剂类型与现有技术实质上不同时，应当认可该特征对于制药用途权利要求存在限定作用。例如，对于乳腺癌早期、中期和晚期的患者，需要的治疗药物是不同的，在医学领域，处于不同阶段的癌症也被认为是属于不同的适应症。对于产品而言，适应症仅作为文字记载于药盒上，那么，是否还需要考虑药盒上记载的其他内容呢？由此产生了另一个问题，即应当如何理解"药物"的含义，是指活性化合物，还是指活性化合物与药用辅料混合得到的药用制剂，抑或是指被包裹于包装盒内并标注药品标签的待售产品。无论是从医药化学领域技术人员的专业知识来看，还是从普通公众所掌握的一般生活常识来看，虽然药物治疗疾病时主要是活性成分发挥作用，然而，由于活性成分直接服用时体内代谢情况往往不理想，且活性成分的用量很少需要准确调控，因而需要将其与药用辅料混合制备成药物制剂，方可实现理想的代谢情况以及方便的用量控制。因此，考虑到实际的治疗疾病需要，应当将制药用途权利要求中的"药物"理解为活性化合物与药用辅料混合得到的药用制剂。由于药品包装盒和药品标签对于疾病治疗并未发挥实际作用，仅在于方便和指导患者使用，因而不应将药品的范围延伸至包括包装盒和药品标签的待售状态。例如，权利要求中包括药品标签信息时，该特征如果不能反映出适应症本身的不同时，不能被认为对于权利要求构成实质性限定作用。

3. 给药方案

给药方案涉及的范围较广，包括给药途径、给药剂量、时间间隔、用药禁忌等特征。同样地，对于给药方案的不同也需要从制备方法和适应症两方面分别考察其是否产生了新的医药用途，从而确定其对制药用途权利要求是否产生了实质性限定作用。通常来说，给药途径的不同，例如片剂、颗粒剂、注射制剂、胶囊制剂、栓剂等不同剂型需要使用不同的药用辅料，必然导致制备得到的药物产品本身存在不同，因而在审查过程中对其限定作用应当予以考虑。如果给药剂量、时间间隔没有反映出制备得到的药物本身存在不同，则需要进一步考察是否会因这些用药特征的不同产生不同的治疗机理，从而产生不同的适应症。对于用药禁忌而言，由于其是药物在使用过程中的注意事项，如果在使用时并未因为该用药禁忌产生对药物本身的影响，或者产生新的适应症，则不能认为该特征对制药用途权利要求存在限定作用。例如，在北京知识产权法院（2015）京知行字初字第33号行政判决书中，一审法院认为，为避免心脏疾病的风险，乳腺癌治疗药物赫塞汀在使用过程中要避免与蒽环类抗生素化疗剂同时使用的用药禁忌既没有导致制备得到的药物与已知药物不同，实质上也没有获得新的适应症，没有产生新的医药用途，因而并未对制药用途权利要求产生实质性限定作用。

五、结　　语

在医药化学领域，制药用途权利要求作为一类特殊的权利要求，对于研发实力较强的创新型医药企业而言，其主要的作用在于延长创新药物的专利保护期，对于研发实力较弱的仿制药企业而言，其还具有使企业获得外围权利，从而提升市场价值并增加获得市场份额的现实意义。我国长期以来排除给予"疾病的诊断和治疗方法"专利授权，主要来源于适应TRIPS并保护国内行业发展的目的。由于我国现代医药行业发展较晚，缺乏足够的资金投入，长期以来技术落后于发达国家，在我国现代医药行业发展滞后的阶段过早放开反而可能对本国产业利益造成损害，显然是不明智的。然而，随着近年来我国现代医药产业的发展，新的医疗器械和医药手段层出不穷，也出现了一些能够和国际医药公司抗衡的创新型医药企业，对于新化学产品的外围发明例如新的医药用途发明存在现实的保护需求，过于机械的审查思路会妨碍新的医药用途发明获得授权，可能阻碍行业的发展。例如，欧洲经过长期的探索，从最初不给予医药用途发明授权，到1984年正式认可采用瑞士型权利要求进行变通保护，直至2010年彻底放开医药用途发明，采用保护力度最强的产品权利要求方式给予保护，其改革过程伴随着在欧洲医药行业从低迷到兴盛的发展历程中助力行业发展的作用。我国有必要尽快从专利法的立法本意出发，结合我国的医药行业发展水平以及对社会公众的影响等因素进行深入研究，以进一步完善制药用途权利要求的审查标准，促进我国医药产业的技术进步和经济社会发展。

浅谈站位所属技术领域的技术人员确定功能性特征对权利要求保护范围的限定作用

金　桥*　朱玉璟*　董玉莲*

【摘　要】

　　本文从一个发明专利的前后两份相反的无效宣告请求决定出发，分析了导致前后决定相反的"功能性特征对权利要求保护范围的限定作用"的不同认定，以及形成上述不同认定的法律基础。在此基础上，笔者提出站位"所属技术领域的技术人员"，理解发明的发明构思，根据发明所需要解决的技术问题、所实现的技术效果，确认"功能性特征"的含义，再依据该含义确定功能性特征对权利要求保护范围的限定作用。最后，采用一个实际案例，阐述笔者所提出的"功能性特征对权利要求保护范围的限定作用"的确定方式，并基于所述确定方式得到的结果，讨论审查实践中该案例可能的审查结论。

【关键词】

　　权利要求保护范围　功能性特征的限定作用　无效宣告请求决定
　　所属技术领域的技术人员　发明构思

＊ 作者单位：国家知识产权局专利局专利审查协作湖北中心。

一、引　言

专利复审委员会作出的第 20461 号无效宣告请求审查决定和第 27115 号无效宣告请求审查决定同是专利号为 ZL200510117472.6、发明名称为"防冲刷护面系统及该系统的施工方法"的发明专利的无效宣告请求审查决定。基于相同的证据，对于技术特征"在柔性绳索的各回转处设置有标记"是否属于本领域的常用技术手段，专利复审委员会前后作出了相反的认定，先维持发明专利权有效，后宣告发明专利权无效。仔细阅读前后两次无效宣告请求审查决定书，笔者发现，技术特征"在柔性绳索的各回转处设置有标记"是否属于本领域的常用技术手段关键是如何判断发明专利权利要求中的"固定端"之于权利要求保护范围的限定作用。"固定端"属于功能性特征，在界定权利要求的保护范围时，功能性特征的限定作用一直是专利授权、确权程序中的难点。

二、"功能性特征对权利要求保护范围的限定作用"的现有确定方式

《专利法》及《专利法实施细则》中没有关于权利要求中功能性特征对权利要求保护范围限定作用的内容，只在《专利法》第 59 条第 1 款规定："发明或者实用新型专利权的保护范围以其权利要求的内容为准，说明书及附图用于解释权利要求的内容。"第 26 条第 4 款中规定："权利要求书应当以说明书为依据，清楚、简要地限定要求专利保护的范围。"《专利审查指南 2010》（以下简称《指南》）第二部分第二章第 3.2.1 节内容表达了权利要求中功能性技术特征应当理解为"覆盖所有能够实现所述功能的实施方式"。对于实用新型专利审查，《指南》第一部分第二章第 7.4 节的内容所表达的观点和上述内容基本一致。据此，在实际审查实践中，判断功能性特征对权利要求保护范围的限定作用时，认为功能性限定包括了所有实现该功能的具体实施方式。

然而，在 2010 年 1 月 1 日施行的《最高人民法院关于审理侵犯专利权纠纷案件应用法律若干问题的解释》（法释〔2009〕21 号）（以下简称《解释》）第 4 条规定："对于权利要求中以功能或者效果表述的技术特征，人民法院应当结合说明书和附图描述的该功能或者效果的具体实施方式及其等同的实施方式，确定该技术特征的内容。"该条规定功能性特征对权利要求保护范围的限定作用"应当结合说明书和附图描述的该功能或者效果的具体实施方式及其等同的实施方式"来确定，此规定和上述《指南》中的内容有明显差异。

纵观上述规定，笔者认为，厘清功能性特征对权利要求保护范围的限定作用，应该先厘清功能性特征的含义。

三、站位"所属技术领域的技术人员"的确定方式及其与现有确定方式的比较

根据《指南》《解释》以及专利授权、确权的实践，基于"覆盖所有能够实现所述功能的实施方式"判断功能性特征对权利要求保护范围的限定作用，实质是以通常含义 A 理解功能性特征；基于"结合说明书和附图描述的该功能或者效果的具体实施方式及其等同的实施方式，确定该技术特征的内容"判断功能性特征对权利要求保护范围的限定作用，实质是以发明中具体实施方式及其等同实施方式的含义 B 理解功能性特征。然而，根据《专利法》第 26 条第 4 款中"权利要求书应当以说明书为依据，清楚、简要地限定要求专利保护的范围"的规定，以及《专利法》第 26 条第 3 款中"说明书应当对发明或者实用新型作出清楚、完整的说明，以所属技术领域的技术人员能够实现为准"的规定，笔者认为，基于《专利法》第 2 条第 2 款以及《指南》第二部分第一章第 2 节，发明专利实质上是技术的载体，其记载的是对要解决的技术问题所采用的利用了自然规律的技术手段的集合（技术方案），应该站位所属技术领域的技术人员，在充分理解发明的发明构思后，再确认功能性特征的含义 C。所谓的站位所属技术领域的技术人员理解发明的发明构思，简言之就是，所属技术领域的技术人员基于自己的知识和能力，❶ 理解发明所需要解决的技术问题、所实现的技术效果后，确认功能性特征的含义，此时，功能性特征的含义 C 有可能等于功能性特征的含义 A，也有可能等于功能性特征的含义 B，还有可能介于功能性特征的含义 A、功能性特征的含义 B 之间（如图 1 所示）。

下面以前述的发明名称为"防冲刷护面系统及该系统的施工方法"的发明专利表达如何确认功能性特征的含义 C。"防冲刷护面系统及该系统的施工方法"发明专利的权利要求 1 为：

1. 一种防冲刷护面系统，其特征在于，该系统为连锁型柔性垫体，由若干个相同砖块排列而成，每个砖块上设置有两个左右间隔排列的纵向绳孔，并且砖块纵向两端均设置有凸台和凹槽；柔性垫体中的砖块沿纵向一一相互错位排列，使相邻砖块之一上的左绳孔或右绳孔与另一砖块上的右绳孔或左绳孔相

---

❶ 尹新天. 中国专利法详解［M］. 北京：知识产权出版社，2011.

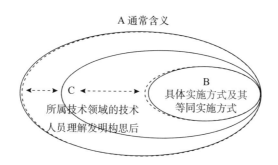

图1　三种确定方式限定的权利要求保护范围的比较

对接，从而在整个柔性垫体上形成若干条沿柔性垫体横向排列并贯穿其纵向的绳孔，并且纵向两相邻砖块相接端面上的凸台与凹槽相互卡固；一根柔性绳索沿柔性垫体横向呈波浪形顺序穿过柔性垫体上的每一条纵向绳孔，柔性绳索的两个端头及其在两相邻绳孔之间形成的回转处构成整个柔性垫体的固定端，并且在柔性绳索的各回转处设置有标记。

　　该发明专利的说明书的背景技术中对现有技术存在的技术问题的描述十分概括，发明内容部分仅在描述发明的技术效果的段落中记载了"由于柔性垫体两端的绳索可伸缩固定于土基上，并且柔性绳索的固定端做有标记，因此可从柔性垫体两端的绳索相对套管的位置变化得知柔性垫体下的土基是否发生变形，如突起或塌陷等"。据此记载内容，与该权利要求的记载内容相比较，权利要求中没有记载"套管"相关的技术特征，仅仅记载了"回转处构成……固定端"和"各回转处设置有标记"。通过检索或搜索现有技术，具备一定程度的所属技术领域的技术知识后，也就是趋近于所属技术领域的技术人员后，站位所属技术领域的技术人员可以确认防冲刷护面系统在实际使用过程中，若该系统所在的土基发生变形，如突起或坍陷，土基的表面面积将发生改变，突起或塌陷所在位置的砖块因该系统的砖块是被绳子串接而将发生向上或向下的位移，另外，绳是柔性的，砖块发生向上或向下位移时，在砖块的作用下，绳会伸缩，那么绳上的标记因绳的伸缩发生位移，标记相对于砖块存在一定的位移。根据此分析，所属技术领域的技术人员可以确认，即使没有记载说明书中"套管"相关技术特征的权利要求，也能够实现发明的通过观察标记与砖块的相对位置的变化及时得知土基是否变形的技术效果，那么，所属技术领域的技术人员得到"固定端"的含义C是固定位置，其对权利要求的限定作用是绳上设置有用于固定的位置。也就是说，所属技术领域的技术人员根据发明所需要解决的技术问题、所实现的技术效果，确认"固定端"的含义 C 是绳的用于施工过程中固定该系统的位置。

接下来，再分别以前述《指南》《解释》中的规定理解"固定端"的含义 A、B：①《指南》中"覆盖所有能够实现所述功能的实施方式"，首先，明确"实现所述功能"表达的是什么，在发明中，"固定端"实现的功能就是系统的固定；其次，"固定端"的通常理解就是用于固定的位置，由此，所谓的"覆盖所有能够实现所述功能的实施方式"，对于"固定端"而言，其含义就是通常含义 A；②《解释》中"结合说明书和附图描述的该功能或者效果的具体实施方式及其等同的实施方式，确定该技术特征的内容"，以专利复审委员会第 20461 号无效宣告请求审查决定中的理解，"固定端"的含义 B 是包括"套管"相关特征用于固定的位置，即"固定端"的含义 B1 被确认为具体实施方式中的含义。

根据以上分析，笔者得出结论是含义 C＝A＞B，认同专利复审委员会第 27115 号无效宣告请求审查决定中的"固定端"含义。据此，笔者认同专利复审委员会第 27115 号无效宣告请求审查决定中的"固定端"对权利要求保护范围的限定作用，其限定权利要求的技术方案中绳含有用于固定的位置。

为了更清楚地表达如何通过确认功能性特征的含义 C，判断功能性特征对权利要求保护范围的限定作用，笔者以审查实践中的发明名称为"气体防尘无阻尼可缩回式弹性定位机构"、申请号为 201410855189.2 的具体案例来说明。该案申请日提交的权利要求书中的权利要求 1 内容如下：

1. 气体防尘无阻尼可缩回式弹性定位机构，包括定位销座（1），其特征是：定位销座（1）内有贯通孔，贯通孔内滑动连接定位销（2），在定位销座（1）的底部设置弹簧座（3），弹簧（5）的下端位于弹簧座（3）内，弹簧（5）的上端与定位销（2）接触。

该权利要求 1 主题中"气体防尘无阻尼"属于功能性特征，如何考虑其对权利要求 1 的定位机构的限定作用？首先，确定该功能性技术特征与发明的发明构思之间的关系。该发明的说明书背景技术中记载"使用防尘圈防尘，机械阻尼比较大，在定位质量较轻的工件时，由于弹簧力小会出现卡死现象，定位销弹不出，时间长了其对弹簧的使用寿命有直接影响""在座体顶端部的滑孔内设有的防尘圈容易失效，导致不能防尘，出现了销体与销座卡死，弹性定位销不能正常工作的问题"，该记载内容陈述以防尘圈作为防尘部件在实际作业中容易因防尘圈失效导致定位销无法长时间正常工作，即现有技术存在机械防尘部件耐用性差的技术问题。并且，该发明的说明书发明内容中记载"解决以前无气体阻尼弹性定位销的不足之处"，即该发明所需要解决的技术问题是无气体阻尼对弹性定位销的长期正常工作的影响，并记载有益效果是"常态的在销体与销座之间有气体从销座口部吹出，实现气体防尘功能。销体与销座之间产生气膜，实现无机械阻尼运动，提高了弹性定位销运动的灵活性。无阻尼使弹簧的使用寿命得到延长"，即该发明所实现的技术效果是防尘及销体和销座之间的无阻尼运动。据此，笔者确定权利要求1主题中的功能性特征"气体防尘无阻尼"表达了发明所需要解决的技术问题，和发明所需实现的技术效果。

其次，确定该功能性特征的含义：①以《指南》中"覆盖所有能够实现所述功能的实施方式"确认气体防尘无阻尼的含义A，因权利要求1中除主题外的记载内容没有记载与气体防尘无阻尼相关的技术特征，那么，只要能够实现防尘、无阻尼的技术效果的含有气体的技术手段，都包括在气体防尘无阻尼的含义范围内，据此，气体防尘无阻尼的含义A可以是在高压气体环境中，定位结构的缝隙中充满着高压气体，因而实现定位机构的防尘、无阻尼运行，可见，含义A包括可以想到的任何技术手段，其中一部分技术手段无关发明的发明构思；②同专利复审委员会第20461号无效宣告请求审查决定中的理解，以《解释》中"结合说明书和附图描述的该功能或者效果的具体实施方式及其等同的实施方式，确定该技术特征的内容"确认气体防尘无阻尼的含义B，根据该案的说明书的具体实施方式，技术手段"贯通孔的孔壁上部设有环形凹槽（9）；所述定位销座（1）的一侧设有内置气路（10），内置气路（10）的一端与环形凹槽（9）连通；在所述定位销座（1）的底部设有高压进气口（11），内置气路（10）的另一端与高压进气口（11）连通"是实现气体防尘无阻尼所表达技术效果的技术手段，据此，气体防尘无阻尼的含义B是上述说明书中体现发明的发明构思的技术手段或者其等同技术手段；③通过检索或搜索现有技术，趋近于所属技术领域的技术人员后，站位所属技术领域的技术人员，根据前述分析得到的该发明所需要解决的技术问题以及所实现的技术效果，气体防尘无阻尼的含义C是气体防止定位结构正常作业中碎屑落入销座和销体之间的缝隙，并在销体和销座之间产生气膜，实现销体和销座之间的无机械阻尼运动，那么，该含义C至少包括在销体和销座之间环设多个孔、在定位结构的销座和销孔的间隙上设置抽气除尘装置的技术手段。

根据以上分析，笔者得出结论是气体防尘无阻尼的含义A＞C＞B，据此，笔者认为功能性特征气体防尘无阻尼对权利要求保护范围具有限定作用，该限定作用是以上述含义 C 之于权利要求的技术方案包括的技术手段。

接下来考虑一个问题，在审查实践中，基于上述的含义 C，如何评判具有功能性特征气体防尘无阻尼的权利要求 1。假设 a 通过检索或搜索现有技术，在所属技术领域无法得知实现气体防尘无阻尼所实现的技术效果的技术手段是何种技术手段，并且，权利要求中又没有相应的记载内容，所属技术领域的技术人员只能以该发明的说明书具体实施方式中的技术手段理解该功能性特征，即该功能性特征限定的功能是以说明书实施例中记载的特定方式完成的。那么，如果权利要求书中所有权利要求都没有记载该技术手段，该权利要求的技术方案不符合《专利法》第 26 条第 4 款的规定，如果权利要求书中从属权利要求记载该技术手段，该权利要求的技术方案不符合《专利法实施细则》第 20 条第 2 款的规定。假设 b 通过检索或搜索现有技术，在所属技术领域存在实现气体防尘无阻尼所实现的技术效果的技术手段，如实用新型名称为"一种能够吹扫清洁的定位销"、申请号为 201420397939.1 的实用新型专利所公开的技术手段（如图 2 所示），此时，所属技术领域的技术人员能够得知实现气体防尘无阻尼所实现的技术效果的技术手段，那么，应该从《专利法》第 22 条第 2 款或者第 3 款评判该权利要求的技术方案是否具备新颖性或者创造性。

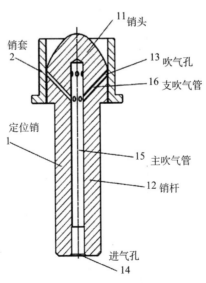

图 2　申请号为 201420397939.1 的实用新型专利的说明书附图 2

四、结论及建议

在我国现有的专利法律制度下，仅对发明专利在授权阶段进行实质性审查。在专利授权和确权程序中，功能性限定对权利要求保护范围的限定，应该基于所属技术领域的技术人员确认的功能性特征的含义所包括的解决发明的发明构思中所需要解决的技术问题，实现发明的发明构思中所实现的技术效果的所有技术手段。

作为专利授权机构，国家知识产权局的职责是给予专利申请人一个与其技术贡献相适应的专利权保护范围。采用上述方式确认功能性特征的含义后，确定的权利要求的保护范围，能够更好地保障专利权人和社会公众的利益，既有利于鼓励专利权人公开其发明创造，也有利于鼓励社会公众作出实质性发明创造。同时，作为专利纠纷的最终裁决机构，法院需要基于专利权人和社会公众之间的利益平衡界定权利要求的保护范围，采用上述方式确定权利要求的保护范围，可以与国家知识产权局的决定保持一致，既维护了专利权人和社会公众之间的利益平衡，也有利于专利权人推动发明创造的应用和社会公众在应用过程中的利益保护。

权利要求的特殊"放弃式"修改与创造性之间的考量

刘婷婷* 曹克浩**

【摘　要】

针对申请人通过不涉及数值范围的"放弃式"修改方式来克服不具备创造性的情形时，本文从"是否能够直接地、毫无疑义地确定""客观衡量技术贡献和公众利益""能否区分保护范围与现有技术"的三个方面，对于如何进行客观审查这种特殊"放弃式"修改提出探索观点，并就如何答复审查意见提出个人建议，以期为同人借鉴参考。

【关键词】

权利要求　"放弃式"修改　"排除式"修改　封闭式用语　开放式用语

一、引　言

在创造性审查过程中，为了突出技术方案与对比文件具有实质性区别，申

---

　* 作者单位：国家知识产权局专利局光电技术发明审查部。
** 作者单位：国家知识产权局专利复审委员会。

请人往往选择对权利要求进行修改的方式。其中,《专利审查指南 2010》规定,如果在原说明书和权利要求书中没有记载某特征的原数值范围的其他中间数值,而鉴于对比文件公开的内容影响发明的新颖性和创造性,或者鉴于当该特征取原数值范围的某部分时发明不可能实施,申请人采用具体"放弃"的方式,从上述原数值范围中排除该部分,使得要求保护的技术方案中的数值范围从整体上看来明显不包括该部分,由于这样的修改超出了原说明书和权利要求书记载的范围,因此除非申请人能够根据申请原始记载的内容证明该特征取被"放弃"的数值时,该发明不可能实施,或者该特征取经"放弃"后的数值时,该发明具备新颖性和创造性,否则这样的修改不能被允许。

虽然,这种操作方式在"修改超范围"的立法宗旨和客观评价技术贡献之间实现一定程度的平衡,但这种"放弃式"修改的方式,要求涉及数值范围,同时所放弃的特征应当属于技术方案自身所有的特征,因此在审查实践中操作略显机械,并不利于客观评价发明申请,同时也易于受到当事人的质疑。

对此,笔者从一个复审案例出发,介绍一种特殊"放弃式"修改的审查过程,并就涉及创造性的修改方式和审查意见提供参考意见。

二、案例分析

原始权利要求保护一种药用多肽组合物,其包含多肽药物和选自癸酸钠或表面活性剂的稳定剂,其中,组合物中稳定剂的量足以在肠中从所述组合物释放时产生等于或大于其临界胶束浓度的稳定剂的浓度。该发明原理在于:对于多肽药物(例如胰岛素等),其在存储一段时间后和/或用于体内胃肠的溶液环境中,多肽分子易于出现胶凝现象。这种胶凝现象是不可逆的,从而导致多肽药物失活。该发明通过加入选自癸酸钠或表面活性剂(例如吐温)的稳定剂,当其浓度或含量至少大于等于稳定剂的临界胶束浓度时,稳定剂可形成一种胶束,其具有类似于网状或枝条状结构,能够包裹或装载多肽药物形成稳定且可控释放药物的胶束复合物,从而提高多肽药物在溶液环境中的稳定性,避免被过早降解。然而,在现有技术中,除了吐温之外,癸酸钠也可以作为表面活性剂成分,例如作为肥皂的表面活性剂成分。

在前置审查过程中,申请人将权利要求中的稳定剂限定为癸酸钠,即排除了表面活性剂的特征。针对该驳回文本,驳回决定认为:对比文件公开了一种药物组合物,包含药物多肽分子、渗透增强剂(如癸酸钠)和凝胶载体(如吐温),其中凝胶载体能够黏合到肠道黏膜表面提供有效浓度的癸酸钠和所需的药物多肽，该癸酸钠的有效浓度量应当是足以保持能促进药物多肽透过肠膜被吸收的临界浓度。二者区别特征在于：①该申请的组合物包括药物多肽、癸酸钠，而对比文件的组合物包括药物多肽、癸酸钠和表面活性剂（如吐温）；②该申请组合物中癸酸钠含量大于等于其临界胶束浓度，对比文件组合物中癸酸钠含量大于等于其促进药物多肽透过肠膜被吸收的临界浓度。

因此，该案的争议点在于：从对比文件所公开的包含癸酸钠、吐温以及药物多肽的技术方案，是否有动机想到省略吐温，并调整癸酸钠的含量，从而得到该申请的技术方案。

前置审查认为，由于癸酸钠既能在药物组合物中作为表面活性剂通过胶束临界浓度提高药物稳定性，也能在药物组合物中作为药物吸收促进剂通过有效临界浓度来促进药物吸收，这都属于癸酸钠自身属性。因此，该申请的癸酸钠在肠道环境中能在胶束临界浓度之上形成胶束以提高多肽药物的稳定性，那么对比文件的癸酸钠同样也能得到上述效果，因此本领域技术人员通过癸酸钠的自身属性易于想到将对比文件的癸酸钠的有效临界浓度调整到胶束临界浓度，以得到该申请的稳定剂。在这种情况下，由于权利要求使用开放式用语"包含"来限定该药物组合物，客观上并未排除对比文件的表面活性剂（例如吐温），因此根据对比文件的内容，本领域技术人员获得权利要求所述的组合物是显而易见的，因而认定该申请不具备创造性。

然而，复审请求人认为：①对比文件的癸酸钠是药物吸收促进剂，其在组合物中的含量仅仅是促进药物透过肠道黏膜的吸收的临界浓度。而该申请的癸酸钠是药物稳定剂，其在组合物中的含量是形成胶束所需的临界浓度。二者的功能和含量明显不同。②对比文件必须包括吐温以形成凝胶载体，而该申请不包含吐温。由于吐温在对比文件中的作用是形成凝胶载体，从而使得多肽药物和癸酸钠能黏附在肠道黏膜上顺利吸收。即使本领域技术人员能够想到省略该吐温载体，但所剩的多肽药物和癸酸钠也并不能一定形成胶束复合物，从而无法克服该发明需要解决的提高药物在溶液环境中的稳定性的技术问题。

对此，合议组认为，虽然癸酸钠在该申请和对比文件中发挥不同的功能，但由于权利要求使用开放式用语，客观上并未排除对比文件的表面活性剂。在这种情况下，尽管两种技术方案用于解决不同的技术问题，但技术方案之间并没有实质性区别，难以厘清权利要求的保护范围和现有技术之间的差异。对于这种情形，最理想的处理方式是引导请求人将权利要求由开放式修改为封闭式用语，即权利要求限定所述药物组合物由药物多肽和癸酸钠的稳定剂组成。

　　然而，请求人并不同意上述修改方式，理由在于：如果简单将药物组合物修改为封闭式，则实质上排除了药学上可以添加其他辅料成分，例如赋形剂、崩解剂等，这种修改方式不利于在侵权判定中对于权利要求保护范围的认定。例如，最高人民法院（2012）民提字第10号判决书则认为，某药物组合物的权利要求中明确采用了"由……组成"的封闭式表达方式，属于封闭式权利要求，应该解释为该药物组合物仅由所述成分组成之外，除可能具有通常含量的杂质外，别无其他组分。而被控侵权产品所含有的辅料虽不属于杂质，但应当排除在该专利权利要求的保护范围。由此，认定被控侵权产品与所述封闭式用语限定的药物组合物不构成侵权。

　　相反，请求人依据《专利审查指南2010》第二部分第八章第5.2.3.3节第（3）点的规定，要求将所述组合物进行"放弃式"限定，即限定"所述组合物包含药物多肽和癸酸钠，且不包含表面活性剂"。其理由在于：通过所述"放弃式"修改，即明确药物组合物除了癸酸钠之外，不再包含任何表面活性剂，从而使得权利要求与对比文件之间存在突出的实质性区别，同时使得所述药物组合物还可以包括不影响药物活性的辅料成分，为侵权判定中获得合理的保护范围。

　　对于这种"放弃式"修改，有观点认为：虽然这种"放弃式"修改有利于体现技术方案与现有技术之间的实质性区别，但所谓"放弃"的特征既不涉及某数值范围，也不属于权利要求自身所有的特征，因此会随着现有技术的改变而不断地排除新的特征，实质上会导致权利要求中引入各种"被原始公开明确地、隐含地或固有地支持"❶❷ 的新特征，从而扩大性解释了申请人的真实意思表示，会使得不当得利，并降低其他发明人在该发明的基础上进一步选择或改进发明的积极性，违背了专利法的立法本意。

　　然而，笔者认为：关于用"放弃式"修改来克服创造性的缺陷，首先需要考虑《专利法》第33条的立法本意，即在先申请制的原则下，需要通过申请日提交的专利申请文件来划分申请人与公众的权益关系，此后不得随意改变这种权益界限。❸ 虽然《专利审查指南2010》关于"放弃式"修改规定是涉及数值范围的放弃式修改，但只要符合立法本意和"放弃式"原则的修改方

---

❶　In re Robins, 429 F. 2d 452, 456–57, 166 USPQ 552, 555（CCPA 1970）.

❷　In re Smith, 458 F. 2d 1389, 1395, 173 USPQ 679, 683（CCPA 1972）.

❸　徐圆圆，孙海燕. 关于"特征组合式修改"超范围判断方法的探讨［J］. 电子知识产权，2011（6）：44–47.

式，都可予以考虑，实践中对此不应不加分析地机械性套用。

其次，该案中，虽然癸酸钠是已知的表面活性剂，但根据该申请文件的记载，该申请是将癸酸钠和表面活性剂（如吐温）作为两种独立成分加以描述，无论是在说明书中还是权利要求中，甚至在实施例中，该申请均是将涉及癸酸钠稳定剂的技术方案与涉及表面活性剂的技术方案进行并列，因此进行所述的"放弃式"修改，实质上是放弃原权利要求中自身所有的一个并列技术方案，并非是引入新的技术特征。

最后，如果使用封闭式用语限定该药物组合物时，在涉及药物组合物的侵权判定的实践中，其保护范围将排除不影响治疗活性的任何辅料成分，这非常不利于专利权人。❶ 由于该案说明书中明确记载了一些不影响所述多肽药物的治疗活性的常见辅料，因此这种采用开放式用语联合特殊"放弃式"修改的药物组合物也应当与权利人的技术贡献是相匹配的。

基于以上考虑，合议组最终认可了这种特殊的"放弃式"修改给权利要求所带来的创造性。

三、思考和建议

该案之所以具有争议，很大程度上是由于通常理解的"放弃式"修改方式与该申请的"放弃式"修改方式存在一定差异，即前者涉及从自身所有的数值范围中放弃具体的范围，而后者并非涉及数值范围，同时所放弃的特征并非技术方案自身所有的特征，笔者建议对于后者的修改方式，可以用"排除式"修改方式加以区分，即排除不同于现有技术的特征，而不是仅仅排除一定的数值范围。

在专利确权过程中，面对通过所谓的"排除式"修改方式来陈述权利要求具备创造性理由的情形，申请人如何进行陈述以及审查员如何进行审查，笔者建议可以从以下几个方面考量。

首先，所排除的特征，应当是从原申请文件中记载的内容或能够直接地、毫无疑义地确定的特征，并且与对比文件形成实质性区别的特征，否则，进行所述"排除式"修改，将会因为现有技术的改变而不断在权利要求中引入新的内容，从而违背了立法本意。

---

❶ 尹昕. 药物组合物封闭式权利要求的解读与侵权判定——由最高人民法院（2012）民提字第10号判决案例谈起［J］. 药学进展, 2015（8）: 582 – 587.

其次，从专利权在侵权判定的过程中，考虑这种"排除式"修改会不会导致公众利益的受损。一方面，要考虑从发明的技术贡献分析这种"排除式"修改的合理性，是否符合申请人的真实意思表示；另一方面，也要考虑所属技术领域中对于通过这种修改方式所未指明的特征，是否属于常规技术手段而易于区分，否则这种"排除式"修改可能使得权利要求隐含了未指明的且对技术方案造成实质影响的特征。例如，该案中，如果该申请或现有技术公开了某种辅料成分能够改变所述癸酸钠的作用方式或形成与对比文件相似的复合物，那么这种"排除式"修改实质上属于不可能解决所述技术问题的修改方式，❶仍然不允许。

最后，这种"排除式"修改应当是使得保护范围与现有技术得以明确区分，不能界定二者的技术方案的修改都不应予以考虑，例如申请人易于强调该申请与对比文件具有不同的发明目的或所要解决的技术问题，并在权利要求中对这种解决不同的技术问题进行排除式修改。例如，在某复审案件中，权利要求要求保护一种能够避免出现色泽黄化的乳液（例如牛奶），其主要特征在于包含乳液脂肪，以及特定含量的铁成分和锌成分。对比文件公开了一种含有矿物质的牛奶，并在不同部分给出了矿物质组合选自铁成分和锌成分及其特定含量的组合方式。对此，请求人在权利要求中采用"排除式"方式，限定该权利要求提供一种能避免色泽黄化的脂肪乳液，并限定并非是提供矿物质营养成分的脂肪乳液。然而，这种限定方式并不能使得所述脂肪乳液与现有技术得以区分，因此这种修改方式没有被合议组接受。

需要提醒的是，随着提高创新高度和审查质量的趋势日益明显，如何通过合理修改来厘清技术方案与现有技术之间的差异，突出权利要求的非显而易见性，成为专利代理人越来越紧迫的任务。本文仅一家之言，对于所述特殊"放弃式"修改如何进行客观审查提出探索观点，并就如何答复审查意见提出个人建议，以期为同人借鉴参考。

---

❶ 尹昕. 药物组合物封闭式权利要求的解读与侵权判定——由最高人民法院（2012）民提字第10号判决案例谈起 [J]. 药学进展，2015（8）：582－587.

浅谈整体性判断修改是否超范围

程晓盛*

【摘　要】

本文分析了修改超范围判断主体与整体性判断以及直接唯一性判断的关系，并结合复审案例，从本领域技术人员出发，进行修改前后申请记载信息的变化的整体性判断，尝试探讨当前审查实践中对于《专利法》第33条的判断方法，以期对修改超范围的审查实践以及申请人和专利代理人的撰写与答复有所帮助。

【关键词】

修改超范围　整体判断　本领域技术人员

一、引　　言

修改在专利申请过程中至关重要。由于原说明书和权利要求书的语言表达缺陷，以及对现有技术认识局限性和发明创造的创新点没有准确把握等原因，在专利申请过程中，随着审查员提供最接近的现有技术，专利申请人往往需要对权利要求书和说明书进行修改，虽然《专利法》第33条给予了申请人对专

---

* 作者单位：国家知识产权局专利局机械发明审查部。

利申请文件修改和补正的机会，但是也对修改进行了严格的限制，要求"修改不得超出原说明书和权利要求书记载的范围"，从而如何修改不超出原说明书和权利要求书记载的范围成了申请人和专利代理人非常关注的问题，同时由于案情各异，审查员对于修改是否超范围的判断和审查也难以标准一致，从而各方难以达成共识。

因此，无论对于审查员还是申请人和专利代理人，对于修改是否超范围的判断进行研究具有重要的现实意义。

二、《专利法》第 33 条相关规定

《专利法》第 33 条规定，申请人可以对其专利申请文件进行修改，但是，对于发明和实用新型专利申请文件的修改不得超出原说明书和权利要求书记载的范围，对于外观设计专利申请文件的修改不得超出原图片或者照片表示的范围。

《专利审查指南 2010》第二部分第八章第 5.2.1.1 节中明确指出："原说明书和权利要求书记载的范围包括原说明书和权利要求书文字记载的内容以及说明书附图能直接地、毫无疑义地确定的内容。"

《专利审查指南 2010》第二部分第八章第 5.2.3 节中明确指出："如果申请的内容通过增加、改变和/或删除其中的一部分，致使所属技术领域的技术人员看到的信息与原申请记载的信息不同，而且又不能从原申请记载的信息中直接地、毫无疑义地确定，那么，这种修改就是不允许的。这里所说的申请内容，是指原说明书（及其附图）和权利要求书记载的内容，不包括任何优先权文件的内容。"

三、整体地判断修改前后申请记载的信息

正如上文所提到的《专利审查指南 2010》中规定"如果申请的内容通过增加、改变和/或删除其中的一部分，致使所属技术领域的技术人员看到的信息与原申请记载的信息不同，而且又不能从原申请记载的信息中直接地、毫无疑义地确定，那么，这种修改就是不允许的"，笔者认为包含三方面含义：第一方面，明确指出修改是否超范围的判断主体为本领域技术人员；第二方面，相对于原申请记载的信息，修改是否使得所属技术领域的技术人员获得的信息产生变化；第三方面，修改后的信息是否能从原申请记载的信息中直接地、毫无疑义地确定。

关于第一方面，修改是否超范围的判断主体为本领域技术人员，《专利审查指南2010》在第二部分第四章第2.4节中明确指出：所属技术领域的技术人员，也可称为本领域的技术人员，是指一种假设的"人"，假定他知晓申请日或者优先权日之前发明所属技术领域所有的普通技术知识，能够获知该领域中所有的现有技术，并且具有应用该日期之前常规实验手段的能力，但他不具备创造能力。

在墨盒案❶中，最高人民法院认为："判断对专利申请文件的修改是否超出原说明书和权利要求书记载的范围，不仅应考虑原说明书及其附图和权利要求书以文字或者图形表达的内容，还应考虑所属领域普通技术人员综合上述内容后显而易见的内容"，并强调"不能对后者作机械理解，将所属领域普通技术人员可以直接、明确推导出的内容理解为数理逻辑上唯一确定的内容"，由此可见本领域技术人员还应当具备逻辑分析和推理的能力。

关于第二方面，笔者认为其主要强调虽然修改往往涉及个别特征或者部分的增加、修改和删除，但是修改并不只是针对这些特征和部分本身，而是关注修改前后申请记载的信息是否变化（特别指出此处修改前申请是指原权利要求书和说明书），这就需要进行整体性判断。

关于第三方面，笔者认为其是针对本领域技术人员从修改后申请获得的信息是否由原申请记载信息直接、毫无疑义地确定，这显然主要针对非明确记载信息，而且由于其表述类似于《专利审查指南2010》中关于"原说明书和权利要求书记载的范围"的表述，因而如果本领域技术人员能够直接、毫无疑义地确定，则修改并不超范围，但这种直接唯一性判断的修改通常又难于独立于整体性判断而单独进行。

笔者认为这三个方面关系是非常紧密的，无论整体性判断还是直接唯一性判断，都不可能脱离本领域技术人员这个判断主体，本领域技术人员这个判断主体又融入整体性判断和直接唯一性判断的每个细节；整体性判断必然涉及本领域技术人员的知识水平和能力，正由于本领域技术人员这个判断主体使得单纯的整体性判断无法作出结论，例如增加某些公知常识的情形或增加下位概念等，这也就使得直接唯一性判断成为整体性判断的必要补充；而直接唯一性判断显然也脱离不了本领域技术人员的判断主体，本身又由于原申请记载信息的整体性而不可避免地与整体性判断相协作和相互补充。

---

❶ 参见：最高人民法院（2011）知行字第53号行政裁定书。

由于篇幅所限，下文仅就整体性判断修改前后申请记载信息是否变化进行探讨。

整体性判断就必须考虑信息的整体性，应当将本领域技术人员从原说明书和权利要求书记载的范围获得的所有信息作为整体。

正如《专利审查指南2010》中指出需要判断修改是否"致使所属技术领域的技术人员看到的信息与原申请记载的信息不同"，其中，原申请记载的信息不仅包括其文字记载的内容以及说明书附图所呈现的信息，还应当包括本领域技术人员根据文字记载的内容并结合说明书附图所能够获得的明确文字记载以外的信息。这些信息显然并不是相互孤立存在的，而是构成一个整体，整体性判断修改前后申请记载的信息显然与本领域技术人员是紧密相关的，由此，笔者认为整体判断修改是否超范围是与作为判断主体的本领域技术人员分不开的，应当基于本领域技术人员来整体地判断。

正如在墨盒案中，最高人民法院认为："判断对专利申请文件的修改是否超出原说明书和权利要求书记载的范围，不仅应考虑原说明书及其附图和权利要求书以文字或者图形表达的内容，还应考虑所属领域普通技术人员综合上述内容后显而易见的内容。"

当作为修改是否超范围判断主体的本领域技术人员，在面对原申请记载的信息以及从修改后所看到的信息时，显然不仅能得到文字或图形表达的内容，还能够结合其所应当知晓的申请日或优先权日之前发明所属技术领域所有的普通技术知识和所能获知的该领域中所有现有技术，来运用其所具有的常规实验手段能力、逻辑分析和推理能力，考虑显而易见的内容。

信息的整体性必然首先体现在说明书具体实施方式部分中各个实施例所组成的整体。如果说明书中往往提供多个实施例，这些实施例往往是提供对同一功能部件的不同形式，显然这样的多个实施例并不仅仅是为了给本领域技术人员呈现类似于离散点的多个技术方案，而是明确趋于给出了本领域技术人员这样一个信息，即这些离散点共性所呈现的类似于包含这些离散点的面的技术方案也是申请人期望并且已经公开给公众的信息，无论说明书发明内容部分和权利要求书是否明确记载了这些概括所得的信息，都不会妨碍本领域技术人员获得这些信息，因而整体性判断就要充分考虑这些，以免无法实现《专利法》第33条平衡申请人与公众利益的立法目的。但是如果这些实施例中并没有给出本领域技术人员他们某些部分能够相互组合的信息，也就是说信息的整体性方面并不包括这些实施例能够相互组合的信息，则不同实施例之间非显而易见的组合所获得的技术方案是超出原说明书和权利要求书记载的范围。现采用以下案例进行说明。

【案例1】

申请人于 2010 年 8 月 3 日提交了发明名称为"一种车辆发电装置"的发明专利申请（申请号为 201010243325.4）。

审查员以权利要求 1～3 不符合《专利法》第 33 条规定于 2013 年 6 月 28 日发出了驳回决定，驳回决定所针对的权利要求书如下：

1. 一种车辆发电装置，其特征在于：包括由车轮转动驱动发电的发电机，该发电机与蓄电池或电机连接，所述发电机和车轮同轴，车轮通过轴传动驱动发电机发电，所述发电机和车轮主轴或轮胎框平行，两主轴的一端均设有传动轮，两传动轮通过链条或皮带连接。

2. 根据权利要求 1 所述的车辆发电装置，其特征在于：所述发电机和上述蓄电池之间设有调节控制器。

3. 根据权利要求 1 或 2 所述的车辆发电装置，其特征在于：所述发电机和车轮主轴平行，两主轴的一端均设有传动轮，两传动轮通过齿轮副连接。

驳回决定认为，2012 年 8 月 22 日提交的权利要求 1 的技术方案同时包括特征"发电机和车轮同轴，车轮通过轴传动驱动发电机发电"和"所述发电机和车轮主轴或轮胎框平行，两主轴的一端均设有传动轮，两传动轮通过链条或皮带连接"，上述新形成的技术方案在原说明书和权利要求书中没有记载，也不能由原说明书和权利要求书所记载的内容直接地、毫无疑义地确定，因此超出了原说明书和权利要求书记载的范围。同样地，直接或间接引用权利要求 1 的权利要求 2 和 3 的技术方案同样在原说明书和权利要求书中没有记载，也不能由原说明书和权利要求书所记载的内容直接地、毫无疑义地确定，超出了原说明书和权利要求书记载的范围，因此权利要求 1～3 不符合《专利法》第 33 条的规定。

复审请求人对驳回决定不服，于 2013 年 9 月 2 日提交了复审请求，同时修改权利要求书，对于权利要求书的修改在于：将原权利要求 1 中的"所述发电机和车轮主轴或轮胎框平行，两主轴的一端均设有传动轮，两传动轮通过链条或皮带连接"删除，同时将该特征修改为增加的权利要求 4 的附加技术特征，并使得权利要求 4 从属于权利要求 1 或 2。修改后的权利要求书如下：

1. 一种车辆发电装置，其特征在于：包括由车轮转动驱动发电的发电机，该发电机与蓄电池或电机连接，所述发电机和车轮同轴，车轮通过轴传动驱动发电机发电。

2. 根据权利要求 1 所述的车辆发电装置，其特征在于：所述发电机和上述蓄电池之间设有调节控制器。

3. 根据权利要求 1 或 2 所述的车辆发电装置，其特征在于：所述发电机和车轮主轴或轮胎框平行，两主轴的一端均设有传动轮，两传动轮通过链条或皮带连接。

4. 根据权利要求 1 或 2 所述的车辆发电装置，其特征在于：所述发电机和车轮主轴平行，两主轴的一端均设有传动轮，两传动轮通过齿轮副连接。

前置审查意见书中认为权利要求 3~4 修改不符合《专利法》第 33 条的规定，以及权利要求 1~2 不具备创造性。

合议组于 2014 年 8 月 22 日发出复审通知书，指出权利要求 3~4 不符合《专利法》第 33 条规定，同时指出权利要求 1~2 不具备新颖性或创造性以及即使克服权利要求 3~4 修改超范围问题，权利要求 1~5 也不具备新颖性或者创造性。

复审请求人于 2014 年 9 月 19 日提交意见陈述书，但未修改申请文件。

合议组以权利要求 3~4 不符合《专利法》第 33 条规定以及权利要求 1~2 不具备新颖性或创造性维持驳回决定。

合议组认为：权利要求 3 分别引用权利要求 1 和 2，权利要求 3 同时包括特征"发电机和车轮同轴，车轮通过轴传动驱动发电机发电"和"所述发电机和车轮主轴或轮胎框平行，两主轴的一端均设有传动轮，两传动轮通过链条或皮带连接"，是将说明书记载的实施例 1 和实施例 3 的特征合并，上述新形成的技术方案在原说明书和权利要求书中没有记载，也不能由原说明书和权利要求书所记载的内容直接地、毫无疑义地确定，因此超出了原说明书和权利要求书记载的范围，因此权利要求 3 不符合《专利法》第 33 条的规定。

权利要求 4 分别引用权利要求 1 和 2，权利要求 4 的技术方案同时包括特征"发电机和车轮同轴，车轮通过轴传动驱动发电机发电"和"所述发电机和车轮主轴平行，两主轴的一端均设有传动轮，两传动轮通过齿轮副连接"，是将说明书记载的实施例 2 和实施例 3 的特征合并，上述新形成的技术方案在原说明书和权利要求书中没有记载，也不能由原说明书和权利要求书所记载的内容直接地、毫无疑义地确定，同样超出了原说明书和权利要求书记载的范围。因此权利要求 4 也不符合《专利法》第 33 条的规定。

笔者认为，【案例 1】充分表明，虽然作为整体，但原说明书和权利要求书记载的内容包含了不同的实施例，但是这些实施例之间的组合并不必然导致修改前后信息不变，这要依赖于原申请记载的信息是否已经公开了这些实施例结合的启示，即修改后本领域技术人员所能获得信息是否对于原申请记载的信息显而易见，如果这种结合启示没有公开，本领域技术人员也无法从原申请记载的信息直接地、毫无疑义地确定这种启示，则不同实施例之间非显而易见的组合所获得的技术方案超出了原说明书和权利要求书记载的范围。

信息的整体性还体现在权利要求书与说明书中技术领域、背景技术、发明内容、附图说明以及具体实施方式各个组成部分之间所组成的整体，这些权利要求书和说明书的组成部分不仅可以有效了解申请人的发明构思、所声称要解决的技术问题和实现的技术效果、其所要求保护的范围，还能够使得具有逻辑分析和推理的本领域技术人员，通过对于这些不同部分之间的相关关系的逻辑分析和推理获得直接地、毫无疑义地确定的内容，从而整体性判断修改前后申请记载信息的变化。

【案例 2】

1998 年 9 月 18 日，申请人提出了名称为"一种中空芯管以及一种中空芯管和纸卷的组合"的分案申请（申请号为 200510137073.6）。

经实质审查，国家知识产权局原审查部门于 2009 年 9 月 25 日发出驳回决定，驳回了该发明专利申请，其理由是：该申请作为分案申请超出了原申请记载的范围，不符合《专利法实施细则》第 43 条第 1 款的规定。驳回决定认为：（1）权利要求 1 中的"借助该薄片张力调节装置以逐渐的方式调节薄片的张力"，在说明书第 2 页第 25 ~ 27 行记载的是"根据卷筒的直径在每个步骤中通过调节逐步而恒定地施加于制动装置上的直流电压而控制制动装置的制动力，从而调节向薄片处理站进给的薄片的张力"，并且说明书第 7 页第 21 ~ 24 行记载了通过四个不同的直流电压值来逐渐改变制动力，从而逐渐调节张力。说明书中并未记载除此方式之外的任何"逐渐的调节方式"，例如连续变化电压、采用更多个电压值进行调节等方式。因此上述内容扩大了权利要求 1 的保护范围。（2）权利要求 1 中的"磁铁被设置成从薄片材料的内周表面径向朝内并以一角度布置"，而在说明书第 5 页第 5 ~ 7 行记载的是"四块磁铁环绕管 P 的轴线每隔。设置于中心管 P 的内周表面上"对磁铁数量、相隔角度以及具体所在位置（"中心管 P 的内周表面"而不是"薄片材料的内周表面"）进行了限定，并且原始说明书中并未记载除此之外的其他布置方式。因此上述内容扩大了权利要求 1 的保护范围。

该专利的申请人（以下简称"复审请求人"）对上述驳回决定不服，于2010年1月11日向专利复审委员会提出了复审请求，同时修改了权利要求书。

关于驳回决定中指出的缺陷（1）：权利要求1中的"借助该薄片张力调节装置以逐渐的方式调节薄片的张力"，修改后的权利要求1将该特征修改为"借助该薄片张力调节装置以分阶段的方式调节薄片的张力"。对此修改，前置意见指出"说明书第7页第21~24行记载了通过四个不同的直流电压值来逐渐改变制动力，从而逐渐调节张力"。说明书中并未记载除此方式之外的任何"分阶段的调节方式"，例如采用更多个电压值进行分阶段调节等方式。

对此，合议组认为，在母案原始说明书第2页第19~21行记载了"根据卷筒的直径在每个步骤中通过调节逐步而恒定地施加于制动装置上的直流电压而控制制动装置的制动力，从而调节向薄片处理站进给的薄片的张力"，并且母案原始说明书第7页第3段记载了通过四个不同的直流电压值来逐渐改变制动力，从而逐渐调节张力。也就是说，说明书中记载了分成四个阶段来调节薄片张力，本领域技术人员通过阅读说明书可以看出在一个卷筒使用过程中可以分成若干个阶段地调节薄片的张力，并且不必须分成四个阶段，其所采用的控制制动装置制动力的电压值也不必拘泥于四个电压值，因此这样的修改符合《专利法》第33条的规定。

关于驳回决定中指出的缺陷（2）：权利要求1中的"磁铁被设置成从薄片材料的内周表面径向朝内并以一角度布置"，修改后的权利要求1将该特征修改为"所述磁铁（24）被设置于中空的中心管（P）的内周表面上并布置成使得当该中心管（P）转动一设定角度时霍尔元件传感器（25）产生一脉冲信号"。前置审查意见指出在说明书中记载的是"四块磁铁环绕管P的轴线每隔67.5°设置于中心管P的内周表面上"对磁铁数量、相隔角度以及具体所在位置进行了限定，并且原始说明书中并未记载除此之外的其他布置方式。

对此，合议组认为：该申请说明书除了关于图6所示的四块磁铁环绕管P的轴线每隔67.5°设置于中心管P的内周表面上的描述，母案原始说明书第4页最后一行到第5页第1行描述了"每当中心管P转动22.5°时，霍尔元件传感器或传感器25会产生一个脉冲信号"，图7中示出了磁铁和传感器的数量和位置的变化，图7C示出了一个传感器和将圆周16等分的情况下设置的16块磁铁。尽管在说明书的具体实施例描述中给出了一确定的角度数值22.5°，但是本领域的技术人员依据说明书和附图所记载的技术内容，应当能够确认该角度数值的选取并无特殊要求，对相关技术方案的实施也无实质影响，因而可以结合具体的应用场合和实际情况，选择合适的角度数值来实施相关技术方案，原说明书所给出的信息并非仅限于 22.5°一个角度数值，因此这样的修改符合《专利法》第 33 条的规定。

笔者认为在【案例 2】中，虽然说明书实施例公开了四个阶段逐渐的方式调节，但是申请日提交的权利要求的技术方案已经对说明书实施例进行概括而得出"逐渐的方式调节"，因而作为整体一部分的权利要求书和说明书实施例，整体上使得本领域技术人员所获得的显而易见信息是阶段性逐渐方式调节，且这种显而易见的信息是能够直接地、毫无疑义地确定的，因而修改没有超出原说明书和权利要求书记载的范围。

如果仅仅将说明书实施例所特别举例说明的阶段数、角度等信息看作为单纯的、孤立的具体数值，而无视权利要求书和说明书作为整体给予本领域技术人员显而易见的信息，一方面使得修改超范围与否的判断偏离立法本意，没有使得申请人和社会公众利益平衡，而是损害申请人所应享受的利益；另一方面剥夺了作为修改是否超范围判断主体本领域技术人员本应当具有的逻辑分析和推理等能力，使得修改是否超范围的判断由于审查员的个体差异而存在较大偏差。因而在修改是否超范围的判断中，应当如最高人民法院在墨盒案中所说的那样"不仅应考虑原说明书及其附图和权利要求书以文字或者图形表达的内容，还应考虑所属领域普通技术人员综合上述内容后显而易见的内容"。

四、结　语

在判断修改是否符合《专利法》第 33 条规定时，需要从本领域技术人员的角度出发，来判断修改是否超出原说明书和权利要求书记载的范围。本文结合部分复审决定，从本领域技术人员出发，整体性判断修改前后申请记载信息的变化，尝试探讨当前审查实践中对于《专利法》第 33 条的判断方法。

权利要求中功能性特征限定的特点和应用探讨

蒋海军*　　胡锋锋*　　吴雪健*　　刘佳伟*　　平　静*

【摘　要】

功能性特征限定扩展了权利要求的撰写方式，但是由于功能性特征限定采用目的或效果描述技术特征，使得权利要求的保护范围难以界定。本文通过分析《专利审查指南2010》和司法解释对功能性特性限定规定的差异性，建议专利代理人在认真理解与专利审查相关的规定的基础上，要进一步理解司法解释，充分认识到两者在功能性限定的保护范围判定的细微差异；并且在撰写包含功能性特征限定的权利要求时充分理解技术方案选择合适的功能性特征，保证功能性特征得到说明书的支持，并注意权利要求书撰写的层次性，从而使得专利在授权和确权程序的过程中获得相对较大的、稳定的保护范围。

【关键词】

功能性特征　权利要求　保护范围

---

* 作者单位：南京知识（马鞍山）律师事务所。

一、引　言

专利权利要求书不仅是表达申请人要求审批部门授予专利权愿望的请求文件，并且是专利申请过程中最重要的法律文件；因此，西方学者将专利法制度称为"名为权利要求的游戏"。❶❷ 由于权利要求是界定专利权保护范围最重要的依据，使得权利要求通常是由明确反映产品结构或组成的技术特征构成。但是，随着科技的进步和创新的多样性，造成很多发明创造无法采用现有技术术语中的结构、形状或材料等描述清楚，从而出现了大量的功能性权利要求。❸

美国率先开始采用以功能或者效果表述技术特征的撰写方式，且美国于1952 年修改的专利法中增加了功能性特征限定的规定，❹ 美国专利法第 112 条第 f 项 [35 U. S. C. §112, (f)] 首次允许发明人可以采用"Mean or step plus function" 方式来主张保护，从而确定了功能性限定权利要求的存在。❺ 功能性特征限定虽然使权利要求表达的更方便、更高效；但是由于功能性特征限定仅仅是表述了该特征所要达到的目的和效果，使得字面含义较为宽泛，并且没有明确具体的技术特征，也易造成权利要求的保护范围存在争议，从而使得权利要求的保护范围难以界定。本文通过分析《专利审查指南 2010》和司法解释对功能性特性限定的规定，结合功能性限定在专利权界定过程的利弊对功能性特征限定的特点和应用进行探讨。

二、功能性特征限定的特点和范围

（一）功能性特征限定的含义

虽然"功能性特征限定"现在已成为权利要求常见的撰写方式之一，但目前美国专利法和中国专利法都未给出具体定义。其中，美国专利法只是认为

---

❶ GILES S. RICH. The extent of the protection and interpretation of claims – American perspectives [J]. 21 International Rev. Indus. Prop. & Copyright L. , 1990 (2): 497 – 499.

❷ 张鹏. 功能性限定权利要求认定与解释的制度完善 [J]. 电子知识产权, 2013 (8): 38 – 43.

❸ 李春生，程星光. 论功能性权利要求实质审查的必要性：从权利公示对公众影响的角度谈起 [J]. 中国发明与专利, 2014 (4): 104 – 107.

❹ 赵振民. 论功能性限定权利要求的解释 [J]. 北京政法职业学院学报, 2010 (3): 60 – 63.

❺ ADELMAN M J, RADER R R, THOMAS J R. Cases and materials on patent law [E]. Washington D C: GW Law Faculty Publications & Other Works. 2009 (3): 506 – 508.

"可以实现特定功能的方法或步骤来表达"，而我国仅在《专利审查指南2010》第二部分第二章第3.2.1节"以说明书为依据"部分对功能性限定权利要求的适用范围和审查规则进行了说明，规定只有无法用结构特征准确、完整限定的权利要求可以用功能或者效果特征来限定。并且该功能或者效果能通过说明书中规定的实验或者操作或者所属技术领域的惯用手段直接和肯定地验证的情况下，使用功能或者效果特征来限定发明才可能是允许的。

尹新天等人❶❷对"功能性特征限定"作了相对清楚的解释，并认为：一项权利要求应当由反映该产品结构/组成的技术特征或者由反映实施该方法的具体步骤/操作方式的技术特征组成。如果在一项权利要求中不是采用结构特征或者方法步骤特征来限定发明，而是采用零部件或者步骤在发明中所起的作用、功能或者所产生的效果来限定发明，则称为功能性限定特征。

（二）行政规定和司法解释的适用标准不完全一致

《专利法》第59条第1款规定："发明或实用新型专利权的保护范围以权利要求的内容为准，说明书及附图可以用于解释权利要求的内容。"此外，《专利法》第26条第4款规定："权利要求书应当以说明书为依据，清楚、简要地限定要求专利保护的范围。"这都表明权利要求记载的所有技术特征是界定保护范围的基础，权利要求包含技术特征的总和构成了权利要求所要求保护的技术方案，说明书和附图用以对上述技术方案的解释和说明。此外，《专利审查指南2010》第二部分第二章第3.2.1节规定："通常……对于权利要求中所包含的功能性限定的技术特征，应当理解为覆盖了所有能够实现所述功能的实施方式……"因此，当权利要求中包含的技术特征含义确定后，权利要求保护范围清楚，应按照权利要求的内容来确定保护范围，并且允许申请人将权利要求的保护范围概括至覆盖其所有的等同替代方式或明显变形方式，而不应该受到说明书中具体实施例的限制和影响，也不应采用说明书中记载的具体实施方式限定权利要求的保护范围。

《最高人民法院关于审理侵犯专利权纠纷案件应用法律若干问题的解释》（法释〔2009〕21号）（以下简称《专利司法解释》）第4条明确规定：权利要求以功能或者效果表述技术特征的，人民法院应当根据说明书及附图描述的该技术特征的具体实施方式及其等同的实施方式，确定该技术特征的内容。因

---

❶ 尹新天. 专利权的保护 [M]. 2版. 北京：知识产权出版社，2005：321.
❷ 周云川. 功能性限定特征解释之规则探析 [J]. 中国发明与专利，2008（1）：64-67.

此，最高人民法院作此规定意在合理界定专利的保护范围，并将功能性限定较为宽泛的字面含义缩小到具体实施方式及其等同实施方式。❶

专利行政部门和最高人民法院在对功能性限定权利要求的保护范围的选择上体现出不同的认识，并造成权利要求保护结果上实质性的区别。即使在审判部门内部，权利要求的保护范围面临着不同的解读，使得原本就比较复杂的权利界定变得更加复杂多变。以曾展翅"除臭吸汗鞋垫"（公告号为CN2478401Y）专利侵权纠纷案为例，❷ 该案双方当事人争议的焦点就是在于功能性限定特征"单向渗透层"的解释，其中：一审法院认为，被控侵权产品使用了与功能性限定："单向渗透层"等同的手段，构成等同特征，认为被控侵权产品落入专利权的保护范围，并判定侵权成立。❸ 二审法院认为，对于采用功能性技术特征限定的权利要求，在侵权诉讼中应当将功能性限定特征解释为仅仅覆盖了说明书中记载的具体实施方式及其等同的实施方式。而该案中被控侵权产品的"单向渗透层"与专利说明书中的"单向渗透层"不构成相同或等同的实施方式，从而认定被控侵权产品没有落入专利权的保护范围，专利侵权不成立。❹ 一审法院和二审法院对"功能性特征限定"给出了完全不同的解释，从而得出来了完全不同的判决。在这种情况下，给理解功能性特征限定带来了更多的困难和挑战。为了有效地、尽可能地保护发明人的合法权益，这对专利代理人撰写包含功能性特征限定的权利要求提出了更高的要求。

三、功能性特征限定权利要求的分析和建议

功能性技术特征能对发明创造中的功能和效果进行描述，能解决不能采用常规技术特征描述权利要求的问题，扩展了权利要求的撰写方式。基于现有法律法规框架和司法解释，考虑到专利申请、审查和侵权判定过程中的现状，为专利代理人在撰写过程应用功能性特征限定提供相关建议。

（一）功能性特征限定的界定

根据功能性限定技术特征的具体特点，可以将其撰写方式分为以下三种。

（1）功能性模块性质的权利要求，即在权利要求中仅记载部件的术语名

---

❶ 吴摇娜. 含功能性特征的权利要求保护范围研究［D］. 上海：华东政法大学，2015.

❷ 刘春伟. 功能性权利要求保护范围研究［D］. 重庆：西南政法大学，2011.

❸ 参见：北京市第二中级人民法院（2005）二中民初字第 11450 号民事判决书。

❹ 参见：北京市高级人民法院（2006）高民终字第 367 号民事判决书。

称，采用功能性语言加以说明，而没有进一步描述关于部件的形状、构造；❶
例如：用于控制至少一个微机械元件的配置（公开号为 CN1436357A，权利要
求 18），其特征在于所述配置至少包括：用于产生至少第一控制信号和第二控
制信号的装置……该案例中部件没有形状、结构特征的限定，属于功能性限
定。上述案例对于组成部件并没有形状、结构特征的限定，而是主要部件的名
称的前后采用"用于……"等类似的措辞进行限定，这种限定功能性特征限
定的典型表达，其表述该部件在要求保护的技术方案中所起的作用或者功能。

（2）在权利要求中描述了关于产品的形状、构造的技术特征之后，进一
步用功能性语言加以说明。例如：一种蛇形机器人履带车（公告号为
CN101583820A，权利要求 1），包括……联接到第一机架的第一腕状驱动式联
接件，其中，第一腕状驱动式联接件提供绕一纵向轴线的旋转运动和绕两个不
同的横向轴线的弯曲运动……该案例是在对部件的结构、形状等进行描述后，
采用功能性的语言进一步进行的限定，其具体的功能是由在前限定的由其前限
定的形状、结构或步骤决定的，仅仅是为了使部件之间的连接关系、运动关
系、相互作用关系更清楚，并没有引入新的内容，这也不是严格意义的功能性
限定。

（3）权利要求中采用纯功能性技术特征进行撰写的方式。例如：一种杯
子，其特征在于，能够快速对杯子内的水进行加热，且能够根据水体积调整杯
子的加热功率。上述案例只是重复了所要解决的技术问题或者说所要达到的目
的或获得的效果，却丝毫没有记载实现该目的或获得所述效果所必须采用的技
术手段，由于纯功能性描述的保护范围过大，无法得到说明书的支持，单纯的
功能性描述通常不被允许。

功能性特征和一般技术特征描述的界限也并不是不可逾越的，相当数量的
功能性特征限定在长期使用之后就逐渐演变为技术特征的名称。例如，变压器
虽然本质上是一个功能性的特征描述，但是经过长时间的应用，其已经拥有了
公认的固定结构，并固化成一个结构特征或一个产品，因此不应当被认定为功
能性限定。且北京市高级人民法院的《专利侵权判定指南》中规定：以功能
或效果性语言表述且已经成为所属技术领域的普通技术人员普遍知晓的技术名
词不宜认定为功能性技术特征，例如发动机、放大镜、黏结剂、放大器、变速

❶ 曲丹，邵际涛. 功能性限定权利要求的审查研究［J］. 法制与社会，2015（5）.

器、滤波器等。❶ 专利代理人在从事专利代理业务的过程中，应该根据本领域的知识进行识别，从而有效地区分功能性特征限定和一般特征描述。

（二）权利要求中应用功能性特征限定的建议

在权利要求中应用功能性特征进行限定时，由于功能性特征限定的存在，使得功能性特征的权利要求的保护范围难以确定。因此，专利代理人在权利要求的撰写过程中要深刻理解发明创造中技术特征的功能，充分考虑行政审批和侵权诉讼适用标准具体的差异性。从而使得专利在授权和确权程序中获得相对较大的、稳定的保护范围。

1. 功能性特征限定是补充的选择

在实际撰写过程中，往往存在这样的误区，功能性特征限定保护范围超过常规结构或者步骤的限定，可以多多采用。但是，在《专利审查指南 2010》第二部分第二章第 3.2.1 节中明确规定："应当尽量避免使用功能或者效果特征来限定发明。只有在某一技术特征无法用结构特征来限定，或者技术特征用结构特征限定不如用功能或效果特征来限定更为恰当，而且该功能或者效果能通过说明书中规定的实验或者操作或者所属技术领域的惯用手段直接和肯定地验证的情况下，使用功能或者效果特征来限定发明才可能是允许的。"因此功能性特征限定的撰写方式不应成为首要的选择。

2. 充分理解技术方案选择合适的功能性特征

由于功能本身认定的不确定性和功能表达方式的多样性，功能性特征限定即使字面含义是清楚的，但是其所蕴含的技术信息和覆盖的保护范围也是不确定的。往往造成专利代理人表达的含义与发明人的本意往往发生偏差。因此，当采用功能性限定，专利代理人需要与发明人充分沟通，深刻理解发明创造中技术特征的功能以及其所起到的效果，再从本领域的技术人员的角度出发，审视申请人的技术方案，通过不断的分析总结出与技术贡献相适当的功能性特征。在进行功能性特征限定时，建议采用美国的"手段或方式＋功能"的格式进行功能性特征限定，例如：驱动式＋联接臂，从而使功能性特征规范化、标准化，便于将功能性限定的技术特征与其他类型的技术特征明显区分开。❷

❶ 刘军华. 功能性技术特征的识别与保护范围的界定——最高人民法院法释［2009］21 号司法解释第 4 条的适用与完善［J］. 科技与法律，2014（4）：732-745.
❷ 罗立国. 专利功能性技术特征的实质及其使用［J］. 知识产权，2016（5）：68-71.

3. 保证功能性特征得到说明书的支持

采用功能性特征虽然可以让申请获得较大的保护范围，但是在专利审查的过程中，只要有理由怀疑该功能性限定所包含的一种或几种方式不能解决发明或者实用新型所要解决的技术问题，并达到相同的技术效果；那么就可以认定功能性限定权利要求没有以说明书为依据，得不到说明书支持，并以此作为驳回决定的依据，增大了审查程序中权利丧失的风险。例如，申请号为201210156137.7、发明名称为"光稳定的抗菌材料"的发明专利申请的第一次审查意见通知书中，审查员认为权利要求 1 中用"有利于将所述银结合到所述聚合物上"对试剂进行功能性特征限定；而说明书中仅给出了采用氯化钠作为试剂的实施例，权利要求中限定的功能是以说明书给出的特定方式完成的，所属技术领域的技术人员不能明了此功能还可以采用说明书中未提到的其他替代方式来完成。因此，权利要求 1 的技术方案得不到说明书的支持。

权利要求中的功能性特征不能孤立，而应与说明书的内容相一致并密切关联，并利用说明书对功能性特征进行解释和说明。因此，在采用功能性特征进行描述时，说明书中要用足够多的实施例支持其所表示的功能。以连接方式为例，常规的连接方式包含：齿合连接、胶合连接、螺钉连接、挂钩连接、卡合连接等，那么说明书具体实施例中需要对功能性特征可能采取的连接方式进行阐述，从而保证得到说明书的支持。❶

4. 保证权利要求的层次性

在我国，虽然不少专利代理人具有了法律背景或者取得了法律职业资格证，但总体上而言，多数专利代理人对专利权保护范围的考虑比较机械，缺乏法律深度。并造成在专利撰写的过程中，专利代理人习惯性地从《专利审查指南 2010》的角度出发为客户谋求尽可能宽的保护范围，而将技术方案中的技术特征进行概括而上升为功能性特征限定。在审查的过程中，如果审查员没有检索到合适的对比文件，包括功能性特征的权利要求将获得较大保护范围的专利权，但是该专利的权的保护范围仅仅停留在表面。当发生专利侵权纠纷时，法院将按照上述司法解释重新确定专利的保护范围，那么该功能性特征限定的权利要求的保护范围是由司法解释来界定，即法院将根据说明书及附图描述，将功能性特征的保护范围限定在的具体实施方式及其等同的实施方式。这就造成了实际专利侵权判定中功能性特征限定的实际保护范围还是限定于其具

---

❶ 李小童. 专利文件中功能性限定的存在合理性研究 [J]. 科技与法律, 2012 (4)：38 - 42.

体的实施方式。

但是，由于功能性特征的概括范围较大，一方面通过检索获得更多的能够用于评价其新颖性和创造性的对比文件，另一方面增大了功能性特征得不到说明书支持的可能性。而且在无效宣告审查程序中，对授权专利文件的修改也仅限于权利要求的删除、技术方案的删除和权利要求的合并三种方式，如此便增大了无效宣告程序中权利丧失的风险。❶ 在采用功能性特征限定的情况下，还需要在权利要求书中存在对应于该技术特征的说明书中记载所有具体实施方式的从属权利要求，使得权利要求的保护范围具有层次性，从而为无效宣告程序中保护范围的修改提供基础，保证专利权的稳定性。

四、结论和建议

通过对功能性特征限定的特点分析和应用探讨，主要结论如下：

（1）通过分析《专利审查指南 2010》和司法解释对功能性特征限定的规定差异性，本文认为专利代理人撰写功能性特征的权利要求时，不仅要认真理解与专利审查相关的规定，同时也要扩展视野，了解司法机关的最新解释，充分认识到专利行政部门和最高人民法院在对功能性特征限定权利要求的保护范围的认识上所体现的细微差异，熟悉行政审批和侵权诉讼适用标准具体的差异性，并从两个角度出发构建恰当的权利要求保护范围。

（2）专利代理人在撰写包含功能性特征限定的权利要求时，要充分理解技术方案选择合适的功能性特征，保证功能性特征限定得到说明书的支持，并注意权利要求书撰写的层次性，从而使得专利在授权和确权程序中的过程中获得相对较大的、稳定的保护范围。

---

❶ 易吉灵，李中奎. 解析"功能性限定技术特征"的范围 [J]. 电子知识产权，2013（8）：70－72.

试论专利授权程序中申请文件的修改

——以说明书和权利要求书的二分为视角

徐进明*　郝丽娜*

【摘　要】

专利申请文件中的说明书与权利要求书的地位、作用并不完全相同，若在专利授权程序中对二者的修改都适用相同的直接确定标准，并不一定有利于《专利法》立法宗旨的实现。本文试从专利申请文件中说明书与权利要求书二分的视角，探究针对二者的不同的修改规则，以求实现申请人与社会公共利益的双赢。

【关键词】

说明书　权利要求书　专利授权程序　修改

一、引　　言

在发明专利的实质审查过程中，申请人可以对专利申请文件进行主动或被动修改。在现行审查实践中，无论是主动修改还是被动修改，都必须符合《专利法》第33条的规定。具体地说，如果申请的内容通过增加、改变和/或删除其中的一部分，致使所属技术领域的技术人员看到的信息与原申请文件记

---

* 作者单位：国家知识产权局专利局专利审查协作江苏中心。

载的信息不同，而且又不能从原申请文件记载的信息中直接地、毫无疑义地确定，那么，这种修改就是不允许的。

可以看到在我国现行的专利授权程序中，无论是说明书还是权利要求书的修改都应当遵守直接确定标准。根据该标准虽然对超范围的判断更加客观、容易，更有利于实现行政行为的一致性，但整齐划一的行政标准并不一定是对行政相对人最有利的，也并不一定能最大限度地促进社会进步与公共福利。

二、案例分析

（一）案情简介

该申请要求保护一种带式多级多梯度干选机以及利用带式多级多梯度干选机选矿的方法。在该申请的原始记载中，如图1所示，带式多级多梯度干选机主要包括自上而下顺序设置的三个机构：磁选装置100、多级物料输送装置200和尾矿输送装置300。磁选装置100包括一个带式输送机110和设置在带式输送机内的磁系120。带式输送机110包括两个辊筒111、112和一个卷绕在两个辊筒上循环运行的主皮带113。磁系120设置在辊筒111和辊筒112之间，面对在下方运行的主皮带113。磁系120包括磁场沿着物料运输方向由强到弱的四个磁场区，即强磁场区121、较强磁场区122、过渡磁场区123和弱磁场区124。

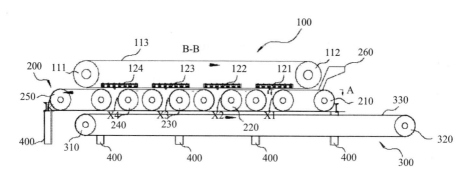

图1　带式多级多梯度干选机

选矿时，在第一级带式输送机210的皮带的带动下，铁矿石粉末沿着物料输送方向（图1中向左的方向）向下游输送，并进入磁选装置100的强磁场区121。在磁力的作用下，磁性物质附着在磁选装置100的主皮带113上。而非磁性物质在第一级带式输送机210的皮带的带动下继续向下游输送，在皮带的末端被抛下（第一次抛尾），落到尾矿输送装置300的带式输送机的皮带

330 上。

附着在磁选装置 100 的主皮带 113 上的磁性物料在主皮带 113 的带动下继续向下游输送，进入多级物料输送装置 200 的第二级带式输送机 220 的皮带上方。第二级带式输送机 220 的皮带上方对应的磁选装置 100 的位置有一个非磁区，当磁性物料经过非磁区时，由于没有磁力吸引而下落到第二级带式输送机 220 的皮带上，然后在第二级带式输送机 220 的皮带上继续向下游输送。当物料经过磁选装置 100 的较强磁场区 122 时，在磁力的作用下，磁性物质附着在磁选装置 100 的主皮带 113 上。这时由于较强磁场区 122 的磁力弱于强磁场区 121，因此，一部分磁性较弱或者无磁性的物质就不会附着在磁选装置 100 的主皮带 113 上，而是在第二级带式输送机 220 的皮带的带动下继续向下游运动，在第二级带式输送机 220 的皮带的末端被抛下（第二次抛尾），落到尾矿输送装置 300 的带式输送机的皮带 330 上。如此随着铁矿石的输送可实现对磁性矿石的多次富集，从而得到满足技术要求的铁精粉。

审查员检索到具有类似多级富集磁选的装置，"二通"后驳回了该申请。

申请人向专利复审委员会提出复审请求，同时对权利要求书进行修改，在原权利要求 1 的基础上增加技术特征：每个磁场区的磁系结构包括多个磁极，各个磁场区的多个磁极均沿物料运输方向依次排布。该特征带来如下技术效果：因为强磁场区 121 包括多个磁极，且各个磁极均沿物料运输方向依次排布，所以强磁场区 121 的磁场强度并不是均匀分布，而是因相邻磁极的极性、各个磁极的相对位置而变化。铁矿石粉末在输送过程中依次经过各个磁极以及相邻磁极之间的中间区域，受到的磁场力作用会发生变化。铁矿石粉末在磁场力、重力和皮带的摩擦力三者合力作用而产生翻滚、滑移和层叠位置变化。因为铁矿石粉末中颗粒的磁性物质含量不同，各个磁性颗粒受到的合力作用也就不同，另外相邻磁性颗粒之间、磁性颗粒和非磁性颗粒间还会相互碰撞、摩擦，所以磁性颗粒间、磁性颗粒和非磁性颗粒的翻滚、滑移和层叠位置变化程度并不相同，铁矿石粉末中不同类型颗粒逐渐分层。因为强磁场区均覆盖多级物料输送装置中第一带式输送机 210 和第二带式输送机 220 之间的间隙，所以铁矿石粉末在第一级带式输送机 210 上发生初步分层后被吸附在磁选装置的主皮带 113 下侧经过第一带式输送机 210 和第二带式输送机 220 间的间隙；此时，因为强磁场区内部磁场强度变化，作用在铁矿石粉末中的磁场力也发生变化。因为磁场力变化，磁场力和磁性颗粒的重力产生的合力也就变化，使得铁矿石粉末上下波动式的沿磁选装置的带式输送机箱向第二级带式输送机 220 侧移动（也即是跳跃式前进），具体为：如磁场力大于重力时，铁矿石粉末靠近主皮带 113，当磁场力小于重力时，铁矿石粉末远离主皮带 113。在铁矿石粉末运行至空隙中时，其中弱磁颗粒和无磁颗粒多因重力大于磁场力而跌落速度较大，且随着颗粒高度下降，磁场力进一步减小、跌落速度增大；而强磁颗粒的磁性力可大于重力，所以强磁颗粒会上下波动而并不是直接从间隙中跌落到尾矿回收装置中，同时夹杂在强磁颗粒中的无磁颗粒和弱磁颗粒也因强磁颗粒的分离而跌落。如此，强磁颗粒、弱磁颗粒逐步在主皮带 113 下侧分层，非磁性颗粒和少量弱磁颗粒因重力作用跌落至尾矿输送装置的带式输送机上，而分层的强磁颗粒和弱磁颗粒随主皮带 113 进入到第二级带式输送机 220 上侧。当铁矿石粉末进入到第二级带式输送机 220 上侧的非磁区时，铁矿石粉末将因重力跌落到第二级带式输送机 220 上。

（二）案情分析

根据审查员检索到的现有技术，申请人增加的上述技术特征，即每个磁场区的磁系结构包括多个磁极，各个磁场区的多个磁极均沿物料运输方向依次排布，确实提高了磁选效率，磁选效果更优，即对现有技术作出技术贡献。那么该修改是否能够接受呢？

首先，在该申请的原始申请文件的权利要求书与说明书的文字部分中并未提及每个磁系结构包括的磁极数目，只能从附图 1 中看到每个磁场区 121 包括 7 个磁极。如果严格按照国家知识产权局的直接确定标准，不区分权利要求书与说明书的地位与作用，则申请人在复审请求中将磁极数目修改为多个可视为对 7 个的二次概括，超出了原始申请文件记载的范围。即这种修改是不能接受的。

如果上述修改不能接受的话是否有利于专利制度最大化发挥其作用呢？专利制度的本质有多种解读，如激励说、对价说、公开奖励说等，❶ 其中一种解读是专利制度通过给作出了技术贡献的发明人授予与其技术贡献相适应的排他性权利激励所有人努力作出技术贡献，推动技术进步。技术贡献与专利权进行交换的基本原则是，有技术贡献，才可能获得专利权；有多大技术贡献才可能获得多大的专利权。❷ 充分实现技术贡献与专利权的相互交换才能最大限度实现专利制度保护创新、鼓励发明创造、推动科学技术进步和经济社会发展的作

❶ 赵大勇. 论专利制度的本质 [J]. 苏州教育学院学报，2014（3）：77 - 79.
❷ 石必胜. 专利权有效性司法判断 [M]. 北京：知识产权出版社，2016：42.

用。从技术贡献的角度审视前述专利申请文件的修改，可以看到申请人的技术贡献并不限于每个磁系结构包括 7 个磁极，本领域技术人员可以确定只要磁系是两个以上的多个，都可实现提高磁选效率的技术效果。如此看来在权利要求书中增加的技术特征，每个磁场区的磁系结构包括多个磁极是可以接受的。如果该修改不能接受，则对申请人大大不利：申请人只能将具体数值 7 限定到权利要求中，获得的保护范围远小于其技术贡献，且很容易被绕过，社会公众只需改变磁极数目就无侵权之虞。对申请人来说，专利权的保护范围几近于无，无疑会打击发明人进行技术研发的积极性，进而不利于推动科学技术进步和经济社会发展。

通过上述分析可以得出，在专利授权程序中申请人修改权利要求书的范围以与其技术贡献相适应为宜，即允许申请人以原始申请文件为基础进行概括，得到与其公开的技术信息相匹配的保护范围。

那么对说明书的修改是否也能适用上述规则？在专利申请文件中说明书与权利要求书的作用与法律地位并不是平等的。说明书及附图主要用于清楚、完整地描述发明或实用新型，使所属技术领域的技术人员能够理解和实施该发明或者实用新型。即说明书及附图的作用是充分公开发明创造的技术信息；而权利要求书的作用是以说明书为依据，清楚、简要地限定要求专利保护的范围。

可见说明书及附图的作用在于公开技术信息，权利要求书意在划定保护范围，权利要求书的保护范围以专利申请文件公开的技术信息为基础得出。基于二者地位、作用的不同，二者应当适用不同的修改规则：由于保护范围的确定是以专利申请文件公开的技术信息为基础，则对说明书进行修改时不应再引入新的技术信息，以免违反先申请制。但权利要求书的保护范围是以申请人作出的技术贡献为准进行判断，应当允许申请人在原始申请文件记载的技术信息的基础上进行一定的概括。即对说明书的修改应按照直接确定标准，对权利要求书的修改应以原始申请文件公开的范围为准。

（三）可行性分析

在专利授权程序中申请人可以将权利要求书的内容加到说明书中，看起来上述说明书与权利要求书的二分在实际操作中并不具有可行性，因为申请人完全可以先对权利要求书以原始申请文件为基础进行概括，再将修改后的权利要求书中的内容补入说明书中，由此使得说明书的修改也变成了以原始申请文件公开的范围为准。

其实以申请日公开的技术信息为准可以防止上述情形的出现。即对权利要求书的修改以申请日提交的说明书及其附图、权利要求书记载的范围为准，允许申请人以其为基础进行概括；而对说明书的修改同样以申请日提交的说明书及其附图、权利要求书记载的范围为准，但不允许申请人引入新的技术信息，适用直接确定标准。

此外，在专利申请文件被授予专利权之前，社会公众并不会基于其权利要求书产生信赖利益。相反地，本领域技术人员在阅读专利申请文件后应当能基于其技术贡献形成对其合理保护范围的预期，允许申请人对权利要求书进行概括式修改并不会侵犯公众利益。

三、结　语

基于专利申请文件中说明书与权利要求书地位、作用的不同，在专利授权程序中可以对二者适用不同的修改规则。基于社会公众利益考虑，对说明书的修改应适用直接确定标准，以维护先申请制。基于申请人利益考虑，对权利要求书的修改应以原始申请文件公开的范围为准，即在记载的范围基础上可以进行概括。上述修改方式更符合专利法的立法宗旨，既保护了专利权人的合法权益，鼓励发明创造，又能促进科学技术进步和经济社会发展。

专利申请过程中修改超范围问题的探讨

刘　青[*]

【摘　要】

　　本文从作者的审查实践出发，通过对几个化学领域案例的分析，对专利审查过程中几种特殊情形下的修改超范围问题进行讨论，具体涉及放弃式修改、明显错误的修改和开放式到封闭式权利要求的修改。

【关键词】

　　修改超范围　放弃式　明显错误　开放式　封闭式

一、引　　言

　　在专利申请过程中，为了克服审查意见通知书中指出的权利要求或说明书缺陷，申请人通常会对专利申请文件进行修改，为了平衡申请人和社会公众之间的利益，在实行先申请制从一定程度上鼓励申请人抢占申请先机的同时，通过《专利法》第33条将申请人修改的范围限定在申请日提交的申请文本范围内，实质上是保证了专利权的确定性和稳定性。本文通过几个典型案例，对几

───────────
　　* 作者单位：国家知识产权局专利局专利审查协作湖北中心。

种修改超范围的情形进行初步的探讨。在此需要说明的是，以下案例的技术方案来自化学领域实际案例，或有所改动，旨在提出一些学术上或者实际操作上的思考。

二、案例分析

【案例1】放弃式修改

原始权利要求1：一种密封材料，其特征在于，所述密封材料由下列重量百分比的组分组成：乳胶、阳离子粒子、黏结剂、纤维，所述纤维为植物纤维或人工合成纤维。

原说明书的背景技术部分记载，现有技术中利用芳纶纤维来替代石棉制作密封材料，但成本太高，该申请旨在提供一种采用廉价的纤维为原料，制成能跟芳纶纤维相类性能的密封材料产品。另外，原说明书的发明内容部分记载，该发明所述纤维为植物纤维（如木浆纤维、竹纤维、麻纤维等）、人工合成纤维（如腈纶、涤纶、氨纶等）的一种或多种。

修改后的权利要求1：一种密封材料，其特征在于，所述密封材料由下列重量百分比的组分组成：乳胶、阳离子粒子、黏结剂、纤维，所述纤维为植物纤维或除芳纶以外的人工合成纤维。

本案的争议点1：权利要求1的修改是否属于具体放弃式修改？

《审查操作规程2011·实质审查分册》第八章第9.3.9节中提到："通过具体'放弃'修改方式来排除原申请文件中没有公开的技术特征以限制权利要求的保护范围时，通常是采用否定性词语或排除的方式来放弃权利要求的部分保护范围。"由此可以看出，《审查操作规程2011》中认为，所排除的是原申请文件中没有公开的技术特征，才为具体放弃式修改。由此判断，该案权利要求1的修改所排除的技术特征在原说明书中有所记载，因此不属于具体放弃式修改。

另一种观点认为，如果允许申请人任意从权利要求的大范围内通过否定性词语排除原申请文件中公开的技术特征有可能使得修改后的权利要求包含了新的技术信息，如形成原专利申请的选择发明，因此这种修改也应包括在具体放弃式修改中，并对其加以限制。笔者认为，这种观点在学术理论上有一定道理，但同时也存在缺陷。我们知道，申请人在面对审查员给出的新颖性的审查意见时，最常见的一种修改方式即为缩小权利要求的保护范围，比如缩小原料用量的数值范围，如果修改后的数值范围在原申请文件中有记载或能够毫无疑义地确定，我们认为这种修改是允许的。但是，如果按照上述观点，从原始权利要求的大范围中规避对比文件中的数值范围使得权利要求具备新颖性是否同样由于可能引入了新的技术信息而不被允许呢。在实际操作过程中，通常难以确认排除原申请文件中公开的技术特征是否会真的导致权利要求的技术方案中包含的技术信息发生了实质性变化，而《专利法》第 33 条规定"申请人可以对其专利申请文件进行修改，但是对发明和实用新型专利申请文件的修改不得超出原说明书和权利要求书的记载范围"。因此，如果申请人已经在原申请文件中明确记载了某技术特征，应当允许申请人将其排除，而不应以可能存在引入新的技术信息的风险为由，将其归入具体放弃式修改的范围。更进一步说，修改后的文本是否引入了新的技术信息，审查员可以在后续的审查过程中结合原始申请文本和申请人的意见陈述从新颖性或创造性的角度进行考虑。

本案的争议点 2：排除式修改排除的是技术特征，还是包含该技术特征的技术方案？

该案修改的依据来自说明书的背景技术部分，即原申请文件只是记载了芳纶这样一个技术特征，而并未在发明内容中记载包含芳纶的密封材料的技术方案，修改后的权利要求排除了芳纶之后，实际上是排除了用芳纶为原料来制备密封材料的技术方案，那么这种修改是否是能够毫无疑义地确定的呢？笔者认为，对于原申请文件的理解，应基于整个申请文本，原说明书中记载了该申请的发明目的就是得到一种能够替代芳纶的密封材料从而降低成本，暗含了技术方案中对芳纶的排除，因此，在选择人工合成纤维时，本领域技术人员能够毫无疑义地确定说明书中还公开了一个"选择芳纶以外的人工合成纤维"这样一个技术方案，因此在权利要求中排除包含芳纶的密封材料的技术方案不会导致修改超范围，应当被允许。

【案例 2】明显错误

原说明书中记载：该发明的聚合物是使用常规的自由基引发剂，如过硫酸铵、过氧化氢，通过乳液聚合的方式、在 $30 \sim 95℃$ 的条件下聚合烯键式不饱和单体而形成的，烯键式不饱和单体包括例如丙烯；甲基丙烯；巴豆；衣康；富马、马来；衣康单甲酯；富马单甲酯；富马单丁酯……

修改后的权利要求 1：……烯键式不饱和酸单体或衍生物，包括如下的一种或多种单体，丙烯酸、甲基丙烯酸、巴豆酸、衣康酸、富马酸、马来酸、衣康酸单甲酯、富马酸单甲酯、富马酸单丁酯……。

本案的争议点，上述修改是否属于明显错误，能否直接或毫无疑义地确定。

申请人常在修改文本时希望将撰写、校对、排版、印刷中的问题归结为明显笔误，请求修改为正确的文本，审查员在判断此类修改是否超范围时往往也难以把握，对于该案，我们可以从以下两个层次来进行分析。

首先，申请人所提交的文本中记载的物质是否确实不存在。如果一份申请文件中记载了一个本领域中存在的物质，并且其物性使其在原申请文件技术方案中的存在是合理的，那么我们基本可以认为不存在明显笔误的问题。该案说明书中记载的物质中除了丙烯、甲基丙烯和巴豆，其他物质均不存在，存在明显错误。其中，巴豆并不是单体；而对于丙烯和甲基丙烯，由其上文中提到的聚合方法可知，丙烯和甲基丙烯在此条件下并不能通过常规的自由基聚合得到聚合物，因此同样存在明显错误。

其次，在原申请文件确实存在明显错误的基础上，我们需要考虑可能的修改方式。该案中，从原始文本记载的内容确实不能够毫无疑义地确定所有物质均缺少一个"酸"字，但是从原说明书的排版可以看出，每个物质均缺少了一个字，如果所有物质缺少的是同一个字，通过对本领域技术的了解可知，那个字应该就是"酸"，才能够使得所有单体都变得合理。因此，在这种情况下，虽然本领域技术人员无法毫无疑义地确定修改方式唯一，但当某一种修改方式的可能性远大于其他修改方式，公众也几乎不会从原始记载中得出其他信息时，从盖然性的角度考虑，我们可以近似认为该修改方式是唯一的，因此这种修改不会导致超范围。

【案例3】开放式到封闭式权利要求的修改

例1：

权利要求1：一种组合物，包括如下组分：A 10wt% ~ 30wt%、B 10wt% ~ 30wt%、C 10wt% ~ 30wt%。

实施例：A + B + C + D = 100%。

例2：

权利要求1：一种阻燃组合物，包括聚丙烯、乙烯－醋酸乙烯共聚物、线性低密度聚乙烯。

实施例：聚丙烯、乙烯－醋酸乙烯共聚物、线性低密度聚乙烯、氢氧化镁。

问题：在上述两个例子中，若将权利要求该为封闭式，修改是否超范围。

通常情况下，申请人认为，将开放式权利要求修改为封闭式，缩小了权利要求的保护范围，修改后的文字也全部记载在原申请文件中，不会超范围。那么，争议点在于，原开放式权利要求是否包含了一个封闭式权利要求的技术方案。

对于例1，从形式上来说，权利要求1中包括的三种物质含量总和最大为90wt%，因此暗含了组合物中必然还包括其他物质。从实质来讲，实施例的组合物中也包括了其他物质，因此，该申请权利要求1实际上并没有包含一个只含有A+B+C的技术方案，修改为封闭式权利要求超出了原申请文件记载的范围。

对于例2，判断一个权利要求是否包含一个封闭式权利要求的技术方案也可以从申请人的发明构思上入手。该案中，权利要求1的主题名称是阻燃组合物，表明最终得到的组合物具有阻燃性能，而聚丙烯、乙烯-醋酸乙烯共聚物、线性低密度聚乙烯均为易燃物质，若只含有上述物质，最终不能够得到阻燃组合物，因此权利要求1暗含了组合物中必然还包括能够阻燃的物质，如实施例中的氢氧化镁。因此，此时若将权利要求1修改为封闭式权利要求，是超范围的。

综上，通过两个例子中可以看出，并非在所有情况下，开放式权利要求都可以随意修改为封闭式权利要求以缩小权利要求的保护范围，还需要考虑修改后的权利要求所限定的技术方案是否能够实施，以及是否能够解决发明所关注的最基本的技术问题，进而判断原开放式权利要求中是否能够包含一个封闭式的技术方案，来确定修改是否超范围。

三、小　　结

本文中以上的案例及分析是笔者在审查实践中基于常见的典型案例总结的一些思考。但是，修改超范围的问题并不终止于专利审查的结案，在专利获得授权后，申请人会继续在专利权存续期间对文本曾经的修改承担责任，《专利法实施细则》第65条规定，被授予专利的发明创造不符合《专利法》第33条或第43条第1款的规定是宣告专利权无效的理由。由此可见，如何合理地修改专利申请文件获得想要的保护范围应当是申请人和专利代理人值得关注的重点。